Donges · Menzel · Paulus
Globalisierungskritik

Schriften zur Wirtschaftspolitik

Neue Folge · Band 9

Herausgegeben von
Juergen B. Donges und Johann Eekhoff

Globalisierungskritik auf dem Prüfstand

Ein Almanach aus ökonomischer Sicht

von

Juergen B. Donges, Kai Menzel und Philipp Paulus

 Lucius & Lucius · Stuttgart

Anschriften der Autoren:

Prof. Dr. Juergen B. Donges
Dipl.-Volksw. Kai Menzel, M.A.
Dipl.-Volksw. Philipp Paulus
Institut für Wirtschaftspolitik
an der Universität zu Köln
Pohligstr. 1
50969 Köln

Bibliografische Information der Deutschen Bibliothek
Die Deutsche Bibliothek verzeichnet diese Publikation in der Deutschen
Nationalbibliografie; detaillierte bibliografische Daten sind im Internet über
http://dnb.ddb.de abrufbar

ISBN 3-8282-0262-4 (Lucius & Lucius)
© Lucius & Lucius Verlagsgesellschaft mbH Stuttgart 2003
Gerokstr. 51, D-70184 Stuttgart
www.luciusverlag.com

Das Werk einschließlich aller seiner Teile ist urheberrechtlich geschützt. Jede Verwertung außerhalb der engen Grenzen des Urheberrechtsgesetzes ist ohne Zustimmung des Verlages unzulässig und strafbar. Das gilt insbesondere für Vervielfältigung, Übersetzungen, Mikroverfilmungen und die Einspeicherung, Verarbeitung und Übermittlung in elektronischen Systemen.

Druck und Einband: Ebner & Spiegel, Ulm
Printed in Germany

Vorwort

Die seit Jahren anhaltende und sich in letzter Zeit verschärfende Globalisierungsdebatte hat drei Dimensionen, die in gewisser Weise miteinander verwoben sind: eine politische, eine gesellschaftlich-kulturelle und eine ökonomische. Politisch geht es um den Souveränitätsanspruch der traditionellen Nationalstaaten und die Bewertung von Demokratie, Rechtsstaatlichkeit und Menschenrechten; gesellschaftlich-kulturell um die Problematisierung des abendländischen Weltbildes und den Schutz eigener ethischer Werte vor „Verwestlichung"; ökonomisch um die Intensivierung des Wettbewerbs auf den Güter- und Faktormärkten und die durch die strukturellen Veränderungen in der Weltwirtschaft bedingten Anpassungslasten und eröffneten Zukunftschancen. In diesem Buch wird vor allem auf die ökonomischen Aspekte der Debatte fokussiert, die wissenschaftlich interessant und wirtschaftspolitisch relevant sind.

Die Globalisierung wirtschaftlicher Aktivitäten vollzieht sich bekanntlich über verschiedene Kanäle, nämlich durch mehr Arbeitsteilung und Spezialisierung im Außenhandel, durch mehr ausländische Direktinvestitionen und internationale Transaktionen an den Finanzmärkten sowie durch mehr Wanderungen von Arbeitskräften, insbesondere von klugen Köpfen, über Landesgrenzen hinweg. Es ist unstrittig, dass dies vielfältige Auswirkungen hat, unter anderem auf wirtschaftliches Wachstum und Beschäftigung, auf Sozialstandards und Umweltschutz, auf die Einkommensverteilung im Inland und weltweit, namentlich zwischen Industrie- und Entwicklungsländern, und letztendlich auf die Gestaltungsmöglichkeiten der Wirtschaftspolitik.

Strittig ist, wie die Wirkungen sich konkret darstellen. Unter den Wirtschaftswissenschaftlern, die die Thematik im Rahmen der einschlägigen Modelle der Außenwirtschaftstheorie und auf der Grundlange empirischer Analysen behandeln, überwiegt die positive Sicht: Globalisierung wird als eine (potenzielle) Quelle der Wohlstandsmehrung in der Breite und als ein (prinzipiell) wirksamer Mechanismus zur Erlangung von mehr Rationalität in der Wirtschaftspolitik gesehen.

Genau dies ist jedoch bestimmten politischen, gewerkschaftlichen und kirchlichen Kreisen suspekt, ebenso zahlreichen Nichtregierungsorganisationen und kapitalismuskritischen Intellektuellen, die die Wirtschaftstheorie nicht hinreichend kennen oder verstehen, von den Ergebnissen der empirischen Wirtschaftsforschung keine Notiz nehmen und überhaupt die Dominanz des Ökonomischen fürchterlich finden. Von dieser Stelle wird die Globalisierung in grellen Bildern gezeichnet – als ein Prozess, der unentwegt Arbeitsplätze vernichtet und sozialen Schutz aushöhlt, die Umwelt fortwährend zerstört, die Reichen reicher und die Armen ärmer macht und sogar in ihrer Existenz bedroht, und den Regierungen keine Autonomie bei der Befolgung eigenständiger wirtschaftlicher und sozialer Ziele belässt.

Die Autoren hielten es für vernünftig, das Buch in der Form eines Almanachs aufzubauen, so dass dem Leser der Zugang zu allen wesentlichen Aspekten der Globalisierungsdebatte erleichtert wird. Dabei baut sich dieser Almanach entlang der Hauptkritikpunkte und der wesentlichen Lösungsvorschläge von Globalisierungskritikern auf. Auf diese Weise soll auch möglichst klar gemacht werden können, auf welchen wirtschaftstheoretischen Modellen und welchen empirischen Befunden die strittigen Einschätzungen über Vor- und Nachteile der Globalisierung fußen. Solche Klarheit kann für eine Versachlichung der Debatte nur hilfreich sein. Da sich das Thema, gerade durch viel Diskussion im Medium des Internet, sehr dynamisch entwickelt, könnten zum Zeitpunkt der Veröffentlichung einige der angegebenen Webseiten-Links vielleicht nicht mehr aktuell sein. Für etwaige Probleme bitten die Autoren um Verständnis.

Das Institut für Wirtschaftspolitik an der Universität zu Köln verfasste die Studie, aus der dieses Buch erstellt wurde, im Auftrage des Bundesministeriums der Finanzen.[1] An dieser Stelle sei nochmals dem Auftraggeber gedankt, auch für die während des ganzen Verlaufs des Projekts stets konstruktive Kritik. Ferner haben Mark Oelmann, Peter Tillmann und Martin Theuringer wichtige Anregungen und Beiträge geliefert. In der Anfangsphase war auch Andreas Freytag beteiligt. Bei der Schlussredaktion des Manuskripts hat Frau Gabriele Bartel wertvolle Hilfe geleistet. Die Autoren möchten allen Dank sagen, die die Arbeiten so tatkräftig unterstützt haben.

Köln, im Juni 2003   Die Autoren

---

[1] Zugrunde liegt das Forschungsprojekt Nr. 40/01 mit dem Titel „Globalisierung – systematische Analyse von Vor- und Nachteilen vor dem Hintergrund aktueller politischer Diskussion" (Dezember 2002).

Gliederung

Vorwort V

Gliederung VII

Schaubildverzeichnis X

Abkürzungsverzeichnis XI

1. **Einleitung: Globalisierung – veränderte Relevanz des Themas?** 1
   1.1. Definitionen und Eckdaten 2
   1.2. Historische Einordnung 4
   1.3. Charakterisierung der Globalisierungskritiker 7
   1.4. Charakterisierung der Befürworter aktueller wirtschaftlicher Globalisierungsentwicklung 12
   1.5. Globalisierungskritik in der politischen Diskussion in Deutschland 16

2. **Almanach der Kritikpunkte an Globalisierung** 19
   2.1. Fundamentalkritik: Ablehnung eines marktwirtschaftlichen Wirtschaftssystems auf globaler Ebene 19
   2.2. Kritik: Internationaler Handel 28
       2.2.1. Handelsliberalisierung – Zweifel an positiven Wachstumseffekten 28
       2.2.2. Veränderung der globalen Einkommensstruktur und Armut 34
       2.2.3. Erhöhter Wettbewerb auf dem globalen Arbeitsmarkt – negative Auswirkungen 42
           2.2.3.1. In Entwicklungsländern: Ausbeutung von Arbeitskräften 45
           2.2.3.2. In Industrieländern: Aushöhlung von Arbeitseinkommen und Sozialstandards 47

2.2.3.3. Zur weltweiten Migration von Arbeitskräften 52
2.2.4. Diskriminierungen von Entwicklungsländern und
Handelsverzerrungen 54
2.2.4.1. Durch Industrieländer 54
2.2.4.2. Durch transnationale Unternehmen 57
2.2.5. Verzerrungen durch die WTO 64
2.2.5.1. Ökonomische Theorie der WTO 64
2.2.5.2. Dienstleistungen (GATS-Abkommen) 67
2.2.5.3. Schutz geistigen Eigentums (TRIPS) 71

2.3. **Kritik: Internationale Finanzmärkte** **80**
2.3.1. Probleme liberalisierter Finanzmärkte 82
2.3.2. Verschuldungsproblematik 85
2.3.3. Verzerrungen der internationalen Finanzmärkte 88
2.3.3.1. Durch transnationale Investoren und
Finanzintermediäre 88
2.3.3.2. Durch Weltbank und IWF 95

2.4. **Kritik: Umweltproblematik** **100**

2.5. **Kritik: Verlust nationaler Souveränität ohne demokratische**
Legitimation **107**
2.5.1. Der Nationalstaat auf dem Rückzug aus öffentlichen
Aufgaben 107
2.5.1.1. Privatisierungen 111
2.5.1.2. Nationale Konjunkturpolitik mit weniger Optionen 117
2.5.1.3. Nationale Steuersysteme unter Wettbewerbsdruck 119
2.5.1.4. Druck auf den Sozialstaat 123
2.5.2. Größere Anfälligkeit für Kriminalität und Terrorismus 126
2.5.3. Internationale Verhandlungen, Organisationen und
Vereinbarungen 128

3. Almanach der Reformvorschläge von Globalisierungskritikern 135

3.1. Breit angelegte Schritte gegen Globalisierung 135

3.2. Internationalen Handel „fair" gestalten 139
3.2.1. Entwicklungshilfe erhöhen 139
3.2.2. International geltende Sozialstandards erzwingen 143
3.2.3. Begünstigungen und Marktzutrittsbarrieren von
Industrieländern beseitigen 145
3.2.4. Transnationale Unternehmen mehr kontrollieren 147

3.3. Internationale Finanzmärkte mehr regulieren 153

3.3.1.	Kapitalverkehrskontrollen einführen	153
3.3.1.1.	Die Erfahrungen Chiles	157
3.3.1.2.	Die Erfahrungen Malaysias	159
3.3.2.	Das Konzept der Tobin-Steuer	164
3.3.3.	Schuldenerlass für Entwicklungsländer	172
3.3.4.	Internationale Aufsichtsbehörden für Finanzmärkte einrichten	178

3.4. International geltende Umweltstandards etablieren 184

3.5. Mehr Demokratie in Globalisierung durchsetzen 189
    3.5.1. Global Governance und Anerkennung globaler, öffentlicher Güter 189
    3.5.2. Steuerharmonisierung und Austrocknung von Steueroasen 192
    3.5.3. Reform der internationalen Organisationen 197

4. Synopse **201**

4.1. Zusammenfassende Darstellung und Wertung der Globalisierungskritik 201

4.2. Die politökonomische Dimension der Globalisierungsdebatte 209

4.3. Alternative Konzepte für Industrieländer zur Armutsbekämpfung und Globalisierungsproblematik 212

5. Die Rolle der nationalen Wirtschaftspolitik in den Entwicklungs- und Schwellenländern **217**

6. Literaturverzeichnis **223**

7. Stichwortverzeichnis **259**

Schaubildverzeichnis

Schaubild 1	Globalisierungsindikatoren	3
Schaubild 2	Internationale NGOs 1909-2000	11
Schaubild 3	Armut in der Welt	36
Schaubild 4a	Industrieländer mit unterschiedlicher Lohndynamik...	49
Schaubild 4b	...aber mit seit Mitte der neunziger Jahre im Trend sinkender Arbeitslosigkeit	50
Schaubild 5	Verschuldung der Entwicklungsländer	86
Schaubild 6	OECD-Staatsquoten relativ stabil	109
Schaubild 7	Privatisierungserlöse in OECD-Ländern	112
Schaubild 8	Industrieländer: Sozialleistungen steigen	124
Schaubild 9	Private Gelder für Entwicklungshilfe wichtig	140

Abkürzungsverzeichnis

Attac	Association pour la Taxation des Transactions financières pour l'Aide aux Citoyens
BIS	Bank for International Settlements (Bank für Internationalen Zahlungsausgleich)
CPSS	Committee on Payment and Settlement Systems
DAC	Development Assistance Committee (der OECD)
DIW	Deutsches Institut für Wirtschaftsforschung
DFID	Department for International Development
FATF	Financial Action Task Force on Money Laundering
FOEI	Friends of the Earth International
FSAP	Financial Sector Assessment Programs (IWF)
HICP	Highly Indebted Poor Countries
IBRD	International Bank for Reconstruction and Development
IAIS	International Association of Insurance Supervisors
IASC	International Accounting Standards (IAS) Board
ICFTU	International Confederation of Free Trade Unions
IFAC	International Federation of Accountants
IFG	International Forum on Globalzation
ILO	International Labor Organization
IOSCO	International Organization of Securities Commissions
IW	Institut der Deutschen Wirtschaft
IWF	Internationaler Währungsfonds
NBER	National Bureau of Economic Research
NGO	Non-Governmental Organization
OECD	Organisation for Economic Co-operation and Development
ROSCs	Reports on the Observance of Standards and Codes
TNU	Transnationale Unternehmen
UIA	Union of International Associations
WHO	World Health Organization
WTO	World Trade Organization (Welthandelsorganisation)

1. Einleitung: Globalisierung – veränderte Relevanz des Themas?

„Pánta rhei."[1]

Strukturelle Veränderungen sind seit jeher Kennzeichen der gesamtwirtschaftlichen Entwicklung, auch und gerade auf globaler Ebene. Die zunehmende Integration der Weltwirtschaft erzeugt jedoch immer mehr und zum Teil neuartige Berührungspunkte für die Wirtschaftsakteure. Damit ergibt sich Konfliktpotenzial und Grundlage für eine umfassende Globalisierungsdebatte, die in den letzten Jahren an Fülle der verfügbaren Meinungsäußerungen, Publikationen und politischen Absichten stark zugenommen hat.[2]

Hier wird die aktuelle Diskussion zusammengefasst, und zwar entlang der verbreitetsten Kritikpunkte zu wirtschaftlicher Globalisierung. Dabei wird schrittweise vorgegangen. Nach den in dieser Einleitung dargestellten Definitionen, einigen Eckdaten, einer historischen Einordnung und einem Überblick über die Teilnehmer der Globalisierungsdebatte soll im zweiten Kapitel zunächst auf Fundamentalkritik eingegangen werden, die den Prozess marktwirtschaftlicher Globalisierung insgesamt in Frage stellt. Darauf folgt eine ausgewogene Auseinandersetzung mit einzelnen Kritikpunkten an Globalisierung vom Vorwurf negativer Folgen des Handels bis hin zu den Zweifeln an der demokratischen Legitimität des Globalisierungsprozesses. Hierbei wird stets unterschieden, ob Kritiker die Funktionsfähigkeit marktwirtschaftlicher Prozesse in der Globalisierung bezweifeln oder aber ihre Aufmerksamkeit auf Verzerrungen des globalen Marktergebnisses richten. Es wird sich zeigen, dass die Kritiker unterschiedlich plausible Argumente ins Feld führen können. Dies soll die Basis für das dritte Kapitel geben, in der Lösungsvorschläge von Globalisierungskritikern aufgelistet werden. Es ist durchaus denkbar, dass ein im zweiten Kapitel noch plausibel erscheinender Kritikpunkt nun mit einer Lösung verbunden wird, die weitaus weniger fundiert begründet werden kann. Umgekehrt soll aber auch dem Leser die Möglichkeit gegeben werden, auch bei nur schwer nachvollziehbaren Kritikpunkten vom zweiten Kapitel eine Diskussion der Reformideen der Kritiker im dritten Kapitel zu finden.

---

[1] „Alles ist im Wandel" – Zitat nach dem griechischen Philosophen Heraklit.
[2] Die in der Literatur und insbesondere im Internet ausgetragene Debatte ist weitaus umfangreicher, als in dieser Studie umfassend dargestellt werden kann. Einen guten ersten Überblick bietet die Internet-Seite zur Globalisierung des Instituts für Weltwirtschaft in Kiel unter: http://www.uni-kiel.de:8080/ifw/zbw/dienstleist/econselect/globalization/Contents.html, oder auch die Internet-Seite von Nouriel Roubini, Professor an der Stern School of Business, New York University unter http://www.stern.nyu.edu/globalmacro/ Ein guter globalisierungskritischer, deutschsprachiger Überblick findet sich auf der Attac-Internetseite http://www.attac-netzwerk.de/archiv/index.php .

Das vierte Kapitel liefert dann eine Synopse der Globalisierungsdebatte aus der Sicht der Autoren. Dies schließt eine politökonomische Analyse der Hintergründe der Debatte ebenso ein wie alternative Vorschläge für Regierungen der Industrieländer, wie mit negativen Folgen von Globalisierung und den als berechtigt eingestuften Kritikpunkten umzugehen ist. Ein konstruktiver Umgang mit dem Thema erfordert auch, sich der Frage zu stellen, wie Globalisierungskräfte besser genutzt werden können, um Probleme anzugehen, die nicht unbedingt oder nur zum Teil mit Globalisierung selbst zu tun haben (etwa Armut und Krise der Sozialsysteme in den Industrieländern).

Schließlich wird noch ein fünftes Kapitel hinzugefügt, welches sich mit den Möglickeiten der Wirtschaftspolitik in Entwicklungs- und Schwellenländern beschäftigt, um die Herausforderungen der Globalisierung zu bewältigen. Es ist auffallend, dass außer in der wirtschaftswissenschaftlichen Literatur zur Entwicklungspolitik diesem Punkt in der Globalisierungsdebatte wenig Aufmerksamkeit gewidmet wird. Vieles, was zur Verbesserung der Situation in den Entwicklungsländern diskutiert wird, konzentriert sich auf die Rolle der Industrieländer, Probleme wie Armut und finanzielle Stabilität von Entwicklungsländern zu lösen, obwohl doch die jeweilige nationale Wirtschaftspolitik ihren Teil hierzu beitragen kann.

In der gesamten Studie wird eine sachliche Diskussion der häufig stark emotionalisierten Globalisierungskritikpunkte angestrebt. Globalisierung impliziert wirtschaftlichen Wandel, der – auch wenn er auf mittlere Sicht insgesamt mehr Wachstum und Beschätigung ermöglicht – zunächst einmal neben Gewinnern auch Verlierer hervorbringen kann. Für beide Seiten gilt es, zu einer vernünftigen Diskussion beizutragen.

1.1. Definitionen und Eckdaten

„Globalisierung bedeutet, dass die Länder in der Welt wirtschaftlich zusammenwachsen, die Verflechtung der Märkte enger wird und die Mobilität der Produktionsfaktoren Arbeit und Kapital über nationale Grenzen hinweg zunimmt." (Donges, 1998, S. 1).

Ein besonderes Merkmal der weltwirtschaftlichen Integration der letzten Jahrzehnte ist es zudem, dass der Außenhandel schneller expandierte als die gesamte Wirtschaftsleistung (gemessen am weltweiten Bruttoinlandsprodukt), dass wiederum die Direktinvestitionen schneller anzogen als der Außenhandel, und dass am schnellsten die internationale Kapitalverflechtung anstieg, gemessen an grenzüberschreitenden Portfolioinvestitionen oder auch Marktkapitalisierung internationaler Finanzmärkte (Fels, 1997).[3]

---

[3] O´Rourke (2002) weist darauf hin, dass die grenzüberschreitenden Portfolioinvestitionen zunächst in den siebziger Jahren größtenteils aus Bankkrediten bestanden und erst mit dem Börsenboom der neunziger Jahre eine ausgeglichenere Struktur bekamen, die auch Rentenpapiere und Aktien einbezog.

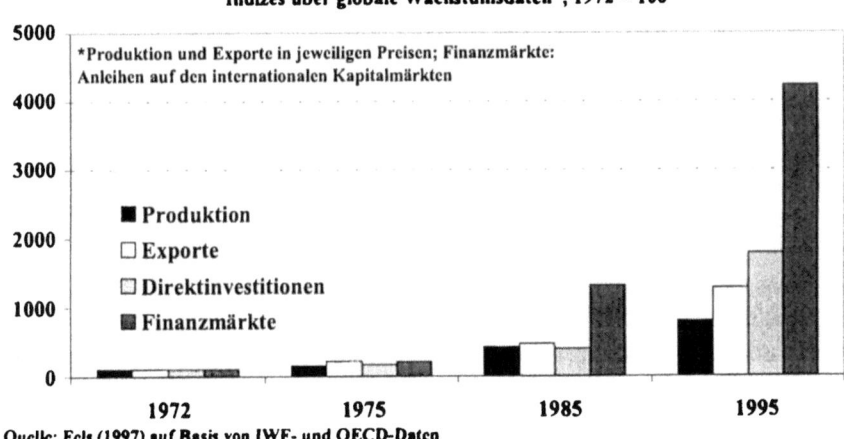

Schaubild 1: Globalisierungsindikatoren
Indizes über globale Wachstumsdaten*, 1972 = 100

*Produktion und Exporte in jeweiligen Preisen; Finanzmärkte: Anleihen auf den internationalen Kapitalmärkten

Quelle: Fels (1997) auf Basis von IWF- und OECD-Daten

Ein weiteres Element der aktuellen weltwirtschaftlichen Integration ist, dass technologiebedingt Transaktionskosten sinken und somit vormals nichthandelbare Güter internationaler Konkurrenz ausgesetzt werden – z.B. im Dienstleistungssektor. Aber selbst solche Dienstleistungssektoren, deren Güter und Dienstleistungen nach wie vor nicht handelbar sind, müssen sich aufgrund der internationalen Verflechtung ihrer Kunden indirekt dem globalen Wettbewerb (auch um Arbeitskräfte) stellen (Dluhosch, 1998).

Es ist zu betonen, dass verschiedene Kritiker mit Globalisierung unterschiedliche Konzepte verbinden. Zum Beispiel ist die rasante technologische Entwicklung der letzten Jahrzehnte, gerade im Kommunikationsbereich, mit ein Katalysator von ökonomischer Globalisierung. Aber die mit technologischen Innovationen verbundenen Probleme sind von rein ökonomischer Globalisierungskritik zu trennen.[4] Umwälzungen der sozialen und wirtschaftlichen Strukturen gehen auch von technologischen Neuerungen aus (Acemoglu, 2002), ohne dass es dort zu ähnlichen Protestbewegungen gegen die neuen Technologien insgesamt über den bedrohten Sektor hinaus kommen würde.

Diese Untersuchung konzentriert sich auf die Kritik im ökonomischen Bereich. Weitere sozialwissenschaftliche Diskussionsebenen zunehmenden Zusammenwachsens der Welt wie z.B. Menschenrechte, Schutz von Minderheiten, Konvergenz von Kulturen, Bevölkerungsentwicklungen etc., die auch

---

[4] Diese Frage ist gerade für die Globalisierungskritik im Bereich Arbeitsmarkt von Bedeutung. Siehe auch Kapitel 2.2.2.

von Globalisierungskritikern aufgegriffen werden, werden hier nur insoweit betrachtet, wie sie ökonomischen Analysen zugänglich sind.[5]

1.2. Historische Einordnung

Wie eingangs erwähnt, sind wirtschaftliche Strukturen stetem Wandel ausgesetzt. Es liegt daher nahe, dass die aktuelle Globalisierung historische Parallelen aufweist (von Weizsäcker, 1999). In der Tat werden in der Literatur zur Globalisierung häufig Vergleiche zu der Zeit vor dem Ersten Weltkrieg angestellt (zum Beispiel Bordo, Eichengreen und Irwin, 1999, oder O´Rourke, 2002). Diese Periode war ebenfalls von technischer Innovation gekennzeichnet, welche die Transaktionskosten senkte (Eisenbahn und Dampfschifffahrt, Telegraphie und Telefon), aber auch von rapider Marktöffnung.[6] Ähnlich wie heute exisitierten zu jener Zeit relativ wenig Hemmnisse für den internationalen Austausch von Gütern und Produktionsfaktoren. Während jedoch die Gütermärkte wegen technischer Restriktionen und höherer Durchschnittszölle noch nicht den Grad der Integration von heute erreichen konnten (unter anderem erkennbar an höheren Rohwarenpreisunterschieden), wiesen die Produktionsfaktoren gegenüber heute, gemessen an der Wirtschaftsleistung, größtenteils eine höhere Mobilität auf, nicht zuletzt dank geringerer administrativer Hemmnisse (O´Rourke, 2002). So kam es zu weitaus größeren Wanderungswellen (gerade nach USA und Lateinamerika), aber auch zu weitaus höheren Leistungsbilanzsalden (Siebert, 2002a). Gemäß dem Feldstein-Horioka-Paradox zeigen Investoren heute mehr Präferenzen für inländische Anlagen[7].

Bordo, Eichengreen und Irwin (1999) weisen jedoch darauf hin, dass höhere Leistungsbilanzsalden aus jener Zeit nicht unbedingt auf eine tiefere und breitere Integration der Finanzmärkte als heute schließen lassen (zum Beispiel waren grenzüberschreitende Investitionen stark auf Regierungsanleihen und Eisenbahnfinanzierung konzentriert). Die verschiedenen Währungen, die höhere Komplexität der Finanzinstrumente und Finanzinnovationen, sowie die Geschwindigkeit von Finanztransfers (mehr kurzfristige Finanzströme) konfrontieren die heutige Globalisierung mit gänzlich anderen Problemen als noch in der Zeit vor dem Ersten Weltkrieg (s. auch Kapitel 2.3. und 3.3. für die Diskussion der Kritik der Finanzmärkte).

---

[5] Einen Hinweis darauf, dass sich beispielsweise die Gleichberechtigung zwischen Mann und Frau in ihrer Entlohnung durch Globalisierung verbessert hat, gibt eine empirische Studie von Black und Brainerd (2002).

[6] Williamson (2002) führt das Beispiel Japans an, das durch Marktöffnung 1858 seinen Außenhandel in den darauffolgenden 15 Jahren siebzigfach steigern konnte.

[7] Taylor (1996) zeigt anhand des Tests von Feldstein und Horioka (1980), dass die Kapitalmärkte von 1870 bis 1924 intergrierter waren als die globalen Finanzmärkte von 1970 bis 1989.

Ein weiterer Unterschied zu der Zeit vor dem Ersten Weltkrieg ergibt sich aus der heute relativ geringeren Berücksichtigung von Entwicklungsländern bei Direktinvestitionen. Von O´Rourke (2002) zusammengestellte Daten zeigen, dass noch 1914 ein mehr als doppelt so hoher Anteil der weltweiten Direktinvestitionen in Entwicklungsländer ging als 1999 (62,8% gegenüber 30,1%).

In globalisierungskritischer Literatur fällt die historische Einordnung der Globalisierung im 19. Jahrhundert mitunter negativer aus.[8] Martin und Schumann (1996, S. 313): „Der Einstieg ins Industriezeitalter war eine der furchtbarsten Perioden der europäischen Geschichte. Als sich die alten Feudalherrscher mit den neuen Kapitalisten vereinten und mit brachialer Regierungsgewalt die alte Werteordnung, die Zunftregeln der Handwerker und die Gewohnheitsrechte der Landbevölkerung auf ein armes, aber sicheres Überleben beseitigten, verursachten sie (...) millionenfaches menschliches Elend." Bei allem Mangel an sozialen Einrichtungen und Problemen der industriellen Revolution, die unter anderem die kommunistische Kritik an der klassischen Ökonomie bewirkte, wird hier ignoriert, dass die massive Landflucht der Industrialisierung nicht Folge einer Zwangsumsiedlung war. Sondern sie wurde durch eine rasch wachsende Bevölkerung und immer wiederkehrenden Agrarkrisen, verbunden mit mehr Verdienstaussichten in der Industrie, ausgelöst.[9]

Was ist neuartig an der aktuellen Globalisierung und wie kommt es in unserer Zeit zu dem besonders ausgedehnten Widerstand gegen die Globalisierung und die Hervorhebung auschließlich negativer Globalisierungswirkungen?

Zunächst ist festzuhalten, dass die Diskussion durch die aktuelle weltwirtschaftliche Konjunkturflaute und Börsenbaisse neue Nahrung erhalten kann[10] – wenn auch Globalisierungskritik bereits in der Phase des großen Booms der neunziger Jahre heftig vorgetragen wurde. Freytag und Sally (1999) merken an, dass der liberalisierte Handel, verglichen mit der Globalisierungsphase des 19. Jahrhunderts, mehr intraindustriell geprägt ist, soweit es den Güteraustausch zwischen Industrieländern anbelangt.[11] Dies erleichtert die Anpassun-

---

[8] Laut vielen Fundamentalkritikern (s. auch Teil 2.1.) wie IFG (2002) ist Globalisierung in eine Linie ökonomisch getriebener Weltentwicklung zu stellen mit Kolonialisierung, Neokolonialisierung und Post-Kolonialismus. Der historische Determinismus des Marxismus wird häufig von Fundamentalkritikern auf die aktuelle Globalisierungsdiskussion übertragen.

[9] Seit Engels (1849) das Leid der damaligen britischen Industrialisierung beschrieb, wird häufig der Fehler begangen, die ärmlichen Zustände der Landbevölkerung vor der industriellen Revolution auszublenden.

[10] Die große Depression der dreißiger Jahre ist mitverantwortlich für den zunehmenden Protektionismus jener Zeit (Crafts, 2000).

[11] Laut OECD (2002b) intensivierte sich der intraindustrielle Handel in der Mehrheit der OECD-Länder seit Ende der achtziger Jahre.

gen an den außenwirtschaftlich bedingten Strukturwandel. Anders ist es indes bei interindustriellem Handel, der typisch ist zwischen Industrieländern und Entwicklungsländern. Hier erzwingt der Importwettbewerb Anpassungen über Branchengrenzen hinweg, was entsprechend hohe Anforderungen, viel höher als bei intraindustriellem Handel, an die räumliche und berufliche Mobilität der Arbeitnehmer stellt.

Hinzu kommt die Befürchtung, dass die ausgeprägteren Systeme der sozialen Sicherung unter starken Druck gesetzt werden – in Richtung eines Abbaus von Leistungen. Die in Deutschland und anderswo laufende Debatte von einer Absenkung der gesetzlichen Lohnnebenkosten (im Wesentlichen sind das die Beiträge zur Sozialversicherung), von der Haushaltskonsolidierung auf der Ausgabenseite (das schließt die verschiedenen Formen von Sozialtransfers ein) und von Steuersenkungen im internationalen Standortwettbewerb (wodurch die Spielräume für eine fortgesetzte interpersonelle Umverteilung enger werden) nähren die Sorge um geringere Sozialstandards.

Damit ist verbunden, dass trotz fortgesetzten Wachstums in Industrie- und Entwicklungsländern der durch den globalen Wettbewerb beschleunigte Strukturwandel eine erhöhte Unsicherheit über die eigene wirtschaftliche Situation bewirken könnte (Kirsch, 2002, oder auch Siebke, 1992). Auch wer heute zu den Gewinnern des globalen Strukturwandels zählt, ist sich darüber unsicher, wen die weiteren Veränderungen zu den Verlierern von morgen machen könnte. „Über die Bedrohung der materiellen Situation hinaus erzeugt die Globalisierung Angst gegenüber Vorgängen, die unkontrolliert und unbegreiflich die eigene Existenz bedrohen. Globalisierung steht für das Fremde, das in die überschaubare Umwelt einbricht, Mobilität erzwingt, Bindungen zerstört." (Issing, 2001, S. 5).[12] Spiegelbildlich dazu ist durch die zunehmende globale Vernetzung eine verstärkte Wahrnehmung über die zum Teil krassen Wohlstandsunterschiede zwischen Industrie- und Entwicklungsländern entstanden. Von der Entwicklungspolitik wird ein viel größerer Kraftakt erwartet, um arme Länder gegenüber reicheren Ländern schneller aufholen zu lassen, als die jahrhundertelange Entwicklung in Europa, USA und selbst Japan bewältigen konnte.[13]

---

[12] Fleischhauer u.a. (2001, S. 24f.):"Dass es Gewinner und Verlierer gibt, war vorher klar. Doch gewachsen ist jene Gruppe dazwischen, die materiell wahrscheinlich zu den Siegern zählt, weil ihr Job effizienter und damit sicherer ist, (...)- und die dennoch dieses Grundgrummeln nicht los wird. Die Rede ist von jenen Menschen, denen es gut geht und die sich schlecht dabei fühlen."

[13] Das „Wachstumswunder" in Südostasien lässt jedoch hoffen, dass bestimmte Maßnahmen ein Land erstaunlich schnell zu den Industrieländern aufschließen lassen können. Während bei der rasanten Entwicklung in Deutschland und Japan nach dem Krieg noch auf vorhandene Strukturen und Humankapital aufgebaut werden konnte, gelang in einigen Ländern Asiens beispielhaft der Wandel von einer vorindustrialisierten Gesellschaft bis hin zum allmählichen Übergang von Industrie- zur Dienstleistungsgesellschaft in we-

Die historische Erfahrung hat gezeigt, dass auch für die aktuelle Phase der Globalisierung deutliche Rückschläge nicht auszuschließen sind (Borchardt, 1997), sofern der Widerstand der Verlierer des Globalisierungsprozesses (oder derjenigen, die befürchten, zu Verlierern zu werden) in Protektion resultiert, die den weltwirtschaftlichen Integrationsprozess abwürgt.[14] Dies illustriert deutlich, dass die Globalisierungsdebatte nicht nur wegen der zum Teil lebenswichtigen Bedeutung einzelner Kritikpunkte, wie Finanzmarktkrisen oder Armut, hohe Priorität für politische Entscheidungsträger haben sollte. Es besteht zudem bei Eskalation von Meinungsverschiedenheiten das Risiko wirtschaftspolitisch verfehlter Handlungen und damit erheblicher weltweiter Wohlfahrtseinbußen.

1.3. Charakterisierung der Globalisierungskritiker

Kritik an wirtschaftlicher Globalisierung wird von verschiedenen Gruppen und Einzelpersonen außerhalb der Diskussion politischer Entscheidungsträger geäußert. Traditionell stellen Kirchen und kirchennahe Organisationen ökonomischem Denken ihre auf Religion basierende ethische Überlegungen entgegen.[15] Zudem besteht auch in der wirtschaftswissenschaftlichen Literatur ein konstant kritischer Umgang mit den Aspekten der heute als Globalisierung bezeichneten weltwirtschaftlichen Entwicklung.[16]

Internationale Organisationen, deren Kernaufgabe es ist, sich mit Problemen der Weltwirtschaft zu befassen und Lösungswege anzuregen – wie Weltbank, Internationaler Währungsfonds (IWF) und Welthandelsorganisation (WTO)

---

nigen Jahrzehnten. Grundsätzlich muss jedoch die Konvergenzhypothese von Barro beachtet werden (Barro und Sala-i-Martin, 1995): Danach wachsen zwar ärmere Länder schneller als reiche, die realwirtschaftliche Konvergenz braucht allerdings Zeit, viel Zeit. Nach dem sogenannten „eisernen Gesetz der Konvergenz", der „Zwei-Prozent-Regel", verringern sich die Unterschiede zwischen dem Pro-Kopf-Einkommen mit einer Rate von 2% je Jahr, so dass es 35 Jahre dauert, bis sich unter sonst gleichen Bedingungen die Pro-Kopf-Einkommenslücke in der Ausgangssituation um die Hälfte verringert; bei einer höheren (niedrigeren) Konvergenzgeschwindigkeit, für die es auch empirische Befunde gibt, ist die Halbwertzeit kürzer (länger).

[14] So z.B. im Mittelalter durch Durchsetzung des anfänglichen Merkantilismus und Protektionismus der Territorialstaaten und -mächte gegen die Freihandelsbünde der Städte. Bei den historischen Vergleichen von Crafts (2000) findet sich auch ein Überblick über die aktuellen Risiken für die Globalisierung.

[15] Neuere kirchliche Kommentare zu dem Thema finden sich bei: Evangelische Kirche in Deutschland (EKD, 1999) oder auch in einem Kommentar von Papst Johannes Paul II. (1999). Kairos ist eine ökumenische Gruppierung, die sich kritisch zu Globalisierung äussert. Im Internet unter: http://www.kairos.de .

[16] Gerade im 19. Jahrhundert ließ die Industrialisierung und Marktöffnung eine wissenschaftliche Debatte entstehen, aus der unter anderem die Ideologie des Kommunismus entstand.

– stehen zwar selbst im Mittelpunkt zum Teil heftiger Kritik (s. u. Teil 2.2.4., 2.3.2.2. und 2.5.4.).

Allerdings machen auch sie auf Fehlentwicklungen auf globalen Märkten aufmerksam und nehmen kritisch zu dem Verhalten der Regierungen von Industrie- und Entwicklungsländern Stellung.[17] Organisationen wie United Nations Conference on Trade and Development (UNCTAD) und United Nations Development Program (UNDP) stehen dabei an der eher globalisierungskritischen Seite des Spektrums.[18]

Gewerkschaften, Unternehmerverbände und andere Interessengruppen nehmen die zunehmende weltwirtschaftliche Integration unter verschiedenen Blickwinkeln wahr – in jedem Fall geht es den Kritikern unter ihnen aber um die Bedrohung von Arbeitsplätzen und bestehender Geschäftstätigkeit durch zunehmende Konkurrenz von außen und negative Einflüsse durch globale Umstände (z.B. Finanz- und Währungskrisen, weltwirtschaftliche Rezessionen, internationaler Terrorismus, politisch-militärische Konflikte).

Neu in der Globalisierungsdebatte der letzten Jahre sind einzelne Autoren und ganze Organisationen, die sich zum Widerstand gegen als negativ wahrgenommene Punkte der Globalisierung formieren, um ein Vielfaches in der Aufmerksamkeit der Öffentlichkeit verstärkt durch die Medien, und vor allem durch die Möglichkeiten des Internets.

Zahlreiche markante, zum Teil populärwissenschaftliche Titel sind von einzelnen Autoren seit den neunziger Jahren erschienen, deren Argumente und Kritik den Begriff der Globalisierung von vornherein negativ belegen. In Deutschland wären Martin und Schumann (1996) zu nennen, Ehrenberg (1997) oder auch Lafontaine und Müller (1998). Vor dem Hintergrund der Globalisierung beschwor Rifkin (1995) „Das Ende der Arbeit" und Forrester (1997) sah den Schrecken in der Ökonomie. Aus den USA sorgten ferner Wirtschaftswissenschaftler wie Rodrik (1997) oder Luttwark (1999) mit ihren globalisierungskritischen Analysen für Aufsehen. Besonderes Interesse gilt solchen Autoren wie Stiglitz (2002), Gray (1999) oder auch Soros (1998), die als prominente marktwirtschaftliche Befürworter von Globalisierung und liberaler Wirtschaftsordnung nun ebenfalls Kritik an Aspekten der Globalisierung äußern.[19]

---

[17] Aus der Fülle an Analysen und Arbeitspapieren dieser Institutionen wird eine ganze Reihe im Rahmen dieser Studie berücksichtigt, sowohl zur Stellungnahme gegen Vorwürfe seitens der Globalisierungskritiker als auch zur Würdigung anderer Kritikpunkte.

[18] Von UNCTAD und UNDP stammt ein Großteil der empirischen Befunde über Armut und Einkommensdisparitäten, die die Globalisierungskritiker besonders thematisieren. Mehr hierzu in Teil 2.2.1.

[19] Joseph Stiglitz war Chefökonom der Weltbank, John Gray Berater der Regierung von Margaret Thatcher und George Soros ist Leiter einer der prominentesten Hedge Funds der Finanzindustrie. Eine besonders große Aufmerksamkeit hat in Kreisen der Wissen-

Einen weitaus grösseren Einfluss haben jedoch die neu formierten Organisationen und losen Verbindungen von Gruppen, die den Protest und die Kritik gegen den gesamten Prozess der Globalisierung (z.B. Attac, 2002, kurz für „Association pour la Taxation des Transactions financières pour l'Aide aux Citoyens"[20]) oder aber einzelne Aspekte derselben als ihre primäre Aufgabe sehen.[21]

Ersteres nimmt häufig den Charakter einer fundamentalen Infragestellung des marktwirtschaftlichen Wirtschaftssystems an. Zum Teil kritisieren solche Fundamentalkritiker diejenigen, die die Elemente der Marktwirtschaft (z.B. die Vorteile internationaler Arbeitsteilung und Handel) bejahen und die nur die Missachtung dieser Elemente ankreiden (Shiva, 2002, kritisiert z.B. Oxfam, 2002) Eine pauschale Bezeichnung selbst dieser Kritiker als „Globalisierungsgegner" wird jedoch von diesen abgelehnt (z.B. Wahl/Giegold/Klimenta, 2001). Dieser Einschätzung folgen auch wir und verwenden statt „Globalisierungsgegner" den Oberbegriff „Globalisierungskritiker"; denn selbst bei Kritik eines marktwirtschaftlichen Systems ist nicht erkennbar, dass das Näherrücken der verschiedenen Kulturen und die Verbesserung der Kommunikationsmittel und Reisemöglichkeiten, die gerade von Kritikern auch genutzt werden, mit abgelehnt wird.

Die zunehmende Sympathie mit diesen Gruppen (allein bei den Protesten in Florenz vom 9.-14. November 2002 sollen bei Demonstrationen bis zu 500.000 Menschen gezählt worden sein[22]) und ihr Erfolg, im Protest ganz unterschiedliche Gruppierungen von Kirchen bis hin zu Gewerkschaften zu

---

schaft und Politik das neueste Werk von Stiglitz (2002) gefunden. Diese Studie übt allerdings in erster Linie eine harte Kritik an der Politik des Internationalen Währungsfonds (IWF) bei der Bekämpfung der jüngsten Finanz- und Währungskrisen in Entwicklungs- und Schwellenländern; sie macht hingegen nicht allgemein Front gegen die Globalisierung, auch wenn Globalisierungskritiker dies mitunter so darstellen. Die Kritik an dem IWF hat dessen Chefökonom Kenneth Rogoff in einem offenen Brief (vom 2. Juli 2002) an Stiglitz zurückgewiesen (s. auch unten Teil 2.3.3.2.).

[20] Attac ist in Deutschland die wohl bekannteste globalisierungskritische Vereinigung. Sie wurde 1998 gegründet, nachdem ein globalisierungskritischer Artikel von Ignacio Ramonet in der Monde Diplomatique vom Dezember 1997 auf umfangreiche Resonanz gestoßen war. Eine aktuelle, detaillierte und kritische Beschreibung von Attac findet sich bei Baus/von Wilamowitz-Moellendorff (2002).

[21] Die Zahl der im Internet auftretenden globalisierungskritischen Gruppen ist sehr groß. Übersichten und Links bieten die Gruppen oft selber an, so z.B. http://www.focusweb.org/Links/Linksindex.htm , http://attac.org/indexen/index.html http://www.turnpoint.org/global.html .

[22] Vgl. die Attac-Pressemitteilung vom 9. November 2002, im Internet verfügbar unter http://www.attac-netzwerk.de/presse/presse_ausgabe.php?id=134 .

mobilisieren, ist ein Charakteristikum dieser Art von Globalisierungskritikern.[23]

Viele der globalisierungskritischen Gruppen, die sich wie Attac lose in Netzwerken formieren, zum Teil einzeln oder gemeinsam vorgehen, lassen sich in den erweiterten Begriff der Nicht-Regierungsorganisation (non-governmental organisation, kurz NGO) einordnen. Dies umfasst Vereinigungen, die sich außerhalb staatlicher Gremien ohne Gewinnorientierung mit humanitären und politischen Fragen beschäftigen, also im weitesten Sinne auch die oben erwähnten Internationalen Organisationen oder auch Kirchen und Gewerkschaften.[24] Ihre Anzahl ist schwer zu fassen (IW, 2000), aber in der zweiten Hälfte der neunziger Jahre kam es vor dem Hintergrund der Globalisierungsdebatte noch einmal zu einem Schub der internationalen NGOs.

Wenn in dieser Studie über NGOs die Rede ist, so sind jedoch diejenigen gemeint, die zu ökonomischen Fragestellungen der Globalisierung kritisch Bezug nehmen. Dazu gehören neben primär globalisierungskritischen Bewegungen wie das Attac-Netzwerk, International Forum on Globalization (IFG) und Oxfam auch etabliertere NGOs wie der Club of Rome.[25] Greenpeace,

---

[23] Vgl. auch die historische Einordnung im vorangegangenen Kapitel. Fleischhauer u.a.(2001, S. 23): „Es ist gerade ihre Vielfältigkeit, die diese Bewegung so schwer begreiflich macht und die Kritiker so verwirrt: Bei ihrer Geburtsstunde in Seattle, wo 50.000 Demonstranten vor knapp zwei Jahren die Tagung der Welthandelsorganisation WTO sprengten, marschierten die Anhänger des erzkonservativen Pat Buchanan ebenso entschlossen wie die Anarchisten aus Kreuzberg. Gewerkschaften sind ebenso dabei wie Umweltschützer. Sogar der Papst sprach sich kürzlich gegen Auswüchse der Globalisierung aus – katholische Bischöfe im Schulterschluss mit Italiens extremen Linken." Es wäre hier noch anzumerken, dass, ähnlich wie früher Greenpeace, globalisierungskritische Gruppen durch spektakuläre Aktionen wie etwa die Blockade von Seattle beim WTO-Gipfel 1999 auf sich aufmerksam machen wollen. Attac-Schlagwörter wie „Her mit dem schönen Leben – eine andere Welt ist möglich" (Attac, 2002b) kennzeichnen den Event-artigen Charakter einiger der Bewegungen, die sich auch der Methode der Ironisierung bedienen, wie z.B. der Name der globalisierungskritischen NGO „World Bunk Group".

[24] Die Definition der Vereinten Nationen sieht NGOs wie folgt: "A non-governmental organization (NGO) is any non-profit, voluntary citizens' group which is organized on a local, national or international level. Task-oriented and driven by people with a common interest, NGOs perform a variety of services and humanitarian functions, bring citizens' concerns to Governments, monitor policies and encourage political participation at the community level. They provide analysis and expertise, serve as early warning mechanisms and help monitor and implement international agreements." (Quelle im Internet: http://www.un.org/MoreInfo/ngolink/brochure.htm).

[25] Der Club of Rome misstraut Marktkräften auch in der aktuellen Globalisierungsdebatte und sieht sich seit 1972 nur „Dreißig Jahre näher an den Grenzen" des Wachstums (Club

Friends of the Earth International (FOEI), World Wildlife Fund (WWF), oder auch Amnesty International haben zudem ihre ursprünglich umweltorientierten und soziologischen Themen nun um ökonomische Fragestellungen der Globalisierung erweitert (z.B. könnte Armut das Risiko instabiler politischer Systeme erhöhen, es bestehen möglicherweise umweltschädigende Einflüsse des wirtschaftlichen Verhaltens etc.).

Die Welle von Globalisierungskritik hat jedenfalls die Anzahl der NGOs stark anschwellen lassen und auch ihre Mittel (einschließlich der traditionellen humanitären Organisationen wie International Red Cross and Red Crescent) beliefen sich 1998 auf knapp 7 Mrd. US-Dollar, gut 11% der offiziellen Entwicklungshilfe (IW, 2000). Diese stammt vorwiegend aus Europa und wird konzentriert für Afrika verwendet (vorwiegend Bildungs- und Gesundheitsprojekte, McDonnell und Solignac Lecomte, 2002). Viel an privater Initiative zur Entwicklungshilfe kam jedoch vorwiegend in den achtziger Jahren als Folge von Misstrauen in staatliche Stellen zustande, und weniger wegen Globalisierungskritik. Dies änderte sich im letzten Jahrzehnt, in dem weniger die pekuniäre Abhilfe als die Kritik bestimmter Vorgänge der Globalisierung und ihrer Institutionen wie IWF, WTO und Weltbank in den Vordergrund rückte (McDonnell und Solignac Lecomte, 2002).

Schaubild 2: Internationale NGOs 1909-2000
Anzahl internationaler Nichtregierungsorganisationen

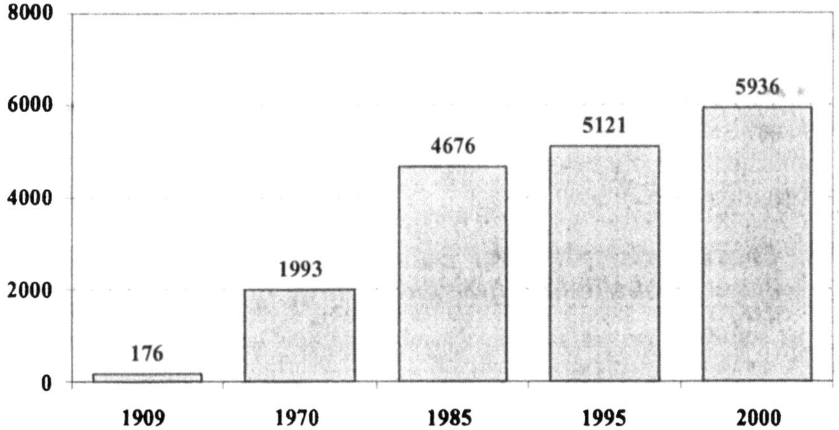

Quelle: Scharnagel (2002) auf Basis von Daten der Union of International Associations (UIA)

Zum Teil stehen die neuen, in erster Linie globalisierungskritischen NGOs an einem Scheideweg nach ihrer ersten, stark expandierenden Entwicklung. An Mitgliederzahl nähern sich die größten von ihnen allmählich politischen Parteien, und es ist gut möglich, dass sie zum Teil diesen politischen Weg in der

---

of Rome, 2002, S. 3), welches bereits im zentralen Bericht des Club of Rome 1972 vorausgesagt wurde (Meadows und Meadows, 1972).

Globalisierungsdebatte beschreiten werden – ähnlich wie die Partei der Grünen den Weg von der Umwelt- und Friedensbewegung hin zu einer umfassenden politischen Partei nicht nur in Deutschland gefunden hat. Dies wird jedoch nicht explizit angestrebt; Attac zum Beispiel wehrt sich sogar gegen die Tendenz, zu einer Partei zu werden (Drost, 2002), um nicht in das herkömmliche Muster politischer Auseinandersetzung gezwängt zu werden und sich den Charakter einer Bewegung zu erhalten. Damit läuft diese Organisation jedoch Gefahr, von politischen Interessengruppen und Parteien instrumentalisiert zu werden, die sich aus eigenen Gründen auf deren Seite stellen oder zumindest mit ihnen sympathisieren (Beck, 2002. Siehe auch unten Kapitel 4.2.).

Fest steht, dass der Einfluss der globalisierungskritischen NGOs zunimmt (Graham, 2000).[26] Bei den von ihnen zum größten Teil kritisierten internationalen Organisationen wie Weltbank oder WTO werden sie bereits in beratender Funktion hinzugezogen, in anderen Fällen konnte ihr Protest internationale Verhandlungen empfindlich stören (1999 in Seattle) oder sogar zunichte machen (das Scheitern der Initiative zum Mulitlateralen Investitionsabkommen (MAI) der OECD 1998), oder aber zumindest in der Agenda stark beeinflussen (Earth Summit in Johannesburg 2002). Fraglich ist, ob die Qualität oder die reine Vielzahl an Kritik dazu beigetragen hat, den Einfluss der Globalisierungskritik zu mehren. In vielen Aussagen der Globalisierungskritiker finden sich pauschale, stark emotionalisierte und auf politische Resonanz hin ausgerichtete Formulierungen und wenig empirisch begründete Kritik. Ausführlichere Studien wie die von Oxfam (2002)[27], Khor (2000a) vom Third World Network, Friends of the Earth International (2001) oder auch dem Centre for Economic and Policy Research (Baker u.a., 2001) stellen eher die Ausnahme als die Regel dar. Dennoch hat sich auch in der wirtschaftswissenschaftlichen Literatur ein reger Diskurs ergeben, auf den im Folgenden zurückgegriffen werden soll.

1.4. Charakterisierung der Befürworter aktueller wirtschaftlicher Globalisierungsentwicklung

Es ist schwer, eine umfassende Charakterisierung von der Gegenseite der Kritik in der Globalisierungsdebatte zu geben. Ein bewegungsartiger Charakter wie bei vielen der neuen globalisierungskritischen NGOs fehlt beispielsweise fast völlig.[28] So haftet der Seite in der Globalisierungsdebatte, die

---

[26] Issing (2001) vermutet, dass zumindest ein Teil der Globalisierungskritik aus der stets vorhandenen Verdrossenheit gegenüber liberalem Wirtschaftsdenken und –ordnungen stammt, welche sich nach dem Fall des Kommunismus eine neue Angriffsfläche suchte.

[27] Oxfam selbst sieht sich zwischen extremen Lagern von „Globaphiles" und „Globaphobes" (2002, S.7).

[28] Natürlich hat das Internet auch verschiedene Webseiten hervorgebracht, die sich der Information und Aufklärung liberaler Wirtschaftsideen widmen. Einen guten Einstieg bie-

eher auf die wohlfahrtssteigernden Aspekte und Errungenschaften der Globalisierung verweist, paradoxerweise ein Nimbus des Establishments an, obwohl doch gerade eine Befürwortung ökonomischer Globalisierungskräfte für eine stete Veränderung des Status quo sorgt.

Regierungen der Industrieländer, aber auch vieler Entwicklungsländer befürworten eher liberales Gedankengut in ihrer Wirtschaftspolitik, auch wenn im Abschnitt 2.3.1. weiter unten noch gezeigt wird, dass Globalisierungskritik sich auch an dem Verhalten von Regierungen stößt, die sich protektionistisch verhalten.[29] Gerade angesichts der stark aufkommenden Globalisierungskritik der letzten Jahre wurde bei Regierungen selbstkritisch festgestellt, dass man in der Verfolgung internationaler liberaler Wirtschaftspolitik und dem Fortsetzen des Freihandelsgedankens zu wenig dafür getan hat, der breiten Bevölkerung den Sinn und die Notwendigkeit dieser Konzeption zu vermitteln.[30] Durch Einbindung von globalisierungskritischen NGOs in internationale Verhandlungen will man der Gefahr begegnen, dass sich der Protest außerhalb des normalen politischen Diskurses bewegt und somit in gewaltsame Eskalation ausufern könnte. Hierbei drängt sich jedoch die Frage auf, ob ein solches Verhalten nicht NGOs in der Heftigkeit ihrer Kritik bestätigt und ihnen mehr Einfluss zubilligt, als dies für die Bewältigung globaler Probleme ratsam wäre (s. auch unten Kapitel 4.2.).

Wenn sich ein Orientierungspunkt für Globalisierungsbefürworter im Sinne liberalen Wirtschaftsdenkens gebildet hat, so ist es wohl der (auch häufig im Kreuzfeuer der Kritik befindliche) „Washington Consensus". Dieser Begriff wurde von John Williamson vom Institute for International Economics 1990 geprägt (Williamson, 1990) und umfasst zehn wirtschaftspolitische Leitlinien, die für wirtschaftliche Reformen in Lateinamerika als Wegweiser dienen, und die einen niedrigsten allgemeinen Nenner zuvor bewährter wirtschaftspolitischer Strategien darstellen sollten, nach denen sich die US-Wirtschaftspolitik, die Weltbank und der IWF in ihrer momentanen Praxis allgemein orientieren. Demnach werden allen Ländern, die sich am weltwirtschaftlichen Integrati-

---

tet die südafrikanische Free Market Foundation unter http://www.freemarketfoundation.com/ . Auf radikalliberalen Ökonomen wie David Friedman basiert eine deutschsprachige Webseite im Internet unter http://www.nineties.com/freie-zeiten/ , die allerdings nicht mehr aktualisiert wird. Radikalliberale Webseiten scheinen bewusst gegen Globalisierungskritiker polarisierend auftreten zu wollen, erreichen aber in keiner Weise eine vergleichbare Resonanz oder mobilisierende Wirkung.

[29] Bis 1998 allerdings noch ging es bei den G7-Treffen eher darum, den „four evils of globalization" zu begegnen (Bayne, 2001). Dass die Globalisierung unter dem Strich auch positive Folgen haben kann, wird erst seit dieser Zeit in Erklärungen der Regierungen der größten Industrieländer deutlich.

[30] Die britische Regierung beispielsweise versucht durch eine eigenständige Erklärung die Debatte wieder mitzubestimmen. Im Internet verfügbar unter: http://www.globalisation.gov.uk/ .

onsprozess beteiligen wollen und auf internationale Hilfe hoffen, folgende Grundelemente empfohlen (in Klammern werden die von Kritikern am häufigsten geäußerten Bedenken den entsprechenden Bereichen in Teil 2 zugeordnet):

1. Fiskalische Disziplin soll erhöht werden (Kritik: Sozialsysteme geraten unter Druck, Erhöhung der Armut, s. Teil 2.5.).

2. Öffentliche Ausgaben sollen hin zu lohnenderen Aufgaben koordiniert werden und eine grundsätzliche Umverteilung, Infrastruktur, Grundbildung und medizinische Grundversorgung gewährleisten (Kritik: Eingriff in die Souveränität der Länder, s. Teil 2.5.).

3. Steuerreform: die Steuerbasis soll ausgeweitet, die Grenzsteuerbelastung gesenkt werden (Kritik: hilft nur Reichen, erhöht Armut, s. Teil 2.5.).

4. Ein freier Geldmarkt und eine freie Zinsbildung sollen gewährleistet sein (Kritik: Verzicht der Geldpolitik als Hilfsmittel zur Bewältigung von Armut und Schuldenkrisen, s. Teil 2.3. und 2.5.).[31]

5. Ein wettbewerbsfähiger Wechselkurs muss ermöglicht werden (Kritik: Währungsabwertungen unvermeidlich, erhöhen Schuldenproblematik, s. Teil 2.3. und 2.5.).[32]

6. Handelsliberalisierung und Marktöffnung sollen vorangetrieben werden (Kritik: zerstört Industrie und Arbeitsplätze des betreffenden Landes, führt zu Armut und Ausbeutung durch Ausland, s. Teil 2.2.).[33]

7. Eine Öffnung des Marktes für ausländische Direktinvestitionen soll herbeigeführt werden (Kritik: eröffnet ausländischen Unternehmen eine zu hohe Machtstellung, Wissenstransfer zu begrenzt, um die abgeführten Gewinne auszugleichen, s. Teil 2.2.4.2.)

8. Die Privatisierung von nicht für Kernaufgaben des Staates gebrauchten öffentlichen Einrichtungen soll vorgenommen werden. (Kritik: Ausverkauf des Staates, Gefährdung öffentlicher Aufgaben, hilft nur Reichen und erhöht Armut, s. Teil 2.5.).

---

[31] Williamson selbst (1999) fügt hinzu, dass eine freie Zinsbildung nur eine Dimension eines liberalisierten Finanzmarktes sei. Mittlerweile ersetzt er diesen Punkt durch „Liberalisierung des Finanzmarktes".

[32] Hiermit ist nicht unbedingt ein flexibles Wechselkurssystem gemeint. Williamson (1999) vertritt allerdings Flexibilität in der Wahl des Systems, solange es nur praktikabel ist und Stabilität garantiert.

[33] Williamson (1999) vermerkt ironisch, in diesem Punkt wären Teile der US-Regierung nicht unbedingt gleicher Meinung.

9. Die Deregulierung soll betrieben werden (Kritik: verhindert den Schutz von Armen, s. Teil 2.5.).
10. Die privaten Eigentumsrechte sollen garantiert werden (Kritik: Hilft nur den Reichen, zementiert Status quo, s. Teil 2.1.).

Tatsächlich lässt sich aber in Verbindung mit dem oben aufgeführten fehlenden Bewegungscharakter und uneinheitlichen Grad an liberaler Wirtschaftspolitik bei den Regierungen feststellen, dass sich kaum ein „Consensus" gebildet hat, der von Globalisierungskritikern häufig beschworen wird. Die Bandbreite von Autoren und wirtschaftswissenschaftlicher Literatur sowie Erklärungen wirtschaftspolitischer Exekutive ist nach wie vor sehr weit. Apologetische Standpunkte zur eigenen protektionistischen Praxis wie von der EU-Kommission (2002a) gehören ebenso dazu wie einzelne Autoren, die vor dem Hintergrund ihrer mitunter heterogenen Überzeugungen Argumente gegen Globalisierungskritik liefern.[34]

Die Regierungen von Entwicklungsländern sind bemerkenswerterweise häufig ebenfalls nicht auf der Seite von Globalisierungskritikern. Sie befürchten schlechtere Wachstumsaussichten und Entwicklungsperspektiven, wenn globalisierungskritische Proteste (vor allem der Ruf nach Schutz vor sogenannter Lohndumping-Konkurrenz aus Entwicklungsländern, s. unten Teil 3.2.2.) heftiger werden.[35]

So hat der mexikanische Präsident Zedillo auf dem World Economic Forum in Davos 2000 die Tätigkeit von NGOs verdächtigt, nur Partikularinteressen zu bedienen und protektionistische Barrieren gegen Entwicklungsländer aufzurichten.[36] Er wies auch misstrauisch darauf hin, dass sich hier Koalitionen aus Menschenrechtsorganisationen und Gewerkschaften in Industrieländern

---

[34] Larsson (2001) stellt zum Beispiel eines der wenigen populärwissenschaftlichen, mit Fallbeispielen angereicherten Bücher für liberale Globalisierung dar. Einzelne Autoren wie Paul Krugman oder Jagdish Bhagwati, die sich zu Aspekten der Globalisierung kritisch äußern, viel pauschale Globalisierungskritik jedoch zurückweisen, bieten Meinungen auf ihren Webseiten: http://web.mit.edu/krugman/www/ und http://www.columbia.edu/~jb38/papers.htm . An Forschungsinstituten steht im Gegensatz zu NGOs die Vertretung liberalen Gedankenguts besser vertreten da. Zu nennen wäre hier nur beispielhaft das Institute for International Economics in Washington, das Cato Institute, und das Fraser Institute. Auf Argumente gegen Globalisierungskritik sind in Deutschland spezialisiert: Institut für Weltwirtschaft, Kiel, und das HWWA-Institut für Wirtschaftsforschung in Hamburg.

[35] Andererseits ist zu bedenken, dass sich die Globalisierungskritik aus Entwicklungsländern aus Furcht vor Entzug von Hilfe aus Industrieländern stark zurückhalten könnte (Gerster und Hauser, 2002).

[36] World Economic Forum News vom 28. Januar 2000; im Internet verfügbar unter: http://specials.ft.com/ln/specials/sp59ba.htm .

bilden würden, ein Zusammenhang, auf den im Teil 4.2. noch näher eingegangen werden soll.

Unternehmen, die sich durch Marktöffnungen Chancen ausrechnen, stehen zwar auf Seiten der Befürworter von Globalisierung, verfolgen aber in ihrer Geschäftstätigkeit keine übergeordnete oder koordinierte Interessenvertretung für liberale Globalisierung.

Steingart (1997) stellt schließlich einen recht wenig in der Diskussion vertretenen Befürworter der Globalisierung vor: den Konsumenten. Auch hier ist die Neigung zur Bildung von Interessenverbänden weitaus geringer als die von durch ausländische Konkurrenz und Globalisierung bedrohten Arbeitnehmer.[37] Konsumenten in allen Ländern, die sich der Globalisierung öffnen, können sich tendenziell niedrigere Preise (und damit höhere Realeinkommen) erhoffen.[38]

1.5. Globalisierungskritik in der politischen Diskussion in Deutschland

Die Politik in Deutschland ist von der intensivierten Globalisierungsdebatte der letzten Jahre nicht unbeeindruckt geblieben. In den Wahlprogrammen der Parteien finden sich Leitlinien zu einzelnen Aspekten der Globalisierung, wie auch im Koalitionsvertrag der Bundesregierung.[39] Darin kommt ein allgemeines Bekenntnis zur „sozialen und ökologischen Marktwirtschaft" zum Ausdruck, allerdings wird auch auf einige der in Teil 3 näher erläuterten Forderungen von Globalisierungskritikern eingegangen.

So wird dem Wunsch entsprochen, die Entwicklungshilfe wieder zu erhöhen, und zwar auf 0,33 vH der jährlichen Wirtschaftsleistung bis 2006 als „Zwischenschritt bis zum 0,7 vH-Ziel".[40] Der Wunsch nach dem Abbau von Handelsschranken wird geäußert, an anderer Stelle jedoch an den HERMES-

---

[37] Siehe auch Kapitel 4.2. für politökonomische Hintergründe für die Bildung von Akteuren in der Globalisierungsdebatte.

[38] Dies führt z.B. auch bei Finanzdienstleistungen zu neuartigen Produkten wie niedrigen Hypothekarzinssätzen durch Aufnahme der Schuld in Yen, da in Japan die Zinsen seit Jahren nahe null Prozent liegen.

[39] Verfügbar im Internet unter: http://www.spd.de/servlet/PB/menu/1023292/_index.html.

[40] Durch die UN-Resolution vom 24. Oktober 1970 haben sich die Industrieländer, Deutschland eingeschlossen, verpflichtet, mindestens 0,7 vH des Bruttoinlandsprodukts als öffentliche Entwicklungshilfe bereitzustellen. Diese Selbstverpflichtung ist wiederholt vor den Vereinten Nationen bekräftigt worden. Deutschland und die meisten anderen Industriestaaten sind jedoch stets weit hinter diesem Ziel geblieben. Die jetzt von der Bundesregierung angepeilte 0,33-Prozent-Marke entspricht einem Beschluss auf dem EU-Gipfel der Staats- und Regierungschefs in Barcelona im März 2002; danach soll dieser Wert von allen Mitgliedsländern bis zum Jahre 2006 erreicht werden.

Bürgschaften festgehalten. Das TRIPS-Abkommen soll noch einmal geprüft und Ausnahmeregeln für medizinische Versorgung, Artenvielfalt, genetische Ressourcen und „Rechte indigener Völker" erreicht werden.

Die Risiken offener Finanzmärkte werden angesprochen, und auch auf „unangemessene Volatilitäten" hingewiesen – was ein Maß an Skepsis in freie Marktbewegungen und kursglättende Spekulation impliziert. Auch kurzfristige Kapitalkontrollen werden implizit unterstützt. Ferner wird in der Koalitionsvereinbarung nicht der Begriff „Freihandel", sondern „Fairer Handel" verwendet, was mit dem Wettbewerbsprinzip in Konflikt stehen kann. Die Entschuldung der Entwicklungsländer soll vorangetrieben werden, einschließlich einer Unterstützung der Schaffung eines internationalen Insolvenzverfahrens. Die Hilfe für Entwicklungsländer soll allerdings auf Länder mit Regierungen konzentriert werden, die sich „durch gute Regierungsführung und Förderung friedlichen Zusammenlebens auszeichnen." Die Zusammenarbeit mit NGOs soll verstärkt werden.[41]

In dem Bericht der Enquête-Kommission des Deutschen Bundestags (2002) zur Globalisierung äußerte sich zudem das Parlament detailliert zum Thema Globalisierung. Auch hier lassen sich Spuren der Globalisierungskritiker erkennen. Bemerkenswert ist, dass die Mehrheit der Enquête-Kommission im Gegensatz zur Bundesregierung eine Devisentransaktionssteuer befürwortet (Tobin-Steuer, s. auch 3.3.2.). Auch kommt deutlich zum Ausdruck, dass in der Globalisierung eher Kräfte gesehen werden, die zu Ungleichheit und Armut in der Welt beitragen. Ähnliches gilt auch für die Beurteilung der Kommissionsmehrheit an SPD- und Grünen-Abgeordneten zur Rolle der Finanzmärkte. Hier wird durch die Globalisierung eine Zunahme von Problemen gesehen. Eine genauere Analyse der Wirkungen der vorgeschlagenen Regulierungsmaßnahmen fehlt allerdings.[42]

Im einzelnen fordert die Kommissionsmehrheit eine Aufweichung des Europäischen Stabilitätspakts für eine expansivere Fiskalpolitik, die verstärkte Berücksichtigung von wachstums- und beschäftigungspolitischen Zielen in den Zielkatalog der Europäischen Zentralbank (für Konjunkturpolitik siehe auch Teil 2.5.1.2), den Abbau von Sonderkonditionen für Unternehmen (Teil 3.2.4.) sowie die Förderung besserer Umwelt- und Sozialstandards (s. die Teile 3.2.2. und 3.4.).

---

[41] Bündnis90/Die Grünen bieten zum Teil Kooperation mit Globalisierungskritiker wie Attac an, s. den offenen Brief von Bündnis 90/Die Grünen vom 16. September 2002, im Internet verfügbar auf http://www.gruene-partei.de . In diesem Zusammenhang ist auch dem Flugblatt von Attac (2002b) zu entnehmen, dass sich die gewerkschaftlichen Jugendorganisationen von Ver.di, IG Metall und IG Bau an dem Aktionstag vom 14. September 2002 mit beteiligten.

[42] Dies merkt der Bundesverband deutscher Banken kritisch an. Siehe Kommentar vom 23.8.2002 im Internet unter: http://www.bdb.de/index.asp?channel=133810&art=451 .

Dem gegenüber präsentiert sich die Minderheitsmeinung der Oppositionspolitiker von CDU/CSU und FDP eher auf der wirtschaftsliberalen Seite. Beide Fraktionen lehnen die Tobin-Steuer ab. Den globalen Märkten wird insgesamt eine positivere Wirkung attestiert. Die CDU/CSU merkt an, dass Finanz- und Währungskrisen nie durch reine Spekulation ausgelöst worden sind. In der Globalisierung sieht sie eine Chance, durch erhöhten Wettbewerb in Deutschland für effizientere Wirtschaftsstrukturen zu sorgen. Einheitliche Sozialstandards werden abgelehnt und marktgerechtere Lösungen für Arbeitsmarktprobleme nahegelegt. Auch die FDP folgt im Wesentlichen dieser Linie.[43] Die FDP konzentriert sich besonders auch auf Bereiche wie Abbau von Agrarprotektion und Förderung von Bildung, um Globalisierungsproblemen entgegenzutreten.

Die PDS hingegen vertritt in ihrer Minderheitsmeinung eine eher fundamentalkritische Haltung. Die Demokratie wird durch den Druck von international mobilem Kapital als gefährdet angesehen (s. hierzu auch Teil 2.5.1.). Ferner werden erhebliche Wettbewerbsverzerrungen durch globale Finanzinstitute und sogar eine aushöhlende Wirkung von Exporten für Sozialstandards und Demokratie konstatiert, weswegen die Binnenorientierung des Wirtschaftens wieder gefördert werden sollte.

Insgesamt kann also der Bericht des Deutschen Bundestages als ein Spiegelbild eines Großteils des Meinungsspektrums der im Folgenden zu diskutierenden Globalisierungsdebatte durch die deutsche Politik betrachtet werden.

---

[43] Eine vollständige Liste der Bedenken der CDU/CSU findet sich in Deutscher Bundestag (2002), S. 457-508. Die Minderheitsmeinung der FDP findet sich auf den Seiten 508-536.

2. Almanach der Kritikpunkte an Globalisierung

2.1. Fundamentalkritik: Ablehnung eines marktwirtschaftlichen Wirtschaftssystems auf globaler Ebene

Aus den Äußerungen einer Reihe von Globalisierungskritikern wird deutlich, dass einer marktwirtschaftlichen Ordnung für das wirtschaftliche Zusammenwirken auf globaler Ebene misstraut oder sie gänzlich abgelehnt wird. Da dies an die Fundamente des zum großen Teil wirtschaftswissenschaftlichen Konsensus über die Vorteile einer freien Wettbewerbswirtschaft geht, soll diese Position als Erstes in dem Teil des Almanachs der Kritikpunkte an Globalisierung als Fundamentalkritik besprochen werden.

In der Attac-Erklärung (Attac, 2002a) findet sich beispielsweise eingangs der Slogan „Die Welt ist keine Ware – eine andere Welt ist möglich!", was implizit die Vernunft eines generellen marktwirtschaftlichen Preismechanismus angreift. Das IFG (2002, S.7) stellt „Economic globalization (...) sometimes reffered to as corporate globalization" als nicht wünschenswert heraus. Des Weiteren befürchtet das IFG, dass ein marktwirtschaftliches System zwangsläufig zu einer Konzentration von wirtschaftlicher Macht in den Händen weniger führt – und damit auch auf globaler Ebene abzulehnen ist. Zweifel an den Möglichkeiten des wirtschaftlichen Wachstums in Fortsetzung der seit Anfang der siebziger Jahre verfochtenen Thesen des Club of Rome (Meadows et al., 1972, Club of Rome, 2002) findet sich in der Fundamentalkritik von NGOs ebenfalls wieder (IFG, 2002, S. 8), ebenso wie Anleihen an marxistischen Geschichtsdeterminismus, der eine Macht des Kapitals unterstellt, welcher die Mehrheit der Wirtschaftsteilnehmer der Welt ausbeutet und soziale und politische Verzerrungen verursacht (Global Exchange, 2001).[1]

Anders gewendet: Es wird also bezweifelt, dass ein marktwirtschaftliches System für alle Arten von Gütern eine effiziente Versorgung sicherstellen kann, dass im großen Teil der Wirtschaftszweige erst künstliche Marktzutrittsbarrie-

---

[1] An dieser Stelle unterstellt Global Exchange die unheilvolle Wirkung wirtschaftlicher Macht bei den Versuchen von polizeilichen Ordnungshütern, Ausschreitungen bei Anti-Globalisierungsdemonstrationen einzudämmen, bei Wirtschaftssanktionen gegen Irak und Kuba, bei aller Art von Militäraktionen „against various peoples", bei der Politik Israels in Palästina und beim amerikanischen Einfluss in Lateinamerika. Henderson sieht in diesem Thema eine Fortsetzung der Auseinandersetzung mit liberalem und gleichmachendem Denken (1999, S.65): „Both post-modernism in its different guises and the more recent forms of egalitarianism characteristically share a vision of the world in which past history and present-day market-based economic systems are viewed in terms of patterns of oppression and abuses of power. Free markets and capitalism are seen as embodying and furthering male dominance, class oppression, racial intolerance, imperialist coercion and colonialist exploitation. The appeal of this profoundly anti-liberal way of thinking seems to have been little affected by the collapse of communism."

ren Monopole hervorrufen und einen Missbrauch von Marktmacht ermöglichen,[2] und dass gerade bei grenzüberschreitendem Handel externe Effekte wie Umweltschädigungen oder Transportkosten bei Handel (Beispiel ausländischer Lastwagenverkehr in Deutschland) nicht in die Wachstumskalkulationen und privaten Wirtschaftsentscheidungen Eingang finden.[3]

Elemente dieser Kritik sind in der wirtschaftswissenschaftlichen Diskussion nicht neu, was allerdings für die Globalisierungsdebatte wenig Deeskalation verursachen dürfte. Von den wenigsten, auch radikalliberalen Wirtschaftswissenschaftlern wird die Existenz öffentlicher Güter oder auch von negativen externen Effekten bestritten, bei denen Regulierungen und die öffentliche Bereitstellung der Güter an die Stelle des versagenden Marktmechanismus treten müssen, um eine effiziente Allokation zu erreichen.[4] Eine Unvermeidbarkeit von Unternehmenskonzentration zu Kartellen, Oligopolen und Monopolen und Vermögen (Kapital) in den Händen weniger ist gerade auf globaler Ebene nicht nachzuweisen (siehe auch im Folgenden die Kapitel 2.2.1. über Einkommensdisparitäten und 2.2.3.2. über die Rolle der transnationalen Unternehmen in der Globalisierung). Andererseits ist nicht auszuschließen, dass Unternehmen über einen inakzeptabel langen Zeitraum eine marktdominierende Stellung erreichen oder Kartelle bilden können, beziehungsweise die Marktzustrittsbarrieren in bestimmten Regionen und Ländern zu hoch liegen.[5] Andererseits würde es wiederum nahe liegen, dass es gerade auf globaler Ebene schwerer ist, eine marktbeherrschende Stellung zu erlangen – ein

---

[2] Gerade die ebenfalls häufig geäußerte Kritik des unternehmerischen „Race to the Bottom", also eines Wettlaufs im harten globalen Wettbewerb um die kostengünstigste Produktion steht im Widerspruch zum Vorwurf, die Unternehmen würden immer größer und mächtiger. Es ist zu beachten, dass Unternehmenskonzentration nicht gleichzusetzen ist mit Vergrößerung und Fusionen von Unternehmen, um eine vorteilhaftere Größe für globalen Wettbewerb zu erreichen. Gerade die Fusionsdebakel der letzten Jahre haben gezeigt, dass ein globaler Wettbewerb die Bildung von marktbeherrschender Unternehmenskonzentration nicht gerade erleichtert.

[3] Hier lauert ein gewisser Widerspruch in fundamentaler Globalisierungskritik. Wird der Vorwurf erhoben, die offiziellen Statistiken zum Bruttoinlandsprodukt würden die Kosten durch z.B. Umweltzerstörungen nicht korrekt abbilden und somit wirtschaftliches Wachstum übertreiben, so ist an anderer Stelle die unkritische Hinnahme von Statistiken zu weltweit schwer vergleichbaren Einkommen und Armutsdefnitionen erstaunlich (s. auch Teil 2.2.1.).

[4] So erkennt beispielsweise auch David Friedman (1973) die Existenz von öffentlichen Gütern an, gibt aber zu Bedenken, dass die staatliche Lösung nicht unbedingt effizient ist, da ihr in der Bereitstellung des öffentlichen Gutes für eine Kosten- und Nutzenkalkulation der Markt fehlt. Daher sollten, wo immer möglich, private Lösungen vorgezogen werden.

[5] Fraglich ist hier nur, ob dies eine zwangsläufige Folge unregulierter Globalisierung ist oder aber von marktwidrigen Vereinbarungen zwischen Unternehmen und Regierungen, gerade in Entwicklungsländern, herrührt.

Vorwurf wäre hier also allenfalls in Problemen einer jeden Marktwirtschaft zu sehen, und weniger an Marktwirtschaft auf globaler Ebene.

Häufig wird auch ein dynamischer Effekt an privater Unternehmertätigkeit bestritten. Würde ein Marktteilnehmer wirtschaftlichen Erfolg haben, ginge dies nur auf Kosten anderer. So schreibt zum Beispiel Lafontaine (1997, S.30): „Einfache Kostensenkung bringt für die Gesamtheit nichts, weil die Kosten des einen die Einnahmen des anderen sind." Ferner suggeriert der häufig von Kritikern verwendete Begriff des „Casino-Kapitalismus" eine Zufälligkeit des Marktergebnisses, und nicht etwa die aus Angebot und Nachfrage resultierende effiziente Allokation.

Als Feindbild dient vielen Fundamentalkritikern das vorherrschende Meinungsbild liberalen Wirtschaftsdenkens, welches als „Neoliberalismus" oder auch als „Marktfundamentalismus" (Soros, 1998) eingestuft wird. Hierbei wird zum Teil unterstellt, dass die jetzigen Wirtschaftswissenschaften und Wirtschaftspolitik erst durch eine jahrzehntelange Kampagne, und nicht etwa durch wissenschaftlichen Diskurs und Empirie, zu ihrer jetzigen prägenden Stellung gekommen seien (George, 1999).[6] Gegen einen solchen Eindruck stemmt sich Henderson (1999), den es verwundert, dass angesichts des normalerweise starken Widerstands von Gruppierungen, die durch offene Marktwirtschaft Einkommen verlieren würden, es überhaupt dazu gekommen ist, dass sich liberale Wirtschaftspolitik in den letzten Jahrzehnten verbreiten konnte.

An vielen Stellen werden von Fundamentalkritikern wirtschaftliche Zusammenhänge mit gesellschaftlichen Fragen vermengt, die an den Argumenten von liberalen Wirtschaftsvertretern vorbeizulaufen drohen. So wird in der Attac-Erklärung (Attac, 2002a) davon gesprochen, dass der Neoliberalismus gesellschaftliche Probleme generell durch den Markt lösen will, und der Enttäuschung Ausdruck verliehen, dass das neoliberale Versprechen vom Wohlstand für alle nicht erfüllt worden sei. FOEI (2001) mutmaßt, dass es im Welthandelssystem nur um Wachstum und Konsum um ihrer selbst willen gehe.[7]

---

[6] Hieran schließt sich ein bei einigen Kritikern verbreiteter Glaube an Verschwörungstheorien und geheimen Machtausübungen, die das System allein zu ihrem Vorteil auf Kosten der Mehrheit ausnutzen.

[7] Prominente Unterstützung erhält diese Kritik an einer angeblich alles durchdringenden neoliberalen Ideologie durch Papst Johannes Paul II. (1999, S. 56): „In vielen amerikanischen Ländern herrscht immer mehr ein als „Neoliberalismus" bekanntes System, das den Menschen lediglich unter wirtschaftlichen Aspekten betrachtet und Gewinn und Marktgesetze als absolute Maßstäbe setzt, was zu Lasten der Menschenwürde und der Achtung der Person und der Völker geht." Bundespräsident Johannes Rau argumentiert in seiner „Berliner Rede" vom 13. Mai 2002 in ähnlicher Weise, wenn er betont, dass „die

Dem ist entgegenzuhalten, dass marktwirtschaftliche Prinzipien nicht unmittelbar gesellschaftliche Probleme wie etwa Kriminalität oder Ungleichheit lösen, sondern nur das Problem der ökonomischen Knappheit optimal bewältigen sollen. Umgekehrt wird gerade dieses Problem der Knappheit in der Fundamentalkritik häufig ignoriert.[8] Siebert (2002, S. 13): „Man mag es mögen oder auch nicht, Ökonomie ist und bleibt die Lehre vom Mangel und von der Knappheit, auch in der Globalisierung." Ob mehr Wohlstand auch mehr Glück bedeutet, sei zwar dahingestellt (von Weizsäcker, 1999).[9] Allerdings erscheint die Absicht von Fundamentalkritikern, marktwirtschaftliche Effizienz bei wirtschaftlichen Abläufen für gesellschaftliche Probleme verantwortlich zu machen, schwer verständlich.

Einer der Kernpunkte fundamentaler Auseinandersetzung ist wohl die unterschiedliche Vorstellung über die Wichtigkeit von individueller Freiheit. Fundamentalkritiker misstrauen nach wie vor der „unsichtbaren Hand" von Adam Smith (1776); die Vorstellung, eigennutzorientiertes Verhalten könnte sich zur insgesamt maximal erreichbaren Wirtschaftsleistung auswirken (die dann nach politischen Erwägungen umverteilt und für andere Zwecke genutzt werden kann), ist für sie nicht plausibel. Stattdessen muss stets eine übergeordnete Instanz – demokratisch oder nach anderen Kriterien wie z.B. grundethischen Überlegungen bestimmt – direkt in den Marktmechanismus eingreifen, auch über die Bereiche öffentlicher Güter hinaus.[10] Eine weitaus

---

Globalisierung (nur) gestalten kann, wer klare Wertvorstellungen jenseits des Wirtschaftlichen hat."

[8] Wird zum Beispiel kritisiert, dass der IWF zur Stabilisierung eines Landes wegen dessen hoher Schulden zur Bedingung für seine Hilfe macht, dass die betreffende Regierung Einsparungen vornimmt, so wird dies als zusätzlicher Druck auf die sozial Schwachen dieses Landes gesehen und dabei ignoriert, dass die Knappheitssituation sich durch das Verhalten des IWF überhaupt nicht ändert (durch die Finanzhilfe eher bessert) bzw. schon vorher existiert hat. Siehe auch Kapitel 2.3.3.2.

[9] Von Weizsäcker (1999, S. 15): "Das Leistungsprinzip setzt sich immer durch. Die Welt wird dadurch kälter, aber effizienter."

[10] Paul Krugman versucht auf seiner Internetseite die Problematik des Spannungsfelds zwischen Kontrolle individueller Freiheit und Bevormundung durch wohlmeinende Eliten oder Mehrheiten in gelockerter Form wie folgt darzustellen (s. link http://slate.msn.com/?id=56497): „Now, of course what is good for the individual is not always good if everyone else does it too. Having a big house with a garden is nice, but seeing the countryside covered by suburban sprawl is not, and we might all be better off if we could all agree (or be convinced by tax incentives) to take up a bit less space. The same goes for cultural choices: Boston residents who indulge their taste for Canadian divas do undermine the prospects of local singer-songwriters and might be collectively better off if local radio stations had some kind of cultural content rule. But there is a very fine line between such arguments for collective action and supercilious paternalism, especially when cultural matters are concerned; are we warning societies about unintended consequences or are we simply disagreeing with individual tastes?"

höhere Akzeptanz für Entscheidungsfreiheit und Hinnahme von Wettbewerbsergebnissen findet sich jedoch außerhalb von wirtschaftlichen Fragen, zum Beispiel im Sport oder in gesellschaftlicher Anerkennung von physischen Eigenschaften und künstlerischen Leistungen.[11]

Hier seien ferner die christlichen Kirchen erwähnt, die auch in der Globalisierungsdebatte zu der ethischen Qualität freier Marktwirtschaft ein eher misstrauisches Verhältnis haben. In einer gemeinsamen Studie erklären die Evangelische Kirche in Deutschland (EKD) und die Deutsche Bischofskonferenz (1999, S. 6): „Eine sozial, ökologisch und global verpflichtete Marktwirtschaft ist moralisch viel anspruchsvoller, als im allgemeinen bewusst ist. Die Strukturen müssen, um dauerhaften Bestand zu haben, eingebettet sein in eine sie tragende und stützende Kultur. Der individuelle Eigennutz, ein entscheidendes Strukturelement der Marktwirtschaft, kann verkommen zum zerstörerischen Egoismus." In der Frage der Begrenzung persönlicher Freiheit sind liberale Wirtschaftswissenschaftler (z.B. von Hayek, 1971) und ihre Kritiker auch nach Ende des Kalten Krieges und Zusammenbruch des Kommunismus uneins.

Eine Auseinandersetzung mit Fundamentalkritik macht an dieser Stelle erforderlich, noch einmal die Grundelemente eines marktwirtschaftlichen Systems darzustellen, für welches gerade die ORDO-liberale Schule in Deutschland mithalf, soziale Elemente mit den Vorteilen der Effizienz eines freien Marktmechanismus zu verbinden.

Wir werden hier in drei Schritten vorgehen. Zunächst wollen wir die Grundüberlegungen der Konzeption der Sozialen Marktwirtschaft oder auch des ORDO-Liberalismus darlegen. Ohne einen ordnungstheoretisch fundierten Referenzrahmen lässt sich die Globalisierungsdebatte nicht sinnvoll führen. Darauf aufbauend soll knapp dargestellt werden, was einerseits zum Aufbau und andererseits zum Erhalt einer marktwirtschaftlichen Ordnung notwendig ist. Zentrales Ergebnis wird sein, dass es zu einer Begründung und Sicherung einer marktwirtschaftlichen Ordnung eines starken Staates bedarf. Dieser starke Staat wird allzu leicht vorausgesetzt, wie sich im abschließenden dritten Teil herausstellen wird. Allerdings: Die Vernachlässigung von Fragen des sogenannten Staatsversagens führt oftmals zu der, nicht überraschenden, resignativen Feststellung, dass zum Beispiel Programme zur Armutsbekämpfung einmal mehr keinen Erfolg hatten.

Das wirtschaftstheoretische und wirtschaftspolitische Konzept des ORDO-Liberalismus entstand in der Zeit des Zweiten Weltkrieges. Die Überlegungen sollten dazu dienen, eine neue wirtschaftliche Ordnung für die Zeit nach dem

---

[11] „You see, people accept the idea that people differ greatly in athletic ability, musical ability and mathematical ability; but people don´t seem to realise that there are also great differences in economic qualities, particularly in the perception and utilisation of economic opportunities." (Bauer, 2002, S. 23/24).

Zweiten Weltkrieg zu begründen (Müller-Armack, 1968; Eucken, 1949). Sowohl Sozialismus als auch Laissez-faire-Liberalismus zeigten in den Augen der Ordnungstheoretiker Schwächen und konnten damit nicht weiter als Leitbilder für wirtschaftspolitische Maßnahmen dienen (Schüller, 2002). Während die erste Konzeption die individuelle Initiative hemmte und Probleme bei der Allokation von Produktionsfaktoren und Gütern offenbarte, vernachlässigte der zweite Ansatz die soziale Frage und unterschätzte das Problem der Marktmacht.

Bezüglich einer gesuchten effizienten Primärallokation – dem ersten Punkt - setzen die Überlegungen Walter Euckens an folgender Frage an: „Wie erfolgt die Lenkung dieses gewaltigen arbeitsteiligen Gesamtzusammenhanges, von dem die Versorgung jedes Menschen mit Gütern, also jedes Menschen Existenz, abhängt?" (Eucken, 1989, S. 67). In einem ersten Schritt stellt Eucken fest, dass wirtschaftliches Handeln zunächst auf Plänen beruhe. Die Pläne der einzelnen Individuen aufeinander abzustimmen, kann gemäß der Planungsordnung der Euckenschen Morphologie entweder zentral über eine staatliche Administration oder dezentral über den Lenkungsmechanismus „Preis" stattfinden. Lange vor dem Zusammenbruch der kommunistischen Regime in Osteuropa arbeitete von Hayek (1971) die Unzulänglichkeiten zentraler Planung heraus.

Seiner Meinung nach sei es unmöglich, die Millionen von Einzelplänen zu überblicken und aufeinander abzustimmen. Zudem kann eine zentrale Planungsinstanz nicht die Bereiche überblicken, in denen Innovationen lohnenswert sind. „Weil jeder einzelne so wenig weiß, und insbesondere, weil wir selten wissen, wer von uns etwas am besten weiß, vertrauen wir darauf, dass die unabhängigen und wettbewerblichen Bemühungen Vieler die Dinge hervorbringen, die wir wünschen werden, wenn wir sie sehen" (von Hayek, 1971, S. 38). Diese grundsätzlich positive Einstellung zu individueller Freiheit taucht nicht nur bei der Bestimmung effizienter Planung auf, sondern ist ebenso bei der Frage nach „sinnvoller" Wirtschaftspolitik leitend, national und weltweit. Mit dieser Auffassung von Freiheit offenbart sich natürlich auch das von ORDO-Liberalen zugrundegelegte Menschenbild. Der Mensch strebt kontinuierlich nach mehr. Dieses Streben beinhaltet aber nicht zwangsläufig ein Mehr an Gütern, sondern generell ein Mehr an Lebensqualität (bessere Umwelt und Ähnliches).

Die Errichtung eines funktionsfähigen Preissystems als Lenkungsmechanismus stellt für die Euckensche Wirtschaftsordnung das Fundamentalprinzip dar. Aber für was dient es als Grundprinzip? Bei der Beantwortung dieser Frage tritt der zweite Pfeiler der ORDO-Überlegungen zutage. Ziel ist der Aufbau einer Wettbewerbsordnung. Zwar gelang es im 19. Jahrhundert, den Einzelnen gegen die Willkür des Staates zu schützen, es gelang aber oft nicht, die Übergriffe anderer Privater auf die Freiheitssphäre des einzelnen zu verhindern. Ansichten von Globalisierungskritikern sind in dieser Hinsicht daher durchaus ernst zu nehmen. Der Rechtsstaat, der den vollständigen Schutz des einzelnen gegenüber Machtmissbrauch jeder Art gewährleistet, muss folglich neben einer rechtlich-staatlichen Ordnung über eine „adäquate" Wirtschaftsordnung verfügen (Eucken, 1975). Adäquat ist eine Wirtschaftsordnung in den Augen Euckens dann, wenn sie sich auf Wettbewerb gründet. Nur dieser vermag es, den Einzelnen gegen Machtmissbrauch eines anderen Wirtschaftssubjektes zu schützen und das Privateigentum auf Dauer erträglich zu machen.

Wirtschaftspolitisches Ziel Euckens ist also der „Aufbau einer auf Wettbewerb gegründeten Wirtschaftsordnung". Die zur Errichtung dieses Systems erforderlichen konstituierenden Prinzipien setzen einerseits bei den Plänen der einzelnen an, andererseits dienen sie dazu, diese dezentralen Pläne aufeinander abzustimmen.

So ist eine erste Grundbedingung für die Aufstellung dezentraler Pläne das Privateigentum. Unter der Voraussetzung der Vertragsfreiheit, dem zweiten konstituierenden Prinzip im Euckenschen System, liegen Verfügungsrechte und Nutzungsrechte in einer Hand. Der Einzelne hat den Anreiz, wirtschaftlich zu handeln und innovativ zu werden (Leipold, 1983), da die Früchte seiner Arbeit ihm zugute kommen werden. Dabei findet die Vertragsfreiheit ihre Grenze, wenn sie zu wettbewerbsbeschränkendem Verhalten missbraucht wird (Schüller, 2002). Ebenso soll die Offenheit der Märkte sowohl für den Markteintritt als auch für den Marktaustritt dafür sorgen, dass Privateigentum durch die Konkurrenz unter Kontrolle gehalten wird, wohlgemerkt: Dies gilt für die Konkurrenz im Inland ebenso wie für die Konkurrenz von außen durch Importe und auf Drittmärkten.

Ordnungstheoretisch betrachtet drücken die Preise, als Ergebnis der aufeinander abgestimmten dezentral erstellten Pläne, die wahren Knappheiten aus. Auf privatwirtschaftlicher Ebene beinhaltet dies als Bedingung, dass tatsächlich alle Kosten berücksichtigt werden. Dies wird durch das vierte konstituierende Element, die Haftung, gewährleistet. Analog zur Forderung des Washington Consensus nach der Garantie von Eigentumsrechten verbindet sich also das Recht auf Privateigentum auch mit Pflichten (Property Rights). „Wer für Pläne und Handlungen der Unternehmen (Betriebe) und Haushalte verantwortlich ist, haftet" (Eucken, 1975, S. 281). Da Unternehmen und Haushalte insbesondere für längerfristige Investitionen einer Planungssicherheit bedürfen, stellt die Forderung nach einer konstanten Wirtschaftspolitik im Sinne der Verlässlichkeit und Berechenbarkeit das fünfte konstituierende Prinzip dar. „Die Unstabilität der Wirtschaft", so schreibt Eucken (1975, S. 288) in Bezug auf die amerikanische Wirtschaftspolitik vor und während des Zweiten Weltkrieges, „zwang die Unternehmer dazu, ausschließlich solche Investitionen durchzuführen, die infolge sehr großer Rentabilität rasch das investierte Kapital wieder hereinbrachten." Dieses Prinzip ist auch und gerade unter den Bedingungen der globalisierten Märkte von hoher Relevanz.

Mit Hilfe der schon erläuterten Prinzipien ist zum einen dafür gesorgt, dass die Pläne im Wettbewerb entstehen, zum anderen, dass diese alle erwarteten

Kosten und Erträge beinhalten. Nun kann man Preise als monetär bewertete Pläne verstehen. Funktionsfähig ist ein Preissystem folglich dann, wenn die Preise tatsächlich die in obiger Weise entstandenen Pläne richtig wiedergeben und diese über Märkte miteinander abgeglichen werden können. Eine notwendige Bedingung hierfür ist die Sicherung von Geldwertstabilität. Wenn Preisrelationen nicht mehr die tatsächlichen Knappheitsrelationen anzeigen, so ist der Lenkungsmechanismus einer dezentral organisierten Wirtschaft aufgehoben. Damit müssen alle Bemühungen, eine Wettbewerbsordnung ohne eine hohe Stabilität des Geldwerts zu verwirklichen, scheitern. Die Währungspolitik nimmt damit für die Wettbewerbsordnung ein Primat wahr (Eucken, 1975). Erstes Ziel der Wirtschaftspolitik ist es, diesen automatischen Knappheitsanzeiger zu erhalten, gegen Störungen zu schützen und immer wieder herzustellen.

Sinn und Zweck der konstituierenden Prinzipien ist also zusammenfassend der „Aufbau einer auf Wettbewerb gegründeten Wirtschaftsordnung." Alle sechs Prinzipien (Privateigentum, Offenheit der Märkte, Vertragsfreiheit, Haftung, Konstanz der Wirtschaftspolitik, Währungspolitik) laufen in dem Grundprinzip der Errichtung eines funktionsfähigen Preissystems zusammen (Schüller, 2002). Aus den obigen Überlegungen ergibt sich, dass die verschiedenen Prinzipien nur in ihrer Gesamtheit eine Wettbewerbsordnung begründen können (Eucken, 1975). Wirtschaftspolitik darf nicht punktuell betrieben werden, sondern sie hat sich immer an der getroffenen Gesamtentscheidung, die Prinzipien in ihrer Gesamtheit erfüllen zu wollen, zu orientieren (vgl. Böhm, Eucken und Großmann-Doerth, 1937). Nur durch Aufbau einer Wettbewerbsordnung wird die zentrale Aufgabe der Wirtschaft, der allgegenwärtigen Knappheit bestmöglich zu begegnen, entschlossen angegangen.

Die einmal errichtete Ordnung bleibt aber nicht aus sich selbst heraus bestehen. „Die strenge Befolgung der konstituierenden Prinzipien kann nicht verhindern, da(ss) die konkreten Wettbewerbsordnungen gewisse systemfremde Ordnungsformen enthalten" (Eucken, 1975, S. 291). Um die einmal begründete Ordnung dauerhaft zu sichern, benennt Eucken vier regulierende Prinzipien. So spricht er (Eucken, 1975) von der Notwendigkeit einer Monopolkontrolle, von der Korrektur anomalen Angebotsverhaltens und von der notwendigen Internalisierung externer Effekte. Letztere entstehen, wenn in einzelwirtschaftlichen Plänen aufgrund einer unzureichenden Wirtschaftsrechnung Auswirkungen auf die Allgemeinheit nicht berücksichtigt werden. „Man denke an die Zerstörung von Wäldern in Amerika, die den Boden und das Klima weiter Gebiete verschlechterte und zu einer Versteppung führte. Es geschah, weil in der Wirtschaftsrechnung des Waldbesitzers diese Wirkungen auf die Gesamtwirtschaft nicht oder kaum zum Ausdruck kamen" (Eucken, 1975, S. 302). Analog werden heute internationale Übereinkünfte, wie das Kyoto-Protokoll, gerechtfertigt. Das vierte regulierende Prinzip, die Einkommenspolitik, gesteht zu, dass zur Korrektur der primären Einkommensverteilung über den Markt nach sozialpolitischen Gesichtspunkten einkommenspolitische Maßnahmen ergriffen werden sollten. Während also die konstituierenden Prinzipien die Wettbewerbsordnung begründen, sichern die regulierenden Prinzipien den Bestand der einmal errichteten Ordnung unter Berücksichtigung sozialer Gesichtspunkte.

Die Betonung einer notwendigen Umverteilungspolitik – neben der Sicherung einer effizienten Allokation das zweite zuvor angesprochene wesentliche Ziel – zeigt die Bedeutung der sozialen Frage für die ORDO-Liberalen. Schon auf der ersten Seite seiner „Grundsätze der Wirtschaftspolitik" betont Eucken, dass auf deren Lösung alles Denken und Handeln gerichtet sein muss. Auch Rüstow (Schmölders, 1960) macht unmissverständlich deutlich, dass die Wirtschaft um des Menschen willen da sei und nicht umgekehrt. Röpke (1966) stellt heraus, dass die Marktwirtschaft als Mittel zum Erreichen einer höheren Allgemeinwohlfahrt – nicht nur im Sinne von materieller Besserstellung – anzusehen ist. Hierbei ist zu beachten, dass der ORDO-liberale Zweck von Einkommenspolitik also die Sicherung der freiheitlichen Wirtschaftsordnung ist, und nicht etwa ein Ausgleich dafür, dass – wie von so vielen fundamentalen Globalisierungskritikern in Verwendung von Wörtern wie „Casino-Kapitalismus" angenommen – das marktwirtschaftliche System grundsätzlich nur Ergebnisse durch Zufall oder Glück hervorbringt. Die Zusicherung von lebensnotwendigen Einkommen ist notwendig, um funktionierenden Wettbewerb und Märkte aufrecht zu erhalten.

Nach dieser Darstellung der ORDO-liberalen Antworten, die eine soziale Marktwirtschaft auf Fundamentalkritiker geben kann, soll nun noch kurz auf die makroökonomische Krisenanfälligkeit einer primär marktwirtschaftlich organisierten Weltwirtschaft eingegangen werden (zur speziellen Ausprägung der Krisenanfälligkeit der Finanzmärkte s. unten Kapitel 2.3.). In einer Zeit der ersten global synchron verlaufenden Konjunkturrezession seit den siebziger Jahren kann der Verdacht aufkommen, eine marktwirtschaftlich zunehmend integrierte Welt wäre anfälliger für Konjunkturschwankungen. Bereits Polanyi (1978) weist darauf hin, dass, falls ein marktwirtschaftliches System Krisen und Konjunkturschwankungen auslöst, dies zu sozialen Gegenbewegungen (wie aktuell Globalisierungskritik) und auch Protektionismus führen könnte. In den letzten Jahren entstand die Hoffnung auf eine „New Economy", in der technologische Neuerungen und effizientere Produktionsweisen die Lagerhaltung auf ein Minimum beschränken, zukünftige Nachfrage besser antizipiert und somit ein Großteil von Konjunkturschwankungen und die damit verbundenen Kosten verhindert werden könnten. Dies hat sich in der aktuellen Konjunkturlage nicht unbedingt bestätigt, auch wenn die in früheren Konjunkturschwankungen deutlicher ausschlagende Inflation und damit notwendigerweise durchgreifenderen Zinssteigerungen dem aktuellen Konjunkturzyklus bislang erspart blieben.

Ein neuerer Überblick über Globalisierung und weltweite Konjunkturschwankungen findet sich bei Buch (2002). Sie stellt fest, dass die Konjunkturschwankungen der OECD-Länder in den letzten Jahrzehnten abgenommen haben[12]. Bordo et al. (1999) führen im historischen Vergleich mit dem 19. Jahrhundert an, dass es angesichts der hohen heutigen Wirtschaftsintegration beachtlich ist, dass nicht noch viel mehr Probleme und Krisen auftauchen. Dies legt nahe, dass die Institutionen und bisherigen wirtschaftspolitischen Maßnahmen nicht so schlecht waren: Automatische Konjunkturstabilisatoren durch Sozialsysteme, verbesserte Konjunkturpolitik durch weniger diskretionäre Wirtschaftspolitik (z.B. stetigere Geldpolitik) könnten hierfür verantwortlich sein.

2.2. Kritik: Internationaler Handel

2.2.1. Handelsliberalisierung – Zweifel an positiven Wachstumseffekten

Eng mit Fundamentalkritik verbunden sind die Zweifel von Globalisierungskritikern, Handelsliberalisierungen im Zuge der GATT/WTO-Verhandlungen würden automatisch zu einer Verbesserung der wirtschaftlichen Leistung, zum allgemeinen und gegenseitigen Wohl für Industrie- und Entwicklungsländer führen. Die wechselseitige Vorteilhaftigkeit von Handel wird von den meisten NGOs implizit, von einigen auch explizit in Frage gestellt. Sie argumentieren, dass sich trotz der Liberalisierung des Handels die Wohlfahrt vieler Entwicklungsländer nicht verbessert habe.[13] Der Wohlstandsunterschied zwischen Nord und Süd habe nicht abgenommen, sondern habe sich vergrößert.

Die Integration der Entwicklungsländer in den Welthandel steht im Zentrum der Globalisierungstendenzen. Ökonomen und internationale Institutionen weisen seit langem auf die positiven Auswirkungen von Außenhandelsliberalisierung und internationaler Arbeitsteilung auf Wachstum und Entwicklung in unterentwickelten Ländern hin. Kritiker der Globalisierung begründen ihre Skepsis vielfach mit der Fragwürdigkeit dieses positiven Zusammenhangs. Dabei sind auf Seiten der Kritiker zwei Positionen zu unterscheiden. Auf der einen Seite stehen Positionen, die internationalem Handel prinzipiell eine positive Wirkung auf das Wirtschaftswachstum absprechen und gleichzeitig Märkte im allgemeinen für unzureichend halten. Auf dieser Seite stehen beispielsweise Gruppen wie Attac und andere Fundamentalkritiker. Auf der anderen Seite finden sich gemäßigtere Positionen, beispielsweise dokumentiert im jüngsten Bericht von Oxfam (2002), die Außenhandel für ein sehr wirksames Instrument der Entwicklungspolitik halten und ihr Augenmerk auf die Bedingungen richten, unter denen dieser Handel stattfindet und unter Umständen behindert wird. Auf die Meinung von Oxfam und anderen Kritikern

---

[12] Diese Ansicht vertritt auch die OECD (2002b).
[13] NGO-Unterschriftenkampage „Our World is not for Sale, WTO Shrink or Sink", im Internet verfügbar unter http://www.canadians.org .

zum protektionistischen Verhalten von Industrieländern soll vor allem im Rahmen des Teils 2.2.4.1. eingegangen werden.

In extremer Form führt diese Kritik bis zu einer Infragestellung einer der zentralen Erkenntnisse der Außenhandelstheorie: Das Theorem der komparativen Kostenvorteile würde bei der heutigen Kapitalmobilität nicht mehr gelten, absolute Vorteile würden durch schnelles Umschichten von Kapital dazu führen, dass sich die Weltproduktion in einzelnen Regionen der Welt konzentriere (FOEI, 2001). Bei FOEI wird als Grundlage dieser Kritik eine Arbeit von Daly und Cobb (1989) genannt. Auch Martin und Schumann (1996) weisen auf diese Arbeit hin.

Hierbei wird jedoch außer Acht gelassen, dass die Spezialisierungsvorteile, die das Theorem der komparativen Vorteile beschreibt, nicht vom Grad der Kapitalmobilität abhängen, sondern davon, dass die an der internationalen Arbeitsteilung partizipierenden Volkswirtschaften die verfügbaren Produktivkräfte in jene Verwendungen lenken, in denen der absolute Kostenvorteil verhältnismäßig am größten bzw. der absolute Kostennachteil verhältnismäßig am kleinsten ist. Solange man davon ausgehen kann, dass die Länder bei der Herstellung von Gütern unterschiedliche Arbeitsproduktivitäten verzeichnen (Ricardo-Variante) oder bei international gleichen güterspezifischen Produktionsfaktoren unterschiedliche Faktorausstattungen haben (Heckscher-Ohlin-Samuelson-Variante), kann kein einzelnes Land überall einen komparativen Vorteil haben.

Daly und Cobb (1989) folgern theoretisch korrekt, dass der Außenhandel zum Erliegen kommen würde, wenn Kapital und Arbeit völlig mobil wären und somit komplett in die Länder mit absoluten Vorteilen für alle Güter strömen würden.[14] Allerdings wird ignoriert, dass sich durch solche Faktorwanderungen die Faktorrenditen an den entsprechenden Produktionsstätten erheblich absenken würden, was die Wanderungsanreize begrenzt. Umgekehrt kann durch den potenziell mobileren Transfer von Know-How die Faktorproduktivität in dem Land mit den universell niedrigeren absoluten Produktivitäten verbessert werden. Eine erhöhte Kapitalmobilität kann zwar komparative Vorteile wandeln (wenn z.B. höhere ausländische Kapitalrenditen kapitalintensive Produktion in das Ausland umlenken), aber dann müssen andere Branchen, die zuvor einen komparativen Vorteil hatten, diesen nun verlieren. Die grundlegende Erkenntnis, dass Länder durch die Ausnutzung komparativer Vorteile die Faktorallokation effizienter machen und dadurch

---

[14] Mit dieser „Logik" wird auch das Sekretärin/Rechtsanwalt-Beispiel angegriffen. Die Produktionsfaktoren, die zu den absoluten Vorteilen des Rechtsanwalts führen würden, wären immobil, und nur deswegen kommt es zur Beschäftigung der Sekretärin durch ihre komparativen Vorteile. Wäre es möglich, dass die Arbeitskraft der Sekretärin sich auf den Rechtsanwalt komplett überträgt, so könnte dieser mit höherer absoluter Produktivität beide Aufgaben – Sekretariat und Anwaltsaufgaben – erledigen. Die Sekretärin wäre überflüssig.

zusätzliche Wachstumsspielräume gewinnen, bleibt gültig. Empirisch ist sie gut fundiert (s. weiter unten). Die Entwicklungsländer, die wirtschaftlich gegenüber Industrieländern am meisten aufgeholt haben – heute als Schwellenländer bezeichnet – haben dies durch Integration in das System der internationalen Arbeitsteilung in Verbindung mit der Spezialisierung gemäß der komparativen Kostenvorteile bewerkstelligt; die Entwicklungsländer, die das Theorem in den Wind geschlagen und stattdessen auf Importsubstitution hinter hohen Protektionsmauern gesetzt haben, sind durch gravierende Ineffizienzen belastet und kommen im realwirtschaftlichen Konvergenzprozess kaum voran.

Ferner wird das Konzept des „level playing fields" im Freihandel bestritten: etablierte Konzerne und Handelsakteure aus den Industrieländern hätten einen uneinholbaren Vorsprung (FOEI, 2001 oder auch Mies, 2001). Dies unterstellt prohibitive Marktzutrittsbarrieren in den meisten Industrien handelbarer Güter. Finanzielle Marktzutrittsschranken sind allerdings gerade bei Präsenz liquider und freier Kapitalmärkte, die andernorts kritisiert werden, schwer vorstellbar. Denkbar sind hingegen ein durch Schutzmechanismen wie internationale Patentrechte schwer aufholbarer Wissensvorsprung (s. auch unten Teil 2.2.5.3.). Dem ist entgegenzuhalten, dass die großen Export- und Wachstumserfolge in Asien insbesondere in hochtechnologischen Bereichen (zunächst Japan sowie danach die vier „Tiger" Südkorea, Taiwan, Hong Kong und Singapur sowie aktuell trotz Asienkrise von 1997/98 einige südostasiatische Länder) stattfanden (wenngleich die Patentrechte zugegeben in jener Zeit noch nicht internationale Gültigkeit hatten).

Schließlich wird argumentiert, dass die Bedingung freien Wettbewerbs, um vollen Nutzen aus dem Außenhandel zu schöpfen, nicht vorliegen würde. Dies könnte an Fällen von Marktversagen (FOEI, 2001) wie natürlichen Monopolen oder asymmetrischer Information liegen, oder aber durch Eingriffe in den Marktmechanismus durch mächtige Akteure – Industrieländer und transnationale Unternehmen (Oxfam, 2002, s. unten Kapitel 2.2.4. für Verzerrungen außerhalb des Marktes). Allerdings ignoriert hier FOEI das wesentliche Gegenargument, dass Marktunvollkommenheiten mit der Globalisierung eher abnehmen: je größer die Märkte werden, umso eher nähert sich das Konkurrenzverhalten dem martkwirtschaftlichen Idealbild atomistischer Konkurrenz an. Dennoch ist tatsächlich stets zu prüfen, ob Kartelle oder oligopol/monopolähnliche Strukturen entstehen, die das Marktergebnis verzerren würden (s. auch Teil 2.2.4.2.).

Nach der theoretischen Bewertung von globalisierungskritischen Positionen ist es vor allem eine Aufgabe der empirischen Wirtschaftsforschung, den positiven Zusammenhang zwischen Außenhandel und Wachstum nachzuweisen.

Eine große Anzahl von Arbeiten beschäftigen sich seit längerem mit diesem Zusammenhang und findet durchgängig einen positiven Effekt von Handelsliberalisierung und internationalem Handel auf den Wachstumsprozess von

Entwicklungsländern. Allerdings weisen die kritischen Stimmen zur Globalisierung zu Recht auf die methodischen Schwächen vieler dieser Arbeiten hin (siehe Oxfam, 2002, S. 129). Bis in die 1990er Jahre hinein wurden viele methodische Probleme nicht beachtet oder nicht adäquat gelöst. Das schmälert den Informationsgehalt der Ergebnisse der älteren Literatur. Allerdings ist dies in der Wissenschaft seit langem bekannt und wird in den überblicksartigen Überlegungen von Edwards (1993) thematisiert. Er kommt zu einer sehr skeptischen Einschätzung der Qualität der bis dahin vorliegenden Studien. Häufig werden in der älteren Literatur andere wichtige Determinanten des Wachstums ausgeblendet, beispielsweise Humankapital und Bildung, so dass der Einfluss des Außenhandels überschätzt wird. Außerdem wurde das fundamentale Problem der Kausalität nicht ausreichend berücksichtigt: Wachsen Länder schneller, weil sie sich geöffnet haben oder öffnen sich Länder, weil sie ohnehin schon wohlhabender sind?

Des Weiteren wurde vielfach nicht der Zusammenhang zwischen Handelspolitik und Wachstum untersucht, sondern der zwischen Handelsvolumen und Wachstum. Das Handelsvolumen ist allerdings vor allem von geographischen und konjunkturellen Einflussfaktoren abhängig. Eine sinnvollere Untersuchung müsste den Zusammenhang zwischen handelspolitischen Maßnahmen und dem resultierenden Wachstumseffekt betrachten. Außerdem ist der Indikator für die Offenheit einer Volkswirtschaft, wie er vielfach Verwendung findet (etwa Exporte plus Importe in Prozent des Bruttoinlandsprodukts), in vielerlei Hinsicht wenig aussagekräftig.

Diese Kritikpunkte wurden in der Wissenschaft durchgängig akzeptiert. Als Reaktion sind im letzten Jahrzehnt etliche Arbeiten erschienen, die versuchen, gerade diese Schwächen zu beheben. Und auch die mit neuen Methoden und neuem Datenmaterial durchgeführten Untersuchungen liefern eine überwältigende Evidenz für die generell positiven Wirkungen von Handelsliberalisierung auf Wachstum, Entwicklung und Armutsbekämpfung. Sachs und Warner (1995a) widmen sich insbesondere den Transformationsländern und betonen die Bedeutung von wirtschaftspolitischen Reformanstrengungen. Frankel und Romer (1999) versuchen, auf elegante Weise das Problem der Kausalität beziehungsweise der Endogenität der Handelspolitik zu lösen. Sie unterstützen den positiven Zusammenhang zwischen Handel und Entwicklung und stellen zudem fest, dass ältere Studien diesen Zusammenhang trotz methodischer Schwächen nicht wesentlich überschätzen. Neuester Referenzpunkt ist die Weltbank-Studie von Dollar und Kraay (2001b), die positive Wirkung von Handel festgestellt hat und somit das Drängen der Weltbank zu Handelsliberalisierung aufrecht erhält.

Auch für Dienstleistungen kann festgehalten werden, dass prinzipiell die Wirkungen von Handelsliberalisierung positiv auf Wachstum wirkt. Mattoo, Rathindran und Subramanian (2001) räumen zwar dem Handel in einigen Dienstleistungssektoren eine unterschiedliche Stellung im Vergleich zum Warenhandel ein, stellen aber fest, dass in den liberalisierten Sektoren Finanzindustrie und Telekommunikation die Liberalisierung zu Wachstumssteigerungen geführt hat.

Die Aussage der Literatur, dass Handel den Wachstumsprozess stark unterstützt, ist also robuster als von den Kritikern angenommen. Dennoch gesellen sich auch zu den Globalisierungskritikern weiterhin kritische Stimmen aus der ökonomischen Forschung.

Zum Beispiel besteht Kritik, die zwar nicht die Aussagen der empirischen Forschung an sich ablehnt, aber zur Vorsicht bei deren Interpretation mahnt. Rodríguez und Rodrik (2000) stellen fest, dass der Zusammenhang zwischen Handel und Entwicklung noch immer nicht vollständig ausgeleuchtet wurde. Sie interpretieren die vorliegenden Ergebnisse im Sinne eines bedingten Zusammenhangs zwischen diesen Größen, dessen Wirkungsweise und Stärke von einer ganzen Reihe weiterer Bedingungen abhängig ist, insbesondere von den institutionellen Strukturen innerhalb der Entwicklungsländer. Die Position von Rodríguez und Rodrik (2000), die sich selbst als Skeptiker sehen, erweitert die vorliegende Literatur in wirtschaftspolitischer Hinsicht. Klar scheint zu sein, dass eine Marktöffnung für den Güterhandel allein keine Garantie für andauerndes Wachstum und nachhaltige Entwicklung darstellt. Das haben Ökonomen allerdings auch nie behauptet. Vielmehr müssen adäquate institutionelle und politische Rahmenbedingungen vorliegen. Hierauf soll noch gesondert in Kapitel 5 eingegangen werden.

Grundtenor der wirtschaftswissenschaftlichen Untersuchungen ist, dass der positive Zusammenhang zwischen Außenhandel und Wirtschaftswachstum hinsichtlich der untersuchten Länder, der verwendeten Daten und Methoden und hinsichtlich des zugrundeliegenden Zeitraums robust ist.[15] Die methodischen Defizite der frühen empirischen Forschung sind längst überwunden, ohne dass sich an den wesentlichen Aussagen der Untersuchungen qualitativ etwas geändert hätte. Es bleibt demnach festzuhalten, dass Handel ganz entscheidend zum Entwicklungsprozess von Volkswirtschaften beitragen kann. Eine Ablehnung der internationalen Arbeitsteilung hätte verheerende Konsequenzen für die Entwicklungsländer, die den Anschluss an die weltwirtschaftliche Entwicklung suchen.

Gibt es Ausnahmen von diesen generellen Regeln? Theoretisch wären problematische Handelsliberalisierungen denkbar, und zum Teil sind sie auch in der Wirklichkeit zu beobachten, vor allem in Afrika. Wenn ein Land vor der Marktöffnung eine sehr einseitige Industrie handelbarer Güter besitzt (also zum Beispiel ein reiner Rohstoffexporteur), die zudem einen großen Anteil der gesamten Wertschöpfung des Landes einnimmt, dann kann die Marktöffnung trotz günstiger Importe anfängliche Verluste mit sich bringen, sofern kein Strukturwandel und Diversifikation zu anderen Exportmöglichkeiten

---

[15] Dies schließt nicht aus, dass in der Erklärung von Außenhandel und seiner Auswirkungen noch erheblicher Forschungsbedarf besteht. Vgl. auch Obstfeld und Rogoff (2000).

stattfindet.¹⁶ Einseitige Exportstrukturen sind auch anfälliger gegenüber Weltmarktpreisschwankungen. Hierbei ist festzuhalten, dass gerade Agrarprodukte und Rohstoffe wegen der volatileren Angebotsbedingungen (z.B. Missernten, neue Rohstofffunde) deutlichere Preisschwankungen als Endprodukte zeigen. Rohstofffunde können auch die komparativen Vorteile eines Landes plötzlich wandeln, selbst wenn vorher eine relativ diversifizierte Exportstruktur bestanden hat. Durch die ansteigenden Exporte des neu gefundenen Rohstoffes verteuert sich die Währung des exportierenden Landes, was Wettbewerbsnachteile für die bestehenden Exportindustrien bedeuten kann („Dutch Disease").¹⁷

Agrarexporte weisen noch ein zusätzliches Problem auf. So dürften sich die Terms of Trade zunehmend verschlechtern, da Agrargüter auf dem Weltmarkt inferior sind – das heisst, die Nachfrage nach ihnen hält nicht mit dem steigenden Welteinkommen Schritt. Die Situation ist ähnlich wie für die Landwirtschaft im Vergleich zur gewerblichen Wirtschaft innerhalb der Industrieländer (Engelsches Gesetz). Ein Ausweg ist nur durch Strukturwandel möglich.

All dies bedeutet jedoch nicht, dass einzelne Ausnahmefälle eine Berechtigung für eine generell gegen Handelsliberalisierung gerichtete Globalisierungskritik erlauben. Vielmehr müsste für Länder in diesen Ausnahmesituationen (vor allem in Afrika) der nötige Rahmen geschaffen werden, sich aus diesen problematischen Exportsituationen zu befreien (s. Kapitel 5).

---

¹⁶ Diese Erkenntnis hat sich seit Singer (1950) und Prebisch (1950) durchgesetzt (Prebisch-Singer-Hypothese). Sie zeigten, dass sich die Terms of Trade für Entwicklungsländer seit 1870 verschlechtert hatten. Zuvor waren klassische Ökonomen der Ansicht, die unelastischen Angebotsbedingungen von Land und natürlichen, endlichen Resourcen würden auf längere Sicht für Austauschverhältnisse zugunsten der Rohstoffexporteure sorgen. Dieser Zusammenhang mag zum Teil auch for die OPEC-Staaten gelten; allerdings ist langfristig von zunehmender Ölsubstitution im Energie- und Rohölverbrauch auszugehen. Zudem bleibt auch der Ölsektor nicht vom stark schwankenden Angebot verschont (immer wieder neue Entdeckungen von Ölreserven). Williamson (2002) bestreitet allerdings die Berechnungen von Prebisch und Singer. Sofern man sich nur auf die Globalisierungsphase vor dem Ersten Weltkrieg beschränken würde (und nicht die Zeit weltwirtschaftlicher Krisen und Stagnation zwischen den Weltkriegen), ergibt sich ein freundlicheres Bild für die Terms of Trade der Rohstoff- und Agrarexporteure.

¹⁷ Eine neuere empirische Studie von Sachs und Warner (1995b) zeigt diesen Zusammenhang anhand von Ländern für die Jahre 1971-1989, die 1971 ein hohes Verhältnis von Rohstoffvorkommen zum Bruttoinlandsprodukt aufwiesen. Der Effekt, eines „Crowding Out" der Industrieexporte durch plötzlich auftretende Rohstoffvorkommen bzw. einen sprunghaften Anstieg der Rohstoffpreise (z.B. Erdöl) muss aber nicht unbedingt direkt mit dem Anstieg der Rohstoffexporte des betreffenden Landes zu tun haben. Vielmehr könnte bei einem verbreiteten Rohstoff wie Erdöl die Industrie auch an erhöhten Inputpreisen leiden.

2.2.2. Veränderung der globalen Einkommensstruktur und Armut

Da Globalisierung, also auch zunehmender internationaler Güteraustausch, beschleunigten Strukturwandel bedeutet, ist zu erwarten, dass sich die Einkommensstrukturen weltweit verändern werden (Issing, 2001). Von einem Großteil der Globalisierungskritiker wird angenommen, die Armutssituation und die Ungleichheit der Einkommen in der Welt hätte sich in den letzten Jahrzehnten deutlich verschärft (z.B. Sané, 2001 oder EKD, 2001). Hiervon gehen auch jene aus, die dem Außenhandel grundsätzlich eine positive Rolle bei Armutsbekämpfung zubilligen (z.B. Oxfam, 2002). Tatsächlich steht diese Vermutung nicht unbedingt im Gegensatz dazu, dass man Handelsliberalisierung einen wachstumssteigernden Effekt attestiert. Es ist durchaus möglich, dass sich dieses zusätzliche Wachstum ungleich verteilt oder sogar mehr Armut dadurch erzeugt, dass über das zusätzliche Wachstum hinaus höhere Vermögen und Einkommen am oberen Ende der Einkommensskala auf Kosten von schwächeren Wirtschaftsteilnehmern entstehen.

Oxfam (2002) oder auch Watkins (2002) greifen indirekt den sogenannten „Trickle-Down-Effekt" an.[18] Besteht eine sehr hohe Einkommensungleichheit, so würde weitaus mehr Wachstum benötigt, um Armut und Ungleichheit zu bekämpfen (zum Beispiel müsste wegen höherer Ungleichheit in Brasilien als in Vietnam die brasilianische Volkswirtschaft dreimal schneller wachsen als die Vietnams, um ähnliche Armutsreduktion zu erreichen)[19]. Auch FOEI (2001) bezweifelt ein automatisches Durchsickern von erhöhtem Wachstum auf alle Bevölkerungsschichten. Hoffnung auf eine ausgewogenere Entwicklung auf den Arbeitsmärkten und hinsichtlich der Einkommensverteilung in den Entwicklungsländern machen allerdings Untersuchungen der langfristigen Perspektiven. Ein Überblick findet sich bei Beer (1999).

Doch was sind überhaupt Armut und steigende Ungleichheit der Einkommen? Und auf welchen Statistiken fußen die Bedenken der Globalisierungskritiker? In diesem Abschnitt soll ein Überblick über die empirischen Untersuchungen zu Veränderungen in der internationalen Einkommensstruktur gegeben werden. Dabei geht es nicht darum, Armut und die daraus entste-

---

[18] Basierend auf Kuznets (1955) wird eine U-förmige Entwicklung von Einkommensunterschieden (erst zunehmend, dann abnehmend) und der Situation am Arbeitsmarkt (erst Verschlechterung, dann Verbesserung) angenommen. Zunehmende wirtschaftliche Integration führt demnach nach ersten Anpassungsschwierigkeiten zu Wachstum, Industrialisierung, Urbanisierung und somit zu vermehrter Arbeitsspezialisierung und besseren Lohnbedingungen und höherer Kaufkraft für breite Bevölkerungsschichten.

[19] Dollar und Kraay (2001b) legen den Schwerpunkt auf die Folgen einer außenwirtschaftlichen Öffnung für die Armutsbekämpfung. Sie zeigen empirisch, dass eine handelspolitische Liberalisierung die Armen und die Reichen in einer Volkswirtschaft gleichermaßen besser stellt. Generell gilt, dass das resultierende höhere Wachstum das Einkommensniveau der Armen im Verhältnis 1:1 erhöht.

henden Probleme, die es ja zuhauf gibt, zu verharmlosen oder zu relativieren. Vielmehr sollen die Zusammenhänge so dargestellt werden, dass fundiertere Aussagen darüber getroffen werden können, wie wirtschaftspolitisch am besten vorgegangen werden sollte, um Armut abzubauen.

Zunächst ist festzustellen, dass die Datenbasis, die Globalisierungskritiker nutzen, um ihren Thesen von wachsender Ungleichheit zwischen Ländern (Nord-Süd-Gefälle) und innerhalb von Ländern (vor allem in Industrieländern) sowie allgemeiner Armut durch Globalisierung zu untermauern, uneinheitlich ist. Zu großen Teilen wird auf die Verwendung von Datenmaterial verzichtet, und es werden Missstände direkt verbal angeprangert (z.B. Global Exchange, 2001). Nur wenige, ausführliche Studien verwenden Datenmaterial mit Quellen. Aus diesen sollen die wesentlichen Punkte herausgegriffen werden.

Mies (2001) oder auch Khor (2000) zitieren eine UNCTAD-Studie (UNCTAD, 1997), der zufolge die G7-Staaten 1965 noch über ein zwanzigmal höheres Pro-Kopf-Einkommen als die sieben ärmsten Länder der Erde verfügten, 1995 lag es jedoch schon bei 39mal höherem Einkommen. FOEI (2001) verwendet UNDP-Daten (UNDP, 1999), um zu zeigen, dass 1960 die reichste 20-Prozent-Kohorte der Erdbevökerung 30mal mehr verdiente als die ärmste 20-Prozent-Kohorte, was sich 1997 auf ein Verhältnis von 74mal mehr Einkommen steigerte.[20] In der Tat wollen die zitierten Studien von UNCTAD (1997) und UNDP (1999) durchaus auf eine zunehmende Ungleichheit aufmerksam machen. UNDP (1999, S. 38f.) greift die UNCTAD-Methode auf, die steigende Ungleichheit zwischen einer Anzahl ärmster und reichster Länder zu zeigen (in diesem Fall je fünf), und verwendet eine Studie von Gottschalk und Smeeding (1997), die innerhalb von Industrieländern in den achtziger Jahren eine Tendenz zu steigender Einkommensungleichheit feststellten.

Oxfam (2002) basiert seine Armutskritik auf neueren Daten von Weltbank[21] und IWF (2001b). Gemäß der IWF-Daten lässt sich zwar eine leichte Verbesserung der Exportanteile von Entwicklungsländern aufzeigen, aber es war 2000 gegenüber 1990 keine Veränderung der Struktur des jährlichen Welt-Bruttoinlandsproduktes festzustellen: Nach wie vor wurden circa drei Viertel der Wirtschaftsleistung in Industrieländern erstellt, in Entwicklungsländern, trotz steigenden Bevölkerungsanteils, jedoch nur ein Viertel. Zudem hat sich die Position gerade der ärmsten Länder überproportional verschlechtert. Dies schlägt sich auch in den Abständen von Pro-Kopf-Einkommen nieder. Zwar stiegen durch Wachstum weltweit die Pro-Kopf-Einkommen in fast allen

---

[20] FOEI (2001) erweckt durch die Verwendung von Begriffen wie reich und arm den Eindruck, dass sich die UNDP-Daten auf Vermögen beziehen, es sind allerdings – wie bei den meisten Statistiken üblich – Einkommensgrößen (UNDP, 1999, S.3).

[21] Global Poverty Monitoring Website, im Internet vergfügbar unter: http://www.worldbank.org/research/povmonitor/ .

Ländern seit den siebziger Jahren (Siebert, 2002). Durch das raschere Bevölkerungswachstum in den Entwicklungsländern vergrößert sich jedoch der Abstand in Pro-Kopf-Einkommen zwischen reichen und armen Ländern. Gleichwohl kann eine deutliche Linderung der prozentualen Armut in diesen Ländern (definiert als Anteil der Menschen in der Bevölkerung, die unter 1.08 US-Dollar/Tag zur Kaufkraft von 1993 auskommen müssen) festgestellt werden.[22]

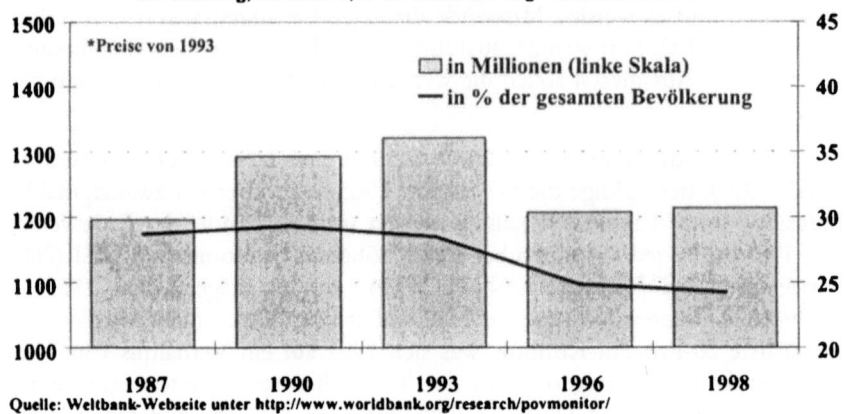

Schaubild 3: Armut in der Welt
Bevölkerung, die unter 1,08 US-Dollar am Tag* auskommen muss

Quelle: Weltbank-Webseite unter http://www.worldbank.org/research/povmonitor/

Die Daten, wie die oben vorgestellten, haben jedoch mitunter nur begrenzte Aussagekraft. Bei dieser Art von internationalen Vergleichen von Armutsstatistiken sind eine ganze Reihe von Fallstricken zu beachten, die die Kritik „Die Armut in der Welt nimmt durch die Globalisierung unaufhörlich zu" relativieren könnten.

1. Welches Einkommensniveau definiert „Armut"? Ist ein absolutes Maß angemessen (also z.B. die gängige Weltbank-Statistik, wieviele Menschen mit weniger als 1,08 US-Dollar/Tag gemäß Kaufkraft von 1993 auskommen müssen)?[23] In diesem Fall hat sich die Armut zwar absolut durch starkes Bevölkerungswachstum in den Entwicklungsländern im Zeitraum von 1987 bis 1998 um rund 100 Millionen Menschen erhöht, aber prozentual (also anteilig an der größeren Bevölkerung) verbessert. Wird andererseits ein dynamisch-relatives Maß genommen (z.B. wie von UNDP, 1999, wie viel die einkommensstärksten 20 vH mehr verdienen als die einkommensschwächsten 20

---

[22] Auf diesen Umstand macht auch das IW (2002) aufmerksam.
[23] So könnte man den Armutsbegriff auf die Anzahl von Menschen mit weniger als USD 2/Tag Konsum (in USD von 1993) ausdehnen, wozu Daten von UNDP (z.B. 2002) veröffentlicht werden. Sala-i-Martin (2002) kalkuliert für beide Grenzen jedoch ein deutliches Absinken der Armut in den letzten 25 Jahren.

vH, entsprechend der Methode zur Kalkulation des Gini-Koeffizienten), können sich ganz andere Ergebnisse ergeben. Auch die für Industrieländer gängige Methode, die Armutsgrenze als die Hälfte des Medianeinkommens zu setzen, kann gesamtwirtschaftliche Dynamik außer Acht lassen und echte materielle Armut über – bei vorhandenen Sozial- und Bildungssystemen – Aufstiegschancen unterschätzen (Seliger, 2001). In jedem Fall würde Armut mit einer festen absoluten Grenze bei steigendem Wachstum tendenziell sinken, während Maßzahlen für Ungleichheit zunehmen könnten (Sali-i-Martin, 2002).[24] Nicht angemessen ist, einzelne Missstände herauszugreifen und als global repräsentativ zu beschreiben.[25] Weiter unten soll auf eine verteilungstheoretisch sauberere Maßzahl eingegangen werden, dem Gini-Koeffizienten, den einige Studien für weltweite Ungleichheitsberechnungen ermittelt haben.

2. Die Einteilung „Industrieländer vs. Entwicklungsländer" in der Ermittlung von Ungleichheitsentwicklungen zwischen Ländern lässt sich nur schwer halten. Auch Oxfam (2002) räumt ein, dass es deutliche Unterschiede in der Entwicklung der Ungleichheit gegeben hat. So verfügte Asien, vor allem China, über ein rapides Wachstum, welches hauptsächlich für die beobachtete leichte Verbesserung der Ungleichheit in den letzten 10 Jahren verantwortlich war. Auch Lateinamerika konnte sich Oxfam zufolge etwas verbessern – schlecht schnitten hingegen Afrika und die Transformationsländer ab. Die Weltbank (2001) stellt in ihrem Jahresbericht ähnliche Unterschiede in der regionalen Entwicklung fest. Es liegt daher nahe, für diese unterschiedlichen Entwicklungen nicht direkt eine globale Kraft („Globalisierung") als Ursache zu sehen, sondern regional unterschiedlich wirkende Einflüsse.[26] Die Gruppe der Entwicklungsländer ist wirtschaftlich und sozial keine homogene Ländergruppe.

3. Auch die betrachteten Zeiträume für die Vergleiche scheinen eine Rolle zu spielen. Aus den obigen Daten ergibt sich häufig ein Vergleich zwischen aktueller Situation und den sechziger Jahren (UNDP, 1999 oder UNCTAD, 1997), oder kritische Vergleiche der aktuellen Globalisierungsphase (seit 1980) mit der früheren Zeit (z.B. Baker et al., 2001), oder auch eine Betrachtung der als mangelhaft empfundenen Dynamik des letzten Jahrzehnts auf Basis von IWF-Daten. Weltbank-Zahlen zur Armutsentwicklung (unter 1,08 US-Dollar/Tag

---

[24] Austen (2002) geht übrigens bei den Transformationsländern davon aus, dass sich die Toleranz für größere Einkommensdifferenzen mit steigendem Wachstum erhöht hat.

[25] Sané (2001) von Amnesty International führt als Beispiel für erhöhte Armut und Ungleichheit an, in 80 Ländern hätte sich die Situation 2000 gegenüber 1990 verschlechtert.

[26] Eine Studie speziell zu den Auswirkungen von Globalisierung auf Ungleichheit und Armut in Indien und China findet sich bei Quah (2002).

in Preisen von 1993) zeigen auch einen Anstieg von 1987 bis 1998, aber einen Rückgang von 1990 bis 1998.

4. Die Qualität der Daten ist nicht die Beste. Zwar wurden die Erhebungen und der Umfang der Einkommensstatistiken, vor allem für Entwicklungsländer, laut Weltbank verbessert. Etabliert wurde von den Vereinten Nationen in ihrer statistischen Abteilung zudem eine Sammelstelle für Armutsindikatoren in einer Millenium Indicators Database[27], die eine zahlenmäßige Überprüfung der Millenium Goals (unter anderem Halbierung der Armut definiert als Einkommen von real weniger als 1,08 US-Dollar/Tag bis 2015) beabsichtigt. Aber die bei den Umfragen verwendeten Methoden und Bezugsjahre können sich unterscheiden, was für eine sinnvolle Aggregierung eine herausfordernde Aufgabe darstellt. Bhalla (2002) gibt unter anderem zu bedenken, dass Bezieher höherer Einkommen zum Teil in Armutsumfragen gar nicht berücksichtigt werden.[28]

5. Einkommensdisparitätsvergleiche erfassen nicht unbedingt die wahren Veränderungen der Wohlfahrtsstrukturen. Auch wenn Konsummöglichkeiten unter einem US-Dollar pro Tag liegen, kann es sein, dass bestimmte Arten von Einkünften und Konsum (z.B. selbst bestelltes Land und Produktion für Eigenbedarf, Schwarzarbeit) nicht erfasst werden. Zudem stellen die Vereinten Nationen auch eine Reihe von anderen Indikatoren für Wohlfahrt im sogenannten „Human Development Index" (z.B. UNDP, 2002) zusammen, deren Berücksichtigung durchaus sinnvoll erscheint.[29] Deutlich gesunkene Kindersterblichkeit und höhere Bildung würden hier beispielsweise als wohlfahrtssteigernd zum monetär messbaren Einkommen hinzugestellt.[30] Ein durch starkes Bevölkerungswachstum gedämpftes

---

[27] Im Internet verfügbar unter http://unstats.un.org/unsd/mi/mi_goals.asp .

[28] Die Ungenauigkeiten von Datenerhebungen können auch zu Verzerrungen der Statistik in Industrieländern führen. Demographische Entwicklungen beispielsweise können (falls ältere Bevölkerungsteile weniger Einkommen erzielen) bei Überalterung der Gesellschaft – ein verbreitetes Problem der Industrieländer – zu erhöhter Messung der Ungleichheit führen, ohne das Globalisierungskräfte dabei im Spiel sind. Vgl. auch Förster und Pearson (2002).

[29] Der Human Development Index der UNDP (2002) ist seit 1980 stetig gestiegen und hat nur für die Region der Transformationsländer in der ersten Hälfte der neunziger Jahre einen Rückschlag erlitten. Siehe auch Crafts (2000). Easterlin (2000) bietet einen sehr langfristigen Überblick seit 1800 über Lebensstandards. Er stellt große Fortschritte gerade für ärmere Länder in der zweiten Hälfte des 20. Jahrhunderts fest.

[30] Die Weltbank (2001) stellt eine Übersicht über die Ziele zur Bekämpfung von Armut für 2015 vor, die die Senkung der Armen mit unter 1,08 US-Dollar/Tag an Konsummöglichkeit, die Ausdehnung von Grundschulbildung, mehr Geschlechtergleichheit, niedrigere Kindersterblichkeit und Geburtensterberaten, mehr Grundversorgung in Gesundheit

Bruttoinlandsprodukt je Einwohner ist ebenfalls bei der Beurteilung der Wirtschaftssituation eines Landes zu berücksichtigen, vor allem wenn dies dank verbesserter Gesundheitsbedingungen zustande kommt. Größere demographische Chancen (z.B. keine Überalterung der Gesellschaften) und erhöhtes Potenzial zukünftigen Arbeitseinkommens sollten auch in die Betrachtungen eingehen.[31]

Abgesehen von diesen Gesichtspunkten, die nicht unbedingt die von Globalisierungskritikern genannten Äusserungen relativieren müssen, aber dies könnten,[32] gilt es, die Ergebnisse der empirischen Forschung ins Blickfeld zu nehmen. Da das Thema sehr kontrovers diskutiert wird, gibt es eine sehr große Anzahl von Studien in diesem Feld. Oxfam basiert einen Teil der These erhöhter Disparität zwischen Ländern (vor allem Industrie- und Entwicklungsländern) unter anderem auf eine Studie von Milanovic (1998), der für einen Zeitraum von 1988 bis 1993 aufzeigt, dass der Gini-Koeffizient[33] für das Welteinkommen größer war als für jedes einzelne Land, und dass er in dem Fünf-Jahreszeitraum angestiegen ist. Dollar und Kraay (2002) jedoch kritisieren Oxfams Hinweis auf diese Studie mit der Begründung, der betrachtete Zeitraum sei zu kurz und die beobachtete Veränderung des Gini-Koeffizienten zu gering. Melchior, Telle und Wiig (2000) zeigen für 115 Länder über einen größeren Zeitraum von 1965-1997, dass der Gini-Koeffizient leicht von 0,59 auf 0,52 gesunken ist.

Längerfristig angelegte, neuere Studien weisen ferner in großer Zahl nach,[34] dass in den letzten Jahrzehnten die Ungleichheit zwischen Ländern nach vorherigem, stetigen Anstieg wieder abgenommen hat. Boltho und Toniolo (1999) machen als Wendepunkt das Jahr 1980 aus[35] – also gerade die Phase

---

und Wasser. Für alle Bereiche stellt die Weltbank bereits eine deutliche Verbesserung in den neunziger Jahren fest.

[31] Bauer (2002, S. 44f.): „That shows the absurdities and the anomalies of conventional wisdom in this field. It is true – not that it matters, the instance – the birth of a calf or pig adds to national income; the birth of a child immediately depresses it."

[32] Vgl. auch O'Rourke (2002).

[33] Der Gini-Koeffizient misst die Einkommensverteilung als Abweichung von völliger Gleichheit zwischen 0 (völlige Gleichheit) und 1 (völlige Ungleichheit – eine Einheit in der Statistik erwirbt das gesamte Einkommen). Oxfam (2002) zitiert Hammer, Healey und Naschold (2000), die als „niedrige Ungleichheit" einen Koeffizienten von weniger als 0,34 und als „hohe Ungleichheit" als über 0,55 definieren.

[34] Dies zeigen unter anderem Studien von Schultz (1998), Firebaugh (1999) sowie Radetzki und Jonsson (2000). Ein Grund für die neuartigen Ergebnisse könnte die Verwendung von US-Dollar-Daten zu Kaufkraftparität sein (Williamson, 2002). Bourguignon und Morrisson (1999) zeigen eine Stagnation der Ungleichheit nach langfristigem Anstieg seit 1820. Eine Zusammenfassung der Hintergründe für die verschiedenen Phasen empirischer Forschung von Einkommensdisparitäten bieten Bussolo und Morrisson (2002).

[35] Schultz (1998) sieht einen Wendepunkt Mitte der siebziger Jahre.

moderner Globalisierung, die von einigen Kritikern (z.B UNDP, 1999) für eine Verschärfung des Nord-Südgefälles verantwortlich gemacht wird. Lindert und Williamson (1999) schließen aus den Gini-Koeffizienten großer entwickelter Volkswirtschaften wie USA, EU oder Japan, die deutlich unter den Schätzungen für die Welteinkommensverteilung liegen, dass eine völlig integrierte globale Volkswirtschaft zwangsläufig eine sinkende Ungleichheit zwischen Ländern erwarten lässt. Lucas (2000) zeigt anhand eines einfachen Wachstumsmodells, dass auch von Seiten der Theorie nicht unbedingt zu erwarten ist, dass sich eine Konvergenz von Wachstum zwischen Ländern kontinuierlich vollzieht. Bis einzelne Länder den Strukturwandel zu höchster Industrialisierung bewerkstelligt hätten, würde Divergenz statt Konvergenz zu erwarten sein. Erst durch die Adaption des Know-Hows der führenden Wachstumsnationen würde ein schneller Aufholprozess in Gang gesetzt. Dies würde mit den obigen empirischen Erkenntnissen übereinstimmen.[36]

Für die Ungleichheit innherhalb von Ländern ergibt sich jedoch ein etwas anderers empirisches Bild. Hier besteht eher eine größere Einigkeit darin, dass zumindest in Industrieländern die Ungleichheit in den letzten Jahrzehnten zugenommen hat (z.B. Lindert und Williamson, 1999 oder auch Sala-i-Martin, 2002)[37]. Dies ist zwar nicht für alle Länder festzustellen, aber in der Mehrheit kam es zu höherer Ungleichheit wie von Gottschalk und Smeeding (1997) dargestellt.[38] Förster und Pearson (2000) weisen zudem darauf hin, dass Sozialsysteme als automatische Stabilisatoren in OECD-Ländern für eine Dämpfung der Ungleichheit gesorgt haben.

Weller und Hersh (2002) geben einen Literaturüberblick über Studien, die auch in Schwellen- und Entwicklungsländern erhöhte Einkommensungleichheit konstatieren, zu der die bereits erwähnte Studie von UNCTAD (1997) gehört. Dies würde wiederum ein Anzweifeln des oben beschriebenen „Trickle Down-Effekts" nahelegen – wobei natürlich nicht ignoriert werden darf, dass sich dieser Effekt auch in der Theorie nur längerfristig einstellt. Andererseits zeigt Wood (1994) ausgleichende Lohntendenzen in Asien in der Wachstumsphase der sechziger und siebziger Jahre.

---

[36] Dies entspricht einer Art weltweiter Kuznets-Kurve (O'Rourke, 2002). Einen Kuznet-artigen empirischen Zusammenhang in der Zeit seit den fünfziger Jahren weisen auch Higgins und Williamson (1999) nach. Krugman und Venables (1995) offerieren eine Variante der Entwicklung von Ungleichheit. Sinkende Transportkosten würden ihrem Modell zufolge zuerst die Industrieländer, und dann die Entwicklungsländer begünstigen.

[37] Schultz (1998) stellt seit Mitte der siebziger Jahre auch innerhalb der Länder leichte Verbesserung der Ungleichheit fest.

[38] Ein neuerer Überblick findet sich bei Förster und Pearson (2002). Die Studie von Bourguignon und Morrison (1999) jedoch zeigt eine nur leicht ansteigende Ungleichheit innerhalb von Ländern. Dies gilt in Maßen auch für Deutschland (Sachverständigenrat, 2000, Ziffern 498 ff.)

Sala-i-Martin greift die Berechnung von UNDP (1999) kritisch auf. Er weist darauf hin, dass einige Länder, die einen sinkenden Gini-Koeffizienten aufweisen, gar nicht in aggregierten Berechnungen von Entwicklungsländern und Industrieländern auftauchen. Dazu gehören mit Mexiko, der Schweiz, Türkei und Korea Länder, für die man ein besonders deutliches Absinken länderspezifischer Einkommensungleichheit in den siebziger und achtziger Jahren nachweisen kann. Dennoch gesteht Sala-i-Martin (2002) zu, dass sich die Ungleichheit in Ländern tendenziell erhöht hat, allerdings sollte man nicht annehmen, dass dies für alle Länder gelte. Dies würde also einer monokausalen Ursache wie der Globalisierung entgegenstehen. Den größten Teil weltweiter Ungleichheit sieht er durch die Unterschiede zwischen den Ländern, die sich deutlich verbessert hätten, und nicht etwa durch die Unterschiede innerhalb der Länder. Die positiven Wirkungen einer Handelsliberalisierung auf das Einkommen der unteren Einkommensbezieher werden außerdem von Bhagwati und Srinivasan (2002) unterstrichen.

Es existiert auch noch eine andere Variante der globalisierungskritischen Stimmen. Baker et al. (2001) argumentieren, nicht die Armuts- und Ungleichheitssituation zwischen den Ländern selbst hätte sich verschlechtert, sondern die positive Dynamik hin zur Besserung hätte seit 1980 abgenommen. Sowohl Einkommensdifferenzen als auch nicht-monetäre Größen wie Bildung und Gesundheitsindikatoren würden sich nur noch langsamer verbessern. Dennoch lässt sich festhalten, dass sich die Situation der globalen Armuts- und Ungleichheitsentwicklung differenzierter darstellt, als dies von den meisten Globalisierungskritikern wahrgenommen und in der öffentlichen Debatte vertreten wird.

Die Ungleichheit zwischen Ländern scheint gerade in den letzten Jahrzehnten gesunken zu sein, während sich Ungleichheit innerhalb zumindest der Industrieländer selbst zwar vergrößert hat, aber für die globale Einkommensdisparität von eher untergeordneter Bedeutung ist. Daraus schließen gerade neuere Studien wie z.B. Sala-i-Martin (2002), Bhalla (2002)[39], Williamson (2002), Dollar (2001) oder Lindert und Williamson (2001), dass die aktuelle Globalisierungsphase nicht unbedingt für die Ungleichheiten verantwortlich zu machen ist, sondern vielmehr für deren weltweite Milderung. Verbliebene starke regionale Differenzen zwischen den Ländern lassen sich analog zu Dollar und Kraay (2001b) zum Teil also durch mangelnde Offenheit und Integration in die Weltwirtschaft erklären.[40] Vorrangiges Ziel von Entwicklungspolitik

---

[39] Die Studien von Sala-i-Martin (2002) und Bhalla (2002) geben aufdatierte und umfassende Übersichten zum jüngsten Stand der empirischen Forschung und kritische Darstellungen der bisherigen Methodik. Sala-i-Martin zeigt anhand einer Vielzahl von Einkommensverteilungsindizes ein Absinken von globaler Ungleichheit von 1980 bis 1998.

[40] Für die Probleme Afrikas, gegenüber den reicheren Ländern im Einkommen aufzuholen, lassen sich auch externe Ereignisse wie Kriege als mögliche Hinderungsgründe anführen. Allein 2001 waren 13 der 53 Staaten von Kriegen und Bürgerkriegen betroffen.

müsste daher nicht eine Umverteilung innerhalb von Ländern (auch Entwicklungsländern) sein, sondern eine Steigerung des Wachstums in den betroffenen Entwicklungsländern (s. auch Kapitel 5).

Die Dominanz der vor allem von UN-Statistiken der letzten Jahrzehnte geprägten Denkrichtung in der Kritik wachsender Armut und Ungleichheit scheint allerdings noch recht stark. So gehen beispielsweise zwei größere Studien aus den Reihen der Politik, nämlich durch die EU-Kommission (2002a) und durch den Deutschen Bundestag (2002), von der Problematik erhöhter Ungleichheit in der Welt aus.

2.2.3. Erhöhter Wettbewerb auf dem globalen Arbeitsmarkt – negative Auswirkungen

Die vorangegangenen Kapitel haben gezeigt, dass jene Aspekte der Globalisierungskritik zumindest fraglich sind, die einer Außenhandelsliberalisierung insgesamt keine Wohlfahrtssteigerung zubilligen, und die höhere Einkommensdisparitäten zwischen Ländern und pauschal innerhalb aller Länder annehmen.

Unmittelbar mit der Beobachtung von Veränderungen der globalen Einkommenstruktur hängt die Frage nach den Wirkungen der Globalisierung auf die Arbeitsmärkte zusammen. Globalisierungskritiker unterstellen eine Verschlechterung der Arbeitsmarktbedingungen für Arbeitnehmer sowohl in Industrieländern als auch in Entwicklungsländern. In einem „Race to the bottom" würde globaler Wettbewerb bedeuten, dass die Entlohnung des Faktors Arbeit überall sinkt.

In der realen Außenhandelstheorie findet sich für diese Globalisierungsängste eine theoretische Begründung durch das Stolper-Samuelson-Theorem (1941) und das Faktorpreisausgleichstheorem (1949). Zugrundegelegt wird eine Spezialisierung nach Maßgabe des Theorems der komparativen Vorteile in der Heckscher-Ohlin-Samuelson-Variante. Übertragen auf Industrie- und Entwicklungsländer bedeutet dies: Das an Kapital und Humankapital (höher qualifizierte Arbeit) relativ reichere Industrieland spezialisiert sich auf die Güter, die diese Faktoren relativ intensiver nutzen, während das an niedrig qualifizierter Arbeit relativ mehr ausgestattete Entwicklungsland sich auf Güter konzentriert, die arbeitsintensiver hergestellt werden.

In dem Industrieland kommt es unter sonst gleichen Bedingungen im ersten Schritt zu einer Überschussnachfrage nach Kapital und einem Überschussangebot an Arbeit mit der Folge, dass die Kapitalrenditen steigen und die Reallöhne relativ oder absolut sinken (Stolper-Samuelson-Theorem). Modelltheoretisch kommt es im zweiten Schritt zu einem Ausgleich der Faktorpreise durch Außenhandel, obwohl die Produktionsfaktoren international immobil sind, also im Industrieland zu einem Druck auf die Löhne für einfache Arbeit; der Produktionsfaktor Arbeit „wandert" gleichsam inkorporiert in den arbeitsintensiven Produkten, die das Industrieland aus dem Entwicklungsland importiert (Faktorpreisausgleichstheorem).[41]

Die modelltheoretische Analyse beruht auf sehr stringenten Prämissen: Es gibt keine Transportkosten (in der Realität nur in Bereichen zutreffend, die neue Informations- und Kommunikationstechnologien intensiv nutzen, z.B. im elektronischen Geschäftsverkehr), keine Handelsbeschränkungen (obwohl nicht wenige sektorspezifische Importbeschränkungen gerade gegenüber Anbietern von arbeitsintensiven Gütern aus Entwicklungsländern bestehen, s. Teil 2.2.4.1.) und keine vollständige Spezialisierung (was wegen steigender Grenzkosten in der Produktion die Regel ist[42]), die Güter- und Faktorpreise sind flexibel,[43] und es herrscht auf den Märkten vollkommene Konkurrenz. Die Modifikation der letzten beiden Prämissen führt unter anderem zu den weiter unten beschriebenen Erkenntnissen der neuen Außenhandelstheorie mit Betonung von monopolistischer Konkurrenz, Skaleneffekten und verzögerter Faktorpreisanpassung. Für große Länder kann die Anpassung der Faktorentlohnungen an die Weltmarktbedingungen zudem weniger stark ausfallen als für kleine Länder (Fehn und Thode, 1997). Wichtig ist auch zu beachten, dass im Modell die den Nivellierungstendenzen bei den Löhnen gegenläufigen Entwicklungen ausgeblendet werden; man denke an Kapitalakkumulation, technischen Fortschritt und Ausbildung, wodurch die Arbeitsproduktivität in dem Industrieland steigt und zusätzlicher Raum für Reallohnerhöhungen im Ganzen ensteht. Schließlich ist ebenfalls zu berücksichtigen, dass die Wirkungen des globalen Wettbewerbs auf den Arbeitsmarkt,

---

[41] Hierbei ist allerdings zu berücksichtigen, dass sich bei Annahme vollständiger Konkurrenz auf einem globalen Arbeitsmarkt die Entlohnung absolut nach der gestiegenen Arbeitsproduktivität richten würde. Die Theorie lässt also einen allgemeinen Anstieg von Löhnen für alle Qualifikationsstufen weltweit zu, und auch die von der Theorie antizipierten relativen Änderungen in den Lohnabständen führen nicht unbedingt zu einer vollständigen Lohnkonvergenz. Ein Überblick über diesen Wirkungszusammenhang findet sich bei Beyfuß u.a. (1997) oder auch bei Weiß (1998).

[42] Im extremen Fall vollständiger Spezialisierung (bei sinkenden Grenzkosten oder, im Falle von gleich großen Ländern, bei konstanten Grenzkosten) kommt die Theorie zum Ergebnis, dass auch niedrig qualifizierte Arbeitnehmer in einem Industrieland wieder Lohnsteigerungen erhalten – auch ihre Arbeitskraft wird nunmehr zur weiteren Produktion des spezialisierten Gutes eingesetzt, auch wenn ihr Faktor nur wenig intensiv genutzt wird (Fehn und Thode, 1997, oder auch Krugman, 1995).

[43] Eine Unterstellung konstanter Preisverhältnisse führt über das Rybczynski-Theorem (Rybczynski, 1955) zu dem Ergebnis, dass die Zunahme eines Faktors (z.B. Arbeitsmigration) eine höhere Produktion des Gutes bedeutet, dass den erhöhten Faktor relativ intensiver nutzt. Die Einkommensverteilung würde hier konstant bleiben. Bei Zuwanderung in ein großes Land jedoch wird das Bruttoinlandsprodukt insgesamt so signifikant erhöht, dass die Nachfrage nach dem weniger arbeitsintensiv erstellten Produkt ebenfalls steigt und somit die Entlohnung für die Produktion des arbeitsintensiv erstellten Gutes relativ sinkt.

soweit sie durchschlagen, in erster Linie die Lohnstruktur zwischen unqualifizierter und qualifzierter Arbeit betreffen und weniger das allgemeine Lohnniveau.

Diese Erkenntnis steht zunächst im Gegensatz zur Befürchtung eines „race to the bottom", sobald Arbeitnehmer in Industrieländern mit Arbeitnehmern in Entwicklungsländern über das Güterangebot miteinander konkurrieren.

Die in 2.2.2. dargestellten empirischen Ergebnisse über Einkommensungleichheiten (in den meisten Fällen gleichbedeutend mit ungleicher Entlohnung für Arbeit) passen scheinbar zu den Aussagen der genannten Theoreme: In den Industrieländern kommt es zum Teil zur relativen Schlechterstellung niedrig qualifizierter Arbeitnehmer, deren Einkommensentwicklung relativ hinter der von höher qualifizierten Arbeitnehmern zurückbleibt. In Entwicklungsländern hingegen findet im Ländervergleich ein Aufholprozess statt – allerdings ändern sich auch hier die relativen Lohnabstände, wobei die empirische Forschung bislang noch nicht eindeutig nachweisen kann, dass niedrig qualifizierte Arbeit ebenfalls aufholen kann.

Aber: In Industrieländern kommt es insgesamt zu wenig Disparität (Anderson, 2001), in manchen Hoch-Lohnbereichen allerdings zu besonders deutlicher Disparität. Tang und Wood (2000) vermuten, dass hochqualifizierte Arbeitnehmer, die sich durch weltweite Kooperation schneller die hohen Wachstumsgewinne der Globalisierung sichern, innerhalb von Industrieländern einen überproportionalen Lohnzuwachs erzielen können. Svizzero und Tisdell (2002) weisen zudem darauf hin, dass sich bei steigender Ausbildung und Qualifikation von Arbeitnehmern die Fähigkeiten der einzelnen Arbeitnehmer deutlicher unterscheiden werden und somit für größere Lohnspreizung innerhalb hoch qualifizierter Beschäftigung sorgen. Für den Fall persistenter Einkommensungleichheit in Entwicklungsländern kommen Feenstra und Hanson (1996) zu dem Schluss, dass die Vernetzung höchst qualifizierter Arbeitskräfte auch zwischen Entwicklungs- und Industrieländern für eine gleichzeitig überproportionale Entlohnung dieser Einkommensgruppen sorgen kann – bei nur langsam steigenden Pro-Kopf-Einkommen in Entwicklungsländern wären also keine Verbesserungen in der Einkommensdisparität festzustellen.[44]

Modernere Erklärungsansätze für Außenhandel,[45] die auf die unterschiedlichen Bestimmungsgrößen von inter- und intraindustriellen Handel[46] hinwei-

---

[44] Wood (2002) verbindet diese Theorien mit dem Heckscher-Ohlin-Modell.
[45] Einen Überblick über Erkenntnisse der neuen Außenhandelstheorie bieten u.a. Krugman und Obstfeld (1994), u.a. basierend auf Helpman und Krugman (1985). Krugman (1995) nutzt zudem ein einfaches Gravity-Modell, demzufolge sich Außenhandel als Funktion durch die Größe wirtschaftlicher Leistung der beteiligten Länder und ihre jeweiligen Entfernungen abbilden lässt.

sen, erkennen gerade bei intraindustriellem Handel keine zwingenden Tendenzen für dauerhafte Trends in der Entlohnung der unterschiedlichen Faktoren – also zum Beispiel niedrig- und hochqualifzierte Arbeit. Zwischen Ländern ähnlicher Faktorausstattung, also beispielsweise Industrieländern, kann es zwar zu verstärkter Konkurrenz durch intraindustriellen Handel kommen, allerdings ergeben sich damit nicht zwangsläufig Verschiebungen in den Einkommensrelationen.

Im Folgenden sollen nach diesen theoretischen Überlegungen nun die von Globalisierungskritikern befürchteten negativen Auswirkungen für Entwicklungsländer und für Industrieländer im Einzelnen besprochen werden.

2.2.3.1. In Entwicklungsländern: Ausbeutung von Arbeitskräften

Während die Theorie auf steigende Einkommen und höhere Einkommensgleichheit in Entwicklungsländern hoffen lässt, wird durch die Empirie (wie in Teil 2.2.1. dargestellt) nicht klar – auch wegen des teilweise gering vorhandenen Datenmaterials –, ob das allgemeine Aufholen der Entlohnung in Entwicklungsländern zu Industrieländern auch breit abgestützt ist und somit wirklich die großen Einkommensunterschiede gemildert werden.[47]

Da sich zudem die Einkommenskonvergenz eventuell nicht schnell genug vollzieht, um angesichts des starken Bevölkerungswachstums eine absolute Zunahme der Armut zu verhindern, ist der Globalisierungskritik insoweit große Aufmerksamkeit zu schenken, als sie die schlechten Arbeitsmarktbedingungen in den Entwicklungsländern hervorhebt.[48] Dabei ist zu beachten,

---

[46] Eine andere Bezeichnung ist auch inter- und intrasektoreller Handel – gemeint ist bei intraindustriellem Handel der Austausch von Gütern ähnlicher Kategorie wie z.B. italienische und deutsche Autos, die von beiden Ländern nachgefragt werden. Interindustrieller Handel hingegen bezeichnet Spezialisierung auf Produkte mit unterschiedlicherer Produktfaktorkombination - also eher entsprechend dem Heckscher-Ohlin-Modell.

[47] Selbstverständlich lässt sich das Beispiel Japans oder Koreas anführen, deren Löhne deutlich zu denen in den westlichen Industrieländern aufgeholt haben oder (im Fall Japans) sogar diese übertroffen haben. In den sechziger und siebziger Jahren wurden gerade für diese Länder Begriffe wie „rabbit cage" oder „sweatshop labour" geprägt, um die Missstände der dortigen Arbeitsbedingungen anzuprangern (Krugman, 1997a). Andererseits weist eine Studie von Brown (2000) darauf hin, dass Lohnungleichheit in Ländern wie Chile, Kolumbien, Costa Rica, Mexiko und Uruguay zugenommen hat.

[48] Krugman (1997b) sieht als Begründung für eine veränderte Wahrnehmung schlechter Arbeitsbedingungen durch Globalisierungskritiker eine inkonsistente ethische Haltung: „Unlike the starving subsistence farmer, the women and children in the sneaker factory are working at slave wages for our benefit – and this makes us feel unclean." In jedem Fall liegen durch die zunehmend global mediale Vernetzung mehr Menschen mehr Informationen über Arbeitsbedingungen in Entwicklungsländern vor, was ebenso wie der allgemeine Wunsch nach rascher Reduktion von Armut ein stärkeres Interesse nach verbesserten Arbeitsstandards in jenen Ländern hervorruft (Addo, 2002).

dass nicht etwa nur Industrieländer durch Direktinvestitionen Arbeitskräfte in armen Entwicklungsländern ausbeuten, d.h. zu einem Lohn unterhalb der Grenzproduktivität beschäftigen könnten, auch Beschäftigungsvorsprünge mancher Entwicklungsländer gegenüber anderen armen Ländern würden durch den verschärften Lohnwettbewerb im Niedriglohnbereich durch Handelsliberalisierung wieder in ihren Standards und Löhnen zurückgeworfen.[49]

Im Lohnbereich nahe des Existenzminimums können tatsächlich ineffiziente Marktergebnisse zustande kommen. Denn wegen des Zwangs zur Sicherstellung des Existenzminimums wird das Arbeitsangebot in diesem Lohnbereich auch dann ausgedehnt, wenn die Löhne sinken. Dieser Zusammenhang führt im Extremfall, vor allem in Ermangelung von Arbeitsschutzregelungen, zu Kinderarbeit und dem Fehlen von Sicherheitsmaßnahmen am Arbeitsplatz. Die Ausbeutung sozial Schwacher in Entwicklungsländern wird auch von NGOs wie z.B. Oxfam (2002) kritisiert.

Hazan und Berdugo (2002) geben einen Überblick über die gängigen Theorien von Kinderarbeit. In einem frühen Entwicklungsstadium von Volkswirtschaften befänden sich diese in einer Art Falle, in der sich ein Gleichgewicht bei niedrigen Löhnen und hohem Arbeitsangebot durch Kinder ergeben kann. Erst technologischer Fortschritt und zunehmende Qualifikationserfordernisse würden die Nachfrage nach Arbeit durch Erwachsene entscheidend erhöhen.

Es ist jedoch zunächst fraglich, ob diese Missstände durch Globalisierung hervorgerufen oder zumindest verstärkt werden, oder aber ob über die oben beschriebenen Wohlfahrtseffekte von Handelsliberalisierung Globalisierung helfen kann, die Arbeitsmarktbedingungen und Löhne in den ärmsten Entwicklungsländern zu mildern. In der Globalisierungsphase seit dem Zweiten Weltkrieg sind die Kinderarbeitsquoten (unter 15 Jahren) in allen Mitgliedsländern der International Labor Organization (ILO) gesunken, während sich Schulbesuch verbreitete, und diese Tendenzen sind am deutlichsten in den Ländern, die sich am meisten der Globalisierung geöffnet haben (Lindert und Williamson, 2001).[50]

Möglicherweise bieten die schlechten sozialen Bedingungen und mangelnde tarifliche Organisation für die Arbeitnehmer in Entwicklungsländern gegenüber großen heimischen, aber auch ausländischen Unternehmen eine zu

---

[49] Watkins (2002) nennt das Beispiel Kambodschas, wo eine Liberalisierung des Agrarmarktes zwar billigere Reisimporte, aber auch große Arbeitsplatzverluste im Agrarsektor bedeuten könnte.

[50] Laut ILO-Daten (ILO, 2002) ist die Kinderarbeit von 250 Millionen Kindern im Alter von 5-14 Jahren 1995 auf 211 Millionen im Jahr 2000 gesunken. Dies entspricht einer weltweiten Quote von ca. 20 vH. Für einen historischen Vergleich: Hazan und Berdugo nennen für das Jahr 1851 in England und Wales Kinderarbeits-Quoten von 36.6 vH für Jungen und 19.9 vH für Mädchen im Alter von 10-14 Jahren.

schwache Verhandlungsbasis, um sich nahe bei oder entsprechend ihrer Grenzproduktivität entlohnen zu lassen. Andererseits ist anzunehmen, dass durch die neu hinzukommenden ausländischen Unternehmen im Wettbewerb um günstige Arbeitskräfte höhere Löhne gezahlt werden als in Autarkie – dies würde auch die Chance zu besseren Arbeitsbedingungen und Sicherheit am Arbeitsplatz bedeuten.

Wird eine freiwillige Entscheidung der Arbeitnehmer unterstellt, so werden diese zu nach wie vor schlechten, aber doch verbesserten, Arbeitsbedingungen grundsätzlich besser gestellt (Krugman, 1997b). Dies würde a priori auch eine Zunahme von Kinderarbeit durch Kinder einschließen, die zuvor in noch ärmlicheren Zuständen ihre Familien unterstützen mussten. Allerdings ist dem entgegenzuhalten, dass die Entscheidungen der Kinder nicht mündig oder freiwillig zustande kommen, und dass über die ethischen Bedenken hinaus auch ökonomisch negative externe Effekte auftreten können – denn durch Kinderarbeit wird Schulbildung und damit die Befähigung zu höherqualifizierter Arbeit vergeben und zukünftige Wachstumschancen vertan.

Die Wirkung des globalen Wettbewerbs auf die Arbeitsmärkte der Entwicklungsländer nimmt jedenfalls nicht unbedingt die von den Kritikern befürchteten Ausmaße an. Edmonds und Pavcnik (2002) zufolge führt eine erhöhte wirtschaftliche Integration von Entwicklungsländern am Beispiel von Vietnam zu besseren Absatzchancen für deren Exportprodukte (in diesem Fall Reis) im Einklang mit den oben beschriebenen theoretischen Zusammenhängen. Mehr Absatz des Exportproduktes lässt die Entlohnung des relativ mehr genutzten Faktors gering qualifizierter Arbeit ansteigen. Da Familien nur aus Not nahe am Existenzminimum auch in Entwicklungsländern auf Arbeit ihrer Kinder zurückgreifen, führt eine deutliche Steigerung des Lohns zu einem schwächeren Anreiz für Kinderarbeit.[51]

2.2.3.2. In Industrieländern: Aushöhlung von Arbeitseinkommen und Sozialstandards

Es ist nicht auszuschließen, dass in den Industrieländern bestimmte Gruppen von Arbeitskräften relative oder sogar absolute Lohneinbußen hinnehmen müssen – verglichen mit einer Situation, in der die Importkonkurrenz aus Entwicklungsländern als Niedriglohnländer weniger stark ist. Unter Umständen sind dann auch soziale Leistungen betroffen, die der Arbeitgeber der Belegschaft freiwillig gewährt. Dennoch wäre es voreilig, dieses Problem direkt und in erster Linie der Globalisierung zuzurechnen. Zunächst einmal: Der Handel von Industrieländern mit Entwicklungsländern sowie deren Direktinvestitionen in der Dritten Welt haben ein eher kleines Gewicht im Vergleich

---

[51] Edmonds und Pavcnik (2002) geben jedoch zu bedenken, dass in diesem Fall einer erhöhten Entlohnung für Grundnahrungsmittel gleichzeitig, wegen der höheren Preise dieses Grundnahrungsmittels, die Kinderarbeit aufgrund der höheren Lebenshaltungskosten in urbanen Gegenden anstieg.

zum Grad der Wirtschaftsverflechtung zwischen den USA, der EU und Japan (Hirst, 1996). Zwar gibt es vornehmlich innerhalb der EU ein Lohngefälle vom Kern bis zur Peripherie, und insoweit auch Lohnwettbewerb in Verbindung mit Außenhandel (Importe arbeitsintensiver Güter zu niedrigen Preisen) und Direktinvestitionen (Verlagerung von Produktion und Arbeitsplätzen an kostengünstigere Standorte in anderen EU-Mitgliedsländern). Aber die intraeuropäischen Lohnunterschiede, etwa zwischen Deutschland und Portugal, sind in ihrem Ausmaß überhaupt nicht vergleichbar mit den weltweiten Lohnunterschieden entlang der Nord-Süd-Achse, etwa zwischen Deutschland und Botswana. Damit ist zwar immer noch ein Verlustrisiko für bestimmte Arbeitnehmergruppen vorhanden, aber „Peking-Löhne" (Freeman, 1995) drohen nicht.

Von größerer Bedeutung ist jedoch, dass eine ganze Reihe von empirischen Studien einen völlig anderen Hauptgrund für Veränderungen der Lohnstruktur innerhalb von Industrieländern sieht: technischen Fortschritt. Krugman (1995) merkt an, dass gerade der Handel der USA mit den südostasiatischen Ländern, die bei Industriegütern in Konkurrenz zu amerikanischen Unternehmen stünden, nur wenig der Lohnspreizung seit den siebziger Jahren erklären könne. Lawrence und Slaughter (1993) stellen fest, dass in den achtziger Jahren eher der technische Fortschritt für erhöhte Lohnungleichheit ursächlich war und nicht die zunehmende Importkonkurrenz. Dies wird von Autor und Katz (1999) bestätigt. Acemoglu und Ventura (2002) kommen sogar zu dem Schluss, dass internationaler Handel ohne technologische Dynamik zu stabilen Lohndifferenzen führen würde.

Die mit den neuen Informations- und Kommunikationstechnologien verbundene Problematik des „digital divide" oder auch der 20:80 Gesellschaft und dem „Ende der Arbeit" (Rifkin, 1995) kann also zum wichtigeren Grund für eine zunehmende Lohnungleichheit in Industrieländern werden. Wenn nämlich bestimmte Arbeitnehmergruppen nicht bereit oder in der Lage sind, mit der neuen Technik und der Ressource Wissen angemessen umzugehen und für die Erledigung der ihnen übertragenen Aufgaben einzusetzen, sinkt ihre Produktivität; dementsprechend muss sich bei den betroffenen Arbeitnehmern der Lohn nach unten anpassen, oder ihr Arbeitsplatz ist akut gefährdet. Dies wäre nicht auf den globalen Wettbewerb zurückzuführen.

Dennoch ist diese Ansicht nicht unbestritten.[52] In einer neueren Studie kommen Feenstra und Hanson (2001) zu dem Ergebnis, dass Außenhandel sehr wohl einen starken Einfluss auf Lohndifferenzen in Industrieländern ausüben kann. Einzubeziehen wären über die Güterströme hinaus auch Outsourcing, Verlagerung von Unternehmensstandorten und Direktinvestitionen.

---

[52] Prominenteste Vertreter beider Seiten sind wohl Paul Krugman für die Dominanz von technologischer Entwicklung bei der Erklärung von Lohnunterschieden in den USA und Lester Thurow für die größere Bedeutung von Außenhandel. Eine kurze Charakterisierung findet sich bei einem International Herald Tribune-Artikel von Uchitelle (1997).

Auch Sachs und Shatz (1996) und Wood (1994) stellen empirisch einen deutlichen Zusammenhang zwischen Außenhandel und Lohndifferenzen in Industrieländern fest. Ist eine größere Lohndifferenz (nicht gleich Einkommensungleichheit, die durch Umverteilungsmechanismen korrigiert werden kann) grundsätzlich problematisch? Einkommensungleichheiten sind in einem System sozialer Marktwirtschaft (wie unter 2.1. beschrieben) nur in Maßen vertretbar, sowie sie mit den gesellschaftlichen Normen über soziale Gerechtigkeit gerade noch in Einklang stehen und eine vertikale Mobilität, sprich der Aufstieg von unteren Einkommensklassen in höhere, stattfindet. Lohnungleichheit ist ökonomisch indes nicht beklagenswert, sofern sie Ergebnis knappheitsbedingter Lohnbildungsprozesse auf den Arbeitsmärkten ist. Nach der Grenzproduktivitätsregel muss der Lohn für Arbeit, die mehr kostet als mit ihr am Markt erwirtschaftet werden kann, sinken. Sonst kommt es früher oder später zur Freisetzung solcher Arbeitskräfte – in Form von mehr Entlassungen und weniger Neueinstellungen. Dies bedeutet letztlich eine Substitution des Produktionsfaktors einfache Arbeit durch den Produktionsfaktor Kapital (je nach Produktionsfunktion und Substitutionselastizitäten).

In Industrieländern tendieren die Löhne auch im Niedriglohnsektor und trotz internationaler Konkurrenz stetig zu steigen (wenn auch die Lohndisparität ansteigt).

Dies bedeutet jedoch nicht eine Außerkraftsetzung grundlegender volkswirtschaftlicher Zusammenhänge. Der Druck auf die Löhne im Bereich wenig qualifizierter Arbeitskräfte entsteht nur dadurch, dass die Löhne über dem Niveau der durch globale Konkurrenz neu definierten Wertgrenzproduktivi-

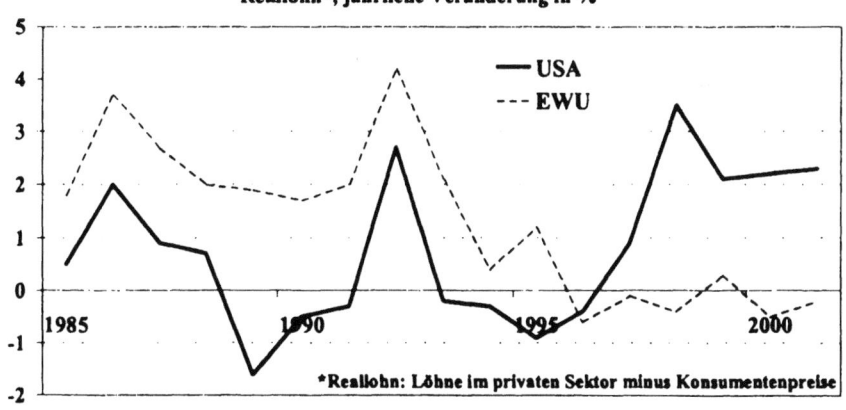

Schaubild 4a: Industrieländer mit unterschiedlicher Lohndynamik...

Reallohn*, jährliche Veränderung in %

*Reallohn: Löhne im privaten Sektor minus Konsumentenpreise

Quelle: OECD (2002b), eigene Berechnungen

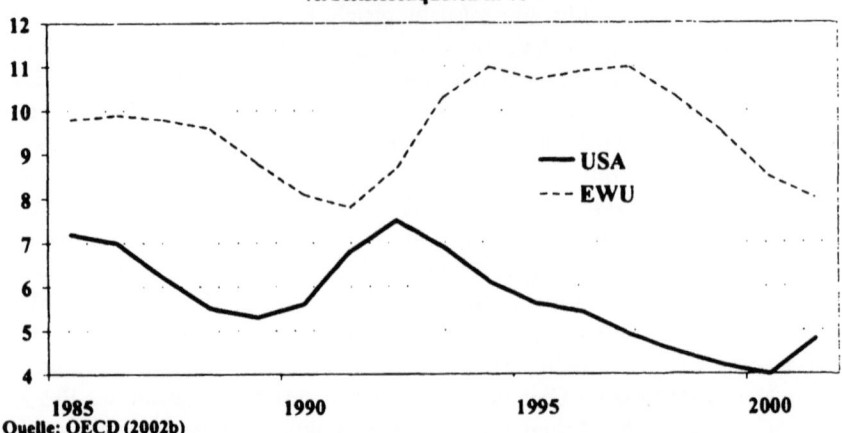

Schaubild 4b: ...aber mit seit Mitte der neunziger Jahre im Trend sinkender Arbeitslosigkeit
Arbeitslosenquoten in %

Quelle: OECD (2002b)

tät liegen. Der Preis dafür ist höhere Arbeitslosigkeit (Weiß, 1998)[53], was wiederum höhere gesamtwirtschaftliche Kosten bedeutet. Umgekehrt würde mit sinkenden Löhnen die Arbeitslosigkeit sinken (Krugman, 1995).

Erhöhte Lohnungleichheit als Folge von erhöhter globaler Konkurrenz bleibt allerdings nicht ohne Kritik (IFG, 2001, für die USA und EKD, 2001, für Europa und Deutschland). Beispielsweise stört Grunert (2002) der Eindruck, dass eine Vermeidung erhöhter Lohndisparität in Arbeitslosigkeit mündet, was er als nicht hinnehmbaren „trade-off" zwischen Lohnungleichheit und Arbeitslosigkeit einstuft. Dabei kritisiert er, eine Verbindung zwischen mangelnder Lohnspreizung und Arbeitslosigkeit würde unterstellen, Unternehmen könnten beliebig Produktionsfaktoren substituieren. Er versucht, den mangelnden kausalen Zusammenhang zwischen Lohnspreizung und Arbeitslosenquoten in OECD-Ländern sogar empirisch zu untermauern. Hierbei lässt er jedoch außer Acht, dass sich die erhöhte Lohndisparität durch bestehende Grenzproduktivitäten erklärt. Sinkende Löhne sind also Ergebnis des Marktes. Dass nicht generell alleine eine größere Lohnspreizung zu Vollbeschäftigung führt und nicht überall, wo eine geringere Lohndifferenzierung vorliegt auch hohe Arbeitslosigkeit herrschen muss, entkräftet den theoretischen Zusammenhang keineswegs. Auch ist denkbar, dass in einem statistischen Zusammenhang hohe Arbeitslosenquoten mehr Lohnspreizung verursachen, als Folge schlechterer Verhandlungsposition niedrig qualifizierter Arbeitnehmer, und nicht etwa umgekehrt Lohnspreizung Arbeitslosigkeit senkt.

---

[53] Als mögliche Verzerrungen der Löhne nennt Weiß (1998) Flächentarife, Mindestlöhne und Effizienzlöhne.

Kleinert et al. (2000) widersprechen auch der Kritik, flexible Löhne würden nicht zu höherer Beschäftigung führen.[54]

Des Weiteren führt Grunert (2002) auch das Kaufkraftargument der Löhne an, wonach ein Absinken von Löhnen am unteren Lohnspektrum zu einer Beeinträchtigung der Konsumnachfrage führe und damit gesamtwirtschaftlich schädlich sei. Allerdings wird hierbei ignoriert, dass sich die Löhne unter freien Marktbedingungen gemäß ihrer Grenzproduktivität bilden werden und darüber liegende Löhne Arbeitslosigkeit hervorrufen, was dann – wenn man dem Kaufkraftargument folgt – ebenfalls den Konsum dämpft. Nur wenn angenommen wird, dass Arbeitskartelle der Unternehmer (z.B. im Tarifstreit) flächendeckend Löhne unterhalb der Grenzproduktivät gerade bei Niedriglohnempfängern durchsetzen können, wären Bedenken berechtigt. Dies ist zwar unrealistisch, es entspricht aber der Befürchtung von manchen Globalisierungskritikern (z.B. ICFTU, 2001).[55]

Höhere Lohnungleichheit muss zudem nicht unbedingt eine automatische materielle Schlechterstellung der Verlierer des globalen Wettbewerbs bedeuten. Zunächst existieren in Industrieländern in mehr oder weniger großem Ausmaß Systeme sozialer Umverteilung, welche etwaige Lohneinbußen in einen weitaus gemilderten Einkommensverlust ummünzen.[56] Ferner müssen die Verluste nicht von Dauer sein. Entsprechende Qualifizierung von entweder geringer entlohnten oder aber arbeitslosen Globalisierungsverlierern kann die Einkommenssituation nachhaltig verbessern (Donges, 1998). Somit wird im Globalisierungsprozess deutlich, was auch die neue Wachstumstheorie lehrt: der hohe Rang einer effektiven Bildungspolitik. Dass globaler Wettbewerb allerdings den Staat zwingen könnte, das Ausmaß der Umverteilungen einzuschränken, ist nicht undenkbar.[57]

---

[54] Als Beispiel führen sie die Struktur des Beschäftigungsbooms in den USA der neunziger Jahre an, der sich nicht nur auf sogenannte „McJobs" im Niedriglohnsektor beschränkte. Auch Neuseeland kann positive Beschäftigungswirkungen mit Arbeitsmarktflexibilisierung vorweisen. Scott (2001) zweifelt in seinen Ergebnissen die arbeitsplatzschaffende Wirkung von Handelsliberalisierung beispielsweise am NAFTA-Abkommen zwischen USA und Mexiko an: Seit Mitte der 90er Jahre wären 3 Millionen Jobs vernichtet worden. Allerdings erwähnt er an keiner Stelle den gleichzeitigen Beschäftigungsboom in den USA. Gerade die in der Industrie verlorenen Stellen wurden durch steigende Beschäftigung im expandierenden Dienstleistungssektor mehr als kompensiert.

[55] Hierzu jedoch weiter unten Kapitel 2.2.3.2.

[56] Förster und Pearson (2000) zeigen detailliert die Veränderung von Lohndisparitäten und die nach Umverteilung gemilderten Auswirkungen auf die Einkommensdisparitäten in OECD-Ländern. Hohen sozialen Sprengstoff birgt jedoch die Tatsache, dass sinkende Löhne von Niedriglohnempfängern einen überproportional hohen Anteil von Kindern in die Sozialhilfesysteme zu drängen drohen (hierzu auch Butterwegge und Klundt, 2002).

[57] Fehn und Thode (1997) zeigen in einem Modell, dass die Mobilität von Produktionsfaktoren den Verteilungsspielraum der Staaten einschränken. Vgl. auch unten Kapitel 2.5.1.

Insgesamt kann der globale Wettbewerb über sinkende Preise, höhere Effizienz, Innovation und mehr Wachstum einen größeren Verteilungsspielraum und bessere Lebensstandards generieren (ein Überblick findet sich bei Addo, 2002). Laut von Weizsäcker (1999) kommt es zu einer Annäherung an die marktgerechteste internationale Arbeitsteilung mit entsprechenden Effizienzgewinnen. Die Gewährung von Chancen für höhere Einkommen in Entwicklungsländern würde dort zudem mehr Nachfrage nach Gütern aus Industrieländern erzeugen und somit zusätzlich für Wachstum in Industrieländern sorgen (Donges, 1998).

Zu den möglichen Verlusten für bestimmte Arbeitsmarktteilnehmer ist jedoch zu bedenken, dass erhöhte Konkurrenz auf dem Arbeitsmarkt zu größerer Furcht und Unsicherheit auch bei den Arbeitsplätzen führt, die nicht direkt dem internationalen Wettbewerb ausgesetzt sind, bzw. die aller Voraussicht nach durch Marktöffnung gewinnen würden. Da ein Arbeitsplatz zudem einen gewissen gesellschaftlichen Status über die Entlohnung hinaus mit sich bringt, müsste die Erhaltung der betroffenen Arbeitsplätze gegebenenfalls auch durch Lohnzurückhaltung vorzuziehen sein.

2.2.3.3. Zur weltweiten Migration von Arbeitskräften

Die Wanderung von Arbeitskräften aus Entwicklungsländern in Industrieländer müsste dieselben ökonomischen Wirkungen zeigen wie die Marktöffnung für Niedriglohnkonkurrenz. Globalisierungskritiker scheinen dieses Thema eher weniger aufzugreifen. Attac (2002a) fordert beispielsweise ungehinderte Mobilität, bezieht sich dabei aber lediglich auf die Mobilität innerhalb Europas.

Potenziell lassen sich jedoch zwei globalisierungskritische Punkte ausmachen. Der erste wird zum Beispiel von Stalker (2000) dargestellt. Er weist darauf hin, dass sich durch Globalisierung und erhöhten Wettbewerb der Druck auf die Arbeitnehmer erhöht hat, Beschäftigungsmöglichkeiten in entfernteren Gebieten zu suchen. Dies bezieht sich auf Arbeitnehmer in Industrie- und Entwicklungsländern. In letzteren sei jedoch ein besonders starker Wanderungsdruck auszumachen. Die Kosten dieser Mobilität und die erhöhte soziale Unsicherheit werden als negative Folgen von Globalisierung dargestellt.

Darauf ist zu antworten, dass auch hier die Globalisierung lediglich mehr Chancen eröffnet, ohne die gerade Arbeitnehmer in Entwicklungsländern nicht bereit wären, ihre Heimat zu verlassen. Darum ist nicht direkt verständlich, warum die Globalisierung für Emigranten aus Entwicklungsländern negative Folgen haben muss. Ähnlich wie bei den Erkenntnissen des Heckscher-Ohlin-Samuelson-Modells im vorherigen Kapitel kann festgehalten werden, dass sich Probleme eher für die niedrig qualifizierten Arbeitnehmer in den Industrieländern ergeben – was auch die verbreitete Neigung zu Maßnahmen zwecks Einwanderungsbegrenzung erklärt, eingeschlossen das Arbeitnehmer-Entsendegesetz gegenüber Arbeitnehmern von Arbeitgebern aus anderen EU-Ländern, die in Deutschland zeitweise in bestimmten Branchen

(Bauwirtschaft, Hafenschlepper) eingesetzt werden.[58] Tendenziell würde die Einkommensungleichheit zwischen den Ländern zwar abnehmen, aber in den Industrieländern wegen der Zuwanderung von gering qualifizierten Arbeitskräften zunehmen (Solimano, 2001). Bestehen im Industrieland Mindestlöhne und gewerkschaftlicher Schutz, so sind erhöhte Arbeitslosigkeit oder Schwarzarbeit die Folge, mit einem damit verbundenen sozialen Konfliktpotenzial.

Zu sinkenden Löhnen und/oder einem Druck auf Arbeitsplätze für niedrig qualifizierte Arbeitnehmer im Einwanderungsland würde es nicht kommen, wenn die Einwanderer Anbieter höher qualifizierter Arbeit sind und Kapital mit sich führen und ihre Tätigkeit komplementär zu der Tätigkeit von un- oder fehlqualifizierten Arbeitnehmern im Einwanderungsland ist. Von dieser Komplementaritätsbeziehung abgesehen verbessern sich die Einkommens- und Beschäftigungschancen der wenig qualifizierten Arbeitnehmer zusätzlich, wenn die qualifizierten Zuwanderer im Einwanderungsland ein eigenes Unternehmen gründen, was nicht selten vorkommt (z.B. in Deutschland durch türkische Zuwanderer). Zu bedenken ist überdies, dass der massive demographische Wandel, den die meisten Industrieländer verzeichnen (Alterung und Schrumpfung der Bevölkerung), das inländische Arbeitsangebot tendenziell verringern wird. Dies mildert den Wettbewerbsdruck durch Zuwanderung, und zwar unabhängig von der Ausgestaltung der Zuwanderungspolitik, die heute schon versucht, Engpässe auf dem heimischen Arbeitsmarkt zu beheben („Green Card"- Regelungen).

Die zweite mögliche Art von Globalisierungskritik ist in den Wirkungen zu sehen, die Emigration in Entwicklungsländern hinterlässt, namentlich wenn es sich um qualifizierte Arbeitskräfte handelt, die dem Heimatland Wissen und Fertigkeiten entziehen und die Ausstattung mit Humankapital verringern („brain drain").[59] Durch die Abwanderung könnten Entwicklungschancen in der Heimat beeinträchtigt werden. Es wäre eine Erosion des Mittelstands zu befürchten, falls die Emigranten zu den qualifizierteren Arbeitskräften des Landes gehören (was häufig der Fall ist) und den Kontakt zur Heimat abbrechen.

Andererseits ist jedoch nicht auszuschließen, dass die Emigranten Kontakt zu ihrer Heimat aufrecht erhalten. Dies kann sowohl Know-How-Transfers[60] als

---

[58] Dieses Gesetz, das erstmals zum 1. März 1996 eingeführt wurde und als Übergangsmaßnahme eine Laufzeit von dreieinhalb Jahren haben sollte, gilt mit seiner Novellierung am 1. Januar 1999 unbefristet.

[59] Die Wirtschaftswissenschaft hat sich schon frühzeitig mit diesem Thema befasst (vgl. z.B. Adams, 1968) und als ein marktkonformes Regulativ die Erhebung einer Bhagwati-Steuer auf die Einkünfte der ausgewanderten Fachkräfte, deren Aufkommen dem Auswanderungsland zufließt, vorgeschlagen (Bhagwati, 1976).

[60] Seitens der Vereinten Nationonen existiert bereits die Initative TOKTEN – Transfer of Knowledge Through Expatriate Nationals. Dabei kommen auch die Ergebnisse von For-

auch Transfers von finanziellen Mitteln beinhalten. The Economist (2002a) nennt Zahlen in Höhe von jährlich 60 Mrd. US-Dollar an solchen Finanztransfers – mehr als die öffentliche Entwicklungshilfe der Industrieländer (ODA) zusammengenommen. Während dies die elementare Bedeutung von privater Initiative in der Entwicklung von ärmeren Ländern eindrücklich unterstreicht, ist daran auch zu erkennen, dass eine Kritik, die auf eine Ausbeutung und Weglocken von Arbeitskräften aus Entwicklungsländern seitens der Industrieländer hinauslaufen könnte, nicht berechtigt wäre. Zudem verknappt die Abwanderung von Arbeitskräften wieder das Arbeitsangebot in Entwicklungsländern und erhöht dort unter sonst gleichen Bedingungen die Grenzproduktivität der Beschäftigten, vergrößert dementsprechend den Spielraum für Realeinkommenserhöhungen und verbessert die Beschäftigungschancen von zuvor Arbeitslosen.

Wanderung kann Armut verringern. Der Faktor Arbeit kann wie mobiles Kapital an die Orte gelangen, wo er am produktivsten eingesetzt werden kann. Die positiven Wirkungen aus der durch Marktöffnung und zunehmender weltwirtschaftlicher Integration entstehenden Migration dürften daher die – sicherlich nicht geringen Mobilitäts- und Anpassungskosten – überwiegen. Dennoch ist festzustellen, dass die Industrieländer höhere Barrieren für Migration aufgebaut haben als für den Außenhandel. Für solche Art von Protektion gelten ähnliche Wirkungen wie die im folgenden Kapitel beschriebenen protektionistischen Maßnahmen für Güterhandel.

2.2.4. Diskriminierungen von Entwicklungsländern und Handelsverzerrungen

2.2.4.1. Durch Industrieländer

Über kaum einen Aspekt der Globalisierungskritik findet sich soviel Einigkeit von fundamentalen Kritikern bis hin zu liberalen Wirtschaftswissenschaftlern wie über die Problematik, dass der internationale Handel durch bestehende protektionistische Schranken von Industrieländern gestört wird.

Auf 100 Mrd. US-Dollar pro Jahr schätzt Oxfam (2002) die schädigende Wirkung von Handelsschranken und Zöllen der Industrieländer für Entwicklungsländer – eine doppelt so hohe Summe wie die Entwicklungshilfe, die die Entwicklungsländer beziehen.[61] Genauso argumentiert die Weltbank (2001)

---

schungsaktivitäten, die die Emigranten gezielt auf die Bedürfnisse der Entwicklungsländer ausrichten (z.B. Tropenmedizin, Züchtung besonderer Weizen- und Reissorten à la „grüne Revolution" im Agrarbereich), dem Heimatland zugute.

[61] Damit liegt Oxfam als Globalisierungskritiker noch auf der konservativen Seite der Schätzungen. Deupmann, Schumann und Schwarz (2002) nennen eine Summe von 350 Mrd. US-Dollar Agrarsubventionen in Industrieländern. In einer neuen Studie schätzen IWF und Weltbank (2002) die Agrarsubventionen in OECD-Ländern auf 311 Mrd. US-Dollar. Allein in den USA wurden im Mai 2002 weitere Agrarsubventionsmittel von 73,5

unter der besonderen Berücksichtigung des Agrar- und Textilprotektionismus der USA und der EU. Abgesehen davon, dass sich diese Länder selbst sehr schaden – durch überhöhte Preise, Steuermehrbelastungen und ein Fehleinsatz von Produktivkräften –, beeinträchtigen sie die Wachstumschancen der Entwicklungsländer, die in der Agrarproduktion sowie in der Textil- und Bekleidungsindustrie einen komparativen Vorteil haben, den der Protektionismus zunichte macht.

Außer den offiziellen Stellen der Industrieländer und den protegierten Gruppen (Textilindustrien, Agrarsektor) gibt es nur wenige Befürworter der bestehenden Protektionsbarrieren. Beispielsweise versucht die EU-Kommission (2002b) mit einer Replik auf die Oxfam-Studie die Protektion mit mehreren Argumenten zu relativieren. Zunächst sei die Protektion in den letzten Jahren ja nicht schlimmer geworden, man sei weniger protektionistisch als die USA, und Oxfam würde die bisherigen Leistungen im Agrarbereich (z.B. Einfrieren der Leistungen auf 0,5 vH des Bruttoinlandsprodukts bis 2006) nicht würdigen. Prinzipiell wird jedoch kein ökonomisch fundierter Grund für die bestehende Protektion vorgebracht. Da die EU der Definition der WTO zu Dumping folgt (die über die ökonomische Definition hinausgeht[62]), argumentiert sie zudem, ihre Antidumping-Maßnahmen gegen Entwicklungsländer seien nicht protektionistisch. Außerdem wird angemerkt, dass Textilimporte in der EU bereits zu über der Hälfte liberalisiert seien.[63]

Theoretisch ist eine Protektion in den betreffenden Sektoren ebenfalls nicht zu begründen.[64] Betroffene Gruppen sprechen häufig von „unfairem Wett-

---

Mrd. US-Dollar für die nächsten 10 Jahre eingeplant. Agrarsubventionen entfalten verzerrende und entwicklungshemmende Wirkungen dadurch, dass sie den Weltmarktpreis für Agrargüter senken. Dies setzt in Entwicklungsländern den Fehlanreiz, Agrargüter zu importieren und die Ausschöpfung des eigenen Potenzials in der Agrarproduktion und eine Spezialisierung nach Maßgabe des Theorems der komparativen Vorteile (Ricardo-Variante) zu vernachlässigen.

[62] Dumping ist zunächst nur dann gegeben, sofern Preise von einem Marktteilnehmer mit genügend Reserven unter die Durchschnittskosten gesenkt werden, um mittelfristig Konkurrenten vom Markt zu drängen und dann Monopolpreise zu erheben. Die von WTO und EU-Kommission verwendete Definition sieht Dumping jedoch schon dann gegeben, wenn Exporteure in unterschiedlichen Märkten unterschiedliche Preise nehmen, was die Preisdifferenzierung gemäß regionalen Unterschieden bei den Preiselastizitäten der Nachfrage verbietet.

[63] Die Deadline für einen vollständigen Abbau der Protektion liegt seit 1994 bei 2004; der vorgebliche Fortschritt wäre also zu relativieren. Immerhin zeigt eine Studie des von UNCTAD und WTO gegründeten International Trade Centre, dass die EU die niedrigsten nicht-tarifären Handelshemmnisse gegen Entwicklungsländer hat. Siehe Fontagné, von Kirchbach und Mimouni (2001).

[64] Das theoretische Argument des Optimalzolls, welcher bei einem großen Land, das die Exportpreise anderer Länder bestimmen kann, durch Terms of Trade-Gewinne die Ver-

bewerb" – wenn also die günstigeren Exporte aus den Entwicklungsländern aufgrund ausbeuterischer Arbeitsbedingungen entstehen würden, müsse man durch Protektion die Arbeitsplätze in Industrieländern schützen. Auf diesen Einwand soll noch in Teil 3.2.2. und 4.2. eingegangen werden.

Für Agrarsubventionen und -protektion werden zudem noch Argumente der Landschaftspflege und Versorgungssicherheit angeführt, also externe Effekte, die durch Eingriffe in das internationale Marktgeschehen abgegolten werden müssten. Hierzu ist zumindest anzuführen, dass die Art der Subvention so sein sollte, dass keine Preisverzerrung des Produktes selbst stattfindet – eine Einsicht, der auch die EU-Kommission mittlerweile folgt und einen langsamen Wandel hin zu weniger Output-orientierter Subvention einschlägt.[65] Durch moderne Lagerungstechniken lassen sich zudem externe Angebotsschocks von Agrargütern mittlerweile relativ gut abfedern, so dass auch das Versorgungsargument an Stichhaltigkeit eingebüßt hat. Die positive Wirkung von Landschaftspflege ist schwer zu messen und daher stark politischer Diskussion ausgesetzt, aber erneut sei darauf verwiesen, dass für jegliche Unterstützung ein Einkommenstransfer, der die Marktmechanismen möglichst unangetastet lässt, vorzuziehen ist.

In der Literatur findet sich Unterstützung für die Aussagen der Globalisierungskritiker (siehe beispielsweise Kohl und O'Rourke, 2000) zur Rolle der protektionistischen Maßnahmen von Industrieländern, die die Entwicklungsländer daran hindern, ihr Exportpotenzial zu nutzen. Bemängelt wird auch, dass Entwicklungsländer zu schnellerer Liberalisierung gezwungen werden, während die Industrieländer ihre Handelsschranken beibehalten (Ricupero, 1999b). Allerdings zeigt unter anderem Sally (1998), dass auch einseitige Liberalisierung für ein Entwicklungsland von Vorteil ist.

Zimmermann (1998) weist noch auf die protektionistische Wirkung von Handelsblöcken hin, mit denen Industrieländer Entwicklungsländer in ihre Wirtschaftsräume einzubinden versuchen.[66] Da auch plurilaterale Liberalisierungsschritte stets Marktbarrieren zu Drittländern aufrecht erhalten, verbleiben protektionistische Wirkungen. Ähnlich sind auch bevorzugte Behandlungen bestimmter Exporte von Entwicklungsländern zu beurteilen, wie sie sich beispielsweise in der EU-Bananenordnung niederschlägt.

---

zerrungskosten der Protektion übertreffen und somit Wohlfahrt steigern kann, trifft wohl kaum für diese Protektion zu (s. auch Krugman und Obstfeld, 1994). Überdies kann ein Optimalzoll nur bei einem großen Handelsblock für diesen wohlfahrtssteigernd wirken, solange keine Gegenprotektion erhoben wird.

[65] Dies ergab sich jedoch auch wegen des internationalen Drucks durch die Beschlüsse der WTO in der Doha-Runde 2001.

[66] Zum Beispiel das Lomé-Abkommen. Zur nach wie vor auch in der Wirtschaftswissenschaft kontrovers diskutierten Frage, ob regionale Wirtschaftsgemeinschaften die allgemeine Liberalisierung des Welthandels vorantreiben oder aber die Weltwirtschaft segmentieren, vgl. auch M. Donges (1998).

Der Kritikbereich, gerade die USA würde durch ihre Stellung als einzige Weltmacht das System stets zu ihren Gunsten beeinflussen, gehört zu den möglichen Verzerrungen des Handels durch Industrieländer. Martin und Schumann (1996) zum Beispiel sprechen noch davon, dass die USA mittels der starken Präsenz von US-Finanzunternehmen den US-Dollar gezielt schwächen würde, um der eigenen Exportindustrie zu helfen und den Schuldendienst zu erleichtern. Nach mehreren Jahren der US-Dollar-Stärke kann davon jedoch keine Rede sein – bewiesen wurde die These des „Valuta-Dumping" ohnehin nicht.

2.2.4.2. Durch transnationale Unternehmen

Transnationale Unternehmen (TNU) stehen unter dem Verdacht, Verzerrungen im globalen Handel und innerhalb der jeweiligen Volkswirtschaften hervorzurufen (z.B. Attac, 2002a). Dabei geht es sowohl um die vermeintlichen Auswirkungen ihres Handelns auf die industrialisierten Herkunftsländer selbst als auch um die Folgen für die Entwicklungsländer.

Heimische Produktion in den Industrieländern zu verringern oder ganz abzubauen, das kann durch TNU angestoßen werden. Die durch die Entwicklungen der Informations- und Kommunikationstechnologien erst entstandenen Möglichkeiten, Wertschöpfungsketten grenzüberschreitend aufzuspalten, implizieren, dass Arbeitnehmer gleicher Qualifikationsstrukturen in unterschiedlichen Ländern miteinander in Konkurrenz stehen.[67] Neben dem regionalen Ausgliedern von Bereichen innerhalb von Unternehmen kann aber ebenso ein mittelständisches Unternehmen ehemals selbst erstellte Vorleistungsgüter aus dem konkurrenzfähigeren Ausland beziehen. Somit sind von der Tätigkeit von TNU ähnliche Wirkungen zu erwarten wie im übrigen Außenhandel, die bereits in den vorangegangenen Kapiteln besprochen wurden.[68]

Insgesamt lassen sich die Kritikpunkte an TNU wie folgt ordnen: Erstens wird die Macht dieser Unternehmen als hoch genug eingeschätzt, um zu ihren Gunsten marktverzerrende Ergebnisse entweder auf globaler Ebene oder in den kleineren Märkten von Entwicklungsländern zu erreichen.[69] Ferner wird bezweifelt, dass die ausländischen Direktinvestitionen – wie von der Theorie erklärt und von zahlreichen empirischen Untersuchungen gezeigt – positiv

---

[67] Zu den Auswirkungen der Neuen Ökonomie auf den Standortwettbewerb und den nationalen Arbeitsmarkt siehe Klotz (1999) sowie Sachverständigenrat zur Begutachtung der gesamtwirtschaftlichen Entwicklung (2000).

[68] Gaston und Nelson (2001) treten der Befürchtung entgegen, gerade in den Industrieländern würden Direktinvestitionen aus Arbeitskostengründen zu stärkeren Effekten auf den Arbeitsmärkten führen als allgemeiner Außenhandel.

[69] Dies schließt Befürchtungen wie bei Martin und Schumann (1996) ein, gerade amerikanische Konzerne würden durch ihre Produkte eine Kulturdominanz auf den Rest der Welt ausüben. Vgl. auch Attac (2002a).

auf Wachstum und Beschäftigung in den Entwicklungsländern wirkt. Gleichzeitig fürchten Globalisierungskritiker mangelnde Kontrolle für das Verhalten der Unternehmen auch in ihren Heimatmärkten bzw. in anderen Industrieländern; Principal-agent-Probleme und asymmetrische Information seien, so die Kritiker, durchschlagend.

Als Ursache für Armut wird teilweise die Marktmacht transnationaler Konzerne identifiziert, die Konkurrenten aus Entwicklungsländern vom Markt verdrängen. Zwischen den Industrien des Nordens und des Südens gäbe es aufgrund von Größenvorteilen kein „level playing field", weshalb Entwicklungsländer ihre Industrien durch Zölle schützen müssten (FOEI, 2001, vgl. auch für eine Diskussion von möglichen Gegenmaßnahmen Teil 3.2.). Auch die Diskussion um Kinderarbeit, Sozialstandards und Umweltschutz betrifft einerseits internationalen Handel ganz allgemein, andererseits mögen niedrige Sozial- oder Umweltstandards aber auch Gründe für die Standortwahl von TNU sein (vgl. auch oben Abschnitt 2.2.3.1., oder unten 2.4.). Hinzu kommt, dass Gewinne aus Direktinvestitionen häufig nicht im Entwicklungsland verbleiben, sondern als Rendite in das Ursprungsland der TNU zurückfließen.[70]

Was die Macht von TNU anbelangt, so werden häufig Vergleiche zu Staaten gezogen, wie zum Beispiel von Barker und Mander (1999), die behaupten, 52 der 100 größten Wirtschaftseinheiten der Welt seien Firmen, und nur 48 seien Staaten.[71] Auch Oxfam nimmt einen solchen Vergleich als Basis für die Befürchtung, die Macht der Unternehmen würde immer größer und schwerer zu kontrollieren. Der Vergleich basiert jedoch auf der völlig irrelevanten Gegenüberstellung von Firmenumsätzen mit Wertschöpfung von Staaten, also dem Bruttoinlandsprodukt. Würden nur die Gewinne der Unternehmen betrachtet, so würde die Gegenüberstellung gerade in der aktuellen Konjunkturphase weitaus weniger dramatisch ausfallen. Ein Merkmal globaler Unternehmen ist es auch, dass ihre größten und mächtigsten Vertreter heute völlig anders aussehen als noch in den siebziger Jahren, als Giganten wie Microsoft, Nokia und America Online noch gar nicht existierten. Umgekehrt gerieten durch das Ende des Technologie-, Biotech- und Medienbooms nahmhafte Firmenriesen unter Druck, wie zum Beispiel Vivendi Universal. Der globale Strukturwandel macht also auch vor der vorgeblichen Wirtschaftsmacht der TNUs nicht Halt.

Dies hindert Kritiker wie IFG (2002) nicht daran, auf höhere Unternehmenskonzentration hinzuweisen. Statistiken zu Unternehmensfusionen der neunziger Jahre (IW, 2001) deuten auf eine lineare Entwicklung transnationaler Fusionen hin, aber eine schnellere Fusionsentwicklung auf Binnenmärkten.

---

[70] Die OECD (2002a) macht darauf aufmerksam, dass im Land verbleibende Mittel von TNU bei undemokratischen staatlichen Strukturen diesen wiederum auch zum Machterhalt verhelfen könnten.

[71] Diese Zahl findet sich auch in den Medien, z.B. Fleischhauer u.a. (2001).

Offensichtlich schließen sich eher national starke Firmen zusammen, um eine global bessere Wettbewerbsposition zu erlangen. Dies könnte zum Teil seine Duldung durch nationale Kartellbehörden finden, da diese eher vor dem Hintergrund globaler Konkurrenz „national champions" zulassen würden.[72] Dennoch ist empirisch nicht nachzuweisen, dass Megafusionen eine Effizienz- und Profitsteigerung bewirken, unabhängig davon, ob nun durch größere Synergieeffekte oder mehr Marktmacht (Kleinert und Klodt, 2000). Dies legt nahe, dass in einem global schärferen Wettbewerb Tendenzen zu immer größeren Unternehmen keine ökonomisch auf Dauer tragbare Entwicklung bilden können. Andererseits ist sowohl für Industrieländer als auch für Entwicklungsländer eine regional marktbeherrschende Stellung möglich.[73] Oxfam (2002) kritisiert zum Beispiel trotz des großen Wettbewerbs zwischen globalen Nahrungsmittelunternehmen, dass es jenen gelingen würde, durch monopsonartige Marktstellungen bei bestimmten agrarexportierenden Ländern hohe Gewinnmargen zu erzielen.[74]

Wichtiger ist jedoch festzuhalten, dass auch sehr kleine Staaten aufgrund ihrer Hoheitsrechte (einschließlich des Rechts zur Besteuerung und Emission des eigenen Geldes) über mehr wirtschaftliche Macht verfügen als die größten globalen TNU. Selbstverständlich haben die TNU durch Liberalisierung von Handel und Kapitalverkehr heute mehr Alternativen in ihrer Geschäftstätigkeit, was die Macht von Staaten über die TNU einschränkt (s. auch Teil 2.5.1. und 2.5.2). Aber die Unternehmen bestehen wiederum aus Privatpersonen, die für Taten zur Rechenschaft nach ihrem Landesrecht und dem Recht des Unternehmensstandorts gezogen werden können, wenn sie gesetzeswidrig handeln.[75]

Zum Handeln von TNU ist prinzipiell analog zu den Ausführungen zur Fundamentalkritik gegen freie Märkte oben in Kapitel 2.1. anzumerken, dass sie primär wirtschaftliche Ziele haben. Ihre Aufgabe ist die Gewinnmaximierung – öffentliche Aufgaben können durch Besteuerung ihrer Gewinne mitfinanziert werden, aber ihre Tätigkeit selbst ist rein privater Natur. Privates Handeln schließt aber auch bei Unternehmen ethische Gesichtspunkte nicht aus.

---

[72] Ein klassischer Fall ist die Erlaubnis der amerikanischen Kartellbehörde, dass Boeing mit McDonnell Douglas fusionieren durfte, da in Airbus ein großer globaler Wettbewerber bestand, der auch auf dem US-Markt für Wettbewerb sorgen könnte.

[73] Es ist zu beachten, dass dieselben technologischen Katalysatoren, wie gesunkene Transportkosten und verbesserte Kommunikation, die die Globalisierung voran treiben, die Marktzutrittsbarrieren auch gegen regionale Marktbeherrschung senken.

[74] Auch FOEI (2001) nennt eine Reihe von Fällen, die Marktmacht von Unternehmen vermuten lassen.

[75] Dennoch eröffnet sich Unternehmen ein größerer Spielraum in der Wahl von Wirtschaftsrechtssystemen, vor allem bei der Unternehmensbesteuerung. Dies ist gleichzusetzen mit einer geringeren Macht der staatlichen Entscheidungsträger aufgrund des Standortwettbewerbs. Siehe auch unten Teil 2.5.2.

Es kann für Unternehmen durchaus ökonomisch sinnvoll sein, als unethisch wahrgenommene Geschäftspraktiken zu vermeiden.[76] Besondere Aufmerksamkeit widmet beispielsweise die OECD (2002a) dem Verhalten von Unternehmen, die Rohstoff-Förderungsverträge mit Regierungen abgeschlossen haben. Hier seien die Anreize für Korruption, mangelnde Transparenz und geringes Potenzial für positive externe Effekte besonders vorhanden. Immerhin weist die OECD (2002a) darauf hin, dass ein Teil der betroffenen TNU sich bemüht, ethische Standards in ihre Kalküle mit einzubeziehen und für mehr Transparenz zu sorgen.[77]

Des Weiteren sind die Unternehmen nicht unbedingt darauf aus, mangelnde Regulierungen maximal auszureizen: die Tendenz geht eher zu Regulierungen von externen Effekten und minimalen Sozialstandards. Daher kann rechtzeitiges Umstellen auf mittelfristig wahrscheinlich höhere gesetzliche Ansprüche helfen, Kosten zu sparen.[78]

Die Attac-Kritiker Fock, Richter und Drillisch (2002) machen auch auf verzerrende Wirkungen von Exporthilfen für TNUs aufmerksam.[79] Diese sind eine Form von Protektion, die, wie im vorangegangen Abschnitt beschrieben, die wirtschaftliche Entwicklung in Entwicklungsländern negativ beeinflussen können. Filgio und Blonigen (1999) weisen in einer Studie empirisch nach, dass die Standortwahl auch durch solche Anreize von Gastgeberländern beeinflusst wird.

Im Rahmen einer Klärung der Motive der Standortentscheidung fragt Beyer (2002) hingegen bei der Untersuchung der osteuropäischen Transformationsländer, wie erfolgreich Maßnahmen zur Förderung von ausländischen Direktinvestitionen gewesen sind. Erste Korrelationen von Fördermaßnahmen und der logarithmierten Höhe der Auslandsdirektinvestitionen sowohl übergreifend für alle Länder als auch für die 14 Fälle, für die sich im Beobachtungszeitraum von 1989 bis 1998 ein Regimewechsel von Fördern zu Nicht-

---

[76] Mit diesen Fragen beschäftigt sich auch der Forschungszweig der Unternehmensethik. Die Ausgangsthese für Unternehmensethik ist, dass wirtschaftliches Handeln kein Selbstzweck oder willkürlich sein darf, sondern der Gesellschaft dienen muss. Implizit wird also ein Einfluss der wirtschaftlichen Tätigkeit auf die Gesellschaft über externe Effekte hinaus gesehen, z.B. in der kritischen Betrachtung von Gewinnstreben. Einen Einstieg in das Thema bietet Scherer (2000). Siehe auch die Webseite des Deutschen Netzwerks für Unternehmensethik auf http://www.dnwe.de .

[77] Von fundamentaleren Kritikern wird gerade die Ölindustrie mit dem Argument stark angegriffen, sie sei für Konflikte im Mittleren Osten und Zentralasien mit verantwortlich (z.B. Mies, 2001). S. auch beispielhaft für in den Medien angestellten Überlegungen: Streitz (2002).

[78] Eine Möglichkeit im Zusammenhang mit Umweltstandards ist das frühzeitige Entwickeln von schadstoffarmen Techniken, die einen wirtschaftlichen Vorsprung ergeben können – zum Beispiel ist Deutschland mittlerweile ein Weltmarktführer im Bereich Windenergie.

[79] In Deutschland beziehen sich diese Kritiker vor allem auf die Hermes-Bürgschaften.

Fördern und umgekehrt ergab, zeigen einen nur geringen Zusammenhang. Empirische Korrelationen stellt Beyer (2002) hingegen zur Finanzpolitik und zu dem allgemeinen Transformationserfolg her. Er sieht damit ausländische Direktinvestitionen als eine Art Nebenprodukt der allgemeinen wirtschaftlichen Entwicklung des betreffenden Landes.

Es zeigt sich, dass ohnehin der Großteil ausländischer Direktinvestitionen in industrialisierten Ländern getätigt wird. Je nach herangezogener Statistik ist von Anfang bis Ende der neunziger Jahre der Anteil der Entwicklungsländer an diesen Strömen gestiegen oder gefallen (vgl. Kleinert, 2001; Oxfam, 2002). Zentral ist, dass sich trotz generellem Anstieg der Direktinvestitionen in Entwicklungsländern (EU-Kommission, 2002a) jene Direktinvestitionsströme nur auf sehr wenige Entwicklungsländer verteilen. Gemäß der Oxfam-Studie beispielsweise entfallen zwei Drittel der Mittel auf China und Südostasien. Nur 1 Prozent der in Entwicklungsländern investierten Mittel geht in Länder Afrikas südlich der Sahara. Dies legt den Schluss nahe, dass ein Land bereits einen gewissen Entwicklungsstand und funktionierende Institutionen samt politisch stabiler Rahmenbedingungen haben muss, um überhaupt Direktinvestitionen attrahieren zu können.

Daraus kann gefolgert werden, dass es nicht in erster Linie und gewiss nicht alleine Kostenvorteile durch Niedriglohnbedingungen sind, die Unternehmen in diese Länder locken, sondern andere Faktoren.[80] Im Gegenteil weist Lipsey (1994) sogar darauf hin, dass die Größe von TNU und das Bestreben, heimische Arbeitnehmer zu attrahieren, für eine höhere Entlohnung als in der heimischen Industrie sorgt. In Industrieländern hingegen ist nicht zu befürchten, dass in großem Umfang niedrig qualifzierte Arbeitnehmer durch abfließende Direktinvestitionen gefährdet werden. Gaston und Nelson (1999) gehen für die USA davon aus, dass viele Direktinvestitionen für horizontale Auslagerung von Produktionsprozessen gedacht sind, und nicht für eine vertikale Auslagerung.[81]

Die grundsätzlichere Frage ist, ob das Attrahieren von Direktinvestitionen aus Sicht eines Entwicklungs- oder Schwellenlandes überhaupt positiv zu beurteilen ist.

Seit den siebziger Jahren – mit der ersten umfassenderen empirischen Arbeit von Reuber (1973) im Auftrag des OECD Development Centre – ist relativ unbestritten, dass zwischen der Qualität von Investitionen zu unterscheiden ist. Biersteker (1978) stellt Kriterien zur Beurteilung auf, die nach dem netto zufließenden Kapital, dem Umfang und der Angemessenheit von transferierter Technologie oder der Frage des Herausbildens einer dualistischen Gesell-

---

[80] Krugman (1997b) merkt an, dass eine Reihe von Unternehmen diese schmerzliche Erfahrung machen mussten und nun ebenfalls auf andere Faktoren achten.
[81] Krugman (1995) sieht generell eher vertikale Produktionsverlagerung als Motivation für Direktinvestitionen.

schaft differenzieren.[82] Es gibt unbestritten auch Fälle, in denen beispielsweise durch die Übernahme von nationalen Konkurrenten ein TNU einen Nettowohlfahrtsverlust für das Ansiedlungsland begründet (Oxfam, 2002). Dies wäre in Situationen denkbar, in denen das TNU hohe externe Kosten verursacht (siehe Umweltproblematik, Teil 2.4.), welche durch schwache Regulierungen im betreffenden Land nicht berücksichtigt werden, oder auch im Falle einer monopolartigen Stellung der TNU im betreffenden Land.

Grundsätzlich können positive externe Effekte einer Direktinvestition auftreten, wenn sie dem Land durch Übertragung von technischem Know-How oder Erreichen eines kritischen Punktes für Skaleneffekte einen Wachstumsimpuls verleiht, der über die Unternehmensgewinne und Faktorentlohnungen (einschließlich Löhne lokaler Arbeitnehmer) abzüglich der abfließenden Rendite für das TNU im Empfängerland hinausgeht. Ein negativer externer Effekt läge dann vor, wenn die heimische Industrie durch die Direktinvestition an ihrer Entwicklung gehindert würde, also ein Crowding Out heimischer Entwicklung einsetzt. Hier wird auch als Begründung das Erziehungszollargument gegeben (s. auch Teil 3.1.). Dies wiegt besonders schwer, wenn die ausländische Direktinvestition durch Protektionshilfe (Subventionen, spezielle Zölle) in das Land gelockt wurde (Encarnation und Wells, 1986).

In der Literatur besteht eher ein differenziertes Bild, welcher Effekt sich generell durchsetzen würde (Crafts, 2000). Aitken und Harrison (1999) meinen, dass ausländische Direktinvestitionen meist positive, aber teilweise auch überschätzte Effekte mit sich bringen. Zu dem Ergebnis, dass Unternehmen eher dazu neigen, Forschung und Entwicklung auch in den Bestimmungsorten von Direktinvestitionen vorzunehmen, kommt das Deutsche Institut für Wirtschaftsforschung in einer Studie (DIW, 1996). Dies würde jedoch eher am ökonomischen Kalkül liegen, Forschung nahe am Produktionsstandort zu betreiben als aus standortspezifischen Gründen. Fraglich ist jedoch, ob eine solche Forschung auch die Bildung von Humankapital in Entwicklungsländern begünstigt (Oxfam, 2002). Todo und Miyamoto (2002) bieten einen jüngeren Überblick zu dem uneinheitlichen Bild der empirischen Literatur und weisen für den Know-How-Transfer durch Direktinvestitionen den Forschungstätigkeiten am Standort eine Schlüsselrolle zu. Durch Ausbildung der Arbeitskräfte im Entwicklungsland und natürliche Arbeitsmarktfluktuation würde es zu den positiven Spill-Over-Effekten kommen.

Eine Studie von Moran (1998) zu 184 Direktinvestitionsprojekten in 30 Ländern über 15 Jahre hinweg findet jedoch per Saldo Wohlfahrtsminderungen bis zu 45 vH. Die jüngste Oxfam-Studie (2002) berichtet exemplarisch von Erfahrungen Mexikos, bei denen zwischen TNU und lokalen Unternehmen nahezu keine Beziehungen bestünden. Ricupero (1999b), Generalsekretär der

---

[82] Also einer Gesellschaft, in der sich eine weiterhin niedrig entlohnte heimische Industrie hält und einer hoch entlohnten Export- oder TNU-Industrie entgegensteht.

UNCTAD, bezweifelt angesichts der nicht klaren empirischen Evidenz, ob Liberalisierungsmaßnahmen für mehr Investitionsmöglichkeiten in Entwicklungsländern für deren Wachstum überhaupt notwendig seien.

Die Wirkung des Verhaltens von TNU auf Entwicklungsländer lässt sich also dahingehend zusammenfassen, dass wettbewerbswidriges Verhalten regional möglich ist, und dass, wie jedes wirtschaftliche Handeln, Direktinvestitionen nicht unbedingt erfolgreich sein müssen und negative externe Effekte haben können.[83] Damit ergibt sich eine Unterscheidung zu der Liberalisierung von Außenhandel. Tätigkeiten von TNU in den Entwicklungsländern selbst können deren Wirtschaftsstrukturen tiefergehend beeinflussen, als durch bloßen Außenhandel geschieht, insbesondere wenn die dortige Wirtschaftspolitik keine wirksamen Rahmenbedingungen für einen funktionierenden Wettbewerb garantieren kann.

In Industrieländern bestehen wettbewerbspolitische Instrumente, um eine gesamtwirtschaftlich ineffiziente Verhaltensweise von Unternehmen sowie deren Streben nach marktbeherrschenden Stellungen in die Schranken zu weisen. Dort stellt sich, vor allem angesichts der jüngsten Bilanzskandale in den USA (z.B. Enron, Worldcom) und Frankreich (Vivendi Universal), eher die Frage, wie das Management von TNUs kontrolliert werden kann. Es besteht die Gefahr, dass unzureichende Kontrollmechanismen Vermögenspreise künstlich aufblähen und die Asymmetrien der Information an den Finanzmärkten steigern. Dies kann zu einem ökonomisch ineffizienten Transfer von Einkünften führen und Konjunkturkrisen wahrscheinlicher machen. Ferner befürchten Kritiker damit eine Destabilisierung von Rentensystemen, die sich auf Beteiligung am Produktivkapital, also Aktien, hin ausrichten.[84]

Die Principal-Agent-Problematik ist aber schon vor diesen Ereignissen immer wieder Gegenstand wirtschaftswissenschaftlicher und politischer Diskussion gewesen (u.a. von Weizsäcker, 1999). Averse Effekte können dadurch entstehen, dass bei großen Unternehmen die Streuung des Besitzes eine effektive Kontrolle des Managements durch die Eigentümer erschwert. Ein Dilemma für eine finanztechnisch möglichst transparente Unternehmensführung liegt jedoch darin, dass mit zunehmender Informationspflicht (z.B. Quartalsabschlüsse in den USA) die kurzfristige Orientierung an Finanzmärkten zunimmt und die Flut von Informationen die Kontrolle zusätzlich

---

[83] Das Begehen von wirtschaftlichen Fehlentscheidungen und die Chance zur Korrektur gehört aber zu dem Wesen und den Vorteilen freier Investitionsentscheidung. Willgerodt (1998, S. 148): „Bei Kapitalzuflüssen in kleine Länder muss es aber in diesen Ländern Instanzen und Personen geben, die das Kapital in Empfang nehmen und diesen Empfang für nützlich halten."

[84] Christen (2000, S. 16): „Geradezu paradox ist dabei, den Finanzmarkt, der durch eine hohe Volatilität, massive Krisenanfälligkeit, Korruption, Skandale sowie Bankrotte gekennzeichnet ist, als 'Fels in der Brandung' gegenüber der staatlich organisierten Alterssicherung darzustellen."

erschwert. In Teil 3.3.4. wird daher auch darauf eingegangen, wie wichtig Finanzinformationen zur Unternehmenskontrolle und Wahrung von Property Rights sind.

2.2.5. Verzerrungen durch die WTO

2.2.5.1. Ökonomische Theorie der WTO

Die aus den GATT-Verhandlungen der Uruguay-Runde hervorgegangene Welthandelsorganisation (WTO) ist wohl vor allen anderen internationalen Organisationen Hauptzielscheibe der Globalisierungskritik. Bevor auf die Kritikpunkte genauer eingegangen wird, soll kurz die Rolle einer Organisation wie der WTO erklärt werden.

Übergeordnetes Ziel der WTO ist es, dafür zu sorgen, dass die Handelsströme so frei wie möglich fließen können (WTO, 2001), d.h. die Beseitigung von Hindernissen und die Gewährleistung verlässlicher Regeln für den Handel, insbesondere die Multilateralität und das Prinzip der Meistbegünstigung (Freihandel ist allerdings nicht erklärtes Ziel der WTO, s.u.). Aus rein ökonomischer Sicht erscheint es zunächst einmal fraglich, ob für die Erreichung dieses Ziels überhaupt eine internationale Organisation benötigt wird. Theoretische und empirische Forschungsergebnisse lassen, wie bereits ausführlich dargestellt, keinen Zweifel daran, dass an ungehindertem Handel teilnehmende Länder dabei in aller Regel nur gewinnen können. Die Literatur ist einstimmig der Meinung, dass Einfuhrzölle (oder auch Kontingente und administrativer Protektionismus) im importierenden Land zu (realen) Preissteigerungen für die entsprechenden Güter führen. Senkung oder Abschaffung von Zöllen oder Kontingenten bedeutet Preissenkungen auf diesen Märkten und Nettowohlfahrtsgewinne durch zusätzliche Konsummöglichkeiten und Abbau von Produktionsverzerrungen. Von daher wäre es eigentlich sinnvoll für ein Land, seine Handelsbeschränkungen auch unilateral aufzuheben (oder erst gar nicht einzuführen – vgl. Sally, 1998). Eine Organisation wie die WTO wäre von daher nicht erforderlich.

Allerdings gilt dies für „große Länder", die in der Lage sind, den Weltmarktpreis für eines ihrer Importgüter durch Variation ihrer Nachfrage zu beeinflussen, nicht uneingeschränkt. Solche Länder können durch Einführung eines Zolls ihre Terms of Trade (Austauschverhältnis von Import- und Exportgütern) verbessern, da ein Zoll den Preis im Inland erhöht, wodurch die Nachfrage nach dem Importgut auf dem Weltmarkt zurückgeht und folglich der Weltmarktpreis sinkt. In einem bestimmten Bereich kann es nun sein, dass die Wohlfahrtsgewinne für das Land durch diesen Terms of Trade-Effekt größer sind, als die übrigen Wohlfahrtsverluste durch die Zolleinführung.

Fest steht aber, dass auch ein solcher Zollsatz die Wohlfahrt der Welt insgesamt schmälert. Große Länder könnten sich also in dem sogenannten Gefangenen-Dilemma wieder finden: Aus Sicht eines einzelnen großen Landes könnte es vorteilhaft sein, den zuvor dargestellten Optimalzoll zu erheben. Verhalten sich aber alle großen Länder in gleicher Weise, kommt es auf der Welt insgesamt zu einem Wohlfahrtsverlust. Das individuell rationale Verhalten würde zu einem kollektiv irrationalen Ergebnis führen. Die großen Länder könnten sich besser stellen, wenn sie miteinander in Verhandlungen einträten und sich (glaubwürdig und durchsetzbar) auf die Nicht-Erhebung von Zöllen einigten. So könnte zumindest teilweise die Notwendigkeit von GATT-Runden und der WTO erklärt werden. Allerdings ist einzuwenden, dass der Optimalzoll in der Praxis nur sehr schwer zu bestimmen ist und zudem auch noch häufig angepasst werden müsste. Deshalb ist die Gefahr groß, dass der Versuch, diesen Zoll zu erheben, eher zu Wohlfahrtsverlusten als -gewinnen führt. Von daher dürfte auch für große Länder eine vollständige, auch unilaterale Öffnung ihrer Märkte sinnvoll sein („Free-Trade-For-One"-Theorem).

Der Sinn internationaler Handelsabkommen erschließt sich vor allem bei Einbeziehung politökonomischer Argumente: Es kann davon ausgegangen werden, dass der Nutzen der Aufhebung von Importbeschränkungen normalerweise über eine große Gruppe von Konsumenten stark streut. Viele Konsumenten sind häufig gar nicht über Existenz und/oder Auswirkungen einzelner Handelsbeschränkungen informiert. Auch wenn Konsumenten über diese Informationen verfügen, sind die Auswirkungen für den Einzelnen doch meist so gering, dass es sich nicht lohnen würde, für die Abschaffung von Zöllen auf die Straße zu gehen oder auf andere Weise aktiv zu werden. Auch das Wahlverhalten dürfte hierdurch in der Regel nicht beeinflusst werden. Es wurde z.B. geschätzt, dass die Zuckerprotektion in den USA der amerikanischen Durchschnittsfamilie Einbußen von 25 US-Dollar pro Jahr beschert (Krugman und Obstfeld, 1994), so dass die Nachteile dieser Politik kaum wahrgenommen werden dürften (hiermit soll natürlich nicht gesagt werden, dass die Summe aller protektionistischen Maßnahmen nicht ganz erhebliche Wohlfahrtsverluste auch für den Einzelnen bringt).

Auf der anderen Seite kommen aber die Vorteile der Protektion (bzw. die Nachteile der Liberalisierung) einer eng abgegrenzten Gruppe deutlich spürbar zu Gute. Es kann auch davon ausgegangen werden, dass diese Gruppe sich sehr wohl über den Nutzen dieser Politik für sie bewusst ist. Sind solche Gruppen gut organisiert und politisch einflussreich, sind Regierungen meist geneigt, Protektionswünschen nachzugeben, um sich die Zustimmung dieser Gruppen zu sichern und so ihre Chancen bei Wahlen zu verbessern.

Auch politökonomisch kann Handelsliberalisierung sinnvoll sein, wenn im Zuge der Öffnung des Inlandsmarktes gleichzeitig Zugang zu einem ausländischen Markt gewährt wird. In diesem Fall könnte der Verlust an Zustimmung für eine Regierung in importkonkurrierenden Wirtschaftszweigen durch vermehrte Zustimmung in exportorientierten Branchen (wo die Vorteile oft auch einer eng umrissenen, gut organisierten Gruppe zufallen) (über)kompensiert werden. Da es insgesamt zu einem Wohlfahrtsgewinn kommt, sind die Aussichten hierfür günstig. Hier erschließt sich also der Sinn internationaler Handelsabkommen. Die Frage, ob bi-laterale oder multilaterale Verhandlungen hierfür geeigneter sind, soll hier nicht behandelt werden, die positiven Wirkungen von Handelsblöcken werden jedoch von Zimmermann (1998) bestritten.

Die Situation vor internationalen Vereinbarungen kann wiederum mit Hilfe des Gefangenen-Dilemmas beschrieben werden, obwohl es sich hierbei natürlich um eine erhebliche Vereinfachung der realen Situation handelt (Hoekman und Kostecki, 1996). Angenommen, es existierten nur zwei Länder und es gibt die beiden Optionen Freihandel und Protektionismus. Für die Regierungen beider Länder ist die Öffnung des eigenen Marktes mit politischen Kosten verbunden und die Öffnung des anderen Marktes mit politischem Nutzen. Es kann davon ausgegangen werden, dass in beiden Ländern der Nutzen der Öffnung des Auslandsmarktes die (politischen) Kosten der Öffnung des Inlandsmarktes übersteigt (s.o.). Solange keine Verhandlungen zwischen den Regierungen stattfinden, ist es trotzdem für die Regierung von Land A rational, die Option Protektionismus zu wählen, unabhängig davon, welche Wahl Land B trifft. In jedem Fall kann Land A die politischen Kosten der Marktöffnung dann einsparen. Gleiches gilt natürlich spiegelbildlich für Land B. Folglich kommt es ohne Verhandlungen zu einem Gleichgewicht, in dem beide Länder Protektionismus betreiben. Diese Situation kann als politisches Marktversagen gekennzeichnet werden.

Diese Situation ist aber auch politökonomisch ineffizient. Kommen beide Regierungen zu Verhandlungen zusammen, könnten sie sich gemeinsam auf Freihandel verständigen und somit beide ihre Wahlchancen verbessern. Hierfür ist es allerdings erforderlich, dass ein Vertrag geschlossen wird, der Verstöße gegen die Freihandelsvereinbarung eindeutig und kontrollierbar festlegt und der dann auch über Sanktionsmechanismen durchgesetzt werden kann. Existiert ein solches verlässliches Regelwerk nicht, besteht weiterhin für jede Regierung der Anreiz, Protektionismus zu betreiben, und das Gefangenen-Dilemma wird nicht aufgelöst.

Vor diesem Hintergrund erscheint es sinnvoll, dass Länder im Rahmen des GATT oder der WTO miteinander in Verhandlungen über Handelsliberalisierungen treten und diese in einem verlässlichen und durchsetzbaren Vertragswerk festschreiben. Hierfür ist es zwingend erforderlich, dass Staaten einen gewissen Teil ihrer Souveränität, nämlich die Möglichkeit, bestimmte Handelsrestriktionen zu verhängen, aufgeben, und Verletzungen der getroffenen Vereinbarungen glaubhaft sanktioniert werden können,[85] da ansonsten ein Rückfall in protektionistische Praktiken zum allseitigen Schaden zu befürchten ist.

---

[85] Von der WTO-Praxis von Strafzöllen ist allerdings abzuraten, da dies eine zusätzliche Verzerrung des Außenhandels bedeutet und protektionistische Wirkungen hat.

2.2.5.2. Dienstleistungen (GATS-Abkommen)

Während sich das General Agreement on Tariffs and Trade (GATT) auf den Güterhandel bezieht, regelt das General Agreement on Trade in Services (GATS) den Handel mit Dienstleistungen. Das Abkommen bezieht sich dabei auf vier Erbringungsarten von Dienstleistungen (Art. I.2 GATS):

1. Grenzüberschreitender Handel mit Dienstleistungen, z.B. Download von Software einer ausländischen Firma aus dem Internet.
2. Konsum im Ausland, z.B. Restaurantbesuch eines Urlaubers.
3. Kommerzielle Präsenz, z.B. Eröffnung einer Bankfiliale im Ausland.
4. Anwesenheit natürlicher Personen, z.B. entsandte Arbeitnehmer im Baugewerbe.

Bisweilen wird argumentiert, dass die dritte Erbringungsart (kommerzielle Präsenz) eigentlich in den Bereich von Direktinvestitionen gehört und damit nicht in ein Dienstleistungsabkommen. Dem ist aber entgegenzuhalten, dass häufig, so wie in dem Beispiel der Bankfiliale, eine Niederlassung tatsächlich die einzige Möglichkeit der Dienstleistungserbringung darstellt (vgl. Krancke, 1999. Er weist allerdings auch darauf hin, dass aufgrund der Möglichkeiten des Internet-Banking dies für Bankdienstleistungen nicht mehr uneingeschränkt gilt.).

Die Regelungen des GATS können aufgeteilt werden in solche, die sich auf alle von dem Abkommen erfassten Dienstleistungen beziehen und solche, die nur für Dienstleistungssektoren gelten, in denen Länder spezielle Liberalisierungsverpflichtungen (commitments) eingegangen sind. Die beiden wichtigsten Regelungen, die für alle vom GATS erfassten Dienstleistungen gelten, sind die Meistbegünstigung (Art. II GATS; d.h. wenn einem Land Handelserleichterungen gewährt werden, so stehen diese auch allen anderen WTO-Mitgliedsstaaten zu) und die Forderung nach Transparenz aller den Dienstleistungshandel betreffenden Regelungen eines Nationalstaates (Art III GATS). Eine wichtige Ausnahme vom Prinzip der Meistbegünstigung stellt Art. 5 GATS dar, der Sonderregelungen für Mitglieder regionaler Integrationsräume wie der EU erlaubt.

Geht ein Land eine ausdrückliche Liberalisierungsverpflichtung in einem Dienstleistungssektor ein, so gelten dann für diesen Sektor – sofern das liberalisierende Land keine andere Festlegung getroffen hat – u.a. das Prinzip der Inländerbehandlung (Art XVII GATS; d.h. ausländische Dienstleistungsanbieter dürfen nicht schlechter gestellt werden als inländische) und die Bestimmungen des Art. 6 GATS, nach denen z.B. Qualifikationsanforderungen und technische Standards den Handel mit Dienstleistungen nicht stärker beeinträchtigen sollen als dies für die Sicherstellung der Qualität der Dienstleistung erforderlich ist. Aufgrund der Möglichkeit der expliziten Festlegung der zu liberalisierenden Dienstleistungssektoren wird im Zusammenhang mit GATS auch von „Liberalisierung à la carte" gesprochen (Krancke, 1999).

Das GATS ist massiver Kritik zahlreicher NGOs ausgesetzt. Einige Netzwerke und Organisationen sind nur zu dem Zweck der Bekämpfung dieses Abkommens gegründet worden, so z.B. das Netzwerk „Stop the GATS attack". Auch die ATTAC-Hochschulgruppe der Universität Köln sieht z.B. ihr Hauptanliegen im Kampf gegen das GATS. Viele der im Folgenden darzustellenden Einwände gegen das GATS beruhen indes auf Fehlinterpretationen des Vertragstextes. Ein Großteil dieser und anderer Kritikpunkte ist darüber hinaus aus ökonomischer Sicht fragwürdig.

Bisweilen wird behauptet, das GATS führe zu Kommerzialisierung des Rechtswesens (Neurohr, 2002). Dies ist aber nicht so. Art. I.3.b GATS legt fest, dass sich das Abkommen ausdrücklich nicht auf „services supplied in the exercise of governmental authority" bezieht. Diese werden in Art. I.3.c definiert als solche Dienstleistungen, die weder auf kommerzieller Basis noch im Wettbewerb mit einem oder mehreren Dienstleistungsanbietern erbracht werden. Diese Kriterien treffen in keinem demokratischen Staat, also auch nicht in Deutschland, auf das Justizwesen zu. Von daher ist es einem Mitglied der WTO gar nicht möglich, sein Rechtswesen im Rahmen des GATS für ausländische Konkurrenz zu öffnen, da das Abkommen für diese Dienstleistung gar nicht gilt.

Auch in der großen Mehrzahl aller wirtschaftswissenschaftlichen Publikationen wird die Auffassung vertreten, dass Bereiche, in denen sich die Bürger mit Gefahren ungezügelter Macht konfrontiert sehen, wie z.B. Polizei, Rechtssprechung, Landesverteidigung oder auch Steuerverwaltung, der Kontrolle des öffentlichen Rechts unterworfen werden sollten (Grossekettler, 2001). In diesen Bereichen soll regelorientiert und nicht gewinnorientiert entschieden werden, auch wenn dadurch die eigentliche Verrichtung der Aufgabe nur zu höheren Kosten erreicht werden kann. Für die Kosten, die man zur Abwehr von Machtmissbrauchsgefahren bereit ist in Kauf zu nehmen, hat sich der Begriff Verfahrenspräferenzkosten durchgesetzt (Grossekettler, 1998). Es bleibt festzuhalten, dass die eigentlichen Hot Money des Staates im ökonomischen Sinne nicht unter die Regelungen des GATS fallen.

GATS-Kritiker wenden nun ein, dass die Definition hoheitlicher Aufgaben viel zu eng gefasst sei und daher Bereiche wie Bildung oder Gesundheit nicht von vornherein aus dem Geltungsbereich des GATS ausgeschlossen sind. Im Bereich der Hochschulen etwa existieren in der Tat in den meisten Ländern zumindest auch private Anbieter, die ihre Leistungen auf kommerzieller Basis und im Wettbewerb anbieten. Folglich gelten für diese Bereiche auch die generellen Anforderungen des GATS, nämlich Meistbegünstigung und Transparenz. Dies erscheint allerdings in jedem Fall begrüßenswert und nicht kritikwürdig. Bei der Meistbegünstigung ist zum einen zu berücksichtigen, dass hier zahlreiche Ausnahmen aufgrund regionaler Integrationsräume existieren und die Möglichkeit von zeitlich befristeten Ausnahmen (Negativliste) besteht. Zum anderen ist zu beachten, dass das Meistbegünstigungsprinzip nichts anderes als ein Diskriminierungsverbot bedeutet, und dies sollte für ein

Land eigentlich kein Problem darstellen. Das Erfordernis der Transparenz ist noch weniger zu beanstanden, wird dadurch doch gerade die Aktivität privater Anbieter auf wohltuende Weise kontrolliert.

Alle übrigen Regelungen des GATS, wie etwa die Inländerbehandlung, gelten nur in Fällen, in denen ein Land explizite Liberalisierungsverpflichtungen eingegangen ist und selbst hier nur dann, wenn keine anders lautenden Vereinbarungen getroffen worden sind. Die Forderungen von z.B. Attac (2002a), Bereiche wie Bildung und Gesundheit von vornherein aus dem Geltungsbereich des GATS auszuschließen, erscheinen nicht gerechtfertigt, da sie nicht zu den hoheitlichen Staatsaufgaben im eigentlichen Sinne zählen. Sie sind bewusst nicht ausgeschlossen worden, um Ländern, die diesen Bereich für ausländische Konkurrenz öffnen möchten, im Rahmen des GATS dazu die Möglichkeit zu geben. Es ist nicht einzusehen, warum Länder wie etwa die USA und Großbritannien, deren Hochschullandschaft von privaten Anbietern geprägt ist, ihre Märkte nicht auch über freiwillig eingegangene GATS-Verpflichtungen für ausländische Dienstleister öffnen dürften. Anderen Ländern, die ihre Märkte nicht öffnen wollen, steht es vollkommen frei, keine expliziten Liberalisierungsverpflichtungen einzugehen.

Die ständig wiederholte Behauptung, dass GATS automatisch zur Privatisierung sämtlicher (zumindest nicht zu den hoheitlichen Aufgaben gerechneter) bisher vom Staat angebotener Dienstleistungen führe, ist also unzutreffend. Damit ist aber noch nicht gesagt, dass Privatisierung hier nicht dennoch ökonomisch sinnvoll sein könnte (zu einer ausführlichen Diskussion dieses Themas vgl. Punkt 2.5.1.1).

Selbst wenn ein Land wie Deutschland sich entscheiden sollte, beispielsweise seinen Hochschulsektor zu öffnen (wie es in den aktuellen GATS-Verhandlungen u.a. von den USA, Australien und Brasilien gefordert worden ist), so ist dies keinesfalls gleichbedeutend mit dem Ende öffentlicher Hochschulen. Zusammen mit der Liberalisierungserklärung stände es der Bundesrepublik völlig frei zu erklären, dass sie z.B. öffentliche Hochschulen auch weiterhin öffentlich finanzieren möchte. Eine solche Einschränkung ist bedingungslos möglich und kann, wenn sie zusammen mit der Liberalisierung festgelegt wird, nicht von anderen Staaten beanstandet werden.

Insgesamt ist festzuhalten, dass die Mehrzahl der im Zusammenhang mit dem GATS formulierten Bedenken in Bezug auf eine Privatisierung von Dienstleistungen weder juristisch noch ökonomisch begründet ist. Vielmehr ist damit zu rechnen, dass die Wohlfahrtsgewinne durch Privatisierung durch freiwillige außenwirtschaftliche Marktöffnungen im Rahmen des GATS noch zunehmen.

Ein weiterer oft gegen das GATS vorgebrachter Vorwurf ist, dass es Nationalstaaten die Möglichkeit nähme, Dienstleistungen zu regulieren. Es wird z.B. festgestellt:

„Die Fähigkeit von Kommunen und Staaten, eigene Regelungen und Standards in Bezug auf Gesundheit, Umwelt, Bildung u. ä. zu erlassen, kann von der WTO als ‚Beeinträchtigung der Handelsfreiheit' interpretiert werden. Die GATS-Mitglieder haben die Pflicht nachzuweisen, dass solche Regelungen ‚keine unnötigen Einschränkungen des Handels' beinhalten." [86]

Diese Bedenken beziehen sich offensichtlich auf den eingangs erwähnten Art. VI.4 GATS. Dieser besagt, dass sichergestellt werden soll, dass Maßnahmen in Bezug auf Qualifikationsanforderungen und -prozeduren, technische Standards und Lizenzierungsanforderungen keine unnötigen Handelsbarrieren darstellen. Deshalb sollen die gesetzten Anforderungen u.a. auf objektiven und transparenten Kriterien beruhen und nicht belastender sein als notwendig, um die Qualität der Dienstleistung sicherzustellen.

Sinn und Zweck dieses Artikels ist es, zu verhindern, dass etwa durch Qualifikationsanforderungen oder technische Standards vorsätzlich Handelshemmnisse (z.B. aus politökonomischen Überlegungen) in offiziell liberalisierten Sektoren geschaffen werden. Genau solche Handelshemmnisse waren und sind aber bei Dienstleistungen die entscheidenden (Krancke, 1999). Eine derartige Regelung ist also dringend notwendig. Die Anforderungen des Artikels, dass Maßnahmen für die Erreichung des mit ihnen erfolgten Zieles geeignet und erforderlich sein sollen (d.h., dass kein milderes Mittel existiert), sind aus ökonomischer Sicht grundsätzlich an alle politischen Maßnahmen zu stellen (Grossekettler, 1998, fordert zudem die Verhältnismäßigkeit politischer Maßnahmen).

In Bezug auf die Bedenken ist außerdem festzustellen, dass Art. VI.4 wiederum explizit nur für liberalisierte Dienstleistungen gilt. Auch hier besteht zudem die Möglichkeit, mit innerstaatlichen Regulierungen z.B. gegen das Prinzip der Inländerbehandlung zu verstoßen, wenn dies im Rahmen der Liberalisierungsverpflichtung festgelegt wurde. Überdies gilt natürlich auch hier, dass die Mitgliedstaaten nur dann die Vertragskonformität ihrer innerstaatlichen Regelungen nachweisen müssen, wenn sich ein anderer Staat dadurch beeinträchtigt sieht und Klage erhebt. Auf Basis von Art. VI.4 GATS ist dies bisher noch nicht geschehen (WTO, 2001).

Selbst wenn ein Dienstleistungssektor liberalisiert wurde und keine Einschränkungen festgelegt wurden, bestehen in diesem Sektor immer noch unendlich viele Möglichkeiten zu regulieren, ohne gegen Art. VI.4 GATS zu verstoßen. Beispielsweise kann das betreffende Land nach wie vor Preiskontrollen einführen. Darüber hinaus existieren noch Ausnahmeregelungen etwa des Art. XIV GATS, die es erlauben, gegen andere Artikel des GATS ein-

---

[86] Diese Kritik von der auf das GATS-Abkommen spezialisierten kritischen Gruppe gats.de ist im Internet verfügbar unter
http://www.gats.de/modules.php?name=Content&pa=showpage&pid=13 .

schließlich Art. VI zu verstoßen, wenn dies zum Schutz von Leben, öffentlicher Ordnung, Gesundheit, Sicherheit etc. erforderlich ist.

Schließlich wird noch gegen das GATS ins Feld geführt, dass einmal eingegangene Liberalisierungsverpflichtungen nicht mehr rückgängig gemacht werden können.[87] Dies ist so nicht zutreffend. Ist eine Liberalisierungsverpflichtung drei Jahre in Kraft gewesen (unter bestimmten Umständen ist auch ein Jahr ausreichend), kann sie nach Art. XXI GATS eingeschränkt werden. In diesem Fall können allerdings die von diesen Maßnahmen betroffenen Länder Kompensation verlangen, d.h. das Land muss ihnen in anderen Bereichen Marktzugang von gleichem Wert gewähren.

Verlässlichkeit und eine gewisse Kontinuität in der Handelspolitik sind unbedingt notwendig für sich darauf einstellende Produzenten, Händler, Konsumenten etc. Sollte eine Liberalisierungsverpflichtung von heute auf morgen aufgehoben werden, würde dies eine Verletzung von Vertrauensschutz bedeuten und könnte z.B. hohe Investitionen obsolet werden lassen. Dies könnte sich als massives Investitions- und Handelshemmnis erweisen.

Die Ratio der Öffnung anderer Märkte für das Schließen eines bereits liberalisierten Marktes liegt darin, dass einmal erreichte Liberalisierungserfolge nicht mehr rückgängig gemacht werden sollen. Aufgrund der Tatsache, dass heute und in absehbarer Zukunft in allen Ländern noch erhebliche Öffnungspotenziale im Dienstleistungssektor bestehen, dürften Kompensationsforderungen in aller Regel ohne größere Probleme zu erfüllen sein. Der Liberalisierungsgrad des Dienstleistungssektors eines Landes ist grundsätzlich irreversibel, eine einzelne Liberalisierungsverpflichtung kann aber sehr wohl eingeschränkt oder zurückgezogen werden.

2.2.5.3. Schutz geistigen Eigentums (TRIPS)

Das Abkommen über „Trade Related Intellectual Property Rights" (TRIPS, „Übereinkommen über handelsbezogene Aspekte der Rechte des geistigen Eigentums") erstreckt sich auf Patente, gewerbliche Muster und Modelle, Handelsmarken, geographische Herkunftsangaben, Urheberrechte und verwandte Rechte, integrierte Schaltkreise und Geschäftsgeheimnisse.

Für jeden dieser Bereiche werden in dem Abkommen Mindeststandards für den Schutz festgelegt, den jedes WTO-Mitgliedsland gewähren muss. Beschrieben wird, was genau zu schützen ist, die zu gewährenden Rechte, mögliche Ausnahmen von diesen Rechten und die Mindestdauer des Schutzes. Für Patente ist z.B. in Art. 27.1 TRIPS festgelegt, dass sie für alle Erfindungen (Produkte und Prozesse) in allen Technologiebereichen, die den Anforderungen „neu", „ein erfinderischer Schritt" und „industriell anwendbar" genügen, zu gewähren sind. Nach Art. 33 TRIPS muss der Patentschutz minde-

---

[87] gats.de, siehe im Internet unter:
http://www.gats.de/modules.php?name=Content&pa=showpage&pid=13 .

stens 20 Jahre betragen. Die Anforderungen der TRIPS sind aus den in diesem Bereich vor Gründung der WTO relevanten Konventionen von Paris und Bern übernommen und noch ergänzt worden. Diesen Konventionen waren allerdings nur wenige Entwicklungsländer beigetreten.

Ein weiterer Aspekt des Abkommens ist die Durchsetzbarkeit der zu gewährenden Rechte. Es werden allgemeine Anforderungen an die nationalen Systeme der Mitgliedsländer formuliert, die eine effektive Durchsetzung der Rechte ermöglichen sollen. Außerdem gelten die Prinzipien der Meistbegünstigung und der Inländerbehandlung auch in Bezug auf geistige Eigentumsrechte. Schließlich wird der Bereich der geistigen Eigentumsrechte dem Streitschlichtungsmechanismus der WTO unterworfen.

Da insbesondere die Patentgewährung im Kreuzfeuer der Kritik von Entwicklungsländern, Entwicklungshilfeorganisationen und Globalisierungskritikern steht, konzentrieren sich die nachfolgenden Ausführungen auf diesen Aspekt.

Die Gewährung von Patenten ist aus ökonomischer Sicht bereits im nationalen Kontext umstritten. Auf der einen Seite wird ihnen eine innovationsfördernde Wirkung zugeschrieben. Es entstehen Anreize zur Realisierung von technischem Fortschritt, wodurch sich wiederum das Wirtschaftswachstum erhöht (Siebert, 1991).

Arrow (1962) hat als erster darauf hingewiesen, dass Wissen häufig den Charakter eines öffentlichen Gutes aufweist. Es besteht Nicht-Rivalität im Konsum und Nicht-Ausschließbarkeit:[88] Ist z.B. eine Idee einmal bekannt, so kann ohne ein Patentschutz niemand von ihrer Nutzung exkludiert werden. Öffentliche Güter werden nicht oder zumindest nicht im gesamtwirtschaftlich wünschenswerten Umfang produziert. Einem innovativen Unternehmer kämen also die Erträge seiner Innovationsleistung und der möglicherweise geleisteten hohen Forschungsausgaben nicht oder nur in sehr geringem Maße zu, da auch andere Unternehmen seine Idee nutzen können. Folglich erbringen die Investitionstätigkeiten keinen nennenswerten Vorsprung im Nutzen für den Innovator. Die Konsequenz wäre, dass sich Innovationen für den einzelnen nicht bzw. nicht in ausreichendem Maße lohnen und daher Innovationsanstrengungen und teure Forschungsvorhaben unterbleiben würden, obwohl mehr Innovationen für die Gesellschaft insgesamt vorteilhaft wären.

Wird dem Innovator aber für eine gewisse Zeit das Recht zugestanden, seine Idee oder Erfindung exklusiv zu verwerten, werden innovative Anstrengungen lohnender. Durch die zeitweise monopolartige Stellung am Markt infolge der Innovation können Übergewinne (die über den „Normalgewinn" bei vollständiger Konkurrenz hinausgehen) erzielt werden, die eine Amortisation von Forschungsausgaben ermöglichen.

---

[88] Dies ist eine besondere Ausprägung von Marktversagen (positiver externer Effekt) im allkokationstheoretischen Sinn.

Einschränkend muss aber erwähnt werden, dass es für ein innovatives Unternehmen auch andere Möglichkeiten als Patente gibt, zeitweilige Überrenditen zu erzielen. Zum einen ist es gerade bei besonders innovativen Produkten oder auch Prozessen für andere Unternehmen oft schwer, die Innovation schnell oder überhaupt nachzuahmen. Beispielsweise konnte die Rezeptur von Coca-Cola bis heute trotz zahlreicher Versuche nicht entschlüsselt werden.

In der betriebswirtschaftlichen Literatur wird darüber hinaus oft ein „first mover advantage" konstatiert. Geht man davon aus, dass das innovative Unternehmen auch als erstes mit der Innovation auf den Markt kommt, können zum Beispiel starke Kundenbindungen entstehen, ein stabiles Beziehungsgeflecht im Absatzkanal oder andere Markteintrittsbarrieren für andere Unternehmen geschaffen werden. Auch können Kostenvorteile aufgrund von Erfahrungskurveneffekten eine Rolle spielen.

McCalman (1999) versucht, den Anteil des Wertes der durch Patentschutz geschaffenen Renten an der Amortisation von Forschungs- und Entwicklungsausgaben für verschiedene Länder zu schätzen. Die Ergebnisse bewegen sich zwischen Werten von 24 vH für die Schweiz und 0,01 vH für Mexiko. Dies spiegelt natürlich zum einen die unterschiedliche Gestaltung des Patentschutzes in verschiedenen Ländern wider. Die Tatsache aber, dass in keinem Land mehr als ein Viertel der Amortisation dem Patentschutz zugeschrieben werden kann, deutet darauf hin, dass andere Methoden für die Aneignung von Renten für innovative Unternehmen bedeutender sind. Dies ist auch konsistent mit anderen Forschungsergebnissen (Levin et al., 1987). Die Bedeutung des Patentrechts dürfte aber über einzelne Branchen stark variieren und von einer Reihe Faktoren wie der Wettbewerbsintensität oder der Qualität des Managements des innovativen Unternehmens abhängen.

Selbst wenn also viele Innovationen nicht den Charakter eines öffentlichen Gutes aufweisen, so entsteht ohne Patentschutz doch meist noch ein Nutzen für imitierende Unternehmen und die Gesellschaft, für den das innovative Unternehmen keine Kompensation erhält. Das allgemeinere Konzept externer Effekte bleibt relevant mit der Konsequenz, dass immer noch ohne Patentschutz mit zu wenigen Innovationen zu rechnen ist.

Ist eine Innovation allerdings erst einmal vorhanden, so wäre es gesamtwirtschaftlich wohlfahrtssteigernd, wenn anstelle eines exklusiven Nutzungsrechtes jedes Unternehmen Zugang zu der Innovation hätte. Eine neue Technologie würde z.B. schneller diffundieren. Könnte ein neues Produkt von verschiedenen Firmen hergestellt werden, käme es zu stärkerem Kosten- und Preissenkungsdruck und Prozessinnovationen würden wahrscheinlicher. Bei exklusivem Nutzungsrecht könnte das innovative Unternehmen seine monopolartige Stellung hingegen missbrauchen und zu einer weniger effizienten Produktion neigen.

Auch hier muss aber einschränkend festgestellt werden, dass ein Patentschutz nur sehr selten die Möglichkeit wirklich monopolistischen Verhaltens bietet. Insbesondere bei inkrementalen Innovationen können z.B. starke Substitutionsbeziehungen mit anderen Produkten bestehen. Das innovative Produkt ist dann zwar aus Käufersicht den Konkurrenzprodukten überlegen und es besteht höhere Zahlungsbereitschaft, aber wenn das innovative Unternehmen den Preis zu hoch setzt, würden seine Kunden zur Konkurrenz abwandern. In diesem Fall kann der Kostensenkungsdruck nach wie vor groß sein. Überdies kann auch das Wettbewerbsrecht eingesetzt werden, um Machtmissbrauch des durch ein Patent geschützten Unternehmens zu verhindern.

Insgesamt bleibt aber ein Zielkonflikt zwischen Innovation und Diffusion, zwischen statischer und dynamischer Effizienz in Bezug auf Patente bestehen. Dies deutet darauf hin, dass es nach Umfang und Dauer einen optimalen Patentschutz gibt, dessen Über- oder Unterschreitung zu Wohlfahrtseinbußen führen würde (Kwan und Lai, 2001). Kwan und Lai (2001) zeigen in einem endogenen Wachstumsmodell, dass die Gefahren eines zu geringen Schutzes geistiger Eigentumsrechte im nationalen Kontext weitaus größer sind als die eines zu starken Schutzes.

Die Mehrheit der Ökonomen ist der Ansicht, dass Patentschutz im nationalen Kontext zu befürworten ist. Werden aber internationale Mindeststandards für Patentschutz wie im Rahmen der TRIPS festgelegt, die deutlich über den bis dato praktizierten Schutz vor allem der Entwicklungsländer hinausgehen (Liebig, 2001), treten automatisch Verteilungsfragen auf: Im Jahre 1995 wurden beispielsweise weniger als 5 vH aller Patente an Antragsteller aus Entwicklungsländern vergeben (Fink, 2000). Das kann bedeuten, dass ein verstärkter Patentschutz den relativ innovativeren Industrieländern die Möglichkeit eröffnet, Renten zu Lasten der Entwicklungsländer abzuschöpfen. Insofern hätten Globalisierungskritiker wie Oxfam (2002) oder auch Attac (2002a) durchaus Grund für ihre Befürchtungen.

Ohne TRIPS bestand für Entwicklungsländer (sofern sie nicht die Pariser Konvention unterzeichnet hatten) die Möglichkeit, den nationalen Patentschutz frei zu gestalten. Wurde kein nationaler Patentschutz gewährt (oder ausländische Antragsteller diskriminiert), bestand insbesondere für weiter fortgeschrittene Entwicklungsländer die Möglichkeit, Innovationen aus Industrieländern zu geringen Kosten zu imitieren. Geringere Produktionskosten und Wettbewerb anstelle von Exklusivrechten ermöglichten wesentlich geringere Preise in Entwicklungsländern im Vergleich zu Industriestaaten mit Patentschutz.

Führen Entwicklungsländer (umfassenderen) Patentschutz ein, müssen sie beim Erwerb innovativer Produkte aus Industrieländern für höhere Produktionskosten und eventuelle Monopolaufschläge aufkommen oder Gebühren an ausländische Unternehmen für Patente und Lizenzen zahlen. McCalman (1999) führt eine Schätzung durch, in der er unterstellt, dass die Mindestanforderungen der TRIPS bereits 1988 in allen Ländern umgesetzt gewesen wären. Nach seinen Berechnungen hätten sich für die USA dann zusätzliche Patentwerte in Höhe von 4,5 Mrd. US-Dollar (in Preisen von 1988) ergeben, überwiegend zu Lasten von Entwicklungsländern, aber auch anderer Länder wie z.B. Kanada. Problematisch an diesen Modellrechnungen ist freilich, dass hier die Innovationstätigkeit exogen ist. Wird diese Annahme aufgehoben, kann durch internationale Patentstandards die Wohlfahrt der gesamten Welt aufgrund verstärkter Innovationsbemühungen steigen. In der Logik des Modells von McCalman (1999) ist es aber zutreffend, wenn er den Gegenwartswert des Patentschutzes als „dead weight loss" bezeichnet und diesen Verlust auf 17,5 Mrd. US-Dollar oder ein Fünftel der geschätzten Wohlfahrtsgewinne durch die Handelsliberalisierung der Uruguay-Runde beziffert. Auch Mazumdar (1999) kommt – allerdings in einem Modell mit endogenem Wachstum – zu dem Ergebnis, dass bei realistischen Parameterwerten Entwicklungsländer durch die TRIPS nur verlieren können.

Neben derartigen unmittelbaren Auswirkungen auf die Entwicklungsländer wird auch befürchtet, dass sie durch die Verpflichtungen aus dem TRIPS in ihrer Entwicklung weiterhin gehemmt werden. In diesem Zusammenhang wird oft auf die Erfolge Japans in den fünfziger Jahren und später der asiatischen Schwellenländer verwiesen, für deren Entwicklung die Imitation ausländischer Innovationen nach Auffassung einiger Autoren eine wesentliche Rolle gespielt hat (Preusse, 1996; Krugman und Obstfeld, 1994; Juma, 1999). Durch Imitationen konnten diese Länder ihr technisches Wissen ausweiten, ihren Wohlstand erhöhen und auf den Weltmärkten konkurrenzfähig werden.[89]

Schließlich dürfte für Entwicklungsländer nicht ganz unbedeutend sein, dass die Umsetzung der Anforderungen des TRIPS-Abkommens mit relativ hohen Kosten verbunden ist und hoch qualifiziertes Personal z.B. für die Patentprüfung oder gerichtliche Auseinandersetzungen benötigt wird (Juma, 1999; The Economist, 2002).

Diese Ausführungen machen deutlich, warum die Entwicklungsländer sich so lange so vehement gegen den Einschluss des TRIPS-Abkommens in die WTO gesträubt haben. Nur durch Zugeständnisse beim Agrar- und Textilhandel konnten die Entwicklungsländer zur Zustimmung bewegt werden, fühlten sich aber teilweise nach Ansicht Liebigs (2001) immer noch „über den Tisch gezogen".

Es gilt allerdings zu bedenken, dass die Einführung von Patentschutz längerfristig auch Vorteile für die Entwicklungsländer mit sich bringen kann. Zum einen kommen die erwähnten internationalen Innovationssteigerungen auch den Entwicklungsländern zu Gute. Außerdem wird der internationale Technologietransfer risikoloser, da dann Unternehmen weniger fürchten müssen,

---

[89] Allerdings wäre bloße Imitation von wirklichem Bruch von in den Erfinderländern damals bestehendem Patentschutz zu unterscheiden.

die Kontrolle über die Technologie zu verlieren (Preusse, 1996). Dadurch dürften ausländische Direktinvestitionen und Lizenzverträge in den Entwicklungsländern zunehmen. Internationale Unternehmen könnten eher geneigt sein, ihre Standorte in Entwicklungsländer zu legen. Hinzu kommt, dass die Innovationstätigkeit für Unternehmen aus Entwicklungsländern lohnender wird und zunehmen dürfte. Schließlich könnte es vermehrt zu Innovationen in Bereichen kommen, die speziell den Präferenzen der Entwicklungsländer entsprechen. Hierbei ist aber zu bedenken, dass die Zahlungsfähigkeit in vielen Entwicklungsländern immer noch so gering ist, dass sich derartige Impulse zumindest in naher Zukunft in Grenzen halten dürften. Liebig (2001) weist darauf hin, dass positive Effekte aus der Patentgewährung vor allem den weiter fortgeschrittenen Entwicklungsländern zu Gute kämen, den am wenigsten entwickelten Ländern hingegen kaum.

Preusse (1996) bemerkt, dass das optimale Niveau des Patentschutzes in Industrie- und Entwicklungsländern aufgrund unterschiedlicher Innovationskraft unterschiedlich hoch sein muss. Hierzu bieten die TRIPS grundsätzlich auch die Möglichkeit, da es sich um Mindeststandards handelt, die selbstverständlich von Ländern freiwillig überschritten werden können. Stimmt man allerdings mit der Aussage von Liebig (2001) überein, dass diese Mindeststandards auf dem vorher in Industrieländern üblichen Schutzniveau festgelegt wurden, so müssen diese als zu hoch angesehen werden.

Ein möglicherweise trotzdem bestehendes Problem ist die von Globalisierungskritikern bezeichnete Praxis der „Biopiraterie"[90]. Hier werden mitunter von Unternehmen in Industrieländern, die im Patentrecht einen Wissensvorsprung gegenüber Entwicklungsländern aufweisen, entweder Produktionsverfahren oder aber genetische Informationen von in Entwicklungsländern heimischer Fauna und Flora für eigene Produkte und Forschung patentiert.[91] Es ist jedoch explizit im TRIP-Abkommen vorgesehen, dem jeweiligen nationalen Patentrecht offen zu lassen, ob solche ausländischen Patente akzeptiert werden oder nicht (Art. 27). Die innovative Leistung von Entdeckungen ist von einem allgemeinen Anspruch auf bereits bekannten allgemeinen, allerdings nicht patentierten Wissen zu trennen. Von daher wäre Globalisierungskritikern zuzustimmen, die sich gegen die Patentierung von Gütern mit dem Charakter eines öffentlichen Gutes wie genetischer Information und auch Sprache[92] einsetzen. Wird freilich eine neue Innovation aus diesen allgemein

---

[90] In Deutschland engagiert sich z.B. die spezialisierte Seite von biopiratie.de, im Internet verfügbar unter: http://www.biopiraterie.de/ . Auch Attac (2002a) fordert das Verbot von Patenten auf genetische Informationen.

[91] Bekannt ist die Praxis von RiceTec aus Texas geworden, sich den Namen des traditionallen indischen Basmati-Reis als Patent in den USA zu sichern. Eine kritische Beschreibung der Problematik ist von Biopoly im Internet verfügbar unter: http://www.bukoagrar.de/neues/article/Agrar_Info/9080886OO.html .

zugänglichen Gegenständen gewonnen (also z.B. Mittel gegen Erbkrankheiten oder Romane), so ist dies wiederum schützenswert.

Besonders häufig kritisiert worden ist die Anforderung der TRIPS, die Patentierung von Medikamenten in Entwicklungsländern zuzulassen (Action Aid et al., 2001; Welthungerhilfe, 2002). Besondere Aufmerksamkeit hat dieses Problem im Frühjahr 2001 erlangt, als gegen die Regierung von Südafrika von 39 Pharmakonzernen Klage erhoben wurde, da in diesem Land ein Gesetz verabschiedet worden war, nach dem patentierte Aids-Medikamente ohne Konzession des Patentinhabers selbst hergestellt oder aus Drittländern importiert werden durften. Die Klage bezog sich darauf, dass das Gesetz einen Verstoß gegen die im Zusammenhang mit dem TRIPS-Abkommen abgeänderte Verfassung Südafrikas darstellen könnte; Klage eines anderen Staates gegen Südafrika bei der WTO wurde nicht erhoben (WHO, WTO, 2002). Südafrika hat die höchste Aids-Rate der Welt und viele der Infizierten können sich die relativ teuren Medikamente ausländischer Hersteller nicht leisten. Die Organisation *Ärzte ohne Grenzen* hat eine weltweite Unterschriftenaktion gegen diese Klage durchgeführt. Vor dem Hintergrund öffentlicher Empörung wurde die Klage schließlich zurückgezogen.[93]

Es ist unklar, ob die Pharmakonzerne ihre Klage damals bei Weiterverfolgung gewonnen hätten. Inzwischen ist auf jeden Fall durch die Erklärung von Doha zweifelsfrei festgestellt worden, dass das TRIPS-Abkommen in einer Weise zu interpretieren ist, die es den Staaten erlaubt, die öffentliche Gesundheit und insbesondere den Zugang zu Medikamenten für alle zu fördern. Hierbei wird u.a. auf die Möglichkeit verwiesen, dass Länder nach Art. 31 TRIPS Pflichtlizenzen vergeben können, d.h. Patentinhaber können gegen ihren Willen dazu verpflichtet werden, Produktionslizenzen für das fragliche Medikament in das Land zu vergeben, wenn zuvor keine Einigung erzielt werden konnte. Im Falle eines nationalen Notstandes kann dies sogar ohne vorherigen Einigungsversuch geschehen.[94] In der Erklärung von Doha wird ausdrücklich darauf hingewiesen, dass Epidemien wie Aids oder Malaria als nationale Notstände interpretiert werden können, einer Haltung, der sich auch die EU-Kommission anschließt (2002a).

Für Länder, denen keine eigenen Produktionskapazitäten zur Verfügung stehen (in der Regel die ärmsten Länder), sollen Lösungen wie etwa die Vergabe von Zwangslizenzen an ausländische Unternehmen gefunden werden. Hier

---

[92] Eine Namenspatentierung für Begriffe wie z.B. „Wasser" oder „Auto" wäre demnach nicht zulässig.

[93] Siehe auch im Internet:
http://www.welthungerhilfe.de/WHHDE/aktuelles/infografiken/medikamente.html .

[94] Von dieser Option hat auch implizit die US-Regierung Gebrauch gemacht, als sie das Pharmaunternehmen Bayer zu niedrigeren Preisen für Anthrax-Gegenmittel nach den Anschlägen vom 11. September 2001 zwang, mit der Drohung, man würde sonst auf vom Patent nicht geschützte indische Produktion zurückgreifen.

konnte allerdings noch keine Einigung erzielt werden. Die USA möchten, dass nur bei Infektionskrankheiten wie Aids, Malaria und Tuberkulose Generika importiert werden können. Sie befürchten, dass es ansonsten zu einem Missbrauch dieser Regelung kommen könnte (Beispiel: Import von Viagra aus einem Drittland). Entwicklungsländer fordern hingegen möglichst wenige Beschränkungen bei dem Import von Generika. Hierfür könnte sprechen, dass die meisten Menschen, die auch von nicht-infektiösen schweren Krankheiten wie Krebs, Asthma oder auch Diabetis betroffenen sind, in Entwicklungsländern leben. Die Europäische Union hat vorgeschlagen, dass die WHO entscheiden soll, welche Krankheiten eine Ausnahme rechtfertigen. Ein Kompromissvorschlag zu diesem Themenkomplex ist Ende 2002 am Veto der USA gescheitert.

In der Erklärung von Doha wurde außerdem die Übergangsfrist für die Einführung von Patenten auf Medikamente für die am wenigsten entwickelten Länder bis 2016 hinausgeschoben.

Lanjouw (1998) untersucht die Auswirkungen des TRIPS-Abkommens auf den Arzneimittelbereich in Indien. Diesem Land, in dem es seit 1970 keine Stoffpatente (nur Prozesspatente) auf Arzneimittel und gar keine Patente für importierte Medikamente gibt, ist es in der Vergangenheit gelungen, Arzneimittelinnovationen relativ schnell zu imitieren. Das Land weist heute die niedrigsten Arzneimittelpreise der Welt auf. Die Preise in einem vergleichbaren Land wie Pakistan, das Patente auf Medikamente gewährt, waren bei den untersuchten Medikamenten 3- bis 14-Mal höher. WHO und WTO (2002) weisen in einer gemeinsamen Studie allerdings darauf hin, dass die empirischen Befunde in Bezug auf den Zusammenhang von Arzneimittelpreisen und Patentrecht nicht eindeutig sind. Hinzu kommt, dass für die meisten Medikamente auch in Industrieländern ohnehin kein Patentschutz besteht. Schließlich ist nach Schätzungen von Lanjouw (1998) darauf hinzuweisen, dass auch die niedrigen indischen Medikamentenpreise von über zwei Dritteln der Bevölkerung nicht bezahlt werden können. Es handelt sich also um ein Problem, das nicht nur im Kontext mit dem TRIPS eine Rolle spielt.

In der erwähnten WHO/WTO-Studie (2002) wird auch angemerkt, dass Preisdifferenzierung für Medikamente in verschiedenen Ländern, beeinflusst u.a. durch unterschiedliche Kaufkraft, zu relativ günstiger Medikamentenversorgung in Entwicklungsländern führen kann. Hierbei ist aber nicht auszuschließen, dass dem die Gefahr von Re-Importen und Imageproblemen für Pharmafirmen entgegenstehen. Außerdem verweist Lanjouw (1998) darauf, dass in den USA die Angemessenheit von Preisen für neue Medikamente anhand von Vergleichsmärkten geprüft wird und dadurch Preisdifferenzierung erschwert würde. Zudem zeigt die historische Erfahrung in Indien (von vor 1970), dass es auch bei sehr geringer Kaufkraft zu sehr hohen Medikamentenpreisen kommen kann.

Eine andere Möglichkeit, einen Preisanstieg nach Patenteinführung zu verhindern, besteht darin, Preisobergrenzen für Medikamente festzulegen. Wie bereits erwähnt erlaubt dies das WTO-Regelwerk. Fraglich ist allerdings, ob dadurch das Preisniveau der Imitationen (Generika) erreicht werden kann. Es ist nämlich davon auszugehen, dass ein Patentinhaber aus einem Industrieland höhere Produktionskosten hat und daher das Produkt gar nicht zu einem so niedrigen Preis anbieten kann und sich zudem verbilligter Re-Import-Konkurrenz ausgesetzt sehen könnte. Hier bliebe dann aber immer noch die Möglichkeit der Zwangslizenz, allerdings sieht Art. 31 TRIPS hierfür eine angemessene Entschädigung für den Patentinhaber vor. Ein ausgeweitetes Patentrecht könnte außerdem Pharmakonzerne eher dazu bewegen, ihre Produktion nach Indien oder in andere Entwicklungsländer zu verlagern, um sich die günstigeren Produktionskosten zunutze zu machen. Auch Joint Ventures mit indischen Firmen würden wahrscheinlicher.

Mitunter wird mit der Einführung von Patenten auf Medikamente in Entwicklungsländern die Hoffnung verbunden, dass dadurch mehr Forschung im Bereich von Krankheiten betrieben wird, die speziell in diesen Ländern auftreten (WHO, WTO, 2002). Allerdings dürfte dieser Impuls aufgrund der geringen Zahlungsfähigkeit der Menschen in Entwicklungsländern eher schwach sein. Langfristig könnten sich aber möglicherweise doch nennenswerte positive Effekte ergeben. Allein die Größe eines Marktes wie Indien könnte die Entwicklung von Medikamenten speziell für dieses Land attraktiv machen. Auch könnte es verstärkt zur Entwicklung besonders preisgünstiger Medikamente kommen, die zwar weniger attraktiv als andere Produkte auf den Märkten von Industrieländern sind, dafür aber für eine größere Zahl von Menschen in Entwicklungsländern bezahlbar wären.

Hinzu kommt, dass auch dann, wenn die zusätzlichen Erlöse durch die Möglichkeit der Patentierung in einem Land gering sind, diese trotzdem ausreichen könnten, um eine Markteinführung eines neuen Medikamentes zu fördern, die ansonsten nicht stattgefunden hätte. Die Kosten für die Markteinführung eines Medikamentes sollten nicht überschätzt werden, und auch geringe Zusatzerlöse könnten diese Kosten vertretbar erscheinen lassen.

Bei allen Einwänden gegen Patentierungsmöglichkeiten von Medikamenten ist die Forderung nach einer grundsätzlichen Ausnahme aus dem TRIPS aus ökonomischer Sicht nicht gerechtfertigt. Diesen Patenten kommt eine wichtige Funktion zur Förderung des medizinischen Fortschritts zu. Probleme bei der Bezahlbarkeit von Medikamenten sollten daher besser durch Maßnahmen außerhalb des TRIPS gelöst werden. Ein vielversprechendes Mittel könnte hierbei der 2002 ins Leben gerufene „Global Fund to Fight AIDS, Tuberculosis & Malaria"[95] sein. Aus diesem Fonds werden u.a. lebenswichtige Medikamente für Menschen finanziert, die sich diese nicht leisten können[96].

---

[95] Im Internet Informationen verfügbar unter http://www.globalfundatm.org .
[96] Mindestens ebensowichtige Ziele des Fonds sind eine verstärkte Prävention dieser Krankheiten und eine Ausweitung der Behandlungskapazitäten.

So könnten trotz Patentschutz Patienten in Entwicklungsländern ausreichend versorgt werden. Grundvoraussetzung hierfür ist natürlich eine ausreichende Ausstattung des Fonds mit Finanzmitteln durch Industrieländer und private Spender. Außerdem sollten Lösungen für das Problem gefunden werden, dass die Subventionierung von Medikamenten einen annähernd monopolistisch agierenden Medikamentenhersteller zu massiven Preiserhöhungen veranlassen könnte und so eine Versorgung aller Betroffenen wiederum unbezahlbar würde.[97] Dies könnte z.B. durch eine gewisse Eigenbeteiligung der Entwicklungsländer und/oder der Betroffenen selbst erreicht werden (wobei hier wiederum nicht sichergestellt werden kann, dass die Medikamente für alle bezahlbar bleiben, was aber, wie bereits im Falle Indiens geschildert, auch ohne die TRIPS keinesfalls erreicht ist). Hierdurch könnte möglicherweise auch verhindert werden, dass Präventionsanstrengungen in den geförderten Ländern wegen der Förderung vermindert werden (Moral Hazard der betroffenen Länder). Ferner könnte längerfristig darüber nachgedacht werden, ob auch für andere schwere Krankheiten verstärkt Zuschüsse zu lebenswichtigen Medikamenten gewährt werden sollten.

Im Idealfall würde der Fonds medizinischen Fortschritt ermöglichen und zugleich die medizinische Versorgung der Armen sicherstellen. Die hierfür erforderlichen Finanzmittel dürften aber gewaltig sein und Moral Hazard-Gefahren können nicht ganz ausgeschlossen werden.

Ein wichtiger Beitrag zur Bereitstellung bezahlbarer Medikamente kann allerdings auch von den Entwicklungsländern selbst geleistet werden: Oft werden diese Produkte immer noch mit hohen Importzöllen belastet (im Fall von Sierra Leone mit bis zu 40 vH), und auch der durchschnittliche Steuersatz auf diese Produkte liegt in Entwicklungsländern deutlich höher als in Industrieländern.[98] Eine Abschaffung von Zöllen und Steuern auf Medikamente könnte in vielen Ländern wesentlich zu einer Preisreduktion beitragen; für mehr Menschen würden dringend benötigte Arzneimittel erschwinglich.

2.3. Kritik: Internationale Finanzmärkte

Im Urteil vieler Globalisierungskritiker sind globale Finanzmärkte ein steter Unruheherd, wenn auch die Kritik weniger häufig pointiert formuliert und nur teilweise mit recherchierten Argumenten begründet ist. Attac (z.B. 2002a) setzt sich allein schon wegen ihres Akronyms und zu Beginn selbstaufgetragener Mission, eine globale Kapitalverkehrssteuer durchzusetzen, besonders im Bereich der Finanzmärkte für grundlegende Änderungen ein. Zu erinnern ist daran, dass seit den siebziger Jahren die zuvor verbreiteten Kapitalver-

---

[97] Hierbei ist zu bedenken, dass durch eine Bündelung der Nachfrage nach Medikamenten in der Hand eines Fonds dieser auch eine stärkere Position gegenüber einem monopolistischen Anbieter haben würde.

[98] Im Internet verfügbar unter
http://www.weltwoche.ch/ressort_bericht_print.asp?asset_id=4845&category_id=66 .

kehrskontrollen zwischen den Industrieländern sukzessive abgebaut wurden, und entsprechende Liberalisierungen auch in zahlreichen Entwicklungs- und Schwellenländern stattgefunden haben. Die allokationstheoretische Begründung für einen freien internationalen Kapitalverkehr war (und ist), dass das Kapitalangebot effizienter genutzt wird, die Risikoverteilung und Risikobegrenzung gemäß der individuellen Präferenzen verbessert werden und auf diese Weise (unter sonst gleichen Bedingungen) das Wachstumspotenzial steigt. Die Entwicklungs- und Schwellenländer, in denen die relative Kapitalknappheit einen spürbaren Engpass für den angestrebten realwirtschaftlichen Aufholprozess bildete, versprachen sich von der Öffnung ihrer Volkswirtschaften gegenüber global disponierenden Kapitalanlegern mehr Schubkraft; sie wurden darin von den internationalen Organisationen, allen voran dem Internationalen Währungsfonds (IWF), unterstützt.

Die schweren Finanzkrisen im vergangenen Jahrzehnt haben jedoch ernste Bedenken über die Sinnhaftigkeit einer Liberalisierung von Finanzmärkten in Schwellen- und Entwicklungsländern genährt.[99] In der emotional geführten Debatte bieten Finanzmärkte zudem aufgrund des unvergleichbar hohen Transaktionsvolumens ein geeignetes Arsenal, um für fundamentale Globalisierungskritik an der marktwirtschaftlichen Ordnung das Bedrohungspotenzial dramatisch darzustellen.[100] Im Folgenden werden die globalisierungskritischen Argumente im Zusammenhang mit tatsächlichen oder vermuteten Besonderheiten des internationalen Systems betrachtet.

Mögliche Probleme der Funktionstüchtigkeit globaler Finanzmärkte lassen sich in drei Bereiche einteilen:

1. Globale Finanzmärkte haben möglicherweise eine höhere Volatilität als Finanzmärkte geschlossener Volkswirtschaften. Bei Marktöffnung könnten zwar zuerst günstigere Renditeerwartungen locken, die Risiken würden jedoch weitaus höher sein als auf geschlossenen, nationalen Finanzmärkten. Im folgenden Abschnitt 2.3.1. soll daher kurz

---

[99] Bordo, Eichengreen und Irwin (1999) stellen im historischen Vergleich zur Globalisierungsphase vor dem Ersten Weltkrieg fest, dass die konjunkturellen Wirkungen von damaligen Finanzkrisen zwar geringer waren, dafür aber länger anhielten – allerdings glich der internationale Goldstandard Währungsverschiebungen viel schneller wieder aus.

[100] Zum Beispiel zitieren Osterhaus und Waldow (2000) BIS-Daten von 1997, denen zufolge 1,5 Billionen US-Dollar täglich an Devisenwerten auf den Märkten gehandelt werden. Dies sind jedoch ganz unterschiedliche Zahlungsströme, und nicht rein spekulativer Natur – im Sinne von ungehedgten Positionen, sondern auch Arbitragegeschäfte, Absicherungsgeschäfte und Finanzierungsgeschäfte für internationale Kapitalströme und Außenhandel. Von Weizsäcker (1999, S. 113): „Das Wort vom Kasino-Kapitalismus oder Turbo-Kapitalismus...lehnt sich an die Vorstellung an, dass das riesige Volumen von täglich stattfindenden internationalen Transaktionen zurückzuführen ist auf die Versuche von Spekulanten, innnerhalb von ganz kurzer Zeit sehr viel Geld zu machen, auf Kosten aller anderen."

der empirische Erkenntnisstand zu den Auswirkungen von Kapitalmarktöffnungen geschildert werden.

2. Entwicklungsfinanzierung in Form von Krediten könnte bei schwach entwickelten Volkswirtschaften immer wieder zu einer Verschuldungsproblematik führen, da diese im Geschäft mit den erfahreneren Finanzintermediären der Kreditgeber im Nachteil sind – also eventuell dem Marktversagen asymmetrischer Information unterliegen. Daher würden sie eventuell Krediten und Risikoprämien zustimmen, die sie langfristig nicht bedienen könnten. Sobald die Schuldner jedoch zahlungsunfähig wären, würden keine privaten Finanzmärkte mehr bereit stehen, um Entwicklung zu finanzieren. Dieser Fragestellung soll in Teil 2.3.2. nachgegangen werden.

3. Schließlich stellt sich die Frage, ob das Verhalten der Finanzmarktakteure insgesamt problematisch ist, also ihr Verhalten externe Effekte (Kosten) verursachen kann. Hierbei soll das Wesen von Spekulation und Moral Hazard von Banken in Teil 2.3.3.1 untersucht werden. Auf die Rolle von IWF und Weltbank wird in Teil 2.3.3.2 eingegangen.

Diese Punkte umfassen die gängige Argumentation in der Literatur zur Finanzmarkttheorie, warum in einigen Fällen die Voraussetzung effizienter Finanzmärkte nicht gegeben sind. Mehr noch als auf den Gütermärkten wird nämlich bei Finanzmärkten wegen der großen Homogenität ihrer Produkte und häufig atomistischen Konkurrenz davon ausgegangen, dass sie effizient funktionieren, sofern keine Informationsasymmetrien oder externe Effekte vorliegen. Gewisse Beobachtungen wie das Feldstein-Horioka-Paradox[101] lassen den Schluss zu, dass die Finanzmärkte noch nicht ausreichend den von der Theorie effizienter Märkte geforderten Bedingungen entsprechen.

2.3.1. Probleme liberalisierter Finanzmärkte

Kritiker einer fortschreitenden finanziellen Globalisierung machen die Öffnung von bisher abgeschotteten Kapitalmärkten für die schwerwiegenden Krisen verantwortlich. Eine Liberalisierung des Kapitalverkehrs, so die Argumentation der Globalisierungskritiker, setze ein Land der Willkür der inter-

---

[101] Feldstein und Horioka (1980). Neben diesem bereits in der Einleitung in 1.2. angesprochenen Paradox, was in der Präferenz von Investoren für heimische Märkte erklärt wird, exisitieren noch andere Rätsel globaler Finanzmärkte. Obstfeld (2000) stellt fest, dass sich der pro-Kopf-Konsum der einzelnen Länder von dem der gesamten Welt deutlich unterscheidet – dies stünde im Gegensatz zu einer weltweit effizienten Risikoaufteilung. Ein interessantes Feld sind auch die schwere Erklärbarkeit von Wechselkursen. Während die Prognostizierbarkeit von Finanzmarktpreisen gerade bei effizienten Märkten unmöglich wäre, ist selbst die ex-post Erklärung von Wechselkursbewegungen hoch kompliziert. Eine Vertiefung zu dem Thema bietet Levich (1998).

nationalen Finanzströme aus und gefährde so Wachstum und Beschäftigung. Die ökonomische Theorie beschäftigt sich seit den siebziger Jahren mit den Auswirkungen von Finanzmarktliberalisierungen. Die ersten Arbeiten stellten die Allokationswirkungen in den Mittelpunkt. McKinnon (1973) thematisiert erstmals, dass eine Liberalisierung positive Auswirkungen auf die Investitionen und das Niveau der gesamtwirtschaftlichen Aktivität hat. Eine Öffnung bisher abgeschotteter Finanzmärkte ermöglicht den Zugang zu internationalen Kapitalflüssen und erhöht so das wirtschaftliche Wachstum. Diese These wird zum Beispiel von King und Levine (1993) vertreten. Hinzu kommt, dass der Zufluss ausländischen Kapitals die inländischen Finanzmärkte einem erhöhten Wettbewerbsdruck aussetzt und effizienzsteigernde Anpassungen erzwingt. Erhöhte Transparenz, liquidere Märkte und bessere institutionelle Rahmenbedingungen tragen wiederum zu einem beschleunigten Wachstum und schnellerer wirtschaftlicher Entwicklung bei. Vielfach wird eine Liberalisierung auch als Schritt gesehen, der Vertrauenswürdigkeit für internationales Kapital signalisiert – ein weiterer Vorteil für das liberalisierende Land, der sich in niedrigeren Zinsen niederschlagen kann (Bartolini und Drazen, 1997).[102]

Die empirischen Forschungsarbeiten unterstützen den positiven Zusammenhang zwischen einer Liberalisierung von Finanzmärkten und beschleunigtem wirtschaftlichen Wachstum. Diese Effekte sind robust in Bezug auf die Probleme einer Messung finanzieller Integration, die Probleme anderer Einflussfaktoren und die Auswahl der Länder und des Datenmaterials.

Eine jüngere Arbeit beispielsweise zeigt, dass eine Liberalisierung von Aktienmärkten zu einem Anstieg des realen Wachstums um ein Prozent führt, gemessen über einen Zeitraum von fünf Jahren (Bekaert, Harvey und Lundblad, 2002). Galindo, Micco und Ordonez (2002) zeigen darüber hinaus, dass Sektoren mit einem starken Anteil ausländischer Finanzierung nach einer Liberalisierung deutlich schneller wachsen.

Die ökonomische Theorie formuliert allerdings auch Bedenken gegen eine zu schnelle Liberalisierung. Im Zentrum dieser Überlegungen stehen die Auswirkungen von Informationsproblemen und schwach ausgeprägten institutionellen Strukturen wie etwa Bankenaufsicht, Rechtssystem und Insolvenzordnung. Derartige Probleme können die Effizienz von Finanzmärkten erheblich beeinträchtigen. Informationsprobleme stehen auch im Zentrum von ökonomischen Analysen der jüngsten Finanzmarktturbulenzen (Calvo und Mendoza, 2000; Tillmann, 2002). Eichengreen et al. (1998) bieten einen breiten Überblick über Probleme asymmetrisch verteilter Information und andere Marktversagenstatbestände, die die effiziente Allokationsfunktion von Finanzmärkten aushöhlen und die erwarteten positiven Wirkungen einer Liberalisierung durchkreuzen können. Ferner kann eine Liberalisierung bei

---

[102] Diesem Vorteil kann bei flexiblen Wechselkursen ein Zinsmalus wegen des Wechselkursrisikos entgegenstehen.

Marktteilnehmern eine Euphorie auslösen, die zu einer zu schnellen Kreditschöpfung des Bankensystems führt (McKinnon und Pill, 1997).[103] Dies ist per se jedoch kein Versagen des Marktsystems, welches gerade durch die gestiegenen Zinsen, die erhöhtes Inflations- und Verlustrisiko anzeigen, für eine Korrektur der Ungleichgewichte sorgt. Intransparenz kann jedoch diesen Prozess verzögern – wirtschaftspolitische Rahmenbedingungen können dem jedoch besser entgegenwirken als Kapitalverkehrskontrollen (s. auch 3.3.1. und 3.3.2.).

Wurde weiter oben bereits in der Darstellung der Fundamentalkritik angesprochen, dass der Terminus „Casino-Kapitalismus" das Marktergebnis als reinen Zufall darstellt, so macht die Verwendung des Begriffs „Turbokapitalismus" deutlich, dass gerade in der Schnelligkeit kurzfristiger Kapitalströme destabilisierende Wirkungen gesehen werden. „Hot Money" ist für viele kleinere Entwicklungsländer insofern von Vorteil, als es günstiger als langfristige Investitionen oder Kredite ist, günstiger auch als Darlehen der Weltbank oder des IWF, die in der Regel mit wirtschaftspolitischen Auflagen verbunden sind, die die Regierungen nicht akzeptieren mögen. Andererseits können solche Investitionen schneller auf neue Informationen reagieren, was eine höhere Volatilität zur Folge hat. Öffnet sich also ein Land allen Arten von Kapitalmarktströmen, ohne dass seine Finanzmarktteilnehmer das Risiko kurzfristiger Kapitalströme gegen die günstigeren Kosten abwägen, kann es durch überstarke Präferenz kurzfristiger Verschuldung zu einer volatileren Struktur der Finanzierung und drohender Illiquidität in dem entsprechenden Land kommen.

Auch für die These, dass Liberalisierungsmaßnahmen den Bankensektor und das inländische Finanzsystem in seiner Stabilität gefährden können, gibt es empirische Befunde. Kaminsky und Reinhart (1999) zeigen beispielsweise, dass Bankenkrisen in einem systematischen Zusammenhang mit Finanzmarktliberalisierungen zu beobachten sind. Dies ist auch im Lichte des in Abschnitt 2.3.3.1. betrachteten Verhaltens von Banken ein interessantes Ergebnis.

Die vorgestellten empirischen Befunde sind aber nicht unvereinbar. Kaminsky und Schmukler (2002) unterstützen die wirtschaftspolische Aufgabenstellung einer Schaffung gefestigter Institutionen, auch im Rahmen einer sequentiellen Öffnung von Finanzmärkten. Sie zeigen die dynamischen Auswirkungen von Liberalisierungsmaßnahmen empirisch auf. Langfristigen Wachstumsgewinnen in Form eines effizienteren inländischen Kapitalmarktes stehen kurzfristige Anpassungskosten gegenüber (s. auch unten Kapitel 5).

---

[103] Beispiele hierfür sind die Mexiko-Krise 1994 oder auch, in kleinerem Rahmen in Uganda 1999.

2.3.2. Verschuldungsproblematik

Die hohe Auslandsverschuldung von Entwicklungsländern, vor allem die der ärmsten Länder (Highly Indebted Poor Countries, HIPC[104]) ist nach Einschätzung vieler Globalisierungskritiker das zwangsläufige Ergebnis der verzerrten Wirtschaftsentwicklung der letzten Jahrzehnte und gleichzeitig verantwortlich für weiterhin schlechte Wachstumsbedingungen für diese Länder und für perpetuierte Armut (z.B. Oxfam, 2002).

Ein wesentlicher Grund für die Verschuldungskrise in den achtziger Jahren lag in der leichtfertigen Anlage der Petrodollar (nach Todaro, 1994, 350 Mrd. U.S. Dollar zwischen 1976 und 1982) durch Geschäftsbanken. Gerade deren ausstehende Kredite an einen breiten Kreis von Entwicklungsländern waren Gegenstand der konkreten Vorschläge zu debt-to-equity-swaps, debt-to-nature-swaps, debt buybacks oder debt- cash-swaps, ebenso wie der theoretischen volkswirtschaftlichen Literatur, die vor allem zwischen 1984 und 1991 zum Thema der Verschuldungsproblematik publiziert wurde.[105]

Laut der EU-Kommission (2002a) hat sich die Auslandsverschuldung in Entwicklungsländern prozentual zum Bruttosozialprodukt von 1981 bis 1998 verdoppelt und ist erst in den letzten Jahren leicht zurückgegangen. Problematisch an der Verschuldung ist jedoch nicht nur die Höhe, die in vielen Fällen, gemessen am Bruttoinlandsprodukt, unter dem Durchschnitt der EU liegt. Häufig greifen Entwicklungsländer auf kurzfristige Refinanzierungen zurück, um geringere Risikoprämien für ihre Kredite zu zahlen, was sie jedoch für Schwankungen globaler Leitzinsen verwundbarer macht. Ferner entstammt der überwiegende Teil der Schulden aus ausländischen Quellen, die zumeist in ausländischen Währungen aufgenommen werden und auch in diesen Währungen zurückzahlbar sind. Gerade Letzteres begründet ein vitales Interesse für die Entwicklungsländer, ihre Währungen stabil zu halten.[106]

---

[104] Ein HIPC ist gekennzeichnet durch eine Schuldensituation, die aus eigener Kraft nicht mehr bewältigt werden kann. Für eine Abgrenzung der aktuell 41 HIPC siehe IWF (2002a).
[105] Zu nennen sind beispielsweise die Sammelbände von Dornbusch und Marcus (1991), Sachs (1989) und Frenkel et al. (1989) sowie die Monographien von Cline (1984, 1995).
[106] Viele Länder wählen den vermeintlich einfacheren Weg fixer Wechselkurse. Solche Arrangements entbinden jedoch nicht von der Notwendigkeit einer stabilen Geld- und Finanzpolitik.

Schaubild 5: Verschuldung der Entwicklungsländer
Auslandsschulden in % des BIP

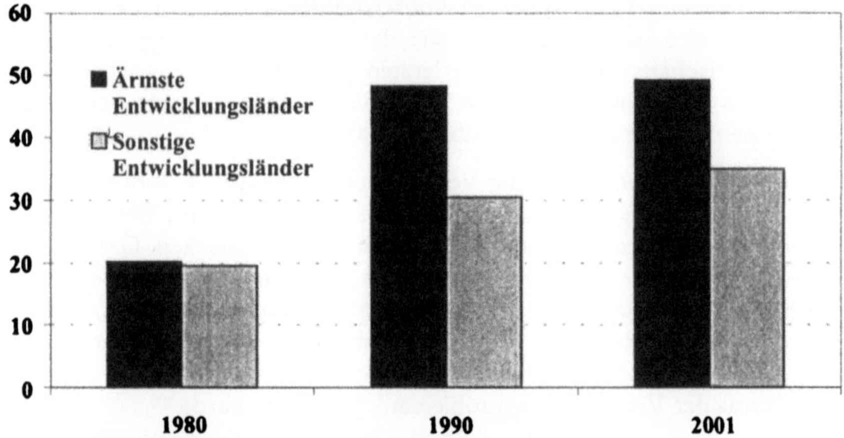

- Ärmste Entwicklungsländer
- Sonstige Entwicklungsländer

1980 — 1990 — 2001

Quelle: Weltbank, World Development Indicators auf www.worldbank.org

Heute hat mittlerweile eine Segmentierung der Schuldner stattgefunden. Schwellenländer können sich zum überwiegenden Teil über internationale Kapitalmärkte finanzieren, während sich private Finanzintermediäre aus der Finanzierung armer Länder nahezu vollständig zurückgezogen haben (IBRD, 2001). Globalisierungskritiker konzentrieren sich daher auf Entschuldungsforderungen für die ärmsten Entwicklungsländer (siehe Kapitel 3.3.3.).

In dieser Entwicklung lassen sich die Vorwürfe von Globalisierungskritikern schnell nachzeichnen. Sie argumentieren, dass internationale Investoren erst einen Informationsvorsprung ausgenutzt hätten, um den Entwicklungsländern überteuertes Kapital privat zur Verfügung zu stellen, nur um jetzt das Feld der Schuldenbeseitigung öffentlichen Entwicklungsfinanzierungen zu überlassen, also keine Marktbildung mehr zu ermöglichen. Mittlerweile wären alle Leistungsbilanz- und Devisenüberschüsse notwendig, nur um den Schuldendienst zu entrichten. Darüber hinaus würden nun Entschuldungsprogramme aus öffentlichen Mitteln der Industrieländer nur dem Schuldendienst an die privaten Investoren zufließen und den aktuellen Kapitalstock der ärmsten Länder nicht mit aufbauen helfen. Damit ist eine steigende inländische Sparquote unmöglich und das Land bleibt abhängig von weiteren ausländischen Mitteln – ein Teufelskreis!

Persistente Leistungsbilanzdefizite müssen nicht unbedingt ein Alarmsignal sein, sofern zusätzliches Kapital wegen der erwarteten höheren Renditen in dem betreffenden Entwicklungsland attrahiert werden.[107] Anders gewendet:

---

[107] Das Beispiel des anhaltend hohen Leistungsbilanzdefizits der USA macht diesen Gedankengang deutlich.

Soweit die ausländische Kreditaufnahme für investive Zwecke verwendet wird, und nicht für konsumtive, und soweit dadurch das wirtschaftliche Wachstum bechleunigt wird, ist das Leistungsbilanzdefizit Ausdruck eben dieser Dynamik; der Schuldendienst ist dann auch verkraftbar. Ein Entwicklungsland mit Problemen beim Schuldendienst ist aber normalerweise nicht von solchen Merkmalen gekennzeichnet. Tendenziell erhöht sich mit steigender Verschuldung der Schuldendienst, dieser wiederum verschlechtert die Konditionen für weitere Kapitalaufnahme, engt den fiskalischen Spielraum ein und dämpft auch die Wirtschaftstätigkeit der privaten Schuldner in dem Schuldnerland. Denkbar ist in diesem Zusammenhang auch die Abstrafung eines Entwicklungslands mit höheren Zinsen durch die Krise eines Nachbarlands, obwohl das betreffende Land zuvor eine stabilitätsorientierte Wirtschaftspolitik betrieben hat.[108]

Damit einher geht die in den achtziger Jahren oft geäußerte These vom Netto-Kapitaltransfer, der als Beleg für eine „Ausplünderung" gesehen wurde. Hinter diesen Vorwürfen steht insgesamt der Verdacht, globale Kapitalmärkte würden wegen Informationsasymmetrien Nachteile für Schuldner bewirken. An dieser Stelle sei darauf hingewiesen, dass angesehene Globalisierungskritiker wie Franz Nuscheler in dieser Frage offen Fehler eingestehen. In der Auflage von 1987 schreibt Nuscheler (S. 131) noch in seinem „Lern- und Arbeitsbuch Entwicklungspolitik", der Süden sei zum Netto-Kapitalexporteur geworden, die armen Länder müssten mehr bluten als sie bekämen. Das von Brandt einst bemühte Bild der „Bluttransfusion vom Kranken zum Gesunden" stimme. In der 4. Auflage aus dem Jahre 1995 gesteht er aber ein, die Berechnungen seien falsch und irreführend gewesen.[109]

Wie bei jeder Investition unterliegt auch die Aufnahme von ausländischen Krediten Erfolgskriterien. Werden, wie gesagt, die Mittel produktiv verwendet – wie das Beispiel südostasiatischer – Länder zeigt, so ist der spätere Schuldendienst nicht problematisch. Werden hingegen die Mittel wenig produktiv eingesetzt, z.B. für die Aufrechterhaltung von konsumtiven Staatsausgaben einschließlich der Ausgaben im Rahmen unverhältnismäßig aufgeblähter Verteidigungshaushalte, die das Wachstum nicht nachhaltig steigern, so drohen Probleme bei der Bewältigung der Schulden. Volkswirtschaftlich lohnt sich eine Schuldenaufnahme für ein Land also nur, wenn es hofft, eine höhere Produktivität mit dem aufgenommenen Kapital erzielen zu können, als es für die Bereitstellung dieses Kapitals zahlt (Siebert, 2002). Es ist also fraglich, ob ein Irrtum oder eine beabsichtigt unproduktive Verwendung des Schuldkapitals wirklich Informationsasymmetrie begründet.

---

[108] Dieses Problem beschreibt in milderer Form den im 2.3.3.1. dargestellten Ansteckungseffekt von Krisen.

[109] „(Bei diesen unseriösen Darstellungen) finden die Attacken gegen die moralisierenden ‚edlen Seelen' genü(ss)liche Ansatzpunkte." (Nuscheler, 1995, S. 311)

Es lässt sich bei näherer Betrachtung nämlich hinzufügen, dass viele Gläubiger Geld durch das Ausbleiben von Zins- und Schuldrückzahlungen verloren haben und wegen eines jetzt zu hoch eingestuften Risikos nur noch wenig Finanzierung riskieren wollen. Wäre die von den Kritikern vermutete Alimentierung privater Verluste durch neue Entwicklungshilfe und Entschuldungshilfen wirklich der Normalfall, so wäre auch der Zugang zu globalen Finanzmärkten für die ärmsten Länder nach wie vor offen. Beim Abschluss der Kapitalaufnahme durch die Regierungen von Entwicklungsländern könnte im Gegenteil eine umgekehrte Informationsasymmetrie bestanden haben – die Geldnehmer gingen eventuell schon vorher davon aus, dass sie die Summe nicht oder nur zum Teil zurückzahlen würden bzw. die internationale Gemeinschaft für die Schuld eintreten würde.

Gewisse Probleme, die in der Literatur gesehen wurden, sind unter der neuen Situation mit fast ausschließlich öffentlichen Kreditgebern schlicht nicht mehr existent. Bei den zu Sonderkonditionen vergebenen Krediten sei hier beispielhaft die nicht mehr gegebene Gefahr steigender Kapitalmarktzinsen genannt. Außerdem gehört das mögliche Marktversagen aufgrund nicht zustande kommenden Zugangs zu internationalen Kapitalmärkten (aufgrund prohibitiver Kosten = zu hohe Risikoprämien für die ärmsten Länder) damit nicht mehr zu den Hauptproblemen der von Globalisierungskritikern beklagten Verschuldung. Aus einem aus privaten Krediten entstandenen Schuldenberg lässt sich andererseits direkt schließen, dass zu einem früheren Zeitpunkt wohl Zugang zu globalen Finanzmärkten bestand. Anstelle von Informationsasymmetrien könnte es sein, dass die Mittel möglicherweise nicht produktiv verwendet wurden.

Es bleibt festzuhalten, dass für die aktuelle Schuldensituation vieler armer Entwicklungsländer die Historie der Schuldenentstehung für die weitere Schuldenpolitik zwar interessant ist, allerdings beseitigt dies nicht den in Teil 3.3.3. näher erläuterten Handlungsbedarf, um über das Schuldenproblem die Armut in diesen Ländern zu bekämpfen.

2.3.3. Verzerrungen der internationalen Finanzmärkte

2.3.3.1. Durch transnationale Investoren und Finanzintermediäre

Wenn Globalisierungskritiker das Funktionieren von Finanzmärkten anzweifeln, nehmen sie häufig vor allem die Finanzmarktakteure ins Visier, seien es die Investoren oder Finanzintermediäre wie Banken. Zusätzlich zu dem allgemeineren Vorwurf an transnationale Unternehmen (s. oben Teil 2.2.4.2.), sie würden marktbeherrschende Stellungen anstreben und auch erreichen[110],

---

[110] Bishop (2002) liefert einen interessanten Vergleich der größten Finanzmarktakteure der Welt nach Marktkapitalisierung von 1990 und 2001. In nur elf Jahren sind die vormals stärksten japanischen und deutschen Banken aus den vordersten Rängen verschwunden. An ihre Stelle traten amerikanische, britische und Schweizer Institute.

und somit auf Kosten der Allgemeinheit Gewinne erzielen, lassen sich bei Finanzmärkten noch zusätzliche Dimensionen von Kritik ausmachen: Spekulatives, irrationales Verhalten von Marktteilnehmern und ein Moral Hazard in Bankensystemen. Spekulatives Verhalten internationaler Investoren auf Finanzmärkten, besonders institutioneller Anleger, wird häufig für das Auftreten von schweren Währungs- und Finanzkrisen verantwortlich gemacht. Deren Verhalten, so die Argumentation vieler Kritiker globaler Finanzmärkte, destabilisiere Währungen und somit ganze Finanzsysteme. Dahinter steht die Beobachtung, dass selbst scheinbar gesunde Volkswirtschaften Opfer einer plötzlich auftretenden Krise oder durch Ansteckungseffekte erfasst werden, die aus einer parallel stattfindenden Krise resultieren. Derartige Krisen äußern sich in einem abrupten Versiegen oder gar einer Umkehr internationaler Kapitalflüsse, einem Anstieg der Risikoprämien auf Finanzmärkten und Abwertung der inländischen Währung. Diese Phänomene führen zu einer erheblichen Beeinträchtigung der realwirtschaftlichen Aktivität beziehungsweise zu einer scharfen Rezession.

Doch was ist überhaupt Spekulation? Im weitesten Sinne ist es jegliches wirtschaftliches Handeln bei Unsicherheit, in der Finanzindustrie ist es das Eingehen nicht abgesicherter Positionen, und für Globalisierungskritiker ist es fast jede Art von Finanzmarktgeschäft, sofern es nicht direkt ein reales Gegengeschäft (z.B. Exportfinanzierung) aufweist. Gerne beschwören Kritiker wie Martin und Schumann (1996) die gigantischen Größen, die Finanzmärkte haben, so dass kein einzelner Marktteilnehmer, selbst die Großen nicht, die Kurse beeinflussen kann (Martin und Schumann, S. 78). Nur um an anderer Stelle dem quasi zu widersprechen, wenn Spekulanten erwähnt werden, die Milliarden bewegen und so Geld machen aus den „Fehlern" anderer Marktteilnehmer oder auch Regierungen (Martin und Schumann, S. 83). Die Kritik ignoriert vielfach, dass Marktteilnehmer (oder auch „Spekulanten") normalerweise hohe Anreize haben, möglichst vernünftig zu agieren, um Verluste zu vermeiden. Damit würden Finanzaktivitäten zur Glättung von Preisen beitragen: bei steigender Abweichung von Normal- und Gleichgewichtszuständen bei Finanzmarktpreisen würden die Anreize zu kaufen bzw. zu verkaufen zunehmen (von Weizsäcker, 1999). Im Prinzip ist die Spekulation an den Finanz- und Devisenmärkten stabilisierend; destabilisierend wirkt sie, wenn die vom Staat gesetzten Rahmenbedingungen zu Fehlanreizen führen, worauf noch zurückzukommen sein wird.

Dennoch hat sich ein ganzer Wissenschaftszweig der Finanzmarkttheorie herausgebildet, um bestimmte Verhaltensanomalien auf Finanzmärkten zu erklären. Dies ist das Feld der Behavioural Finance. Hier wird das Postulat von der Rationalität der Marktteilnehmer in der Theorie effizienter Finanzmärkte aufgegeben. Denkbar ist zum Beispiel, dass sich trotz gleicher Risiko/Ertragsprofile Anleger unterschiedlich entscheiden, je nachdem ob die Preise an den Märkten fallen oder nicht, obwohl sich empirisch keine Korrelation zwischen täglichen Erträgen von Anlageinstrumenten nachweisen lässt.

Ein anderes Phänomen ist der Herdeneffekt. Bei Anlagefirmen gilt als Maß der Performance-Messung häufig der Branchenschnitt oder aber ein Marktaggregat für das betrachtete Finanzprodukt bzw. ein Korb von Finanzprodukten. Es ergibt sich daher statt des oben erwähnten Anreizes von einem allgemein als Gleichgewicht empfundenen Normzustand des Preises nicht abzuweichen ein gänzlich anderer Anreiz: nämlich nicht von der Mehrheit der Marktteilnehmer abzuweichen. Auch wenn man in der eigenen Analyse der Fundamentaldaten recht hat, so kann es doch über den jeweiligen Anlagehorizont hinausgehen, bis eine Mehrheit von Marktteilnehmern ebenfalls dieser Einsicht folgt und der jeweilige Finanzmarktpreis sich wieder in die fundamentale Richtung bewegt. Diese Problematik ist auch als Blasenbildung von Vermögenswerten bekannt und wird von prominenten Analysten der Finanzindustrie immer wieder aufgegriffen (z.B. Shiller, 2000).

Die Erkenntnisse der Behavioural Finance stellen sich unabhängig von der Größe des Finanzmarktes dar, das heißt, die Teilname eines Landes am globalen Finanzmarkt erhöht nicht unbedingt die Gefahr irrationalen Verhaltens von Finanzmarktteilnehmern. Zwar führt die erweiterte Dimension der Märkte nun potenziell zu volumenmäßig größeren Schwankungen – andererseits muss bei größeren Märkten sowie mehr Marktteilnehmern von einer geringeren Volatilität ausgegangen werden, denn die Wahrscheinlichkeit dominant irrationalen Verhaltens dürfte geringer werden. Die Wahrscheinlichkeit für geringere Arbitrage-Spannen und konstantes Market Making wird größer, und somit steigen die Anreize für ein Beseitigen von Ungleichgewichten.

Wie sieht der Stand der volkswirtschaftlichen Forschung zu den Ursachen von Krisen aus? Die Tatsache, dass die Literatur derartige Phänomene häufig als „spekulative Attacken" bezeichnet, kann auf das völlig rationale, tatsächliche Verhalten von Anlegern hindeuten, nicht auf die zugrunde liegenden Beweggründe und Ursachen. Hinter spekulativem Verhalten kann also auch ein grobes makroökonomisches Ungleichgewicht stecken. Im Folgenden sollen die Ergebnisse der empirischen Literatur kurz zusammengetragen werden.

Empirisch geht es um die Frage, inwieweit fundamentale Daten einer Volkswirtschaft, also etwa die Bewertung des realen Wechselkurses, das Leistungsbilanzsaldo oder der Stand der öffentlichen Verschuldung, das Auftreten einer Krise hinreichend erklären können oder ob andere, durch herkömmliche Größen nicht erklärbare Faktoren eine Rolle spielen. Solche Faktoren können zum Beispiel plötzliche Erwartungsänderungen oder abrupt veränderte Risikopräferenzen von Investoren sein, die in keinem ursächlichen Zusammenhang zur makroökonomischen Entwicklung im Krisenland stehen würden.

Grundsätzlich ist festzustellen, dass es erhebliche Unterschiede in den Charakteristika der Krisenländer des zurückliegenden Jahrzehnts gibt. Während bei einigen Krisenländern deutliche makroökonomische Ungleichgewichte erkennbar sind, beispielsweise in Mexiko 1994, sind in anderen Ländern, beispielsweise Frankreich 1992, nur schwache Fehlentwicklungen zu verzeichnen.

Die ökonomische Forschung kennt mehrere Typen von Krisen, deren theoretische Erklärung jeweils auf einer neuen Modellfamilie gründet. Man spricht in diesem Zusammenhang auch von Krisenmodellen der ersten, zweiten und dritten Generation. Jeanne (2000) bietet einen guten Überblick zur Entwicklung dieser Forschungsrichtung.

Modelle der ersten Generation wurden durch die lateinamerikanischen Erfahrungen der achtziger Jahre motiviert (siehe zum Beispiel Flood und Garber, 1984). Schwerwiegende makroökonomische Fehlentwicklungen führen zwangsläufig zu einer dramatischen und sprunghaften Abwertung des nominalen Wechselkurses. Die Erfahrungen innerhalb des Europäischen Währungssystems 1992/1993 motivierten eine neue Forschungsrichtung. Modelle der zweiten Generation zeigen, dass fundamentale Größen das Auftreten von Krisen nur bis zu einem bestimmten Grad erklären können (siehe zum Beispiel Obstfeld, 1994, 1996). In Ländern mit schwachen Fundamentaldaten ist eine Krise sicher, in gesunden Ländern dagegen tritt sie nie auf. In der mittleren Region aber können Fundamentaldaten die Krise nur unzureichend erklären. Statt dessen spielen selbsterfüllende Erwartungen der Investoren eine entscheidende Rolle. Eine Krise tritt demnach dann ein, wenn hinreichend viele Individuen glauben, dass eine Krise eintreten könnte. Das Auftreten ist also scheinbar arbiträr. Wichtig ist jedoch, dass lediglich ein bestimmtes Intervall von Daten diese Volkswirtschaft für derartige Krisen anfällig macht. Nach der Asienkrise von 1997 entstanden Modelle der dritten Generation, die die Rolle von ineffizienten nationalen Finanzsystemen und staatlichen Garantien für Unternehmen und Kredite mit einbeziehen (Eichenbaum, Burnside und Rebelo, 2001).

Welche empirisch zu quantifizierende Rolle spielen diese Erklärungsansätze in Bezug auf die jüngsten Krisen? Lassen sich Krisen anhand fundamentaler Daten vorhersagen?[111] Die empirische Literatur ist noch sehr jung und wird ständig um wichtige Beiträge erweitert. Dennoch lassen sich erste Linien herausarbeiten.

Zahlreiche breit angelegte Studien untersuchen die makroökonomischen Determinanten von Finanzkrisen. Eichengreen, Rose und Wyplosz (1995) finden Evidenz für die starke Bedeutung von fundamentalen Daten als Krisen-Determinanten. Allerdings finden sie ebenfalls eine Rolle für Erwartungen, die nicht mit fundamentalen Daten zusammenhängen. Schnatz (1998) hingegen stellt fest, dass Krisen weniger ein Zufallsprodukt, sondern klar Ergebnis gesamtwirtschaftlicher Fehlentwicklungen sind. Er untermauert die Bedeutung von Fundamentalgrößen. Die Ergebnisse von Tornell (1999) zeigen ebenfalls die starke Bedeutung makroökonomischer Ungleichgewichte. Interessanterweise stellt der Autor fest, dass der Zusammenhang zwischen Fundamentalfaktoren und der Wahrscheinlichkeit einer Krise in Asien und in

---

[111] Die Literatur zu Frühindikatoren einer Währungskrise basiert auf der Arbeit von Kaminsky, Lizondo und Reinhart (1998).

Lateinamerika der gleiche ist. Kamin und Babson (1999) gehen noch einen Schritt weiter und fragen, ob heimische Fundamentalfaktoren oder externe Faktoren, beispielsweise höhere Zinsen in den USA, für die Krisen in Lateinamerika verantwortlich sind. Sie findet eine führende Rolle für heimische Ungleichgewichte und lokale Politikmaßnahmen und lediglich eine nachgeordnete Rolle für globale Fundamentalfaktoren.

Neben diesen Studien, die etliche Länder über mehrere Jahrzehnte untersuchen, befassen sich einige Studien mit konkreten Einzelfällen. Sachs, Tornell und Velasco (1996) beispielsweise untersuchen explizit die Krise Mexikos 1994 und diagnostizieren neben makroökonomischen Verwerfungen auch andere Faktoren, die mit Fundamentaldaten in keinem Zusammenhang stehen. Methodisch ist ihr Ansatz allerdings nicht in der Lage, derartige Faktoren zweifelsfrei identifizieren zu können. Einen überzeugenderen Ansatz liefern Jeanne (1997) und Jeanne und Masson (2000) in ihrer Untersuchung der Erfahrungen Frankreichs im Jahre 1992. Sie leiten eine maßgebliche Rolle für plötzliche Erwartungssprünge ab, die sich ökonomisch nicht weiter erklären lassen. Derartige spekulative Kräfte sind für Krisen in Entwicklungs- und Schwellenländern bisher noch nicht eindeutig nachgewiesen worden.

Empirisch relevant sind auch sog. Ansteckungseffekte. Dahinter steht die Beobachtung, dass Krisen häufig ganze Regionen erfassen, beispielsweise das Europäische Währungssystem im Jahre 1992 oder Asien im Jahre 1997, oder sogar global übertragen werden können. Eichengreen, Rose und Wyplosz (1997) bekräftigen diese Ansteckungseffekte. Das Auftreten einer Krise in einem Land erhöht die Krisenwahrscheinlichkeit in einem anderen Land um acht Prozentpunkte. Die Literatur stellt gleichzeitig fest, dass vielfach traditionelle Übertragungskanäle, also Handels- und Finanzbeziehungen zwischen den betrachteten Volkswirtschaften, die Transmission von Währungskrisen erklären können (vgl. Glick und Rose 1999). Fest steht, dass auch die Wissenschaft die plötzlichen Erwartungsänderungen, die in keinerlei Zusammenhang zu fundamentalen Größen einer Volkswirtschaft zu stehen scheinen, als gravierendes Problem ansieht. Allerdings ist festzuhalten, dass die Theorie und die Empirie bestätigen, dass solche Veränderungen der Marktstimmungen nur bestimmte Länder treffen können, die aufgrund ihrer makroökonomischen Konstellation für derartige Effekte anfällig sind.[112] Für die meisten Krisen der vergangenen Jahre, zum Beispiel auch im Fall Argentiniens 2001/2002, spielen hingegen gravierende makroökonomische Ungleichgewichte und große institutionelle Defekte eine entscheidende Rolle.

---

[112] Denkbar ist zum Beispiel, dass von internationalen Investoren bestimmte Anlagen eines von einer Krise betroffenen Landes als ähnlich risikobehaftet angesehen werden wie andere Länder, die nur über ähnliche Risikomerkmale verfügen, aber keine akute Krise zeigen. Durch zunehmende Risikoaversion der Investoren werden jedoch auch diese Länder betroffen.

Gerade im Zusammenhang mit Argentinien lässt sich jedoch festhalten, dass die von vielen Entwicklungs- und Schwellenländern als Krisenschutzmechanismen verwendeten Festkurssysteme[113] eine nachteilige Wirkung entfalteten, sobald Fundamentaldaten und Wechselkursregime in den Augen internationaler Investoren zu stark auseinander drifteten. Ein Festkurssystem kann Sinn machen, um sich in der inländischen Geld- und Finanzpolitik unter Stabilitätszwang zu setzen und persistente Inflationserwartungen zu bremsen (Freytag, 2002). Im Beispiel Argentiniens konnten ein Currency Board-System auf diese Weise jahrelang für Preisstabilität und robustes volkswirtschaftliches Wachstum sorgen, Finanzierungen aus dem Ausland konnten wegen der Dollarbindung zu erschwinglicheren Zinsen erlangt werden. Entscheidend ist allerdings, dass ein solches Währungsregime Teil einer wirtschaftspolitischen Konzeption ist, die glaubwürdig und verlässlich der makroökonomischen Stabilität verpflichtet ist, nicht aber als Substitut einer solchen Konzeption betrachtet wird.

Ein anderes Problem hat ein Festkurssystem, wenn größere außenwirtschaftliche Schocks – wie für Argentinien die kräftige Abwertung des brasilianischen Real im Januar 1999 – eine Anpassung der Preise der inländischen Produktionsfaktoren notwendig machen (die Anpassungsmöglichkeit über einen flexiblen Wechselkurs entfällt). Da sich die Preise von Produktionsfaktoren, besonders Arbeit, jedoch nach unten nur schwer anpassen, wird das Festkurssystem bedroht. Es kommt zu einer realen Aufwertung der inländischen Währung, die die preisliche Wettbewerbsfähigkeit des Sektors der handelbaren Güter verringert und früher oder später zu einem Rückgang der Produktion und einem Anstieg der Arbeitslosigkeit führt. Spätestens an diesem Punkt gilt das Festkurssystem im Urteil der Marktteilnehmer als nicht nachhaltig. Eine kräftige nominale Abwertung der Inlandswährung wird unvermeidlich, begleitet von zunehmender Inflation und Kapitalflucht. Hätte die Anpassung an den exogenen Schock über den Wechselkurs stattgefunden, so wären über den gesunkenen Wechselkurs die wirtschaftliche Entwicklung gestützt und die aus höheren Zinsen und Inflation resultierenden Belastungen einigermaßen aufgefangen worden.[114]

Insgesamt kann also für die Währungskrisen empirisch und theoretisch nur schwer das Verhalten internationaler Investoren und Finanzintermediäre ursächlich verantwortlich gemacht werden.[115] Finanzkrisen wird es immer ge-

---

[113] Festkurssysteme können von Bandbreiten wie im EWS-System bis hin zu durch Devisenreserven implizit oder explizit (Currency Boards) garantierte Festkurse gehen, im letzteren Fall bis hin zur Dollarisierung (komplettes Ersetzen der Zentralbankgeldmenge durch Devisen, in diesem Fall dem US-Dollar).

[114] Die bei der etwaigen Verteidigung von Wechselkursparitäten enstehenden Kosten, wie Abfluss von Devisenreserven, sollten ebenfalls berücksichtigt werden.

[115] Hierbei sollte jedoch angemerkt werden, dass sich manche Investoren, so auch Soros (1998) schuldig bekennen, durch ihr Verhalten Krisen beschleunigt zu haben. Wenn ein

ben, solange Länder vom Stabilitätspfad abweichen (Donges, 1999; Siebert, 2001).

Anders sieht die Situation bei Bankenkrisen aus, von denen Entwicklungs- und Schwellenländer ebenfalls betroffen sind, häufig in Verbindung mit Währungskrisen. Hier lässt sich schnell eine theoretische Begründung für das Erfordernis einer funktionierenden Börsen- und Bankenaufsicht herleiten. Wegen der Natur ihres Geschäftes, die Risiken und Laufzeiten von Finanzströmen zu vermitteln, sowie der Schöpfung von Krediten, können sich bei Banken leicht Liquiditätsengpässe ergeben. Hat ein Finanzintermediär zu viele Kredite ausgegeben und ist er zu viele riskante Positionen eingegangen,[116] so droht jedoch nicht nur die eigene Zahlungsunfähigkeit. Durch eine Vernetzung von Forderungen und Verbindlichkeiten mit anderen Banken kann der Ausfall einer größeren Bank das gesamte Finanzsystem zusammenbrechen lassen, mit äußerst negativen Folgen für die Volkswirtschaft.

Da Zentralbanken normalerweise solche Gefahren durch rechtzeitige Bereitstellung von Liquidität und günstigeren Zinsen verhindern wollen, ergibt sich leicht ein Anreiz für Banken, riskantere Geschäfte zu betreiben, als eigentlich für sie allein tragbar wären.[117] Mehr noch: Da das Risiko eines Bankenausfalls, ebenso wie die Folgen einer größeren Krise, schwer zu messen ist, müssen Zentralbanken tendenziell zu drastischen Maßnahmen greifen, um das Risiko einzudämmen. Dies gilt in besonderem Maße auch für die Finanzsektoren von Schwellen- und Entwicklungsländern, denn hier kommt noch eine geringere Erfahrung mit den Auswirkungen von Finanzmarktliberalisierungen und den Problemen von Finanzmärkten hinzu. Sind es im Fall der Industrieländer

---

Land seinen sehr kleinen Finanzmarkt völlig liberalisiert, ist es möglich, dass große Finanzmarktakteure kurzfristig die Richtung von ganzen Märkten dieses Landes bestimmen können. Allerdings sind auch solche Geschäfte für „Spekulanten" riskant, da sie niemals den Möglichkeiten eines souveränen Landes etwas gleichwertiges entgegensetzen können. Setzt zum Beispiel ein Investor massiv auf die Abwertung der Währung eines Landes, und dessen Regierung erklärt von einem Tag auf den anderen rigide Kapitalverkehrskontrollen und feste Kurse, so muss dieser Investor herbe Verluste hinnehmen.

[116] Hedge Funds sind ein Beispiel für Finanzmarktakteure, deren Outperformance auf das Eingehen größerer Risikopositionen basiert, die normalen Fonds aus gesetzlichen Gründen nicht zugänglich sind (z.B. Erlaubnis von Leerverkäufen, höherer Aktien- und Derivateanteil in den Portefeuilles).

[117] Ein jüngeres Beispiel ist das Eingreifen der US-Notenbank im Herbst 1998 beim Zusammenbruch der Long Term Capital Management durch schnelle Zinssenkungen, obwohl die sonstige wirtschaftliche Lage höhere Zinsen erfordert hätte. Es folgte der erst März 2000 im Gipfelpunkt stehende Börsenboom. Seitdem kursiert der Begriff „Greenspan Put" in der Finanzindustrie – benannt nach dem Präsidenten des Federal Reserve Systems, Alan Greenspan. Auch der japanische Bankensektor wird von der Regierung aus Furcht um die Folgen für die Wirtschaft nicht gezwungen, faule Kredite abzuschreiben und durch einige Konkurse zu schrumpfen.

die Zentralbanken, die tendenziell auf Kosten der Allgemeinheit (über höhere Inflation) eine höhere Risikoneigung von Banken finanzieren, so können es im Falle der Entwicklungsländer häufig die im nächsten Teil zu untersuchenden Bretton-Woods-Institutionen Weltbank und vor allem IWF sein.

2.3.3.2. Durch Weltbank und IWF

Für viele Globalisierungskritiker stehen die Bretton-Woods-Institutionen Internationaler Währungsfonds (IWF) und Weltbank[118], aber vor allem der IWF, im Zentrum der Kritik. Dabei ist die im Folgenden behandelte Kritik an der konkreten Arbeit dieser internationalen Finanzorganisationen von den Vorwürfen zu trennen, sie seien undemokratisch (hierzu weiter unten Teil 2.5.4.).

Es heißt, der IWF versage sowohl bei der frühzeitigen Erkennung von Krisen als auch bei deren rechtzeitiger Bekämpfung und verschärfe die Krisensituationen noch, indem er durch rigorose Auflagenprogramme in die Wirtschaftspolitik der Krisenländer eingreife. Einer der vehementesten Kritiker der IWF-Arbeit ist der ehemalige Chefökonom der Weltbank, Stiglitz (2002), von dessen Aussagen auch viele globalisierungskritische NGOs Gebrauch machen. Die Weltbank wiederum sei zu verurteilen, weil sie trotz ihres Auftrags der Armutsreduktion dem wirtschaftspolitischen Bild des IWF folge. Des Weiteren würde sie widersinnige Auflagen für ihre Kredite machen und aus ihren vielfältigen Analysen falsche Schlüsse ziehen (Raghavan, 2001).

Hinzu kommt von anderer Seite die Kritik aus den Reihen liberaler Ökonomen, die in dem Verhalten von IWF und Weltbank marktverzerrende Wirkungen sehen. In diesem Zusammenhang wird besonders oft die Anreizproblematik von Hilfsmaßnahmen des IWF bzw. der ökonomische Erfolg der Finanzierung von Entwicklungsprojekten der Weltbank gesehen (Nunnenkamp, 2002b).

Eine Übersicht der wissenschatlichen Kritikpunkte gegen den IWF findet sich bei Calomiris (1998), oder auch der Meltzer Commission (2000) des US-amerikanischen Kongresses. Die Auflagen, die mit Krisenprogrammen des IWF verbunden sind, haben eine heftige Diskussion angestoßen (Jeanne und Zettelmeyer, 2001). Dabei wird inzwischen vom IWF selbst wie auch von anderen Ökonomen eingestanden, dass während der Asienkrise Fehler gemacht wurden. Stiglitz (2002) wirft aber auch in zahlreichen anderen Fällen aus den neunziger Jahren dem IWF vor, durch seine Structural Adjustment Programs (SAPs) die Situationen betroffener Entwicklungsländer noch verschlimmert zu haben. Seine Kritikpunkte reichen von falschen wirtschaftspolitischen Leitbildern des IWF, fachlicher Inkompetenz bis hin zum impliziten Vorwurf

---

[118] Die Weltbank ist Teil der Weltbankgruppe, die in der IFC (International Finance Corporation) seit 1956 auch einen Zweig hat, der Kredite an private Projekte in Entwicklungsländern vergibt.

der Korruption.[119] Seine Kritik hinsichtlich der SAPs wird von vielen Globalisierungskritikern aufgegriffen (Mies, 2001 oder auch Attac, 2002a).

IFG (2002) bestreitet ebenfalls eine positive Wirkung von SAPs: Auf dem Altar der Stabilität würden durch Sparprogramme wichtige öffentliche Aufgaben geopfert, was den Armen in den Ländern schade. Dem ist direkt zu entgegnen, dass Stabilität vornehmlich hilft, Inflation zu dämpfen – die wiederum eine große Gefahr gerade für untere Einkommensschichten darstellt. Es entsteht angesichts der fundamentalen Kritik am IWF der Eindruck, als werde bei akuten Krisen die Institution zum Sündenbock gestempelt, die Finanzmittel zur Linderung der Krise bereitstellen will. Gerade durch die Bereitstellung der Mittel sind mehr öffentliche Aufgaben in dem betroffenen Land finanzierbar als ohne. Dennoch ergäben sich Kritikpunkte für IWF-Hilfen, sofern angenommen wird, die Auflagen des IWF hätten bereits vor der Krise zu ihrer Entstehung beigetragen. Hinsichtlich wirtschaftspolitischer Leitbilder muss jedoch angemerkt werden, dass den oben in 1.4. dargestellten Richtlinien des Washington Consensus nicht unbedingt vorzuwerfen ist, durch ihr blindes Befolgen seien Krisen ausgelöst worden. Gerade weil beispielsweise Argentinien über ein nicht mehr tragfähiges Währungssystem verfügte und seine Provinzfiskalpolitik nicht stabilitätskonform war, geriet das Currency Board des argentinischen Pesos unter Druck. In Bezug auf den Zusammenhang zwischen SAP-Reformen und dem Wachstum in Lateinamerika Anfang der neunziger Jahre kommen Easterly, Loayza und Montiel (1997) zu dem Ergebnis, dass Reformen nicht für das enttäuschende Wachstum verantwortlich gemacht werden können. Weltweite Konjunkturschwäche und mangelnde Umsetzung der Reformen seien vielmehr der Grund für das schlechte Abschneiden Lateinamerikas, und nicht etwa eine fehlerhafte Idee hinter den SAPs (Fernandez-Aries und Montiel, 2001).

Stiglitz (2002) präferiert im Falle von Krisen eine weitaus expansivere Geld- und Fiskalpolitik für die Krisenländer, als dies die SAPs zulassen würden. Insofern könnte man argumentieren, dass im Krisenfall in der Tat restriktive Maßnahmen zu spät kommen, diese also eher zur Krisenprävention gefordert werden müssten, nicht jedoch bei akuten Liquiditätsengpässen eines Landes. Ein solches Vorgehen verursacht jedoch größere Anreizprobleme für die Länder, sich vor den Krisen stabilitätsorientiert zu verhalten – und die Abwertung der Währung wird nicht verhindert, sondern sogar noch beschleunigt, was die Gefahr einer unhaltbaren Auslandschuldenposition erhöht.

Mittlerweile erfahren Positionen Unterstützung, nach denen diese ex-ante Konditionalität einer ex-post Konditionalität, wie sie derzeit praktiziert wird, vorzuziehen ist. Zahlreiche Ökonomen, zum Beispiel Jeanne und Zettelmeyer (2001), schlagen vor, nur denjenigen Ländern in Finanzkrisen Hilfe zu gewäh-

---

[119] Gerade letzterer Punkt hat die bereits erwähnte ungewöhnlich heftige Reaktion von IWF-Chefökonom Kenneth Rogoff ausgelöst, im Internet verfügbar unter: http://www.imf.org/external/np/vc/2002/070202.htm .

ren, die sich vorher durch eine angemessene und tragfähige Wirtschaftspolitik für ein solches Programm „qualifiziert" haben. Allerdings ist auch hier zu beachten, dass ein Problem der Zeitinkonsistenz auftritt. Ist eine Krise erst einmal ausgebrochen, dann ist es für den IWF wahrscheinlich immer besser, tatsächlich als Geldgeber einzutreten als lediglich tatenlos abseits zu stehen. Eine weitere Ausprägung dieser ex-ante Konditionalität sind die sog. Contingency Credit Lines, die der IWF 1999 ins Leben rief. Ziel dieser Kreditfazilitäten ist die Eindämmung von Ansteckungseffekten in anderen aufstrebenden Volkswirtschaften infolge von Währungskrisen. Diese Mittel stehen Ländern zur Verfügung, die von einer akuten Ansteckungsgefahr bedroht sind. Auch hier ist der Zugang zu diesen Mitteln an eine Vorabqualifikation gebunden.

Nur wenig moderater als der Vorwurf an den IWF, Armut zu fördern, wiegt die Kritik, die Hilfspakete würden Krisen nur aufschieben und gar nicht verhindern helfen (Stiglitz, 2002). Richtig ist, dass der IWF seit den neunziger Jahren immer größere Hilfspakete geschnürt hat, um angeschlagene Finanz- und Währungssysteme zu stützen.[120] Dabei wird entweder das Ausmaß der Maßnahmen oder ihre Richtigkeit bestritten.[121] In der jüngsten Praxis sei die Kreditvergabe an Argentinien, die Türkei und Brasilien inkonsistent und/oder zu großzügig gewesen. Gerade das Beispiel Argentiniens, dass in 34 der letzten 45 Jahre IWF-Hilfen beantragt hat, zeige die Schwächen der IWF-Kreditvergabe (Lee, 2002). Die strengen SAP-Auflagen sind vom IWF dafür gedacht, ohne Kapitalrestriktionsmaßnahmen der betroffenen Länder bei weiterhin freien Finanzmärkten das Vertrauen wiederherzustellen. Fraglich ist jedoch, ob der Preis für solches Festhalten an freien Finanzmärkten in den betroffenen Ländern nach einer Krise nicht zu hoch ist – zumal, wie das Beispiel Russland von 1998 zeigte, die Gefahr einer Krise trotz Hilfspaket nicht unbedingt zu bannen ist, beziehungsweise die volkswirtschaftlichen Schäden für das betreffende Land doch eintreten können.

Nicht nur zahlreiche Kritiker, sondern auch der IWF selbst (Krueger, 2001) sehen außerdem in den (fehlerhaften) Anreizwirkungen von Krisenprogrammen des IWF einen Teil des eigentlichen Problems. Indem durch solche Programme Fehlanreize gesetzt werden, so ihr Argument, würden sie selbst zum Entstehen von Krisen beitragen. Wie auf jeder Art von Versicherungsmarkt, so entsteht auch hier ein Moral-Hazard-Problem. Internationale Investoren agieren risikoreicher, weil sie wissen, dass der IWF im Krisenfall zur Hilfe kommt und so eine Rückzahlung ihrer Investitionen garantiert – eine Variante des im vorigen Kapitel beschriebenen allgemeinen Problems in Banken-

---

[120] 2002 konzentrierte sich ein Großteil der rekordhohen Hilfe auf die Türkei und Brasilien (mit dem bei 30 Mrd. US-Dollar größten Paket der IWF-Geschichte). Lee (2002) gibt einen Überblick der IWF-Hilfspakete seit der Mexiko-Krise.

[121] Für Kommentare in den Medien zur jüngsten Kreditvergabepraxis s. z.B. The Economist (2002c) oder Tigges (2002).

systemen. Ein ähnlicher Fehlanreiz entsteht für Regierungen. Auch sie haben einen Anreiz, auf notwendige Strukturanpassungen zu verzichten und Reformen zu unterlassen, weil sie im Krisenfall internationale Unterstützung erhalten. Das Ergebnis dieser Fehlanreize ist eine suboptimale Allokation von internationalem Kapital, die mit Wohlfahrtsverlusten einhergeht. Die empirische Relevanz dieses Moral-Hazard-Problems ist allerdings umstritten. Dell'Ariccia, Gödde und Zettelmeyer (2000) sowie Lane und Phillips (2000) untersuchen diese Problematik ökonometrisch und kommen zu entgegengesetzten Ergebnissen. Nunnenkamp (1999) erkennt ein Anreizproblem, schätzt dessen Bedeutung aber als eher gering ein.

Der IWF hat seit seiner Gründung eine größere Wandlung in seinen Aufgaben erfahren, die ihn für Kritik angreifbarer macht als etwa die Weltbank. Ursprünglich kam der Aufgabe des IWF, Liquidität bei Zahlungsbilanzschwierigkeiten zu gewähren, innerhalb des weltweiten Bretton-Woods-Währungssystems eine Schlüsselrolle zu. Nach dem Zusammenbruch dieses Systems Anfang der siebziger Jahre und der Freigabe der Dollarbindungen sowie der neuen Phase flexibler Wechselkurse bis heute ist das Vorhandensein einer globalen Instanz, die Liquidität bei Krisen gewährt, nicht aus denselben Gründen notwendig. Die in den vorangegangenen Kapiteln beschriebenen Möglichkeiten von Marktversagen an internationalen Finanzmärkten haben jedoch dem IWF die einem globalen Kreditgeber in letzter Instanz ähnliche Aufgabe zukommen lassen, durch seine Finanzmittel Krisen zu verhindern oder zu mildern.[122] Vor allem die Problematik des Ansteckungs-Effektes vom Finanzsektor zur gesamten Wirtschaft eines Landes und auch zu anderen Ländern macht es schwer für den IWF, von der Aufgabe eines Kreditgebers in letzter Instanz Abstand zu nehmen. Statt dessen könnte er sich allenfalls auf eine Krisenhilfe durch reine Beratung beschränken und das Gegensteuern bei Bedrohungen für das globale Finanzsystem den größten Zentralbanken überlassen.[123]

Mangelnde Voraussicht für Krisensituationen ist den Institutionen schwerlich vorzuwerfen, wenn die gesamte internationale Gemeinschaft an Zentralbanken und privaten Finanzintermediären diese Krisen ebenfalls nicht voraussehen können und die Finanzmarktforschung sich vergeblich bemüht, verlässliche Frühindikatoren für Krisen zu finden. Umgekehrt kann jedoch auch festgehalten werden, dass große internationale Organisationen trotz ihrer wissenschaftlichen Expertise nicht unbedingt einen Wissensvorsprung haben. Daher ist auch schwer abzuschätzen, ob eine Krise aus vorherigem wirtschaftspolitischen Versagen und Fehlern privater Anleger entstanden ist, wofür demokra-

---

[122] Implizit erkennt also der IWF durch seine bloße Existenz die Möglichkeit von Marktversagen an und entzieht sich damit der Kritik „marktfundamentalistisch" zu sein.

[123] Die Erfahrungen nach den Anschlägen vom 11. September 2001 haben gezeigt, dass konzertierte Zinssenkungen der größten Zentralbanken sehr wohl eine entspannende Wirkung auf die Finanzmärkte haben können.

tische Regierungen die Konsequenzen über Gefährdung der Wiederwahl in der Wirtschaftskrise und Anleger über Verluste tragen müssen. In jedem Fall jedoch entstehen negative Effekte für ganze Volkswirtschaften, für die sich ein rechtzeitiges Einschreiten lohnen kann – unter Berücksichtigung der oben beschriebenen Anreizproblematik.

Der IWF zeigt sich vielen Kritikpunkten gegenüber, nicht nur in der Anerkennung der Anreizproblematik, durchaus offen. So verstärkte der IWF seine Transparenz durch zunehmende Veröffentlichung seiner Arbeit und Analysen. Des Weiteren werden die Auswirkungen der SAPs und Krisenpräventionsmaßnahmen auf die betroffenen Volkswirtschaften mehr untersucht und mehr Kontakt zu Globalisierungskritikern in Form von NGOs hergestellt (Lee, 2002).

Dieser Praxis vermehrter Transparenz schließt sich auch die Weltbank an.[124] Die Weltbank hat sich im Gegensatz zum IWF lediglich in Bezug auf die Zielländer vom Wiederaufbau Europas in der Nachkriegszeit hin zu Entwicklungsländern gewandelt, nicht jedoch in ihrer Kernaufgabe. Diese umfasst nach wie vor, Kredite in den Fällen zu gewähren, in denen die Finanzmärkte diese nicht zu erschwinglichen Konditionen bereitstellen können. Dies macht sie allerdings nicht völlig unangreifbar. Von Globalisierungskritik weitaus verschonter als der IWF muss sie sich dennoch fragen lassen, ob ihre Hilfe von Erfolg gekrönt war. Laut eines Berichts der Weltbank selbst (Weltbank, 2002b) anlässlich der UN-Konferenz für Finanzierung und Entwicklung in Monterrey im März 2002 war die Knüpfung von Entwicklungskredithilfe an Länder, die den von der Weltbank empfohlenen ökonomischen und gesellschaftspolitischen Leitlinien gefolgt waren, erfolgreich. Nunnenkamp (2002b) zweifelt jedoch den Wert der Weltbank-Statistiken an. Seinen Berechnungen zufolge seien die Daten geschönt.[125] Die Hilfen hätten sich gar nicht auf Länder mit guter Wirtschaftspolitik konzentriert, da auch Krisenländern Hilfspakete gewährt worden wären. Außerdem hätte sich die Qualität der Hilfe nicht wie behauptet in den neunziger Jahren verbessert. Immerhin kann die Weltbank (2002a) auf relativ konstante Kreditträge und begrenzte Kreditausfälle hinweisen, was als Indiz für eine erfolgreiche Kreditvergabe gewertet werden darf.[126]

---

[124] Unter anderem bietet die Weltbank durch das World Bank NGO Committee diesen ein Forum für stete Zusammenarbeit. Im Internet verfügbar unter: http://wbln0018.worldbank.org/essd/essd.nsf/NGOs/home.

[125] Unter anderem würden die Daten zweier statistischer Ausreißer – Cap Verde und Honduras - das Bild erheblich beeinflussen.

[126] Die Stabilität der Weltbank-Einnahmen ist umso erstaunlicher, als in den letzten Jahren private Finanzmarktteilnehmer mit empfindlichen Verlusten zurecht kommen mussten. Dies dürfte nicht nur auf die Finanzierungsvorteile durch die Garantie der Industrieländer-Regierungen (der Eigentümer der Weltbank) und den damit verbundenen hohen Kredit-Ratings zurückzuführen sein.

Damit steht auch die Weltbank in einem Kreuzfeuer der Kritik: Auf der anderen Seite wird nämlich von Globalisierungskritikern bemängelt, eine Konzentration von Weltbank-Mitteln auf Länder gemäß bestimmter wirtschaftspolitischer Normen würde viele arme Länder vernachlässigen.[127] Stiglitz (2002) beklagt eine Einmischung des IWF in die Entwicklungspolitik, eigentlich Domäne der Weltbank, durch seine wirtschaftspolitischen Leitbilder und seine Praxis der Vergabe von Krisenpaketen.

Zusammenfassend kann die Kritik wie folgt differenziert werden. Es ist erkennbar, dass IWF und Weltbank sich stetig bemühen, Krisen und Armut in Entwicklungsländern zu bekämpfen, und diese nicht etwa durch ihre Maßnahmen verschlimmert haben. Der Erfolg ihrer Arbeit ist nicht unangreifbar, was allerdings nicht dazu verleiten sollte, die Bretton-Woods-Institutionen als unnötig anzusehen. Vielmehr liefern solche Erkenntnisse die Basis für Reformideen (Nunnenkamp, 2002c). Die Aufgaben von IWF (Krisenhilfe wegen möglicher externer Effekte im globalen Finanzsystem) und von Weltbank (langfristige Entwicklungsfinanzierung in den ärmsten Ländern wegen unzureichender Mittel für die Bereitstellung öffentlicher Güter durch die globalen Kapitalmärkte) sind ökonomisch fundiert abgestützt. Im Rahmen von Teil 3.3. wird auf die allgemeinen Verbesserungsvorschläge für die globale Finanzarchitektur eingegangen werden.

2.4. Kritik: Umweltproblematik

Eine auf Freihandel hin ausgerichtete Politik, so eine vielfach verbreitete Meinung unter Globalisierungskritikern, verschärfe unweigerlich die globale Umweltproblematik (u.a. neben FOEI, 2001, auch Attac, 2002a). Handel, so die Argumentation, führe zu einer Ausweitung der wirtschaftlichen Aktivität in allen beteiligten Ländern. Da wirtschaftliche Aktivität aber mit einer Belastung der Umwelt einhergeht (verwiesen wird hier u.a. auf den steigenden Energieverbrauch, den zunehmenden Verkehr und den fortschreitenden Abbau nicht-erneuerbarer natürlicher Ressourcen), werde das globale Verschmutzungsniveau weiter zunehmen. Die ökonomische Theorie beschäftigt sich seit langem mit dem Zusammenhang zwischen Handelsliberalisierung und Umweltverschmutzung. Im Folgenden wird diese ökonomische Grundargumentation kurz dargelegt.

Für eine seriöse Abschätzung der Wirkungen von Freihandel auf das Verschmutzungsniveau sind die einzelnen Kanäle zu unterscheiden, über die die Außenhandelsaktivitäten auf das Niveau der Umweltqualität wirken. Die Literatur kennt drei dieser Kanäle. Der erste Kanal ist der sogenannte Skaleneffekt. Wenn zusätzlicher Handel zu mehr wirtschaftlicher Aktivität führt und wirtschaftliche Aktivität mit Umweltnutzung verbunden ist, dann führt dies zwangsläufig zu einem höheren Verschmutzungsniveau. Dies entspricht der Argumentation der Globalisierungskritiker. Interessanterweise erkennen sie

---

[127] Dieser Ansicht ist auch Nunnenkamp (2002c).

hier implizit die wachstumsfördernden Wirkungen des Freihandels an. Die Umweltpolitik kann, etwa durch die Implementierung marktwirtschaftlicher Lösungsinstrumente (z.B. Pigousteuer, handelbare Emissionszertifikate), auf die Stärke dieses Zusammenhangs Einfluss nehmen – im nationalen Alleingang, soweit nationale Umweltgüter (z.B. Verkehrslärm) betroffen sind, und durch internationale Vereinbarungen, soweit es sich um grenzüberschreitende Umweltgüter (z.B. Fließgewässer zwischen Staaten wie der Rhein oder die Donau) handelt oder um globale Umweltgüter (z.B. Kohlendioxyd-Emissionen). Das Kyoto-Protokoll zur UN-Klimarahmenkonvention ist eine Regelung für den letztgenannten Fall, mit der sich allerdings verschiedene Entwicklungsländer nur zögerlich anfreunden können und die die USA bislang ganz ablehnen.

Zweitens ist der Effekt auf die Zusammensetzung des Handelsvolumens, der aus einem Richtungswechsel in der Außenhandelspolitik resultiert, zu nennen. Länder spezialisieren sich gemäß ihres komparativen Kostenvorteils. Es findet eine Spezialisierung in demjenigen Bereich statt, in dem das einzelne Land einen komparativen Vorteil hinsichtlich seiner Faktorausstattung hat. Der Nettoeffekt auf das Verschmutzungsniveau hängt in diesem Fall davon ab, ob umweltintensive Aktivitäten ausgedehnt oder zurückgefahren werden in dem Land, das eine vergleichsweise strenge Umweltpolitik betreibt.

Der dritte Kanal ergibt sich durch den sogenannten Technologieeffekt. Eine außenwirtschaftliche Öffnung wirkt sich auch auf die zugrundeliegende Produktionstechnologie aus. Es ist also anzunehmen, dass sich dadurch auch die Umweltbelastung pro Outputeinheit ändern wird. Zwei Gründe sprechen dafür, dass die Verschmutzung relativ zum Produktionsniveau geringer sein wird. Zum ersten werden ausländische Investoren moderne Technologien durch Direktinvestitionen auch im Inland einsetzen. Diese Technologien sind weniger verschmutzungsintensiv. Inländischen Unternehmen wird außerdem ermöglicht, ausländische Hochtechnologie preiswert einzukaufen. Zum zweiten führt Handel zu einem höheren Wohlstand, wie schon im ersten Effekt thematisiert. Hierdurch wird die inländische Nachfrage nach höheren Umweltstandards gestärkt. Ein höheres Pro-Kopf-Einkommen führt demnach zu einer höheren Wertschätzung der Umweltqualität und somit zu einer größeren Bereitschaft, die entsprechenden Kosten für ein höheres Umweltschutzniveau in Kauf zu nehmen.

Die geschilderten Zusammenhänge werden ausführlich von Copeland und Taylor (1994, 1995) theoretisch hergeleitet. Beide Autoren untersuchen den Zusammenhang von Außenhandel, Umweltqualität und Einkommensunterschieden zwischen den betrachteten Ländern. Sie zeigen unter plausiblen Annahmen, dass alle genannten drei Effekte realistisch sind. Der Nettoeffekt einer Freihandelspolitik auf die Umweltqualität ist von der Stärke der einzelnen Kanäle abhängig. Auf keinen Fall ist das Ergebnis so eindeutig, wie es die verkürzte Argumentation der Globalisierungskritiker Glauben machen will.

Die empirische Forschung von Grossman und Krueger (1993) unterstützt die Wirksamkeit aller drei Effekte und kommt bei einer Untersuchung der Auswirkungen des NAFTA-Beitritts Mexikos zu dem Ergebnis, dass der resultierende Gesamteffekt der drei Kanäle positiv ist. Eine verstärkte handelspolitische Integration wirkt sich demnach positiv auf die Umweltqualität in Mexiko aus. Die Forschungsergebnisse zeigen außerdem, dass das Verschmutzungsniveau mit dem Pro-Kopf-Einkommen zwar zunächst ansteigt. Dies gilt allerdings nur bis zu einem gewissen Einkommensniveau. Jenseits dieser Schwelle sinkt das Verschmutzungsniveau bei steigendem Einkommen. Dies entspricht dem oben geschilderten Technologieeffekt. Antweiler, Copeland und Taylor (1998) untersuchen Schwefeldioxyd-Emissionen und zeigen ebenfalls, dass der kumulierte Effekt einer Freihandelspolitik zu einer niedrigeren Verschmutzung führt. The Economist (2002e) gibt aber zu bedenken, dass nicht alle Emissionen mit dem Einkommen abnehmen, für Kohlendioxyd sei dies z.B. nicht der Fall.

Insgesamt scheint der Effekt der Zunahme des internationalen Handels auf die Umweltqualität nicht eindeutig. Ein positiver Zusammenhang erscheint jedoch insbesondere langfristig möglich. Die Welthandelsordnung wäre überfordert, wollte man ihr die Lösung ökologischer Probleme übertragen; im Zweifel liefe dies auf zusätzlichen Importprotektionismus hinaus, der vor allem die Entwicklungsländer angesichts der dort noch vergleichsweise niedrigen Umweltstandards und des deshalb schnell zu erhebenden Vorwurfs, Ökodumping zu betreiben, benachteiligen würde. Für die Gewährleistung einer guten Umweltqualität ist in erster Linie die Umweltpolitik zuständig, nicht die Außenhandelspolitik.

Andere globalisierungskritische Argumente unterstellen, dass durch verschärften internationalen Wettbewerb keine oder zumindest keine angemessene nationale Umweltpolitik mehr möglich sei. Es käme zwangsläufig zu einem „race to the bottom", in dem verschiedene Länder versuchen, sich in laxer Umweltpolitik zu überbieten.

Die folgenden Darstellungen beziehen sich zunächst auf nationale Umwelteffekte, die keine Auswirkungen jenseits der Grenzen eines Landes haben. Von Weizsäcker (1999) argumentiert hier folgendermaßen: In einer geschlossenen Volkswirtschaft (mit vollkommen funktionsfähigen Märkten) ist davon auszugehen, dass Umweltschutzmaßnahmen – egal, ob es sich um Auflagen oder marktliche Instrumente handelt – letztlich mit Einschränkungen des privaten Konsums (oder der vom Staat finanzierten Güter) einhergehen müssen. Soll zum Beispiel eine Entschwefelungsanlage in Kohlekraftwerken eingesetzt werden, muss auf die Güter verzichtet werden, die mit den für die Erstellung der Anlage erforderlichen Ressourcen ansonsten hätten hergestellt werden können. Dies soll natürlich nicht besagen, dass Umweltschutz zu einem Wohlfahrtsverlust führen muss, denn die zunehmende Umweltqualität bedeutet ja einen Nutzenzuwachs. Aber der wirtschaftliche Wachstumspfad ist niedriger, als er sonst wäre.

In einer offenen Volkswirtschaft ist davon auszugehen, dass bei nicht handelbaren Gütern die Kosten des Umweltschutzes auf die Preise überwälzt werden können. Bei handelbaren Gütern führt dies hingegen zu einer Beeinträchtigung der preislichen Wettbewerbsfähigkeit der heimischen Industrie und folglich zu einer Verschlechterung der Zahlungsbilanz. Bei flexiblem Wechselkurs führt dies zu einer Abwertung der heimischen Währung, bis die Wettbewerbsfähigkeit wiederhergestellt ist. Diese Abwertung bedeutet außerdem, dass die Importgüterpreise steigen und somit der Reallohn (Flexibilität vorausgesetzt) sinkt. Im Ergebnis muss in gleichem Maße Konsumverzicht für den Umweltschutz geleistet werden wie in einer geschlossenen Volkswirtschaft auch. (Dieses Ergebnis würde sich auch bei festem Wechselkurs einstellen.) Die nationale Umweltpolitik wird in diesem Modell also in keiner Weise durch Handelsverflechtungen beeinträchtigt und hängt auch nicht von ausländischen Umweltschutzmaßnahmen ab.

Ähnlich argumentiert Krugman (1997c): Handelsgewinne sind immer dann möglich, wenn die relativen Weltmarktpreise von den nationalen Opportunitätskosten abweichen. Ob diese Unterschiede auf unterschiedliche Faktorausstattungen, Güterpräferenzen oder auch Umweltstandards zurückzuführen sind, spielt dabei keine Rolle. Durch unterschiedliche Umweltstandards können die möglichen Handelsgewinne sogar noch zunehmen.

In dem Modell von Anderson (1992) führt die Einführung einer Umweltschutzmaßnahme (z.B. einer Umweltsteuer) in einer offenen Volkswirtschaft im Falle eines (umweltschädigend produzierten) importkonkurrierenden Produktes zu einer Erhöhung der heimischen Produktionskosten. Dies impliziert, dass mehr von diesem Gut aus dem Ausland gekauft wird und weniger im Inland hergestellt wird. Die konsumierte Menge und der inländische Preis des Gutes bleiben aber gleich. Es ergibt sich nur ein Wohlfahrtsgewinn dadurch, dass nun im Inland die Umwelt weniger stark beansprucht wird. Der potenzielle Wohlfahrtsgewinn durch eine Umweltschutzmaßnahme ist sogar größer als in einer geschlossenen Volkswirtschaft. Wichtig ist hier zu betonen, dass es sich um einen lokalen Umwelteffekt handelt, d.h. die zusätzlich im Ausland entstehende Umweltverschmutzung spielt für das Inland keine Rolle (Beispiel: Lärm).

Auch auf dem Exportgütermarkt ergibt sich in diesem Modell ein Wohlfahrtsgewinn durch die Umweltschutzmaßnahme. Zwar wird aufgrund der steigenden inländischen Produktionskosten weniger exportiert und es kommt zu einem Verlust an Produzentenrente, aber dieser wird durch den gesellschaftlichen Nutzen der geringeren Umweltverschmutzung (im Falle einer effizienten Umweltschutzmaßnahme) stets überkompensiert. Ein Land, das laxe/keine Umweltstandards bei Vorhandensein lokaler negativer externer Effekten setzt, um seine Exportindustrie zu fördern, gewährt praktisch eine Exportsubvention: Die gesamtgesellschaftlichen Kosten der Herstellung der Exportgüter müssen nicht komplett von den Exporteuren getragen werden, sondern verteilen sich auch auf andere im betreffenden Land. Die wohlfahrtsökonomische Analyse von Exportsubventionen fällt auf vollkommenen Märkten aber immer negativ aus.

Im Rahmen eines umfassenden Literaturüberblicks von Sturm (2002) stellen diese auf vollständiger Konkurrenz basierenden Modelle nur eine mögliche Modellklasse dar. In Modellen unvollständiger Konkurrenz können sich tatsächlich Spielräume für strategische Umweltpolitik ergeben und es kann unter sehr restriktiven Annahmen tatsächlich zu einem „race to the bottom" kommen. Leicht veränderte Annahmen können aber genauso gut eine Art „race to the top" hervorbringen (wenn z.B. Bertrand- statt Cournot-Verhalten unterstellt wird).

Die Berücksichtigung politökonomischer Argumente könnte gewisse Gründe für die Annahme zu niedriger Umweltstandards bieten: Auch wenn nationale Umweltpolitik bei lokalen negativen externen Effekten wohlfahrtssteigernd sein kann, kommt es z.b. in dem erwähnten Modell von Anderson (1992) doch zu einem Verlust an Produzentenrente, es gibt also höchstwahrscheinlich „Verlierer" durch die Umweltpolitik. Der Nutzen der besseren Umweltqualität verteilt sich hingegen auf viele. Handelt es sich bei den Verlierern – analog zu den Verlierern des Freihandels – um gut organisierbare Gruppen, die Einfluss auf die Politik ausüben können, so könnte es dazu kommen, dass die Umweltstandards zu niedrig ausfallen; zu dem Marktversagen gesellte sich ein Politikversagen. Hier ist allerdings zu beachten, dass beispielsweise in den Modellüberlegungen von Weizsäckers (1999) nicht die Produzenten die Hauptlast der Umweltpolitik tragen. Überdies existieren im Bereich der Umweltpolitik in den Ländern mit stärkeren Präferenzen für Umweltschutz meist stärkere Lobbygruppen, die für eine schärfere Umweltpolitik eintreten (anders als beim Freihandel). Dadurch könnten Politiker durchaus Anlass zur Verfolgung einer wohlfahrtsoptimalen Umweltpolitik haben. Die Tatsache, dass mit steigendem Einkommen höhere Umweltstandards auch national durchgesetzt werden, zeigt, dass sich Präferenzen für Umweltpolitik im politischen Wettbewerb offensichtlich behaupten können[128].

Insgesamt sind die theoretischen Ergebnisse zwar nicht ganz eindeutig, aber es spricht aus theoretischer Sicht doch vieles dafür, dass auch bei stärkeren Handelsverflechtungen nationale Umweltpolitik nach wie vor möglich und ein „race to the bottom" zumindest unwahrscheinlich ist. Auch empirisch kann die Hypothese sinkender Umweltstandards nicht als bestätigt angesehen werden (Hemmer et al., 2000).

Etwas anders sehen die Ergebnisse aus, wenn die externen Effekte der Umweltverschmutzung auch grenzüberschreitend und global eine Rolle spielen,

---

[128] Krugman (1997c) ist im Zusammenhang mit lokalen externen Effekten zudem der Ansicht, dass auch hier das Prinzip des Vertrages zum Westfälischen Frieden von 1648 gelten sollte: Staaten sollen grundsätzlich frei sein zu entscheiden, was innerhalb ihrer Grenzen passiert, solange dies keine grenzüberschreitenden Auswirkungen hat.

etwa bei den negativen Klimaveränderungen (dem Treibhauseffekt durch überhöhte Kohlendioxyd-Emissionen und andere Treibhaus-Gase). Möchte ein Land in einer solchen Situation weiterhin nationale Umweltschutzpolitik betreiben, könnte es nach Markusen (1975) optimal sein, für ein im Ausland umweltverschmutzend hergestelltes Importgut einen Zoll einzuführen. Im Literaturüberblick von Sturm (2002) wird aber auf verschiedene Forschungsergebnisse verwiesen, die z.B. gezeigt haben, dass Einfuhrzölle oder -verbote für Tropenhölzer zwar kurzfristig zu weniger Abholzung führen. Langfristig ist den betroffenen Exportländern der Wald aber weniger wert und es kann z.B. zu verstärkter Brandrodung kommen, so dass die Umweltschutzwirkung einer solchen Maßnahme zweifelhaft ist.

Nimmt man an, dass dem Umweltschutz betreibenden Land die Handelspolitik als Instrument nicht zur Verfügung steht, legen die Modelle nahe, dass es zu suboptimalem Schutz der Umwelt kommt. In diesem Fall sind in- und ausländische Umweltpolitik interdependent. Führt in diesem Fall z.B. Land A einseitig eine Umweltsteuer ein und wird das umweltverschmutzende Gut dadurch verstärkt im Ausland B (das keinen oder weniger Umweltschutz betreibt) produziert, wird Land A durch die im Ausland anfallenden Umweltverschmutzungen ebenfalls geschädigt. Ist Land A ein großes Land, kommt es zudem durch die Verteuerung des umweltverschmutzenden Gutes in diesem Land zu einem auf dem Weltmarkt relevanten Nachfragerückgang, der zu einer Preissenkung führt. Folglich wird in anderen Ländern mehr von diesem Gut verbraucht und die Wirkung der Umweltschutzmaßnahme wird teilweise wieder abgeschwächt.

Für jedes Land gilt insgesamt, dass die Kosten des Umweltschutzes unmittelbar bei ihm anfallen, der Nutzen aber auch auf andere Länder ausstrahlt. Umgekehrt müssen die entstehenden Umweltschäden nicht von dem verschmutzenden Land alleine getragen werden. Hier ergibt sich ein Anreiz, sich als Trittbrettfahrer zu verhalten, d.h. zu hoffen, dass andere Länder intensiven Umweltschutz betreiben, dies selber aber nicht zu tun. In einer solchen Situation ist es aber wahrscheinlich, dass alle Länder zu wenig Umweltschutz betreiben. Es liegt ein Gefangenendilemma vor. Der Ausweg aus diesem Dilemma könnte eine internationale Umweltpolitik-Koordination sein. Auf das Kyoto-Protokoll wurde bereits hingewiesen. Insgesamt soll diese Frage zusammen mit den Vorschlägen der Globalisierungskritiker unter Gliederungspunkt 3.4 diskutiert werden.

Besondere Aufmerksamkeit erfährt in der öffentlichen Debatte die Hypothese, durch den Druck internationaler Direktinvestitionen müssten die Entwicklungsländer ihre nationale Umweltpolitik strategisch einsetzen und Standortvorteile in Form von laxen Umweltstandards generieren. Dieses Problem der sog. „pollution havens" wird analog zum Problem von Steueroasen für international mobiles Kapital diskutiert, den sog. „tax havens" (s. auch die Diskussion in Teil 3.5.2.). Hier würde der „race to the bottom" nicht durch Außenhandel, sondern durch internationale Kapitalbewegungen induziert.

Gegen diese Theorie spricht allerdings, dass die Kosten für Umweltschutz relativ zu anderen Standortfaktoren im Durchschnitt eher gering (Krugman, 1997; Wheeler, 2001) und die Transaktionskosten der Standortverlagerung zumindest kurzfristig hoch sind. Langfristig müssen aber Unternehmen damit rechnen, dass auch in den Entwicklungsländern die Präferenz für eine saubere Umwelt zunehmen dürfte. Wheeler (2001) argumentiert ferner, dass auch die Einwohner in Entwicklungsländern, teilweise unter Beteiligung von NGOs, sich jetzt schon gegen übermäßig umweltintensiv produzierende Unternehmen zur Wehr setzen. Hinzu kommen mögliche Imageverluste für Unternehmen, die stark umweltverschmutzend in Entwicklungsländern produzieren. The Economist (2002e) bemerkt zudem, dass auch das eigene ökonomische Interesse von Entwicklungsländern dazu führen kann, dass eine schärfere Umweltpolitik betrieben wird: In China z.B. hatte die Weltbank festgestellt, dass 3,5 bis 7,7 vH des Bruttoinlandsprodukts durch Krankheiten verloren gehen, die auf Umweltverschmutzung zurückzuführen sind. Dadurch wurde China zu einer strikteren Umweltpolitik bewegt. Hemmer et al. (2000) führen zudem an, dass Direktinvestitionen auch bessere Umwelttechnologie in Entwicklungsländer bringen können und Umweltqualität selber auch ein Standortfaktor sein kann.

Grether und de Melo (2002) dokumentieren den Stand der empirischen Forschung zu der Frage, ob Unterschiede in den umweltpolitischen Standards zwischen Entwicklungs- und Industrieländern dazu führen, dass sich verschmutzungsintensive Unternehmen verstärkt in Entwicklungsländern niederlassen. Verschiedene Methoden und unterschiedliche Datensätze zeigen, dass sich ein solcher Effekt trotz der fortschreitenden Globalisierung kaum nachweisen lässt. Auch Smarzynska und Wei (2001) untersuchen die Relevanz der „pollution haven"-Hypothese. Sie finden wenige Anhaltspunkte für die Relevanz dieser These, die allerdings ökonometrischen Robustheitstests nicht standhalten. Interessanterweise schließen diese Autoren in ihre empirischen Berechnungen das Ausmaß der Korruption in den betrachteten Ländern als zusätzliche Variable ein, da viele Eigenschaften der Empfängerländer von Direktinvestitionen, so zum Beispiel auch Korruption, mit laxen Umweltstandards einhergehen. Ein hohes Korruptionsniveau schreckt Investitionen ab, so dass die Nicht-Berücksichtigung von Korruption in der empirischen Untersuchung den Einfluss der Umweltstandards für die Attrahierung von Direktinvestitionen unterschätzen würde. Smarzynska und Wei (2001) stellen allerdings fest, dass eine Bereinigung um diesen Zusammenhang keine Wirkung auf das Ergebnis hat.

Keller und Levinson (1999) untersuchen den Zusammenhang von Auslandsdirektinvestitionen und Umweltstandards für die Bundesstaaten der USA. Hier ist die Datenlage sehr günstig und die Staaten sind gut vergleichbar. Allerdings sind die Unterschiede in den Umweltstandards relativ gering. Auch sie finden keinen signifikanten Zusammenhang. Wheeler (2001) untersucht Zeitreihen der Konzentration von Staubpartikeln (die als besonders gesundheitsschädlich gelten) in der Luft von industriellen Zentren in China, Brasilien und Mexiko. Diese Länder attrahieren einen hohen und tendenziell steigenden Anteil an ausländischen Direktinvestitionen. In allen Ländern hat bei zunehmenden Direktinvestitionen die Staubpartikelkonzentration kontinuierlich abgenommen. Die Hypothese der „pollution havens" erfährt nach wie vor nur extrem schwache Unterstützung.

Das Zusammenwirken von Globalisierung und globaler Umweltproblematik ist demnach wesentlich komplexer als es die pauschalen Urteile vieler Globalisierungskritiker widerspiegeln. Es gibt gute Gründe anzunehmen, dass sich eine Politik der Außenhandelsliberalisierung mit dem Ziel einer national und weltweit hohen Umweltqualität verträgt. Langfristig ist durchaus ein positiver Zusammenhang zwischen Handelsintensität, außenwirtschaftlicher Öffnung und dem Niveau der Umweltqualität möglich.

2.5. Kritik: Verlust nationaler Souveränität ohne demokratische Legitimation

2.5.1. Der Nationalstaat auf dem Rückzug aus öffentlichen Aufgaben[129]

Globalisierungskritiker, besonders Attac (2002a) in Europa, befürchten durch die zunehmende weltwirtschaftliche Integration nicht nur „race to the bottom"-Prozesse in der privaten Wirtschaft. Auch Staaten stünden nun verstärkt in einem Wettbewerb. Da Staaten jedoch für die Versorgung der Menschen mit öffentlichen Gütern (s. auch unten 2.5.1.1.) zuständig sind, könnte es zu einem Wettlauf um die günstigsten Bedingungen für globale Investoren, Unternehmer und wohlhabende mobile Steuerzahler kommen. Dies wiederum würde zu einer suboptimalen Versorgung mit öffentlichen Gütern führen. Hierbei ist allerdings direkt einzufügen, dass sich Attac (2002a) in seinen Forderungen sowohl auf „öffentliche Dienste" als auch auf „öffentliche Güter" bezieht. Diese Unterscheidung ist für die Diskussion weiter unten noch interessant: Es ist allgemein anerkannt, dass staatliche Finanzierung (nicht unbedingt die Bereitstellung) öffentlicher Güter einschließlich eines Sozialsystems, was im Euckenschen Sinne die freiheitliche Wirtschafts- und Wettbewerbsordnung mit garantiert, zur gesellschaftlichen Wohlfahrt beiträgt. Andere öffentliche Leistungen können jedoch Partikularinteressen dienen und/oder ineffizient sein. In Unterkapitel 2.5.1.1. wird auf die genaue Abgrenzung von öffentlichen Gütern eingegangen werden.

---

[129] Das Institut für Wirtschaftspolitik an der Universität zu Köln hat 1998 bereits eine ausführliche Studie zu der Rolle des Staates in einer globalisierten Wirtschaft angefertigt (Donges und Freytag, 1998).

Wegen der Befürchtung, die Globalisierung würde den Nationalstaaten Macht und Souveränität aufgrund der zunehmenden internationalen Mobilität von Kapital und auch Arbeitnehmern entziehen, wird für eine stärkere demokratische Kontrolle bis hin zu direkten demokratischen Elementen plädiert (IFG, 2002). Dabei ist aber zu bedenken, worauf von Weizsäcker (1999) zu Recht hinweist, dass eine Forderung nach der Beugung des Marktes vor dem Primat der Politik nicht unbedingt direkt verständlich ist. Wie bereits oben in Kapitel 2.1 beschrieben, will Marktwirtschaft nichts anderes als die möglichst effiziente Allokation von Gütern.[130] Globalisierungskritik, die Globalisierung als Bedrohung demokratischer Kräfte sieht, muss daher berücksichtigen, dass nicht unbedingt der Marktmechanismus selbst, wohl aber Eingriffe in diesen Mechanismus und die Verteilung seines Ergebnisses von politischen Entscheidungen abhängen.

Zu dem Eindruck, dass Globalisierung zu weniger Demokratie führt, könnte auch der als dominant empfundene „Neoliberalismus" zählen. Daher könnte es zu reduzierten Wahlmöglichkeiten in der Wirtschaftspolitik für die Wähler kommen – was aber angesichts des weiten Meinungsspektrums zur Globalisierung gerade in Deutschland (s. oben Teil 1.5.) nicht zutrifft. Die lebhafte Globalisierungsdebatte auch in politischen Parteien macht deutlich, dass nicht zu befürchten steht, es fände kein demokratischer Entscheidungsprozess über Globalisierungseffekte statt.

Ferner sollte festgestellt werden, dass in den offiziellen Statistiken der OECD nicht erkennbar ist, dass die Staaten der Industrieländer sich in ihren wirtschaftlichen Tätigkeiten auf dem Rückzug befinden, im Gegenteil. Laut Zusammenstellungen des Bundesfinanzministeriums (BMF, 2001b und 2002b) zeigen die OECD-Daten vielmehr, dass die Abgaben- und die Steuerquote seit 1970 – also in dem häufig als aktuelle Globalisierungphase definierten Zeitraum – in den meisten Industrieländern deutlich gestiegen sind. Dass die Bruttoausgaben der Industrieländer insgesamt (also finanziert neben Steuern durch Verschuldung und sonstige Einkünfte aus staatlichen Betrieben, Seigniorage und staatlichem Vermögen), also ihre Staatsquoten im weiten Sinne, seit 1985 nur wenig zurückgingen, lässt ebenfalls nicht auf die von Globalisierungskritikern befürchteten Effekte schließen.[131]

Immerhin ist die Staatsquote in den Heimatstaaten der meisten westlichen Globalisierungskritiker (USA und EU) in den letzten 15 Jahren um einige Prozentpunkte zurückgegangen (jedoch liegt sie in der EU weltweit immer noch deutlich am höchsten). Dies wird durch das deutliche Ansteigen der Staatsquoten der asiatischen Industrieländer Japan und Korea ausgeglichen.

---

[130] Von Weizsäcker (1999, S. 42): „Die wettbewerbliche Marktwirtschaft ist der Inbegriff eines entpolitisierten wirtschaftlichen Sanktionensystems. Man könnte 'Marktwirtschaft' geradezu als entpolitisiertes Wirtschaftssystem definieren."

[131] Tanzi (2000) fragt zudem, ob eine niedrigere Staatsquote auch direkt niedrigere Wohlfahrt bedeuten würde.

In diesem Zusammenhang ist es interessant festzustellen, dass die früher am meisten gefürchtete Konkurrenz um einen staatlichen „race to the bottom" aus Japan und Korea mit steigendem Wachstum höhere Staatsquoten zuließ – dies steht im direkten Widerspruch zu der Globalisierungskritik, Staaten würden auch mit wachsender wirtschaftlicher Effizienz kontinuierlich staatliche Leistungen und Regulierungen abbauen, um noch mehr Kapital attrahieren zu können. Soziale Leistungen scheinen daher in den Augen der Bürger dieser wachsenden Staaten ein superiores Gut zu sein, d.h. es wird überproportional mit steigender Wirtschaftsleistung und höherem Wirtschaftseinkommen nachgefragt.

Schaubild 6: OECD-Staatsquoten relativ stabil
Staatsausgaben in OECD-Ländern in % des Bruttoinlandsprodukts

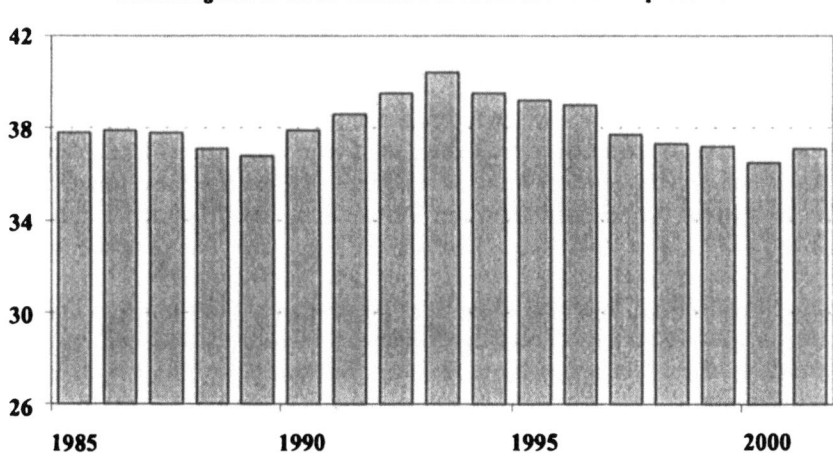

Quelle: OECD (2002b)

In der folgenden Diskussion kann es daher nur um die Frage gehen, warum eine deutlichere Reduktion der Staatsquoten in den meisten OECD-Ländern noch nicht eingetreten ist und ob potenziell eine Bedrohung der Staatstätigkeit erwartet werden kann. Außerdem ist zu hinterfragen, ob eine solche Entwicklung nicht wünschenswert wäre. In der Literatur lassen sich in dieser Frage zwei große Richtungen ausmachen.

Sinn (2002) zum Beispiel argumentiert eher auf der Seite von Globalisierungskritikern, da er in einem Systemwettbewerb der Staaten negative Aspekte sieht: Der europäische Wohlfahrtsstaat würde erodieren, Kapital würde trotz seiner Nutzung öffentlicher Dienste nicht mehr besteuert, nationale Regulierungen unter die für die funktionierende Bereitstellung öffentlicher Güter notwendige Grenze gedrückt.

Siebert (2002) oder auch Issing (2001) und Donges et al. (1998) hingegen sehen im System- und Standortwettbewerb durch Globalisierung eine wirkungsvolle Machtbegrenzung für die Nationalstaaten, deren Staatsanteil an der Wirtschaftsleistung, wie in den obigen Zahlen erkennbar, immer noch sehr hoch liegt und stellenweise sogar zuletzt wieder zugenommen hat. Dies gilt für die Wirtschaftspolitik sowohl der Industrie- als auch der Entwicklungsländer. Ein Abschmelzen der öffentlichen Mittel für ein solidarisches Sozialsystem oder gar eine Gefährdung der Finanzierung öffentlicher Güter sehen diese Autoren nicht, wohl aber einen erhöhten Druck, die Systeme der sozialen Sicherung finanziebar und dadurch tragfähig zu machen.

Wirtschaftliche Regulierungssysteme, einschließlich die Institutionen der Konjunkturpolitik (Finanzpolitik und Zentralbanken) würden sich in einem intensiveren Wettbewerb messen auf einer stetigen Suche nach dem effizientesten und stabilsten System. Staatliche Leistungen würden auf das Maß zurückgeschrumpft, das für die Aufrechterhaltung einer funktionstüchtigen Marktwirtschaft notwendig ist. Politisch motivierte Umverteilung, die über die soziale Grundsicherung hinausgeht, müsste sich ebenfalls im Wettbewerb um mobile Steuersubjekte (Kapitaleigner, Unternehmen, mobile Arbeitnehmer) bemühen, würde aber nicht unbedingt völlig verschwinden.

In dieser Denkrichtung wird nach den Erkenntnissen des Public Choice, dass auch die Träger staatlicher Aufgaben marktwirtschaftlichen Prinzipien wie Nutzenmaximierung unterworfen sein können[132], dem Systemwettbewerb eine Art zusätzliche Kontrollfunktion der Verwendung der öffentlichen finanziellen Mittel in einem demokratischen System zugebilligt. Die Gewaltenteilung und die parlamentarische Kontrolle über den Haushalt wird als nicht stark genug eingeschätzt, um eine hohe oder zunehmende Staatstätigkeit und Bürokratie einzudämmen. Globalisierungskritiker würden entgegnen, dass die demokratischen Systeme völlig ausreichen, die staatliche Tätigkeit demokratisch gewollt ist und somit ein nicht gewählter Druck von außen durch globalen Wettbewerb undemokratisch sei. Ließe sich hingegen zeigen, dass sich in der momentanen Bereitstellung staatlicher Leistung in Industrieländer auch viele Ineffizienzen verstecken, die zudem das Gegenteil von dem erreichen, was die Wähler eigentlich wollen (nämlich Sicherung der Sozialsysteme und keine Steuererhöhungen), so wäre der Argumentation zuzustimmen, dass Globalisierung eine wettbewerbliche Herausforderung für staatliche Tätigkeit ist, die für die allgemeine gesellschaftliche Wohlfahrt keine Bedrohung, sondern einen Vorteil darstellt.

---

[132] Dies spiegelt die Einsicht wider, dass Politiker in einem demokratischen System den Anreiz haben, Wählerstimmen mit Versprechungen auf mehr Staatsausgaben auf sich zu ziehen. Einzige Begrenzung für diese Art Maximierung von Wählerstimmen ist die politische Gegenwehr derjenigen, die mit höheren Steuern dafür belastet werden sollen. Besteht jedoch – eine wegen positiver Anreizwirkungen marktwirtschaftlich sinnvolle – Ungleichheit in den Einkommen, ist eine demokratische Mehrheit für stärkere Belastung von höheren Einkommen relativ leicht zu erzielen. Die gesamtwirtschaftlichen, langfristigen Schäden dieser Politik sind ohne Möglichkeit der Abwanderung des zu besteuernden Kapitals schwer zu vermitteln. Lepach (1998) gibt einen Überblick über politökonomische Zusammenhänge der Besteuerung in der Zeit der Globalisierung.

Sinn (2002) hingegen argumentiert auf Basis des von ihm so genannten Selektionsprinzips: Die staatliche Tätigkeit in der Bereitstellung öffentlicher Güter sei zuvor durch ein Marktversagen entstanden. In der Globalisierung würde aber durch die wettbewerblichen Marktkräfte der Staat seiner Einnahmequellen für die Erstellung von öffentlichen Gütern beraubt. Darüber hinaus würde zwangsläufig ein solidarisches Sozialsystem aufgegeben – denn eine über das Äquivalenzprinzip hinaus gehende Steuer würde nicht mehr erhoben werden können. Daher wäre es nicht gesichert, dass der Wettbewerb der Nationen die Effizienz der Volkswirtschaften wirklich steigern würde. Frey (2002) bezeichnet diese Denkrichtung auch als Prognose eines „Liliput-Staates" als Kontrast zum befürchteten „Leviathan-Staat" vieler liberaler Ökonomen.

In den folgenden Abschnitten soll auf die drei Bereiche eingegangen werden, in denen Kritiker einen Rückzug des Nationalstaates aus öffentlichen Aufgaben bzw. weniger staatliche Macht ohne demokratische Legitimation (also nur durch globalen Standortwettbewerb) befürchten: Privatisierungen, Sozialstaat sowie Steuer- und Konjunkturpolitik.

Für die Entwicklungsländer sind die von den meisten Kritikern geäußerten Befürchtungen eines Abbaus staatlicher Leistungen wegen der größtenteils wenig ausgeprägten Sozialsysteme nicht relevant. Auf einige der Bedenken über Privatisierungen soll jedoch auch im Rahmen der ärmeren Länder eingegangen werden (s. 2.5.1.1.). Die Überlegungen zur Konjunkturpolitik in Teil 2.5.1.2. sind auch für die ärmeren Länder gültig.

2.5.1.1. Privatisierungen

Voraussetzung dafür, dass ein Sektor außenwirtschaftlich liberalisiert werden kann, ist, dass nach nationaler Regelung (zumindest auch) private Anbieter Zugang zu diesem Markt haben. Dies würde z.B. in Deutschland eine Privatisierung bisher öffentlich hergestellter Leistungen voraussetzen. IFG (2002), GATS-Kritiker, allen voran Attac (2002a), aber auch Gewerkschaftsvertreter sind im höchsten Maße besorgt über die Tendenz zu immer mehr Privatisierungen sowohl in Industrieländern als auch in Entwicklungsländern. Es muss erwähnt werden, dass die offiziellen OECD-Statistiken die Vorstellung immer weiter zunehmender Privatisierung zumindest für Industrieländer nicht bestätigen. Im Jahre 1998 wurden die höchsten Privatisierungserlöse erzielt – für 2001 jedoch schätzt die OECD ein deutliches Absinken auf rund 20 vH der Privatisierungseinnahmen von 1998 (OECD, 2002c). Dies macht auch deutlich, dass sich mittlerweile anstelle einer Flucht des Staates aus unternehmerischer Tätigkeit eher ein schleichender Rückzug eingestellt hat, der hinter dem allgemeinen Wachstum von Staatsausgaben zurückbleiben kann. Aktuell ist eine deutliche Reduktion der Staatsquote aus diesem Grund daher nicht zu erwarten.

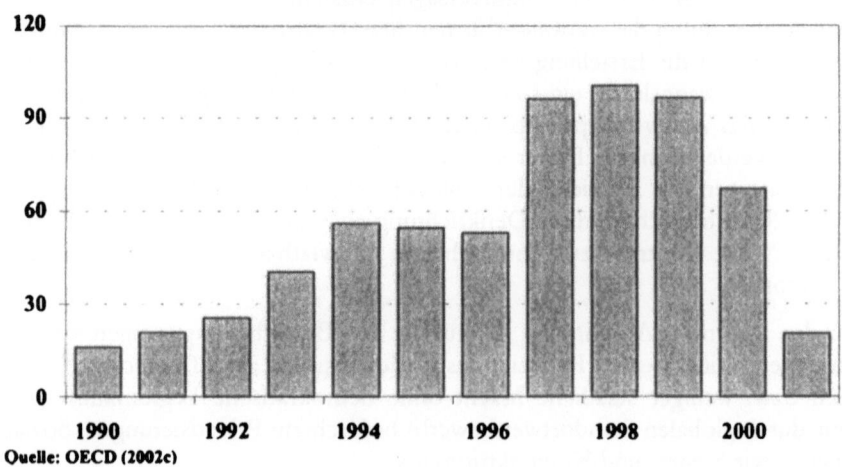

Schaubild 7: Privatisierungserlöse in OECD-Ländern
in Milliarden US-Dollar

Quelle: OECD (2002c)

Es wird beklagt, dass sich der Staat aus Bereichen zurückziehen müsse, die auch von Privaten erledigt werden könnten und die Privatisierung kommunaler Dienstleistungen wird als „Enteignung kommunalen Eigentums" gesehen. Auffassungen wie diese sind durchaus der Fundamentalkritik am kapitalistischen Wirtschaftssystem zuzuordnen. In einer sozialen Marktwirtschaft muss die Rechtfertigung genau umgekehrt geführt werden: Welche Gründe gibt es dafür, dass ein Staat in einem Wirtschaftsbereich tätig wird und diese Aufgabe nicht dem Markt überlässt? Der Staat muss nachweisen, dass er eine Aufgabe besser erledigen kann, als es private Anbieter könnten.

Die Gründe dafür, dass Güter und Dienstleistungen normalerweise über den Markt bereitgestellt werden sollen, sind zu großen Teilen deckungsgleich mit den Vorteilen eines marktwirtschaftlichen Systems. Das sind die Leistungsanreize, die sich mit Privateigentum verbinden und der Ansporn, im Wettbewerb Neues zu wagen und damit Produktinnovationen zu generieren. Auch politökonomische Überlegungen sprechen dafür, dass private Unternehmen gegenüber öffentlichen Anbietern Effizienzvorteile besitzen. Die Erfolge der Öffnung des Marktes für Telekommunikationsdienstleistungen für den Wettbewerb belegen dies.[133] Zwar mag der Aktienkurs des zuvor rein staatlichen

---

[133] Als negative Beispiele für Privatisierung werden oft die Erfahrungen mit dem staatlichen Verkauf der Eisenbahn, der Flugkontrolle und der Strom- und Wasserversorgung in Großbritannien ausgemacht. Butler (2002) gibt eine aktuelle Zusammenfassung, in der er diesen Thesen widerspricht. Von Befürwortern von Privatisierung kann nämlich aufgeführt werden, dass – solange nicht vollständig privatisiert wurde oder ein Monopol gewährt wurde – selbstverständlich suboptimale Ergebnisse der Privatisierung zustande kommen können. Beide Probleme sieht Butler (2002) im Falle Großbritanniens bestätigt.

Betriebes Deutsche Telekom genauso wie die der gesamten Branche zuletzt stark unter Druck geraten sein. Die Preise für Telekommunikation sind jedoch deutlich gesunken, die Produktvielfalt ist größer geworden.

Allgemein sieht die ökonomische Theorie Staatsaufgaben in den Bereichen der Allokations- Verteilungs- und der Stabilisierungspolitik. Die Privatisierung von Dienstleistungen als notwendige Voraussetzung der außenwirtschaftlichen Liberalisierung gehört aus ökonomischer Sicht in den Bereich der Allokationspolitik. Eine notwendige Voraussetzung für das Tätigwerden des Staates (also dem Gegenteil von Privatisierung) ist ein Vorliegen von Marktversagen, d.h. ohne Eingriff des Staates wird das betreffende Gut (hier einschließlich Dienstleistungen) nicht, unzureichend oder nur mit unerwünschten Nebenwirkungen bereitgestellt (Tegner, 2001).[134] Liegt kein Marktversagen vor, sollte sich der Staat in jedem Fall aus diesem Bereich zurückziehen. Selbst wenn Marktversagen festgestellt werden kann, muss darüber hinaus nachgewiesen werden, dass ein Eingreifen des Staates dieses Marktversagen auch wirklich heilen kann und es nicht vielmehr zu Staatsversagen kommt, d.h. das Tätigwerden des Staates würde die Situation in diesem Markt nur verschlechtern.

Sind diese Voraussetzungen erfüllt, heißt auch dies noch nicht, dass der Staat auch die Herstellung des betreffenden Gutes (der betreffenden Dienstleistung) selber übernehmen muss. Dies soll anhand eines typischen Marktversagenstatbestands erläutert werden. Ein Deich ist ein klassisches Beispiel für ein öffentliches Gut, d.h. es besteht Nicht-Rivalität (ein zusätzlicher Nutzer verschlechtert die Leistung für andere Nutzer nicht) und Nicht-Ausschließbarkeit, d.h. einmal errichtet schützt der Deich alle Anlieger gleichermaßen, egal, ob sie einen Beitrag zu seiner Finanzierung geleistet haben oder nicht. Da aber von dem Nutzen des Deiches niemand ausgeschlossen werden kann, wäre es für den Einzelnen rational, sich nicht an der Finanzierung dieses Gutes zu beteiligen. Es kann also davon ausgegangen werden, dass ein solches Gut nicht über den Markt bereitgestellt werden würde, obwohl hierfür grundsätzlich Zahlungsbereitschaft besteht. Deshalb ist in diesem Markt ein Eingriff des Staates erforderlich. Heißt dies aber nun, dass der Staat den Deich auch selber bauen muss? Die Antwort lautet eindeutig nein. Es ist völlig ausreichend, wenn der Staat einen Zwangsbeitrag zur Finanzierung des Deiches erhebt und für die Herstellung des Gutes das private Unternehmen mit dem besten Angebot beauftragt. Staatliche Bereitstellung des Gutes ist erforderlich, nicht jedoch Herstellung durch den Staat. Eine staatliche Bereitstellung sollte zudem das Subsidiaritätsprinzip berücksichtigen.

Staatliche Herstellung ist nur dann angezeigt, wenn entweder Verfahrenspräferenzkosten (zur Erläuterung vgl. Punkt 2.2.5.2) vorliegen oder aber ausnahmsweise die Transaktionskostenvorteile durch staatliche Herstellung so

---

[134] Ein typisches Beispiel ist Landesverteidigung und öffentliche Sicherheit – das Gewaltmonopol des Staates.

groß sind, dass sie die Nachteile durch höhere Produktionskosten überwiegen (Grossekettler, 1998). Beides dürfte bei einer Vielzahl öffentlicher Unternehmen nicht der Fall sein.

Selbst wenn z.B. eine Gemeinde öffentlichen Personennahverkehr zu nicht kostendeckenden Preisen anbieten möchte, muss sie dies nicht selber tun. Sie kann stattdessen die Netzbedienung ausschreiben und sie dem Anbieter überlassen, der die geringsten Subventionen verlangt.

Ähnlich sieht die Lösung aus, wenn GATS-Kritiker beanstanden, dass in privaten Unternehmen keine unrentablen Unternehmensbereiche mehr durch rentable quersubventioniert würden und dies „das Ende der Solidarität" bedeute (Neurohr, 2002). Ökonomisch ist eine Quersubventionierung nicht sinnvoll. Im Beispiel des Busverkehrs kann stattdessen das „Busmodell Itzehoe" Verwendung finden: Hier sind rentable Busstrecken an private Unternehmen durch Ausschreibung vergeben worden. Anschließend wurde geprüft, welche weiteren Strecken noch angeboten werden sollten, obwohl hier keine Kostendeckung erreicht werden kann. Diese Strecken wurden dann ausgeschrieben und an die Unternehmen vergeben, die dafür die geringste Subvention verlangten. Auf diese Weise konnte transparent gemacht werden, welche Kosten für die Aufrechterhaltung dieser Strecken tatsächlich entstehen, und somit konnte eine bewusste Abwägung gegen die damit verbundenen Ziele stattfinden.

Auch sozial motivierte Argumente gegen Privatisierung sind, näher betrachtet, meist nicht stichhaltig. Gegen private Hochschulen und die Erhebung von Studiengebühren wird beispielsweise von Attac angeführt, dass dadurch Menschen aus ärmeren Verhältnissen der Zugang zu höherer Bildung verwehrt werde. In der ökonomischen Theorie spricht man von „distributivem Marktversagen". Es gibt aber eine Reihe von Modellen, die zeigen, wie dieses Problem umgangen werden kann. Beispielsweise könnte bei vollständiger Privatisierung des Hochschulsystems nach wie vor ein kostenloses Studium für alle angeboten werden, indem allen Interessierten Bildungsgutscheine zur Verfügung gestellt werden und die Hochschulen dann im Wettbewerb um die mit diesen Gutscheinen ausgestatteten Studierenden werben müssten. Denkbar sind auch Stipendiensysteme oder Systeme von Studiengebühren, in denen Zahlungen erst nach Abschluss des Studiums fällig werden, wie dies z.B. bei der privaten Universität Witten-Herdecke möglich ist. Die gleichen Überlegungen lassen sich auf staatlich finanzierte Hochschulen anwenden, wie Erfahrungen in anderen Ländern belegen (Sachverständigenrat, 1998, Ziffern 449ff.).

Ferner wird kritisiert, dass sich in privatisierten Bereichen die Arbeitsbedingungen verschlechterten, die Sicherheit am Arbeitsplatz abnähme und der Umweltschutz vernachlässigt werde (Mies, 2002). Auch dieses Argument erscheint überaus fragwürdig: Auch in privaten Unternehmen gelten staatliche Arbeitsschutzbestimmungen und Umweltnormen. Sollten öffentliche Angestellte tatsächlich in bestimmten Bereichen besseren Arbeitsschutz genießen, ist nicht einzusehen, warum die Bedingungen, die für Beschäftigte in privaten Unternehmen gelten, nicht auch für Beschäftigte in bisher öffentlichen Betrieben zumutbar sein sollten. Mit dem Gleichbehandlungsgrundsatz von Arbeitnehmern ist dies nicht vereinbar. Die Tatsache, dass eine bestimmte Gruppe von Arbeitnehmern bessere Bedingungen hat, deutet sogar auf Ineffizienzen und Ungerechtigkeiten hin. Es gibt keinen Grund dafür, dass Arbeits- und Umweltschutzbestimmungen, die z.B. in Unternehmen der Montanindustrie, in denen von einem überdurchschnittlich hohen Unfallrisiko und einer starken Umweltnutzung ausgegangen werden kann, als ausreichend angesehen werden, nicht auch in bisher öffentlichen Betrieben gelten können.

Gleiches gilt für den Einwand, dass das Lohnniveau in einer privatisierten Branche sinke. Dies ist nur ein Indiz dafür, dass sich zuvor die Gruppe von öffentlich Beschäftigten Vorteile verschaffen konnte, die nicht auf Leistung (ihrem Wertgrenzprodukt) basieren, sondern nur wegen des fehlenden Wettbewerbs möglich waren. Die Vorteile sind aber gleichzeitig Lasten für andere (und teilweise auch für die Begünstigten selber), die z.B. mit höheren Gebühren belastet werden.

Des Weiteren wird beklagt, dass Privatisierungen zu Massenentlassungen führten. Sollte es nach Privatisierung tatsächlich zur einer Reduktion der Beschäftigtenzahl in einem Sektor kommen, deutet dies darauf hin, dass zuvor Beschäftigte eigentlich nicht benötigt wurden und eine Art verschleierter Arbeitslosigkeit vorlag. Die Entlassung dieser Arbeitnehmer führt in diesem Fall zu Effizienzgewinnen. Dies bedeutet, dass die entsprechende Dienstleistung günstiger angeboten werden kann. Dadurch steigt das Realeinkommen und damit die Nachfrage nach dieser Dienstleistung und/oder anderen Gütern und Dienstleistungen. Daher ist davon auszugehen, dass zumindest gesamtwirtschaftlich und auf längere Sicht eher mit einem Zuwachs bei der Beschäftigung und nicht mit einem Beschäftigungsrückgang zu rechnen ist. Im Übrigen ist es nicht selten so, dass in einem vorher von einem einzigen öffentlichen Unternehmen beherrschten Markt durch Wettbewerb vieler Unternehmen auch in der betreffenden Branche mehr Arbeitsplätze entstehen (z.B. auch aufgrund von Marktwachstum, etwa durch ein stärker präferenzorientiertes Angebot und/oder verstärkte Innovationsaktivitäten).

Ein weiterer Kritikpunkt ist, dass durch Privatisierung die Preise für Dienstleistungen stiegen und die Qualität abnähme. Dies gipfelt in dem Attac-Slogan „schlecht, schlechter, privatisiert". Es kann nicht geleugnet werden, dass einige Privatisierungsmaßnahmen, z.B. in Großbritannien, nicht als Erfolg einzustufen sind. Dies kann aber nicht als generelles Problem von Privatisierungen gedeutet werden, sondern es muss im Einzelnen nach den Gründen gefragt werden.

Probleme können bei Privatisierungen insbesondere dann auftreten, wenn es sich um natürliche Monopole handelt. Dies ist der Fall, wenn der relevante Markt von einem einzigen Anbieter günstiger versorgt werden kann als von mehreren (und überdies potenzielle Konkurrenten nicht kurzfristig in den

Markt eintreten können). Dies ist regelmäßig bei Netzinfrastrukturen der Fall, z.B. in der Telekommunikation, im Schienenverkehr oder in der Stromversorgung.

Aber auch hier stehen dem Staat zahlreiche Möglichkeiten zur Verfügung, eine Privatisierung erfolgreich zu gestalten. Zum einen kann der Staat durch das Kartellamt oder eine spezielle Regulierungsbehörde das Preis- und Wettbewerbsverhalten des Monopolisten kontrollieren. Beispielsweise kann die Preis-Cap-Regulierung zum Einsatz kommen, die (dynamische) Höchstpreise für den Monopolisten vorschreibt (Schotter, 1996). Eine andere Möglichkeit ist das Herauslösen des Netzes aus dem Unternehmensbereich. Im Falle der Bahn ist z.B. Wettbewerb auf dem Schienennetz sehr wohl möglich. Für das aus dem Unternehmen Bundesbahn herauszulösende Schienennetz selber muss dann eine eigene Lösung gefunden werden. Grossekettler (2001) schlägt z.B. vor, hierfür eine Netzwerkgenossenschaft zu bilden. Eine weitere Möglichkeit besteht darin, Wettbewerb um den Markt zu entfachen, indem die Erbringung einer Leistung nur für eine bestimmte Zeit ausgeschrieben wird.

Inzwischen liegen genügend Erfahrungen mit der Regulierung natürlicher Monopole vor, so dass davon ausgegangen werden kann, dass Fehler, wie sie Großbritannien als dem Pionier der Privatisierung in Europa teilweise unterlaufen sind, vermieden werden können. Ein gutes Beispiel ist hier wiederum der Markt für Telekommunikationsdienstleistungen. Anfängliche Probleme in Großbritannien (etwa in der Dyopolphase) konnten in Deutschland weitgehend vermieden werden.

Im Allgemeinen sind schlechtere Qualität und höhere Preise nach Privatisierung allerdings dann denkbar, wenn das Gut oder die Dienstleistung zuvor massiv subventioniert wurde. Dies liegt dann allerdings daran, dass die Nutzer der Leistung nun mit ihren tatsächlichen Kosten (die immer noch niedriger liegen dürften als die volkswirtschaftlichen Kosten im Falle eines öffentlichen Unternehmens) konfrontiert werden. Genau dies ist in einer Marktwirtschaft auch erforderlich. Nur dann können Konsumenten ihre Entscheidungen unverzerrt treffen und den tatsächlichen Verzicht an anderen Gütern berücksichtigen, der für die Herstellung des konsumierten Gutes (der Dienstleistung) erforderlich ist. Kommt es zu Qualitätsverschlechterungen im Vergleich zur öffentlichen Herstellung, entspricht dies eben den Präferenzen der Konsumenten. Die tatsächlichen Kosten des vorherigen Qualitätsniveaus waren dann im Verhältnis zur Zahlungsbereitschaft der Konsumenten zu hoch, das Qualitätsniveau wurde ihnen förmlich aufgedrängt.

Abschließend soll noch auf die Frage eingegangen werden, ob Privatisierung in Entwicklungsländern ähnlichen Gesetzmäßigkeiten unterworfen ist oder ob es hier Ausnahmen gibt. Stiglitz (2002) übt beispielsweise eine vernichtende Kritik daran, dass die Privatisierung in Russland zu großer Korruption und Fehlallokationen bis hin zu Krisen geführt habe. Des Weiteren gibt er generell zu Bedenken, dass Privatisierungen vom IWF und der Weltbank zu schell vorangetrieben werden, und der private Sektor keine Zeit hat, sich das notwendige Kapital und Know-How für die Bereitstellung dieser Güter anzueignen und ausreichend Konkurrenten aufzubieten, um Wettbewerbsbedingungen herzustellen.

Hierzu ist zu sagen, dass der Fall Russland auf krasse Weise darstellt, wie sehr das Fehlen von Eigentumsrechten zu den beklagten Fehlentwicklungen geführt hat. Ein grundsätzliches Problem mit der Privatisierung von Betrieben, die keine öffentlichen Güter bereitstellen (mit der oben gegebenen Restriktion, dass auch öffentliche Güter privat hergestellt werden können), dokumentiert das Beispiel Russlands in den neunziger Jahren nicht. Das von Stiglitz (2002) gegebene negative Beispiel für Privatisierung in Entwicklungsländern, wie die Elfenbeinküste, in der ein ausländischer Anbieter den privatisierten Telekommunikationssektor beherrschte, ist ebenfalls kein Einwand gegen Privatisierung, sondern eine fehlende Sicherung von Wettbewerb.

Schließlich ist zu überlegen, ob wirklich ein Entwicklungsland mit einem wenig entwickelten Privatsektor nicht in der Lage ist, vormals staatliche Betriebe nun privat zu organisieren. Von Globalisierungskritikern (z.B. Attac, 2002a) wird hier häufig das Beispiel der Wasserversorgung in Entwicklungsländern gebracht. An diesem Beispiel können aber die Vorteile von Privatisierung auch in schlechten Marktbedingungen verdeutlicht werden. Normalerweise bestehen bei einer zuvor öffentlichen Versorgung mit Wasser erhebliche Qualitätsmängel, und ein Großteil der Bevölkerung wird nicht durch fließend Wasser versorgt. In diesem Ist-Zustand muss der ärmere Teil der Bevölkerung einen sehr hohen Preis für Wasser zahlen, der über dem Preis des Wassers in den mit Anschlüssen versorgten Gebieten liegt, da sie entweder das Wasser von Händlern kaufen oder selber mit hohem Aufwand transportieren müssen. Wird die Wasserversorgung nun privatisiert – mit der in Privatisierung von lebenswichtigen Gütern üblichen Auflage der Regierung des Entwicklungslandes, die Versorgung um einen vorher vereinbarten Betrag zu erhöhen –, so wird vermutlich ein Teil der Kosten für neue Anschlüsse auf die arme Bevölkerung überwälzt. Der Preis des Wassers kann also über dem Preis des Wassers in bisher angeschlossenen Gebieten liegen. Aber wahrscheinlich wird die Wasserversorgung für die Armen dennoch günstiger und besser als in der aktuellen Situation sein.

2.5.1.2. Nationale Konjunkturpolitik mit weniger Optionen

Die nationale Wirtschaftspolitik dürfte durch die Globalisierung in der Tat weniger Spielraum bekommen – aber dies ist nicht unbedingt eine negative Entwicklung. Sie lässt sich durchaus dahingehend interpretieren, dass der Nationalstaat weniger Spielraum für Wirtschaftspolitik bekommt, die wenig wirksam und jedenfalls nicht nachhaltig ist (Sally, 1998). Dies gilt auch für die Konjunkturpolitik.

Unabhängig von der Globalisierung wird durch die moderne ökonomische Theorie gezeigt und durch Erfahrung veranschaulicht, dass die Möglichkeiten und Erfolgsaussichten einer aktiven keynesianisch geprägten Konjunkturpolitik, bei der die Finanzpolitik und die Geldpolitik antizyklisch betrieben werden, begrenzt sind. Das liegt zum einen an den Entscheidungs- und Wirkungslags, die sehr lang sein und prozyklische Effekte auslösen können, und den Asymmetrien im Wirkungsmechanismus, je nachdem ob eine zu geringe gesamtwirtschaftliche Nachfrage stimuliert oder eine zu starke Nachfrage gedämpft werden soll. Zum anderen verpuffen bei verbreitet rationalen Erwartungen die von einer expansiven Konjunkturpolitik erhofften Wirkungen schnell, weil die Wirtschaftssubjekte davon ausgehen, dass künftig Steuererhöhungen und/oder Ausgabenkürzungen auf sie zukommen bzw. die Notenbank zwecks Bekämpfung von inflatorischem Druck die Refinanzierungszinsen anheben wird, so dass sie sich jetzt schon mit ihren Ausgabenplänen darauf einstellen. Völlig wirkungslos wird die expansive Konjunkturpolitik, wenn es strukturelle Verwerfungen auf der Angebotsseite der Volkswirtschaft gibt; dann entfacht sie allenfalls ein Strohfeuer.

Bei globalisierten Märkten können zudem etwaige expansive Wirkungen nicht „nationalisiert" werden, sondern sie werden „internationalisiert". In einer Weltwirtschaft mit größtenteils flexiblen Wechselkursen und liberalisierten Kapitalmärkten kommt hinzu, dass Fehler in der Wirtschaftspolitik des jeweiligen Landes schonungslos aufgedeckt werden. Neigt die jeweilige nationale Wirtschaftspolitik dazu, das Risiko instabiler makroökomischer Entwicklung zu erhöhen, dann wird die Risikoprämie auf von der internationalen Gemeinschaft gestelltes Kapital steigen. Will sich also ein Land die Vorteile des Zugangs zu internationalen Kapitalmärkten bewahren, so muss es eine Wirtschaftspolitik betreiben, die dieses Kapital nicht abschreckt. Analog lässt sich diese Überlegung auch mit dem Faktor Arbeit führen: Der Zugang zu international verfügbaren Arbeitskräften kann nur positiv von dem Land genutzt werden, das den Arbeitskräften günstige Bedingungen bietet.

Die Elemente orthodoxer expansiver Konjunkturpolitik, also Zinssenkungen und Erhöhung von Staatsausgaben, führen also schnell zu höheren Kapitalmarktzinsen, sofern das Kapital völlig mobil ist, oder auch zu höheren Löhnen der Lohngruppen, deren Arbeitnehmer international mobil sind und im Inland stark nachgefragt werden. Will ein Staat eine wachstumsfördernde Politik betreiben, so kann er dies besser durch die Herstellung und Pflege angemessener und verlässlicher Rahmenbedingungen tun; dazu zählen ein über den Konjunkturzyklus ausgeglichener Staatshaushalt und die steuerlich schonende Behandlung der Produktivfaktoren, namentlich der international mobileren. In der Geldpolitik muss er sich darauf konzentrieren, ein mittelfristig stabiles Preisniveau zu sichern, so dass inflationsbedingte (oder durch Inflation verursachte) Allokationsverzerrungen vermieden werden, was wohlfahrtssteigernd ist, die Zinsen auf moderatem Niveau sind, was die Kapitalbildung stimuliert, und die realen Wechselkurse möglichst geringe Ausschläge verzeichnen, was den Außenhandel stärkt.

Die Befürchtung von Globalisierungskritikern, es würde aufgrund des Drucks der internationalen Kapitalmärkte und mobilen Arbeitnehmer dazu kommen, dass ein kontinuierlicher und letztlich ruinöser Steuersenkungswettlauf stattfindet, dürfte also schon allein aus der disziplinierenden Wirkung gerade dieser globalen Märkte mobiler Produktionsfaktoren nicht eintreffen: Die Wirtschaftssubjekte eines Landes und die globalen Finanzmärkte würden eine ruinöse, nicht tragbare Steuersenkungspolitik erkennen und durch Abwanderung bzw. höhere Zinsen bestrafen.

Der Zwang zu mehr Rationalität in der Wirtschaftspolitik ist für ein Land bestimmt nicht schädlich.

2.5.1.3. Nationale Steuersysteme unter Wettbewerbsdruck

Dennoch kann es zu einer Umstrukturierung in der Art und Weise kommen, wie die Ausgaben des Staates finanziert werden. Durch die Begrenzung der Optionen für die nationale Geld- und Finanzpolitik verringert sich schon einmal die Gefahr, dass ein wachsender Schuldenberg und Inflation alle Steuersubjekte in dem Land einer Art linearen Besteuerung aussetzt.[135] Ein wachsender Schuldenberg der Staaten verstieße gegen das Postulat intergenerativer Gerechtigkeit, eine Inflationssteuer gegen den parlamentarischen Grundsatz „no taxation without representation".

Beim Thema Besteuerung regt sich Unbehagen bei vielen Kritikern, die mehrere negative Auswirkungen internationalen Steuerwettbewerbs befürchten. Zunächst würde sich durch die Ausweichreaktion der Steuerbehörden die Besteuerung zunehmend auf die immobilen Produktionsfaktoren beschränken. Da mit zunehmender Abwanderung der mobilen Faktoren, die der Besteuerung zu entgehen versuchen, diese im Steueraufkommen fehlen, müssten die Steuern für die immobilen Faktoren erhöht werden. Daraufhin würden sich auch für die immobilen Faktoren die Anreize zur Steuervermeidung oder sogar Steuerhinterziehung ergeben: entweder, indem sie in Schwarzarbeit ausweichen würden[136] oder aber auswandern, weil ab einer bestimmten Steuer- und Abgabenbelastung der Nutzen aus einer Abwanderung die Kosten aus einer Abwanderung überwiegt. Außerdem könnte es sein, so die Kritiker, dass durch geringere Besteuerung die Produktivität des besteuerten Faktors nicht

---

[135] Gerade dieser Tatbestand sollte Globalisierungskritikern, die sich für eine Umverteilung einsetzen, zu denken geben. Wenn sie eine progressive Belastung der Leistungsträger in der Gesellschaft wünschen, so würde eine wie eine lineare Besteuerung der Ersparnisse wirkende Inflation diesem Ziel eindeutig zuwider laufen. Zudem besteht die Möglichkeit, dass sich größere Vermögen durch professionellere Verwaltung den negativen Folgen von Inflation besser entziehen könnten.

[136] Im Falle von immobilem Kapital, wie Grundstücken, käme eine Verschleierung des Steuerwertes in Betracht. Eekhoff (1998) warnt davor, in der Besteuerung von Immobilien einen möglichen Ausgleich für entgangene Besteuerung mobilen Kapitals zu sehen. Immobilien könnten der Besteuerung zwar nicht entgehen, wohl aber würde das Interesse an Investitionen in Immobilien abnehmen, mit für die Wirtschaft unabsehbaren negativen Folgen.

richtig angezeigt wird; zum Beispiel würden Kapitaltransfers ins Ausland und Unternehmensverlagerungen nicht wegen der höheren Kapitalrendite vor Steuern, sondern wegen einer günstigeren Besteuerung vorgenommen.

Diese Argumentation greift jedoch zu kurz. Es ist vielmehr so, dass durch die Globalisierung deutlicher wird, wo Ineffizienzen und steuersystematische Unregelmäßigkeiten in den nationalen Steuersystemen liegen.[137] Die letztendlichen Nutznießer staatlicher Leistungen und somit auch diejenigen, die sie finanzieren sollten, sind die in dem Land lebenden Wirtschaftssubjekte, und zwar natürliche Personen. Unternehmen bestehen aus Managern, Arbeitnehmern und Eigentümern, die wiederum der Besteuerung ihres Einkommens unterworfen sind.

Auch in einer geschlossenen Volkswirtschaft ist es schwer, Unternehmen als Wirtschaftseinheiten zu besteuern, ohne die Wirkungen solcher Steuern an andere Stelle zu leiten (von Weizsäcker, 1999). Wenn Unternehmen besteuert werden, so können sie diese Steuer entweder an die Konsumenten überwälzen (also steigert die Steuer die Preise), oder aber die Steuer schlägt sich als Kostenfaktor für das Unternehmen nieder, was wiederum die Einkommen der Kapitaleigner und der Arbeitnehmer und damit deren Einkommenssteuerpflicht senkt.[138] Im Fall der Kapitaleigner führt dies zur Anlage in steuergünstigere Anlageformen oder zu erhöhtem Konsum, im Fall der Arbeitnehmer entweder zu Lohneinbußen oder Arbeitslosigkeit. Durch die Globalisierung ändert sich dieser Zusammenhang nicht.

Will die Politik nun dennoch Unternehmen besteuern, so ergibt sich in einer globalisierten Wirtschaft immerhin noch die Möglichkeit, ihnen glaubhaft zu machen, dass den Zahlungen auch Leistungen gegenüberstehen. Diese sollten ausreichen, sie dazu zu bewegen, im Land zu verbleiben und die Steuerlast zu tragen.[139] Letztlich lässt sich eine solidarische Finanzierung von staatlichen

---

[137] Selbstverständlich könnten bestimmte kleine Staaten als „Steueroasen" mit nur geringen öffentlichen Leistungen eine Steuersparbranche als regelrechtes Exportgut entwickeln, z.B. ohne Kapital- und Unternehmenssteuer für ausländisches Kapital und Briefkastenfirmen. Weiter unten wird jedoch deutlich, dass sich diese Praxis ohnehin nur auf Steuern bezieht, die ökonomisch wenig fundiert sind. Des Weiteren könnte die Problematik mit konsequenterer Anwendung des Inländerprinzips (s- unten 3.5.2.) angegangen werden.

[138] Dies tritt der verbreiteten Kritik entgegen, Unternehmen seien nur Kapital, was wie „Reiche" zu besteuern sei (Attac, 2002a).

[139] Diese Leistungen umfassen beispielsweise auch eine funktionierende Infrastruktur und Benutzung kollektiver Güter. Auch sind staatliche Leistungen zur Vermeidung negativer externer Effekte (Schadstoffausstoß und Müllverursachung des Unternehmens) legitimierbar. Ferner sollten Unternehmenssteuern oder Gebühren lokal (z.B. für Müllbeseitigung, Verkehrsbelastung), regional (z.B. für generelle Infrastruktur) und landesweit (Nutzung des gesicherten Rechtssystems) erhoben werden. Auch hier geht die Steuer letzten Endes in die Wirtschaftskalkulation der am Unternehmen beteiligten Privatpersonen ein. Auch patriotische Aufrufe wie in den USA (Solidarleistung für zusätzliche Sicherheits-

Aufgaben durch Unternehmenssteuern aber nur dann tragen, wenn die an dem Unternehmen beteiligten Arbeitnehmer und Eigentümer die Vorteile einer Solidargemeinschaft erkennen (s. auch das nächste Kapitel.).

Die Standortdebatte dreht sich im Falle der Unternehmen jedoch nicht darum, ob der Staat durch vernünftige Steuerpolitik mehr Einnahmen über Unternehmenssteuern erzielen kann, die er für Umverteilung und Finanzierung eines solidarischen Steuersystems verwenden kann. Ein guter Standort attrahiert Direktinvestitionen, führt zu höherem Wachstumspotenzial und schafft Arbeitsplätze, beziehungsweise steigert durch erhöhten Wettbewerb um Arbeitskräfte die Löhne (und hiermit wiederum die Einkommenssteuereinnahmen). Dies gilt gleichermaßen für Industrie- und Entwicklungsländer. Und vorteilhaft wird ein Standort nicht nur dadurch, dass er unter Berücksichtigung von Kosten durch Unternehmenssteuern, Regulierung, Löhne und Lohnnebenkosten wettbewerbsfähig ist, sondern auch die dafür empfangenen Leistungen attraktiv sind. So wertet Berthold (1997) ein funktionierendes Sozialsystem (hierzu noch mehr im nächsten Kapitel) als positiven Standortfaktor. Unternehmen würden Leistungen an Arbeitnehmer sparen (Hüther, 1997), die Streikrate könnte geringer ausfallen und der soziale Friede und die Abfederung von Konjunkturschocks durch soziale Sicherungssysteme verschafft eine Verstetigung der Absatzbedingungen.[140]

Obwohl die Tendenz zur Besteuerung von privaten Personen auch ohne Globalisierung vorhanden ist, kann sich dennoch eine Änderung durch zunehmende weltwirtschaftliche Integration ergeben: Privatpersonen könnten sich der Beteiligung an der Finanzierung ihres Staates auf zweierlei Weisen entziehen. Entweder könnten sie selber ähnlich wie Unternehmen abwandern. Dann aber würden ihnen auch die Leistungen des betreffenden Staates zum größten Teil nicht mehr zustehen.[141]

---

ausgaben gegen Terrorismus) können wirksam sein, für die meisten Regierungen wird diese Option jedoch weniger aussichtsreich sein.

[140] Das BMF (2001b) gibt einen Überblick über internationale Unternehmenssteuern: Danach zählt die Belastung in Deutschland nicht zu den höchsten. Sie ist aber im europäischen Vergleich, auch nach der jüngsten Unternehmenssteuerreform, überdurchschnittlich, wie Berechnungen des Sachverständigenrats (2001) auf der Grundlage von Kapitalkosten und effektiven Durchschnitts- und Grenzsteuersätzen zeigen. Die Vergleichbarkeit der Steuersysteme ist durch die vielen Ausnahmen und Eigenheiten jedoch sehr schwierig. Eine solche Intransparenz kann auch für Unternehmen ein Grund sein, eine Verlagerung ins Ausland nicht zu riskieren. Zudem bestehen rechtliche und politische Risiken (die am Unternehmen beteiligten Privatpersonen haben keinen Einfluss auf die politischen Entscheidungen des betreffenden Landes).

[141] Im Falle Deutschlands kann argumentiert werden, dass allein der Besitz der deutschen Staatsbügerschaft, die nicht verloren werden kann, einen erheblichen Vorteil bedeutet, da man zum Beispiel jederzeit wieder einwandern kann.

Dies ist dennoch das Kernproblem des bereits von Tiebout (1956) erkannten Einwands, der als das Hauptargument gegen Steuerwettbewerb gelten kann. Wenn bestimmte Wirtschaftssubjekte, also vor allem die Leistungsträger, sich aus der Solidargemeinschaft verabschieden, auch wenn ihnen ausreichend öffentliche Güter und soziale Sicherung angeboten wird, so kann es sich für sie lohnen abzuwandern und sich ausreichend mit ihrem hohen Einkommen privat abzusichern. Sinn (2002) begrüßt in diesem Zusammenhang die Praxis der US-amerikanischen Behörden, Einkommen weltweit zu besteuern und zusätzlich zu ausländischer Quellenbesteuerung die Differenz zum heimischen Steuersatz zu verlangen, unabhängig vom Wohnsitz seiner Bürger. Die US-Methode ist steuersystematisch als unsauber anzusehen, da den besteuerten, im Ausland lebenden Steuersubjekten die vollen Leistungen des amerikanischen Staates nur potenziell zur Verfügung stehen. Dennoch steht auch ihnen die Möglichkeit frei, den Staat zu wechseln. Ländern mit dezentraler Fiskalpolitik (sowohl Steuern als auch Transferleistungen) wie die USA und die Schweiz zeigen gewisse Faktorbewegungen (u.a. Migration). Es sind lediglich die elementaren Teile der Sozialsysteme zentral gesteuert, was den dezentralen fiskalischen Spielraum erhöht (Feld, 2002). Eine Steuerflucht von bloßen Bemessungsgrundlagen oder ein unentwegter Steuerwettlauf nach unten ist in diesen Ländern nicht festzustellen.

Eine zweite Variante, wie Wirtschaftssubjekte einer Steuer ausweichen können, ist, wenn sie von etwaigen Steuergesetzen Gebrauch machen, die bestimmte Arten ihres Einkommens nicht oder geringer besteuern. Dies schließt auch einen Transfer von Kapital auf ausländische Konten ein, die mit einer Pauschalsteuer belegt werden, und nicht in der allgemeinen Steuererklärung als Steuern angegeben werden müssen, sofern das Quellensteuerprinzip zugelassen wird.

Selbstverständlich ergibt sich über diese steuertheoretischen Überlegungen hinaus das Problem, dass viele Steuervorteile und -ausnahmen gerade wegen mangelnder Kontrollmöglichkeiten gewährt werden. So findet das Prinzip der Besteuerung des weltweiten Einkommens (also auch Kapitaleinkünfte auf ausländischen Konten) in den Bankgeheimnissen und anderer Jurisdiktion der ausländischen Staaten seine Grenzen. Auf diese Problematik soll weiter unten in 3.5.2. eingegangen werden.

Es sei jedoch angemerkt, dass Kapitaleinkünfte auch steuersystematisch nicht unbedingt ähnlich wie Arbeitseinkommen zu handhaben sind. Kapital bildet sich aus den Ersparnissen von Arbeitseinkommen.[142] Ähnlich also wie bei ei-

---

[142] Die zweite mögliche Quelle ist der Vermögenstransfer oder die Erbschaft, die wiederum anderen Problemen ausgesetzt ist. Jegliche Form der Besteuerung dieser Art von Einkommen ist wegen der häufig hohen Beträge erheblichen Anreizen der Steuervermeidung und -hinterziehung ausgesetzt. Im Bereich der Steuervermeidung könnte das Problem auftreten, dass zu wenig privates Kapital für den Ruhestand gebildet wird, was wiederum gesamtwirtschaftlich schädliche Folgen haben kann.

ner Substanzsteuer ergibt sich eine doppelte Besteuerung, die die Entscheidung von Wirtschaftssubjekten über Sparen und Konsum beeinflussen kann. Wird das Kapital – wie über Einkommens- und Pauschalsteuern in Industrieländern weit verbreitet – besteuert, so ergibt sich eine Begünstigung von Konsum im Vergleich zu Kapitalbildung (Dluhosch, 1993). Diese Zusammenhänge sind jedoch ebenfalls unabhängig von der Globalisierung.

Schließlich ist noch der Umstand zu betrachten, dass Globalisierung die von den Globalisierungskritikern befürchtete Mobilität der zu besteuernden Faktoren noch nicht so stark erhöht hat. Bereits im Kapitel 2.3. zu den Finanzmärkten klang an, dass die beobachtete Neigung vieler Anleger, eher heimische Investitionsmöglichkeiten zu nutzen, auf relativ geringe Kapitalmobilität schließen lässt. Fuest (1995) zeigt in einem Modell, dass solidarische Finanzierung über das Äquivalenzprinzip bei nicht vollständig mobilen Kapitalmärkten weiterhin möglich ist. Selbst ein Zusammenhang zwischen liberalisierten Kapitalmärkten und Reduktionen von Kapitalsteuern ist kaum empirisch nachzuweisen (vgl. den Überblick bei Schulze und Ursprung, 1999). Baldwin und Krugman (2001) zufolge sorgen Agglomerationskräfte für eine stärkere Bindung des Kapitals an den Nationalstaat bzw. an regionale Märkte.

Die Mobilität der Arbeitnehmer ist selbst innerhalb Europas nicht so stark, als dass eine massive Abwanderung bei Erhöhung der nationalen Steuersätze zu befürchten ist. Sprache, kulturelle Unterschiede, und immer noch sehr unterschiedliche Gesetzesnormen tragen alle zu einer nach wie vor vorhandenen Heterogenität der Staaten und ihrer Gesellschaften bei, die die Kosten von Abwanderung erhöhen.

2.5.1.4. Druck auf den Sozialstaat

Gefährdet die Globalisierung den Sozialstaat? Nachdem im vorherigen Abschnitt deutlich wurde, dass die Frage nach der Erosion der Steuerbasis in den Industrieländern weitaus komplexer ist als von vielen Globalisierungskritikern angenommen und nicht unbedingt mit sinkenden Steuereinnahmen gerechnet werden muss, soll nun kurz auf die Prinzipien eines Sozialsystems eingegangen werden.

Analog zu den bisher dargestellten OECD-Statistiken illustriert Crafts (2000) einen deutlichen Anstieg der Sozialausgaben vom 19. Jahrhundert bis hin zum Zeitraum von 1970-1990. Wie auch das Beispiel Japans und später Koreas zeigte, scheint zudem mit steigendem Wachstum eine größere Bereitschaft der Bevölkerung einher zu gehen, mehr staatliche Aktivität, einschließlich soziale Leistungen nachzufragen und ihre Finanzierung zu tragen. Auch Tanzi (2000) weist auf eine Statistik für den Zeitraum von 1960 bis 1995 hin, an der deutlich wird, dass Transferleistungen und Subventionen in Prozent des Bruttoinlandsproduktes in Industrieländern deutlich zunahmen. Dies würde die These untermauern, dass nicht die soziale Grundsicherung selbst, sondern die Umverteilung und Bedienung von Partikularinteressen durch die Globalisierung gefährdet sein kann.

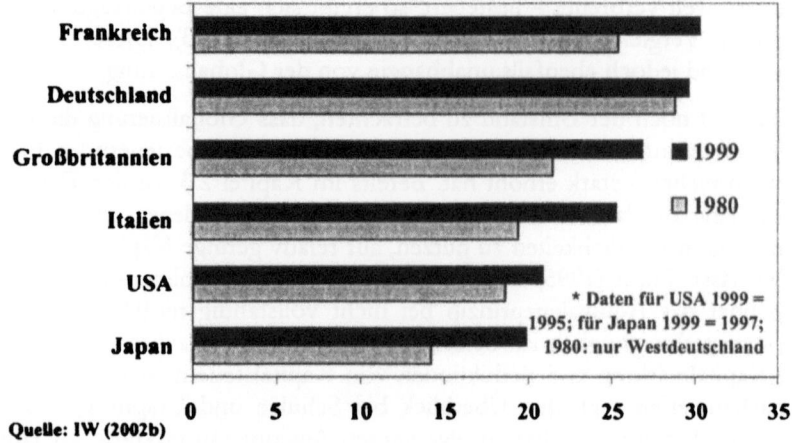

Schaubild 8: Industrieländer: Sozialleistungen steigen
in % des Bruttoinlandsprodukts*

Quelle: IW (2002b)

* Daten für USA 1999 = 1995; für Japan 1999 = 1997; 1980: nur Westdeutschland

Möglich ist jedoch, dass die Globalisierung für den Druck auf die Sozialsysteme durch eine potenzielle Bedrohung von Steuereinnahmen gar nicht verantwortlich ist (Donges, 1998). Allen Industrieländern ist gemeinsam, dass die demographische Entwicklung, wegen der ab den siebziger Jahren geburtenschwächeren Jahrgänge, zu einem zunehmenden Durchschnittsalter der Gesellschaft führt. Damit ergeben sich in den umlagefinanzierten Renten- und Krankenkassenversicherungen Probleme, denn einerseits müssen weniger Beitragszahler für mehr Renten aufkommen und andererseits steigen die Gesundheitskosten wegen zunehmend komplexerer Medizintechnik und Ausweitung der Lebenserwartung an. Des Weiteren besteht in den Versicherungen häufig nicht das Prinzip der Risikoäquivalenz, sondern ein verteilungspolitisch motiviertes Beitragssystem. Dies kann über die in jeder Versicherung vorhandene Problematik von Moral Hazard hinaus zu Ineffizienzen führen. Es spricht prinzipiell nichts dagegen, dass kollektive Umverteilung vorgenommen wird. Diese innerhalb der Sozialversicherungssysteme vorzunehmen und nicht mittels bedürftigkeitsgeprüfter Einkommenstransfers – welche die Kosten eines risikoäquivalenten Systems für jeden transparenter machen – führt jedoch zu Problemen, die auch ohne Globalisierung auftreten.

Die Arbeitslosenversicherung und Sozialhilfe könnte allerdings durch Globalisierung unter Druck geraten, wenn der in Kapitel 2.2.3. beschriebene Effekt eintritt, dass niedrig qualifizierte Arbeitnehmer entweder in ihrem Lohn unter die Sozialhilfegrenze gedrückt werden oder aber ihren Arbeitsplatz verlieren. Laut Steingart (1997) beginnt hier die eigentliche Herausforderung für die Wirtschaftspolitik durch Globalisierung. Allerdings gilt für die EU-Staaten die ebenfalls in 2.2.3. bereits angeführte Einschränkung, dass erhöhte Konkurrenz auf den Arbeitsmärkten und eben auch der Anpassungsdruck auf die

Sozialsysteme nicht in erster Linie durch die Globalisierung droht, sondern durch die regional stärkere Wirtschaftsintegration der Europäischen Union. Der Unterschied zwischen Wirtschaftsleistung und sozialer Sicherung innerhalb der EU ist wiederum nicht so groß wie der zwischen Industrie- und Entwicklungsländern, was der durch die Globalisierungskritiker befürchteten Nivellierung nach unten engere Grenzen setzt.

Fraglich ist jedoch, ob die Verteuerung der Kranken- und Rentenversicherungssysteme, wenn sie nicht über Steuern, sondern über Lohnnebenkosten finanziert werden, nicht ihren Teil zur Arbeitslosigkeit beitragen – neben den Auswirkungen der Globalisierung. Zusätzlich könnte der Strukturwandel im Arbeitsmarkt durch Globalisierung auch noch hinter anderen Faktoren in den Hintergrund treten, die für Arbeitsmarktprobleme sorgen können: Regulierungen wie Kündigungsschutz, Tarifkartelle, die Löhne stark von der Entwicklung der Arbeitsproduktivität abkoppeln, verfehlte Bildungspolitik, die die Mismatch-Problematik am Arbeitsmarkt erhöht, usw.

Laut Eekhoff (1998) überwiegen die hausgemachten Gefahren und Probleme für das Sozialsystem.[143] Globalisierung trägt zwar dazu bei, die Probleme klarer zu beleuchten, würde aber nicht unbedingt zu einem Druck auf das Sozialsystem führen.[144] Wehmeier (1998) weist darauf hin, dass ein Staat letztlich immer nur das Sozialsystem wählen könne, was auch durch seine Bürger finanzierbar sei.

Dem politischen Wunsch nach Umverteilung sind durch die Globalisierung neue Schranken gesetzt, dem vor allem in Europa verbreiteten Anspruchs- und Besitzstandsdenken ebenfalls. Dies bedeutet aber nicht, dass ein nachhaltig funktionierendes Sozialversicherungssystem nicht weiter existieren könnte. Wird ein transparentes Äquivalenzprinzip von Abgaben und öffentlichen Leistungen erreicht, so ist kein ungehemmter Wettbewerb hin zu den schlechtesten Leistungen zu befürchten.

Ein Solidarsystem würde sich selbst ohne altruistische Motivation der Beitragszahler schon daraus ergeben, dass jeder Teilnehmer dieses Systems davon ausgehen muss, dass er selbst einmal die Hilfe der Gemeinschaft brauchen könnte. Auch über die positiven externen Effekte eines sozialen Friedens besteht durchaus Konsens.[145] Für diese Absicherung besteht bei der

---

[143] Dies stellt er am Beispiel Deutschlands dar, die Erkenntnisse sind jedoch auch auf andere hoch entwickelte Sozialsysteme übertragbar.

[144] Einen neueren Überblick zur Verknüpfung von Arbeitsmarkt und sozialer Sicherung bietet Eekhoff (2002).

[145] Neben diesen Gründen, dass mobile Steuersubjekte und -objekte bereit sind, eine Besteuerung über das Äquivalenzprinzip hinaus zu akzeptieren, kann ein Konsens darüber bestehen, dass durch eine Mindestsicherung die für die Innovationstätigkeit einer Volkswirtschaft notwendige Risikobereitschaft erhöht wird. Dies käme auch den Nettozahlern einer Verteilungspolitik zugute.

Mehrheit die Bereitschaft zur Zahlung von Abgaben, sofern das System Möglichkeiten des Freifahrerverhaltens ausschließt. Frey (2002) weist zudem auf die intrinsische Motivation, also auf einen „quasi-freiwilligen Beitrag zur Finanzierung der öffentlichen Leistungen" (Frey, 2002, S.369) hin, die empirisch beobachtbar sei. Als Voraussetzung dafür nennt er Interaktion, das Bewusstsein, dass eine große Mehrheit sich ebenfalls intrinsisch motiviert verhält, und das Empfinden, die Finanzierung und Bereitstellung der öffentlichen Leistungen würde gerecht zustande kommen.

Es kann in Verbindung mit den oben genannten Daten jedoch bezweifelt werden, ob die aktuellen Sozialsysteme wirklich vollständig dem Schutz der schwachen Marktteilnehmer und der Existenzsicherung dienen. Allenfalls bedroht der Druck, ein effizienteres Steuer- und Sozialsystem aufzubauen, wahrscheinlich in erster Linie Partikularinteressen (Eekhoff, 1998). Trifft dies zu, so würde Globalisierung durch den Abbau der Privilegien für Partikularinteressen die intrinsische Motivation durch empfundene Steuergerechtigkeit sogar steigern können. Dies stünde im Gegensatz zu der von den Globalisierungskritikern erwarteten Senkung von intrinsischer Motivation durch Steuerflucht mobiler Faktoren.

In Anknüpfung an die Erkenntnis im vorhergehenden Abschnitt, dass deutliche Unterschiede in den Ländern die Kosten einer Abwanderung erhöhen, lässt sich schlussfolgern: Weltweit ergibt sich für die Wirtschaftsteilnehmer eine größere Auswahl von verschiedenen Kombinationen von Leistungen und Abgabenlasten der einzelnen Gesellschaften. Durch die kulturelle Gewöhnung an die jeweiligen eigenen Systeme und die nach wie vor unterschiedlichen Lebensbedingungen und Präferenzen erscheint jedoch ein globaler Anpassungsdruck hin zu einem einheitlichen System mit geringen Steuern und geringen staatlichen Leistungen und Ablehnung einer Solidargemeinschaft wirklichkeitsfremd. Umgekehrt ist gerade in einer globalisierten Weltwirtschaft die Wahrscheinlichkeit sehr hoch, dass sich die unterschiedlichen Präferenzen auch in weiterhin sehr unterschiedlichen Sozialsystemen niederschlagen werden. Generell gilt indes: Wenn der Herausforderung durch den globalisierten Wettbewerb offensiv begegnet wird, werden die zusätzlichen Möglichkeiten zur Wohlstandssteigerung die Finanzierung des jeweils angestrebten Sozialstaats erleichtern.

2.5.2. Größere Anfälligkeit für Kriminalität und Terrorismus

Die Liberalisierung und verschiedene Aspekte der zunehmenden weltwirtschaftlichen Integration öffnen auch der Kriminalität neue Wege. Das heißt zwar nicht, dass die Kosten dieser zusätzlichen Kriminalität bis hin zu Terrorismus hoch genug sind, um die Vorteile der Globalisierung insgesamt in Frage zu stellen. Aber fundamentale Globalisierungskritiker (z.B. Mies, 2001) machen in der Öffnung der Märkte und den marktwirtschaftlichen Prinzipien selbst einen Grund für erhöhte Kriminalität, Konflikte und Terrorismus aus.[146]

In der Literatur ist seit den Anschlägen vom 11. September 2001 eine deutliche Intensivierung der Diskussion zu diesem Thema zu verzeichnen.[147] Einige Autoren beschäftigen sich mit den generellen ökonomischen Wirkungen der Anschläge (z.B. Lenain, Bonturi und Koen, 2002). Andere betrachten die Frage, ob terroristische Anschläge staatliche Eingriffe in den Versicherungsmarkt begründen könnten (z.B. Lakdawalla und Zanjani, 2002).[148]

Wichtig ist jedoch, der These von Globalisierungskritikern nachzugehen, dass zwischen Armut und Terrorismus ein ursächlicher Zusammenhang besteht. Dabei lässt sich zunächst anführen, dass die in den Teilen 2.1. und 2.2.1. gezogenen Schlüsse zur Vorsicht raten lassen sollten, Armut ursächlich mit der Öffnung von Märkten zu verknüpfen. In der einschlägigen empirischen Literatur kann ein Zusammenhang zwischen Armut und mangelnder Bildung einerseits und politisch motivierten Verbrechen und Terrorakten andererseits nicht nachgewiesen werden (Krueger und Maleckova, 2002), das zeigen auch Daten zu Anschlägen und Lebensstandard in Israel und Palästina. Bhalla (2002) widerspricht auch der weit verbreiteten Meinung, allgemein schlechte Lebensumstände in islamischen Staaten würden Vorbedingungen für terroristische Gruppen schaffen. Nach seinen Daten verzeichnen rein islamische Staaten sogar im Schnitt ein höheres Wirtschaftswachstum als nichtislamische Staaten.

Damit entzieht sich das Phänomen internationaler Terrorismus einer in erster Linie wirtschaftlichen Begründung. In seinem Artikel „Jihad vs McWorld" zeichnet Barber (1992) eher eine zunehmend undemokratischere Welt, die zwischen ethnisch-ideologischen Konflikten und marktwirtschaftlichen Prozessen zerrieben wird. Durch den mangelnden Zusammenhang zwischen Armut und Terrorismus reduziert sich auch die Hoffnung, dass durch zunehmende Offenheit und Globalisierung die extremsten Formen von gewaltsamer Kriminalität gestoppt werden. Immerhin ist Arrow (2000) der Meinung, dass Handelsliberalisierung das Risiko von Konflikten zwischen Ländern reduzieren kann.

---

[146] In einer Presseerklärung vom 12. September 2001 verurteilt Attac (im Internet unter http://www.attac-netzwerk.de/presse/presse_ausgabe.php?id=37) scharf die Terroranschläge vom 11. September 2001. Allerdings betont Attac, dass „sozio-ökonomische Ungleichheiten in der Welt (...) einen Nährboden für Gewalt" bilden.

[147] Im Internet findet sich ein aktueller Überblick auf der Seite von Professor Nouriel Roubini von der Stern School of Business University, New York, auf http://www.stern.nyu.edu/globalmacro/ .

[148] Diese Autoren kommen zu dem Ergebnis, dass bei Terroranschlägen wie bei Fragen nationaler Sicherheit externe Effekte vorliegen, private Vorsorge und Schutzmaßnahme suboptimale Ergebnisse bringen würden (weil sich Terror dann auf weniger Geschützte konzentriert) und daher staatliche Maßnahmen zum Schutze aller zu ergreifen sind.

Mies (2001) bringt auch Waffenhandel von Industrieländern direkt mit Konflikten in Entwicklungsländern in Verbindung. Vor allem internationale Organisationen beschäftigen sich mit diesem Thema, das allerdings in der wirtschaftswissenschaftlichen Literatur weniger behandelt wird als etwa der Zusammenhang von Wirtschaft und Terrorismus.[149]

Wirtschaftliche Begründungen der Vorteilhaftigkeit von Handel mit Waffen und Rüstungsgütern könnten sich in dem Bedarf von Staaten finden, Waffen zur Erstellung des öffentlichen Gutes „Nationale Sicherheit" nachzufragen. Da ein Staat alleine normalerweise nicht ein vollständiges Waffenprogramm erstellen kann, lohnt sich eine internationale Arbeitsteilung und Spezialisierung, auch um Skalenvorteile zu erlangen. Da aber vor allem kleinere Waffen diese Art von Spezialisierung nicht benötigen, jedoch verstärkt zur Unterdrückung und bei kleineren Konflikten von nicht-demokratischen Regimes eingesetzt werden, entwertet sich in diesen Fällen das wirtschaftliche Argument für Waffenhandel in den besonders kritischen Bereichen (Brittan, 2001). Vielmehr ist stets zu beachten, dass Waffen außer dem schwer messbaren Vorteil der Landesverteidigung wenig Produktivität aufweisen, es sei denn, sie würden für territoriale Gewinne und Machtzuwachs eingesetzt – mit unvorstellbaren Kosten und menschlichen Opfern (Arrow, 2000). In ihrer „Everything but Arms" –Initiative, die den Handel zu den ärmsten Ländern außer im Waffenhandel liberalisiert, erkennt die EU explizit die Problematik von Waffenhandel an.

2.5.3. Internationale Verhandlungen, Organisationen und Vereinbarungen

Neben der Begrenzung nationalstaatlicher Souveränität und wirtschaftspolitischen Maßnahmen durch die Globalisierung werden von Globalisierungskritikern die Aufgaben und Befugnisse der supranationalen Organisationen – allen voran WTO, Weltbank und IWF – misstrauisch betrachtet. Auch hier empfinden Globalisierungskritiker einen nicht demokratisch legitimierten Verlust an Einflussnahme auf wirtschaftliche und politische Prozesse.

Grundsätzlich muss als Teil der Demokratie angesehen werden, dass eine demokratische Regierung solche Verträge, die ihre Souveränität beschneiden, freiwillig abschließen kann. In allen demokratischen Ländern sind die WTO-Verträge von den jeweiligen Parlamenten ratifiziert worden. Wer, wenn nicht demokratisch gewählte Regierungen, hätte das Recht, solche Verträge abzuschließen? Dass der politische Druck vieler NGOs und der häufig in Straßenprotesten vorgetragenen Forderungen demokratischer ist – eine geringe Zahl von Aktivisten drücken ihren Willen einer großen Mehrheit auf – ver-

---

[149] Auf der Webseite der Weltbank findet sich ein Link-Überblick zu diesem Thema unter: http://econ.worldbank.org/programs/conflict/topic/12377/ .

steht sich hingegen nicht von selbst.¹⁵⁰ Insofern ist der Aufruf unter anderem der UNDP (2002), NGOs mehr an der Arbeit der internationalen Organisationen zu beteiligen, eher skeptisch zu sehen, wenn man gerade mangelnde Demokratie bei diesen Organisationen als Problem ansieht.

Ein grundlegendes Problem internationaler Organisationen könnte sein, dass sie sich einer demokratischen Kontrolle (z.B. Wahlen) entziehen könnten. Allerdings sind die Organisationen entweder durch drohenden Austritt der Mitgliedstaaten (WTO, Weltbank, IWF) oder durch die Budgetkontrolle ihrer Anteilseigner (Weltbank, IWF), repräsentiert durch die von gewählten Regierungen bestimmten Finanzministerien der Länder, einer Kontrolle unterworfen.

Auf einem anderen Blatt stehen einzelne Kritikpunkte, die sich auf den Aufbau und die Praxis der genannten Institutionen beziehen und von daher Verstöße gegen eine globale demokratische Willensbildung ableiten ließen.

Häufig wird der WTO vorgeworfen, sie sei undemokratisch (vgl. z.B. http://www.attac-netzwerk.de/wto/). In diesem Zusammenhang wird beklagt, dass die Souveränität von Mitgliedsländern beeinträchtigt werde und die WTO gesetzgebende Gewalt ausübe, indem sie Länder zwänge, Gesetze zu verabschieden, die ihren Regeln entsprächen (IFG, 2002). Hierzu ist festzustellen, dass sämtliche internationalen Verträge zwischen Regierungen einen Verlust an nationaler Souveränität bedeuten müssen, wenn sie denn glaubwürdig und durchsetzbar sein sollen. Es ist bereits in 2.2.5.1. dargelegt worden, dass Regierungen Souveränität abtreten müssen, um sich gegenseitig vor den Versuchungen des Protektionismus zu schützen.

Auch Entscheidungen innerhalb der WTO können als demokratisch angesehen werden. Die große Mehrzahl aller Entscheidungen (Vertragsabschlüsse und Vertragsänderungen, die die Meistbegünstigung, die Inländerbehandlung und das Entscheidungsverfahren betreffen) muss einstimmig getroffen werden und jedes Land verfügt über eine Stimme. Das Prinzip „one country, one vote" entspricht eher einem föderalen Demokratieverständnis und dem völ-

---

¹⁵⁰ IFG (2002, S.4) verweist beispielsweise für die Legitimation des eigenen Anliegens auf Konferenzen mit der Beteiligung von „tausenden" oder „zehntausenden" sowie auf „numerous consensus statements". Fundamentaleren Globalisierungskritikern ist auch häufig anzumerken, dass sie die Individualität zugunsten von Verallgemeinerungen wie „Das Volk", „Die Unternehmen" oder auch „Die Regierungen" zusammenfassen. Crook (2001, S. 17): „Yet the idea that citizens are not individuals with different goals and preferences, but an undifferentiated body with agreed common interests such as „business" or „foreigners", is not just shallow populism, it is proto-fascism. It is self-contradictory, as well. The sceptics would not hesitate to call for "the people" to be overruled, if, for instance, they voted for policies that violated human rights, or speeded the extermination of endangered species, or offended against other values the sceptics regard as more fundamental than honouring the will of the majority."

kerrechtlichen Gedanken von der Gleichheit der Staaten – bevölkerungsreiche Länder wie China, Indien, aber auch die USA wären nach gängigem Mehrheitsverständnis („one man, one vote") sogar a priori unterrepräsentiert. UNDP (2002) und Oxfam (2002) merken kritisch an, dass manche der ärmsten Länder nicht an den Verhandlungen und Abstimmungen beteiligt sind. Diese Problematik ist bekannt, sie wurzelt in einem akuten Mangel an qualifiziertem Personal und sie wird bereits im Rahmen gezielter Informations- und Ausbildungsarbeit verschiedener internationaler Organisationen, darunter der WTO selbst, zu beheben versucht (Sachverständigenrat, 2001).

Jede Regierung muss in entsprechenden Entscheidungen normalerweise einen Nettovorteil sehen, da sie ansonsten nicht zustimmen würde. Dies könnte zum Beispiel durch Vorteilsgewährung in anderen Bereichen geschehen. Einschränkend muss natürlich hinzugefügt werden, dass gleiches Stimmrecht nicht gleichbedeutend ist mit gleicher Verhandlungsmacht. Hierauf wird weiter unten noch genauer eingegangen. Nur für sehr wenige Entscheidungen sind Abweichungen von der Einstimmigkeit möglich. Beispielsweise ist für den Ausschluss eines Landes aus der WTO wegen grober Regelverletzung eine Dreiviertelmehrheit erforderlich, da das Einstimmigkeitsprinzip, das dem betroffenen Land faktisch ein Vetorecht einräumt, in diesem Fall wenig sinnvoll wäre.

Auch die Behauptung, die WTO könne nationale Gesetze außer Kraft setzen und Länder für Vertragsverletzungen bestrafen, ist unzutreffend. Die WTO spielt nur dann eine Rolle, wenn ein Land gegen ein anderes im Rahmen des Streitschlichtungsmechanismus der WTO klagt. Sollte in diesem Verfahren keine einvernehmliche Lösung zwischen den Ländern gefunden werden, kommt es zu einem Schiedsspruch der Streitschlichtungsinstitution der WTO. Sollte hier festgestellt worden sein, dass ein Gesetz des beklagten Landes gegen ein WTO-Abkommen verstößt (welches das beklagte Land ja immerhin unterzeichnet hat), z.B. weil das Prinzip der Meistbegünstigung verletzt ist, bekommt das klagende Land das Recht zugesprochen, Handelssanktionen gegen das andere Land zu verhängen. Auch wenn dieses Verfahren weiter unten noch zu problematisieren ist, muss doch festgehalten werden, dass die WTO selber als Organisation keinerlei Möglichkeiten zur Durchsetzung der Abkommen hat. Außerdem muss noch einmal betont werden, dass Sanktionen aufgrund von Verstößen gegen das Vertragswerk unbedingt notwendig sind, da das Abkommen sonst nicht funktionieren kann.

Zusammen mit dem Vorwurf der fehlenden demokratischen Legitimierung wird der WTO oft Intransparenz angelastet (vgl. z.B. www.miserior.de). Der Vorwurf der fehlenden Transparenz wird der WTO im Übrigen nicht nur von NGOs gemacht, sondern z.B. auch von dem liberalen Wirtschaftsmagazin „The Economist" (2001).

Die WTO hat sich in jüngster Vergangenheit stärker um Transparenz bemüht. Beispielsweise wurde im Mai 2002 die Entscheidung getroffen, Dokumente deutlich schneller als bisher auf den Internet-Seiten der Organisation zu veröffentlichen. Die Freigabe soll nun nach 6 bis 12 Wochen anstatt nach den bisherigen 8 bis 9 Monaten stattfinden.[151] Überdies werden eine Reihe von Diskussionsforen und auch Chats auf den Seiten angeboten, die auch kritische Themen nicht aussparen, z.B. lautet ein Diskussionsthema „Go to hell WTO".

Grundsätzlich erlaubt der umfangreiche Webauftritt umfassende Information über Vorgänge innerhalb der WTO. Allerdings ist es auch für erfahrene Internetnutzer nicht immer einfach, sich in dieser Informationsfülle zurechtzufinden. Auch sind die Seiten nicht unbedingt so gestaltet, dass es immer einfach wäre, an benötigte Informationen zu gelangen. Schließlich ist zu bedenken, dass gerade in Entwicklungsländern der Verbreitungsgrad des Internets sehr gering ist, so dass die Internet-Seiten nicht als Ersatz etwa für gedruckte Informationen gesehen werden sollten.

Ferner sind NGOs in jüngster Zeit stärker in die Arbeit der WTO miteinbezogen worden. Beispielsweise kann ein Vertreter pro Organisation an den Ministerial Meetings teilnehmen, wenn die Organisation bei der WTO registriert und akkreditiert wurde (Wilkinson, 2002). Darüber hinaus werden u.a. Workshops und Briefings mit NGOs durchgeführt. Hierzu ist allerdings zu bemerken, dass fast alle diese Veranstaltungen in Genf stattfinden und daher Organisationen aus Entwicklungsländern kaum daran teilnehmen können. Auch der Akkreditierungsprozess führt dazu, dass vor allem gut organisierte Vereinigungen der Industrieländer Zugang erhalten und eher solche, die weniger WTO-kritisch sind (Wilkinson, 2002).

Auch nach diesen transparenzsteigernden Maßnahmen findet die große Mehrzahl aller Verhandlungen und insbesondere auch die Streitschlichtung hinter verschlossenen Türen statt. Hierfür existieren keine wirklich überzeugenden Gründe. Durch eine vollständige Öffnung könnte auch vielen Mutmaßungen über die Prozesse innerhalb der WTO die Grundlage entzogen werden. „The Economist" (2001) ist sogar der Ansicht, dass durch öffentliche Handelspolitik langfristig das immer noch weit verbreitete merkantilistische Denken zurückgedrängt werden könnte.

Ein weiterer häufig vorgetragener Kritikpunkt ist die unterschiedliche Verhandlungsmacht der WTO-Mitgliedstaaten. Hierdurch würden die Industrieländer die Entwicklungsländer systematisch benachteiligen.

Niemand würde bestreiten wollen, dass in internationalen Verhandlungen ein Machtgefälle existiert. Die Bedeutung der Handelspolitik eines Landes wie der Sahel-Zone für die USA ist allenfalls sehr gering. Umgekehrt sind die USA nicht selten Hauptziel der Exporte eines Entwicklungslandes, so dass bereits ein geringer Importzoll der USA verheerende Folgen für dieses Land haben könnte. Vor diesem Hintergrund existiert ein gewisses Drohpotenzial

---

[151] Im Internet verfügbar unter:
http://www.wto.org/english/forums_e/ngo_e/bernie_derestrictiontext_e.htm .

großer Länder wie der USA oder auch der EU, während ökonomisch weniger bedeutsame Staaten in internationalen Verhandlungen dem schlichtweg nichts entgegen zu setzen haben.

Es gilt aber zu bedenken, dass Verhandlungen zur reinen Handelsliberalisierung keine Nettoverschlechterung für ein Land bedeuten können (dies gilt so nicht für das in 2.2.5.3. behandelte TRIPS-Abkommen). Bei gegebener Außenhandelspolitik der Industrieländer können Entwicklungsländer durch Öffnung ihrer Märkte in aller Regel nur gewinnen, und zwar aufgrund ihrer stärkeren Importabhängigkeit sogar stärker als Industrieländer, die oft nur auf wenige Importe wirklich angewiesen sind. Voraussetzung ist freilich, dass makroökonomische Stabilität herrscht und beim Entwicklungsprozess auf die komparativen Vorteile abgestellt wird, damit Zahlungsbilanzengpässe möglichst ausbleiben. Selbstverständlich ist der Wohlfahrtsgewinn für Entwicklungsländer deutlich größer, wenn auch die Industrieländer ihre Märkte vollkommen öffnen. Die Öffnung läge natürlich auch im ökonomischen Interesse der Industrieländer.

Des Weiteren muss bedacht werden, dass das Einstimmigkeitsprinzip in den meisten Fragen die Position kleiner Länder stärkt. Würde eine Entscheidung ein solches Land insgesamt schlechter stellen als vorher (also unter Berücksichtigung eventuell angebotener Kompensationen in anderen Bereichen), könnte es immer noch von seiner Verhinderungsmacht Gebrauch machen. Ähnliches gilt auch für die Mitgliedschaft in der WTO allgemein: Kein Land würde dieser Organisation beitreten, das sich nicht Nettovorteile daraus versprechen würde.

Noch ein anderer Aspekt muss in diesem Zusammenhang berücksichtigt werden: Selbst wenn verhandlungsstarke Industrieländer im Rahmen der WTO ihren Willen gegen Entwicklungsländer durchsetzen können, wäre es eine Illusion zu glauben, dass sie dazu nicht auch ohne Existenz der WTO in der Lage wären (Senti, 2001). Im Rahmen der WTO sind immerhin alle Länder an Regeln gebunden, wodurch die Position schwächerer Länder grundsätzlich gestärkt wird. Machtausübung muss regelkonform geschehen und dürfte größere Aufmerksamkeit verursachen.

Ein Problem könnte allerdings die angemessene Repräsentanz von Entwicklungsländern in der WTO sein. Die Bereitstellung von finanziellen und personellen Resourcen zur Interessensvertretung in komplexen internationalen Verhandlungen kann für arme Länder, wie gesagt, schwierig sein. In den Statuten der WTO ist ausdrücklich vorgesehen, Entwicklungsländer bei der Vertretung ihrer Interessen in der WTO zu unterstützen. Unter anderem ist zu diesem Zweck der Doha Trust Fund geschaffen worden, für den Industrieländer 30 Millionen Schweizer Franken zugesagt haben. Erst November 2002 hat Deutschland zusätzlich 1 Million Euro für diesen Fonds gespendet. Durch diese Mittel kann das Problem zumindest abgemildert werden.

Oft kritisiert wird auch der Streitschlichtungsmechanismus der WTO, u.a. weil er ökonomisch weniger bedeutende Länder benachteilige. Zunächst muss aber anerkannt werden, dass das Verfahren deutlich schneller ist als der Mechanismus im Rahmen des früheren GATT und die Durchsetzbarkeit wesentlich verbessert worden ist (Freytag, 2001). Wie bereits erwähnt, sieht das Streitschlichtungsverfahren der WTO vor, dass das klagende (geschädigte) Land nach einem Schiedsspruch Sanktionen gegen das beklagte Land verhängen kann. Allerdings sind solche Maßnahmen für das geschädigte Land keinesfalls kostenlos (Freytag, 2001). Wie bereits dargelegt, schädigt es sich schließlich ein zweites Mal, wenn es Importrestriktionen verhängt. Dies kann wiederum besonders problematisch für ein Entwicklungsland sein, das auf Importe aus dem regelverletzenden Land angewiesen ist. Zudem dürften Importbeschränkungen eines Entwicklungslandes ein Land wie die USA kaum treffen.

Aus den Ausführungen zur WTO lässt sich erkennen, dass die Vorwürfe mangelnder Demokratie in internationalen Organisationen weitaus weniger Berechtigung haben als Globalisierungskritiker meinen. Im Fall von IWF und Weltbank könnte es jedoch – neben der ebenfalls sehr heftigen Kritik an ihrer Arbeit (s. oben Teil 2.3.3.2.) noch ein zusätzliches Problem für das Demokratieverständnis geben: Hier wird das Stimmenverhältnis nicht nach dem Prinzip „one country, one vote" vergeben, sondern nach dem Kapitalanteil der Mitgliedsländer. Dieser wiederum richtet sich nach der Wirtschaftsleistung des Landes.

Damit liegt auf der Hand, dass Entwicklungsländer ein sehr viel geringeres Gewicht haben als Industrieländer. In Gremien wie denen des IWF, die sich in erster Linie mit Finanz- und Währungskrisen befassen, die vornehmlich für Entwicklungsländer ein Risiko sind, entscheiden also mehrheitlich Repräsentanten von Staaten, die gar nicht direkt dieser Gefahr ausgesetzt sind. Vielmehr besteht die Möglichkeit, dass die Repräsentanten der Industrieländer nur in den Fällen eingreifen, in denen vitale Partikularinteressen (also z.B. Investoren) bedroht sind. Gerade die USA, die durch die Größe ihrer IWF-Einlagen als einziges Land allein über eine Sperrminorität gegen IWF-Entscheidungen verfügt, wird verdächtigt, den IWF als verlängerten Arm zum Schutz ihrer globalen finanziellen Interessen einzusetzen.

Hier ist jedoch zu beachten, dass sich vor allem aus den Reihen der USA herbe Kritik gegen den IWF richtet, dass mit den von den US-Steuerzahlern zur Verfügung gestellten Mitteln zuviel Gelder wirkungslos zur Bekämpfung von Krisen eingesetzt werden (z.B. Meltzer Commission, 2000). Die Kontrolle der Qualität der Arbeit des IWF ist also härter als in einer Organisation wie der WTO, ähnlich stark wie durch die Aktionäre eines Unternehmens.[152]

---

[152] Selbstverständlich ergibt sich vor allem bei einer großen internationalen Organisation auch hier eine Principal-Agent-Problematik.

Ähnlich positiv ist auch die Kontrolle der Anteilseigner der Weltbank zu werten, die zudem wie eine private Bank Gewinne erwirtschaften muss, um die Qualität ihrer Arbeit zu demonstrieren (diese werden in weitere Entwicklungsprojekte investiert). Die Transparenz hat sich in dem Zeitalter des Internets bei IWF und Weltbank deutlich verbessert, mit den bereits oben hinsichtlich der WTO angeführten Einschränkungen. Zudem bemühen sich IWF und Weltbank um eine konstruktive Einbindung globalisierungskritischer NGOs in ihre Arbeit.[153]

Dennoch bleibt festzuhalten, dass in der Arbeit von IWF (Krisenhilfe) und Weltbank (Entwicklungshilfe), die sich primär um Belange von Entwicklungsländern kümmern, die Entscheidungen eher von Repräsentanten der Industrieländer getroffen werden. Nun kann analog zur Existenzfrage der WTO die Frage gestellt werden, ob denn ohne den Bestand von IWF und Weltbank die Industrieländer in Übereinkünften zu Krisenmanagement und Entwicklungshilfe nicht völlig ohne Beteiligung von Entwicklungsländern agieren würden. Insofern wäre die bloße Existenz der Bretton-Woods-Institutionen als demokratischer Fortschritt zu werten.

Des Weiteren ist die Arbeit von IWF und Weltbank monetärer Natur – es wird primär über die Verwendung von geleisteten Beiträgen entschieden, wobei aus Effizienzgründen die Entscheidungs- und Kontrollgewalt über diese Mittel auch primär den Geldgebern überlassen bleiben sollte. Eine globale Umverteilungspolitik zu führen ist nicht die Aufgabe des IWF und nur bedingt die der Weltbank. Es könnte umgekehrt auch hinterfragt werden, wie undemokratisch der IWF zuungunsten der Industrieländer (der Geldgeber) und der meisten anderen Länder der Welt ist: der IWF wurde 1944 ins Leben gerufen, um die Finanzkrisen aller Länder der Welt lindern zu helfen. Ein Großteil der Mittel fließt jedoch durch größtenteils wegen verfehlter heimischer Stabilitätspolitik selbstverursachte Krisen (s. oben Teil 2.3.3.1.) wenigen Ländern zu, die zudem nicht zu den wirklich ärmsten Ländern gehören.

---

[153] Wie schon in Kapitel 2.3.3.2. vermerkt, bietet die Weltbank durch das World Bank NGO Committee diesen ein Forum für stete Zusammenarbeit. Im Internet verfügbar unter: http://wbln0018.worldbank.org/essd/essd.nsf/NGOs/home .

3. Almanach der Reformvorschläge von Globalisierungskritikern

Wie bereits in der Einleitung erläutert, sollen im dritten Kapitel die Vorschläge von Globalisierungskritikern aufgegriffen werden. Dies geschieht zum größten Teil isoliert von den Ergebnissen des zweiten Kapitels, so dass, unabhängig von der Beurteilung der Globalisierungskritik, auch eine Diskussion von Lösungen möglich ist, die zur Bewältigung von etwaigen Globalisierungsproblemen aufgeführt werden.

3.1. Breit angelegte Schritte gegen Globalisierung

Aus den fundamentalen Kritikpunkten von 2.1., in Ansätzen auch 2.2.1., ergeben sich von Seiten der Kritiker wenige operationale Reformvorschläge, wie das Marktsystem in der Globalisierung insgesamt ersetzt werden soll. Daher konzentrieren sich die meisten fundamentalkritischen Ideen darauf, wie der Markt für bessere gesellschaftliche Ergebnisse zu regulieren sei. Zum Beispiel äußert IFG (2002) den Wunsch, das Subsidiaritätsprinzip auch für wirtschaftliche Prozesse einzuführen. „Rules and structures" (ebd., S.9) sollen geschaffen werden, die dies erzwingen (also z.B. Subventionen). Nahrungsmittelknappheit und Armut wird hier der marktwirtschaftlichen Arbeitsteilung angelastet: bessere Produktionsbedingungen werden in kleinen autarken Einheiten gesehen.

Ähnlich argumentiert auch FOEI (2001), die befürchten, dass nicht nur eine Marktöffnung, sondern auch mehr Exporte zu mehr Angebot auf dem Weltmarkt führen und somit den Preis der eigenen Güter senken und die Terms of Trade wohlfahrtsmindernd verschlechtern („Verelendungswachstum"[1]). Dies könne zu verschwenderischer Resourcenausbeutung führen und schwere soziale und ökologische Folgen haben. In letzter Konsequenz wird eine Abkehr von den Chancen eines liberalisierten Außenhandels und eine Neukonzentration auf heimische Industrien empfohlen. Dies kann entweder Importsubstitution heißen, oder aber das Heranzüchten einer für den Weltmarkt gewappneten Industrie bezwecken – die seit Lists Erziehungszollargument in der Entwicklungspolitik gängige Begründung für eine Abschottung des Binnenmarkts gegenüber ausländischer Konkurrenz ist.

---

[1] In der theoretischen Literatur ist dieser Fall erstmals von Bhagwati (1958) modelliert worden. Dabei ergibt sich das von ihm so bezeichnete „immiserzing growth" nur als eine denkbare Möglichkeit unter ganz speziellen Annahmen, besonders die, dass es sich beim Exportland um ein „großes Land" im Sinne der Theorie handelt, also mit Preissetzungsmacht und einer marktbeherrschenden Stellung beim betroffenen Exportgut (gedacht war an Indien als Anbieter von Tee oder Jute).

Historisch ist erwiesen, dass die größten Industrieländer ihre Industrie lange Zeit geschützt haben,[2] so dass es nahe liegen könnte, Entwicklungsländern nun eigene Protektion zu empfehlen, um heimische Industrien für Exporte vorzubereiten (um ein wirkliches „level playing field" zu schaffen) oder aber ihnen die Möglichkeit für eine Eigenversorgung des Heimatmarktes zu geben. Krugman und Obstfeld (1994), und vor ihnen viele andere Ökonomen (darunter bereits Donges und Mäller-Ohlsen, 1978) warnen allerdings vor solchen Schlüssen.

Erstens würden gerade angestrebte höherwertige Exporte durch kapitalintensive Industrien an den Produktionsbedingungen vieler mit Arbeit und Rohstoffen relativ reicher ausgestatteten Entwicklungsländer vorbeigehen (Svizzero und Tisdell, 2002). Zweitens fehlt der Wettbewerbsimpuls, der Industrien hilft, effizienter zu werden.[3] Drittens wäre zu überlegen, wie überhaupt entschieden wird, welche Art von Industrien gefördert werden sollten. Normalerweise würde dies im Marktwettbewerb festgestellt, den nun ein Regierungsentscheid ersetzen müsste. Kann jedoch eine Regierungsstelle über mehr vorausschauendes Wissen verfügen als der Markt?[4]

Trotz dieser Bedenken lassen sich kurzfristig und unter bestimmten Bedingungen theoretische Argumente für Infant Industry-Protektion in Entwicklungsländern anführen.[5] Würde beispielsweise im Inland ein Kapitalmarkt fehlen, der Ersparnisse effizient in Projekte lenken kann, so müssten entweder der internationale Kapitalmarkt einspringen (was, wie das Kapitel 2.3.2. zur Schuldenproblematik gezeigt hat, eigenen Gesetzmäßigkeiten unterworfen ist), oder aber Industrien direkt gefördert werden – entweder durch Protektion des Landes selbst oder aber durch international koordinierte Finanzhilfe, die den nicht oder nur unzureichend vorhandenen heimischen Kapital-

---

[2] Großbritannien, welches im 19. Jahrhundert unilateral seinen Handel liberalisierte, bildet eine der wenigen Ausnahmen.

[3] Krugman und Obstfeld (1994) führen als Beispiel die Industrie Indiens an, in der Schwerindustrie protegiert wurde, sich letztlich im Export jedoch die arbeitsintensivere Textilindustrie durchgesetzt hat. Ähnliche Erfahrungen sind auch mit dem lange als positives Beispiel für erfolgreiche Industriepolitik angeführten Ministry of Industry and Trade in Japan vorzuweisen.

[4] Dies schließt auch solche staatliche Förderungsmaßnahmen ein, die einer Industrie zugute kommen, die sich letztlich erfolgreich am Weltmarkt durchsetzen kann. Krugman und Obstfeld (1994, S.258) sprechen hier von einer „pseudo infant industry".

[5] Außer infant-industry-spezifischer Protektion wäre noch für Entwicklungsländer ein seltener Fall wohlfahrtssteigernder Eingriff in seinen Außenhandel denkbar: spiegelbildlich zum Optimalzoll kann es die Wohlfahrt eines Landes, welches den Preis seiner Exporte mitbestimmen kann, erhöhen, eine Steuer auf diese Exporte zu erheben. Ein Beispiel ist Saudi-Arabien, welches seine eigenen Ölexporte besteuerte.

markt ersetzt.⁶ Durch das Wachstum der Industrien würde bald die Grenze erreicht, in der ein heimischer Kapitalmarkt genügend Finanzmittel hervorbringen kann, um weitere Infant Industry-Protektion unnötig zu machen.

Dass protegierte Industrien überhaupt erst einen Kapitalmarkt ermöglichen können, ist auch eng verbunden mit einem weiteren Argument für Protektion bestimmter Industrien: Sobald sie positive externe Effekte für den Rest der Wirtschaft erbringen, könnte sich Subvention als Protektionsvariante rechtfertigen lassen. Für besonders arme Entwicklungsländer kann in der Tat angenommen werden, dass aufblühende Industrien einen positiven Dominoeffekt an Wachstum in der gesamten Wirtschaft generieren. Allerdings steht diesem Fall erneut als Bedenken gegenüber, wie eine in der Zukunft erfolgreiche Industrie im Voraus bestimmt werden kann. Zudem wird statt eines Wettbewerbs um Mittel aus einem freien Kapitalmarkt ein Wettbewerb um Subventionen und Protektion eintreten, der Resourcen aus dem normalen marktwirtschaftlichen Prozess in politökonomische rent-seeking-Aktivitäten umleitet.

Insgesamt ist also festzuhalten, dass die Theorie es eher nicht für ratsam hält, Entwicklungsländer Protektion jedweder Art als Strategie zu empfehlen. Wenn auf das Beispiel von Industrieländern verwiesen wird (oder auch Südostasien), so kann zu Bedenken gegeben werden, dass die Entwicklung zur Industrialisierung dort zum Teil viele Jahrzehnte dauerte, und womöglich bei weniger Protektion hätte schneller laufen können.

In jedem Fall misstrauen Fundamentalkritiker dem marktwirtschaftlichen System. Statt dessen wird auf Regulierung und Gebote bzw. Verbote gesetzt.⁷ Dies geht soweit, eine Konsumorientierung in der Gesellschaft zu beklagen und Protektion für kulturelle Vielfalt und Minderheitenschutz durch Eingriffe in Marktprozesse zu fordern – allerdings wird hierbei ignoriert, dass gerade ein marktwirtschaftliches System Anreize zu Produktvielfalt und Innovation bietet.

Auch aus den Reihen weniger fundamentaler Kritiker wie Oxfam (2002) werden einige grundlegende Eingriffe in das Marktsystem erwogen. In Primärgüterbereichen sollten Preisfixierungen erlaubt sein, um große Preisschwankungen bestimmter Primärgütergruppen einzudämmen. In Verbindung mit Bedenken zu strukturellen Problemen wie Überangebot bestimmter Agrarprodukte (s. auch die in Kapitel 2.1. besprochene Terms of Trade-Problematik) findet sich schnell die Nähe zur Befürwortung von Rohstoffkartellen. Diese könnten die Terms of Trade für Entwicklungsländer verbes-

---

⁶ Letztere Aufgabe soll die International Finance Corporation der Weltbankgruppe erfüllen.

⁷ Zu welchem absurden Wettlauf es zwischen staatlicher Regulierungswut und Ausweichreaktionen der Märkte kommen kann, zeigt das jüngste Beispiel Simbabwes, s. The Economist (2002d).

sern (ähnlich der Argumentation für Optimalzölle), wenn sie zustande kämen und dann Bestand hätten. Notwendige Bedingung für die Kartellierungsfähigkeit bei Rohstoffen ist, dass die Preiselastizität der (Welt-) Nachfrage nach dem Kartellangebot absolut kleiner als eins ist; ansonsten würde die Preiserhöhung zu Erlöseinbußen führen. Diese Bedingung ist bei den meisten landwirtschaftlichen und mineralischen Rohstoffen nicht erfüllt, weil es in beträchtlichem Ausmaß Außenseiter- und Substitutionskonkurrenz gibt. Nicht von ungefähr gibt es, mit Ausnahme des OPEC-Kartells, keine funktionierenden Rohstoffkartelle, selbst dort nicht, wo Entwicklungsländer die dominanten Anbieter sind (Bauxit, Kupfer, Phosphat, Kakao usw.).[8]

Grundlegende ökonomische Zusammenhänge lassen sich nicht einfach aushebeln. Gelingt es der Stadtbevölkerung in einem Entwicklungsland beispielsweise, ihre Interessen nach niedrigen Preisen für Grundnahrungsmittel in Form von (wirksamen) Höchstpreisen durchzusetzen, kommt es zu einem Nachfrageüberhang (so wie bei garantierten Mindestpreisen, etwa im Rahmen der Gemeinsamen Agrarpolitik der Europäischen Union, unweigerlich Angebotsüberschüsse entstehen). Die Motivation der Landbevölkerung, agrarische Produkte für den heimischen Markt über den eigenen Bedarf hinaus zu produzieren, sinkt. Sinnvolle Armutsbekämpfung fängt damit bereits mit der Aufhebung einer derartigen Höchstpreispolitik an. Ähnlich kritisch sind Höchstzinsen,[9] überbewertete Währungen, Importlizenzen oder Exportverbote zu sehen.[10] Vor diesem Hintergrund ist eine „getting-the-prices-right"-Strategie eine wesentliche Komponente. Wie an anderer Stelle im Zusammenhang mit der Verschuldungsfrage argumentiert wird, sind externe Auflagen mit der Vergabe von Krediten – auch für solche zur Armutsbekämpfung – durchaus zu vereinbaren.

Bei allen Vorschlägen für mehr Eingriffe in die Marktprozesse ist zu bedenken, dass von Globalisierungskritikern wenig hinterfragt wird, ob staatliches Handeln bei Marktversagen etwas würde besser stellen können. Von Weizsäcker (1999, S. 50): „Wenn der Staat perfekt funktionierte, dann bräuchte man überhaupt keinen Markt."

---

[8] Ursprünglich, in den siebziger Jahren, konnte das OPEC-Kartell die Ölpreise monopolistisch erhöhen, weil es den weitaus größten Teil der gesicherten Welterdölreserven unter seiner Kontrolle hatte und die meisten Industrieländer von diesem Rohstoff als Importfaktor für die eigene, damals sehr energieintensive Produktion abhängig waren. Seit einiger Zeit funktioniert auch dieses Kartell nicht mehr reibungslos.

[9] Tendenziell werden arme Bevölkerungsgruppen nicht zu den Privilegierten gehören, die die knappen Kredite zugewiesen bekommen.

[10] Für eine weitergehende Analyse schwarzafrikanischer Wirtschaftspolitik und deren Folgen sei auf Leipold (1994) verwiesen.

3.2. Internationalen Handel „fair" gestalten

3.2.1. Entwicklungshilfe erhöhen

Logische Konsequenz der Annahme vieler Globalisierungskritiker, die Schere zwischen Industrie- und Entwicklungsländern würde zunehmend auseinander klaffen, wäre eine Ausdehnung internationaler Umverteilung in Form von höherer öffentlicher Entwicklungshilfe. Dies wäre eine Art fiskalischer Ausgleichsmechanismus, mit dessen Hilfe Globalisierungsverlierer kompensiert werden sollten (Rodrik, 1998).

Abgesehen davon, dass sich kein empirischer Nachweis für eine systematische Benachteiligung der Entwicklungsländer durch Industrieländer finden lässt (Krugman und Obstfeld, 1994), könnte es weitaus sinnvoller sein, anstelle von Ausgleichszahlungen den Entwicklungsländern den Zugang zu den Märkten der Industrieländer zu öffnen.[11] Denn wie in Teil 2.2.4.1. kurz dargestellt, ist die geschätzte jährliche Belastung durch die Protektion weit über den Entwicklungshilfebeitrag hinausgewachsen. Zwei weitere protektionistische Verzerrungen ergeben sich aus der Praxis der Vergabe von Entwicklungshilfegeldern selbst: Erstens erhalten in den meisten Fällen nicht die durch Protektionismus geschädigten Exporteure in den armen Ländern die Entwicklungshilfe, sondern deren Regierungen, die die Mittel nach ihrem Ermessen verteilen; nicht selten werden die Mittel in gesamtwirtschaftlich unproduktive Verwendungen gesteuert (z.B. Militärausgaben) oder versickern in den Kanälen einer korrupten Bürokratie. Zweitens beinhaltet die Entwicklungshilfe in vielen Fällen eine Lieferbindung, üblicherweise in Form einer Verpflichtung des Empfängerlandes, mit den erhaltenen Mitteln Güter des Geberlandes zu kaufen; das Empfängerland kann sich dann nicht den Wettbewerb unter ausländischen Anbietern zugute machen, muss überhöhte Preise zahlen und damit eine reale Wertminderung der erhaltenen Entwicklungshilfe hinnehmen.

Genügt aber ein bloßer Abbau der Handelsschranken seitens der Industrieländer? Schon vor mehr als dreißig Jahren einigten sich die Industrieländer auf das Ziel, 0,7 vH des nominalen Bruttoinlandsprodukts den Entwicklungsländern zur Verfügung zu stellen. Dieser Official Development Aid (ODA)-Beitrag ist jedoch, für alle Geberländer zusammengenommen, von 1990-2000 von 0,3 % auf 0,2 % des Bruttoinlandsprodukts gesunken[12], letzterer Wert entspricht knapp 54 Mrd. US-Dollar (UNDP, 2002).[13] Sowohl die

---

[11] Genau genommen sollte die Marktöffnung auch auf den Handel zwischen Entwicklungsländern erstreckt werden. Dem Protektionismus im Süd-Süd-Handel wird indes in der Globalisierungsdebatte keine Bedeutung beigemessen.

[12] Nur vier Industrieländer (Dänemark, Niederlande, Norwegen, Schweden) erfüllen seit Jahren das 0,7-Prozent-Ziel.

[13] Dies ist der offizielle Entwicklungshilfebeitrag der OECD-Staaten des Development Assistance Committees (DAC). Auch andere Staaten vergeben ODA, so z.B. China, für die

dauerhafte Nichteinhaltung dieser Selbstverpflichtung, als auch das Absinken der Entwicklungshilfe bei gleichzeitiger Zunahme von Handelshemmnissen der Industrieländer wird von Oxfam (2002) scharf kritisiert. Daher fordert Oxfam (2001), dass die offizielle Entwicklungshilfe auf den angepeilten Wert von 0,7 vH angehoben und zusätzlich dazu alle Schulden von IWF und Weltbank erlassen werden, so dass ein Schuldendienst von nur noch höchstens 10 vH der Haushaltseinnahmen der jeweiligen Länder besteht (s. auch unten Teil 3.3.3.). Dabei sei unerheblich, dass sich in den letzten Jahrzehnten einige Länder aus der Armut befreien konnten – was theoretisch eine niedrigere Entwicklungshilfe begründen könnte –, da die Anzahl der Armen in der Welt weiter gestiegen ist (s. Teil 2.2.2.).

Nunnenkamp (2002c) zeigt jedoch anhand von Daten zu privaten Direktinvestitionen, ODA und Weltbankhilfe, dass letztere beide relativ konstant blieben, die privaten Direktinvestitionen als Kapitalflüsse in die Entwicklungsländer jedoch eine weitaus größere Bedeutung gewonnen haben.

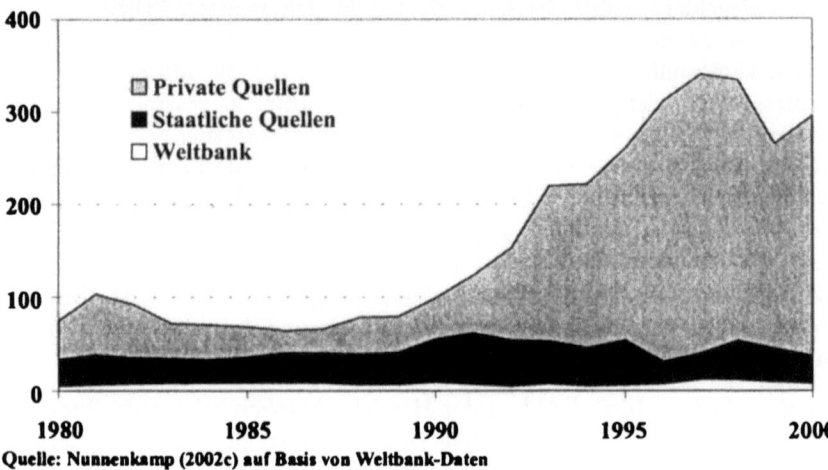

Schaubild 9: Private Gelder für Entwicklungshilfe wichtig
Kapitalströme in Entwicklungs- und Schwellenländer, in Mrd. US-Dollar

Quelle: Nunnenkamp (2002c) auf Basis von Weltbank-Daten

Das Problem ist, dass die ärmsten Länder bei weitem weniger private Hilfe und Direktinvestitionen als ODA erhalten. Gerade diese benötigen jedoch ausländisches Kapital und Mittel am meisten, bis ihre Wirtschaftspolitik so verlässlich wachstumsorientiert ist, dass ausländisches Engagement attrahiert werden kann. Da normalerweise die Kapitalrenditen in den an Kapital armen Ländern sehr hoch sein müssten, ist ein Mangel der privaten Investitionen in erster Linie durch den fehlenden marktwirtschaftlichen Ordnungsrahmen zu erklären, welcher das Risiko, das Risiko einer offenen oder versteckten Ent-

---

jedoch keine offizielle Statistik vorliegt. Nicht-DAC-Hilfe ist jedoch weitaus geringer: ca. 1,1 Mrd. US-Dollar (UNDP, 2002).

eignung eingeschlossen, im Vergleich zur erwarteten Rendite für private Investoren zu hoch erscheinen lässt. Will man also den Kapitalfluss in Entwicklungsländer erhöhen, dann müsste man konsequent an der Schaffung günstiger Rahmenbedingungen für Direktinvestitionen arbeiten (s. auch Kapitel 5).

Es könnte im globalen Interesse liegen, Abhilfe zu schaffen, und zwar zusätzlich zur Etablierung wirtschaftspolitischer Rahmenbedingungen, die eine gewisse Zeit braucht, bis genügend Vertrauen entsteht. Wie in Teil 2.1. gezeigt wurde, gehört eine Sozialpolitik, die ein Grundeinkommen sichert, zu den vier regulierenden Prinzipien, um eine wettbewerbliche Marktordnung zu sichern. Wie bereits in Teil 2.2.3.1. erklärt, können sich unterhalb des Existenzminimums Marktversagen auf dem Arbeitsmarkt ergeben. Durch Sicherung des Existenzminimums auf globaler Ebene, einschließlich einer medizinischen Grundversorgung und Grundbildung, würde den Ärmsten die Chance gegeben, sich am globalen Markt zu beteiligen. Von daher könnte eine Erhöhung des ODA-Beitrages der Industrieländer begründet sein.[14]

Dann müssten allerdings auch die Ineffizienzen bei der Verwendung der Entwicklungshilfe überwunden werden.

Zunächst einmal zeigen UNDP-Daten (2002), dass gerade bei den ärmsten Ländern im Verhältnis zu ihrer Wirtschaftsleistung überproportional mehr Mittel für Militärzwecke ausgegeben werden im Vergleich zu den meisten Industrieländern. Zwar können die politischen Verhältnisse durch die seit den fünfziger Jahren unruhigere Vergangenheit gerade in den ärmsten Ländern in Afrika instabiler sein und ein höheres Konfliktpotenzial zu benachbarten Ländern bestehen.[15] Dennoch kann es nicht im Sinne einer Armutsbekämpfung sein, dass hohe Militärausgaben entweder direkt subventioniert (falls die Gelder nicht unmittelbar für Sozialleistungen zweckgebunden sind) oder aber durch Sparen bei den nationalen Sozialausgaben ermöglicht werden.

Sodann ist darauf zu achten, dass die Entwicklungshilfe nicht zu einer übermäßigen Kapitalintensivierung in der Produktion führt, so dass weniger Beschäftigung entsteht als angesichts der in den armen Ländern verbreiteten Arbeitslosigkeit notwendig wäre. Eine gewisse Verzerrung ist unvermeidlich, weil der Zufluss von Kapital zu Vorzugsbedingungen die Faktorpreisrelationen verschiebt. Aber was sehr wohl vermeidbar ist, betrifft die Verwendung der Mittel für Prestigeobjekte, entbehrliche Infrastrukturinvestitionen, gigan-

---

[14] Hier ist jedoch zu beachten, dass die Definition eines Existenzminimums politisch bestimmt ist und sich deutlich unterscheiden kann, je nach Pro-Kopf-Einkommenssituation und Kaufkraft in den jeweiligen Ländern.
[15] Außerdem wird immer wieder darauf hingewiesen, dass durch die zum großen Teil noch aus der Kolonialzeit stammenden Staatsgrenzen erhebliche ethnische Konflikte programmiert sind und tatsächlich ein fürs andere Mal spontan oder innenpolitisch instrumentalisiert ausbrechen.

tische Industriekomplexe. Durch Kapital-verschwendung lässt sich der Lebensstandard der Menschen nicht erhöhen.

Außerdem müsste die Entwicklungshilfe so dosiert und gezielt auf Armutsbekämpfung ausgerichtet werden, dass nicht ein Crowding-out-Effekt bei der inländischen Sparbereitschaft zur Kapitalbildung entsteht (Bender, 1992). Dieses Problem ist besonders ernst zu nehmen bei der Nahrungsmittelhilfe. Verlässt sich das Empfängerland darauf, dass die Industrieländer hier dauerhaft hilfsbereit sein werden, so hat es einen (Fehl-) Anreiz, Eigenanstrengungen zur bedarfsgerechten Nahrungsmittelproduktion einzuschränken oder ganz zu unterlassen.

Abschließend ist noch zu fragen, ob Entwicklungshilfe nicht aus politökonomischen Gründen problematisch ist. Landes (1998) sieht ein Problem in der mangelnden Kontrolle der Entwicklungshilfegelder. Leicht könnten dadurch Korruption und Bedienung von Partikularinteressen entstehen. Bauer (2002) befürchtet bei reinem ODA-Transfer zu Regierungen von Entwicklungsländern, dass sich die öffentlichen Bereiche in diesen Ländern zu stark ausdehnen. Beschäftigung im öffentlichen Dienst würde attraktivere Entlohnung als der private Sektor bieten – statt privater wirtschaftlicher Initiative würde also unproduktives Rent-Seeking gefördert.

Daher ist eine Kontrolle der Qualität von Entwicklungshilfe notwendig (EU-Kommission, 2002). Zwar weist die Weltbank (2002b) darauf hin, dass insgesamt die Entwicklungshilfe der letzten Jahrzehnte über ihren reinen Geldwert hinaus erfolgreich war, weil nicht-monetäre Wohlstandssteigerungen wie mehr Gesundheit und bessere Bildung in den ärmsten Ländern zustande kamen. Dennoch ist genau zu überprüfen, ob die Entwicklungshilfe auch wirklich dem Zwecke der sozialen Grundsicherung dient, während die wirtschaftliche Förderung rein privater Initiative überlassen werden sollte.[16] Außerdem ist zu beachten, dass die vormals von Industrieländern angepeilte Entwicklungshilfe in Höhe von 0,7 vH nur in der Lage wäre, das Einkommen der ca. 1 Milliarde Menschen, die unter einem US-Dollar pro Tag leben müssen, im reinen Geldtransfer auf lediglich täglich 1,50 US-Dollar zu erhöhen.[17] Schon aus diesem Grund sollte jedermann bewusst sein, wie wichtig die Förderung

---

[16] Die Unterstützung der Weltbank in Form von Krediten ähnelt in der Wirkung direkten Einkommenstransfers, zumal da viele Kritiker wie Oxfam (2001) die Beseitigung der Weltbank-Verschuldung fordern. Allerdings beruft sich die Weltbank darauf, dass ihre Hilfe produktiv gewesen sei (Weltbank, 2002b) und auf einem Marktversagensargument basiere: Das Starten bestimmter Projekte hätte positive externe Effekte auf die Gesamtentwicklung des Landes. Für eine kritische Betrachtung des Umstands, dass die Weltbank hier – wie bei jeder Infant Industry-Entscheidung – bei ihren Projekten nicht unbedingt mehr Wissen als der Markt aufweist, siehe Teil 2.3.3.2.

[17] Basierend auf OECD-BIP-Daten zu Marktpreisen von 2001 (auf der Webseite der Main Economic Indicators: http://www.oecd.org/pdf/M00018000/M00018516.pdf) sowie den Armutsdaten der Weltbank.

privater Initiative einschließlich Bildung, Wirtschaftsintegration, Außenhandel und Öffnung für Direktinvestitionen aus dem Ausland für die Wirksamkeit der Entwicklungshilfe ist. Die Forderung von Attac (2002a) nach einem „Niveau sozialer Sicherung, das allen ein menschenwürdiges Leben ermöglicht" kann nur durch eher privatwirtschaftliche Aktivität, nicht durch bloße Umverteilung, erfüllt werden.

3.2.2. International geltende Sozialstandards erzwingen

Die von Globalisierungskritikern vielfach geforderte Maßnahme, Arbeits- und Sozialstandards gegen Einkommensdisparitäten und unterschiedliche Arbeitsbedingungen zwischen Ländern ins Feld zu führen, ist sorfältig auf seine protektionistischen Wirkungen hin zu untersuchen. Prinzipiell besteht ein Konsens zwischen Globalisierungskritikern und auch wirtschaftsliberaler Literatur, gewisse Grundstandards zu akzeptieren – nicht wegen dem Wunsch nach weniger Wettbewerb für ähnliche Produktionszweige in Industrieländern, sondern wegen der in 2.2.3. aufgeführten Martversagensmöglichkeiten, die Arbeitseinkommen nahe des Existenzminimums verursacht. Den Mindeststandards der International Labour Organisation (ILO) – Verbot von Kinderarbeit, keine Zwangsarbeit, keine Diskriminierung und Tarifautonomie und Vereinigungsfreiheit – haben sich die meisten Länder bereits angeschlossen.[18]

Siebert (2001, S.10) fasst jedoch zusammen, wo die Probleme im Umgang von Sozialstandards liegen: „Es geht um Sozialnormen, die über diese Mindeststandards hinausgehen."

Hierbei sind zunächst solche Forderungen zu betrachten, die eine Annäherung der Sozialstandards in Entwicklungsländern an geltende Normen in wohlfahrtsstaatlich ausgeprägten Industrieländern anregen. IFG (2002) nimmt sogar die extreme Position ein, ein Recht auf Arbeit in Sozialnormen mit aufzunehmen. Unberücksichtigt bleibt die ökonomische Grundregel, dass die Verwirklichung von Sozialstandards Kosten darstellt und das heißt, dass sie durch die Produktivität, die die Volkswirtschaft aufweist, gedeckt sein muss. Das Produkuktivitätsniveau in Entwicklungsländern ist vergleichsweise niedrig. Eine Anhebung der Sozialstandards, losgelöst von der Produktivitätsentwicklung, würde die Arbeitskosten erhöhen (in diesem Fall ohne die ökonomische Begründung von Marktversagen). Damit verteuert sich gerade der Faktor, bei dem Entwicklungsländer komparative Vorteile besitzen und entfaltet in erster Linie schützende Wirkung für die Konkurrenz in den Industrieländern.

Das zweite kontroverse Feld bezieht sich auf die Durchsetzung von Sozialnormen, einschliesslich von Mindeststandards. Oxfam (2002) fordert Sankti-

---

[18] "ILO Declaration on Fundamental Principles and Rights at Work and its Follow-Up" vom 18.6.1998.

onsmöglichkeiten bei Missachtung der Mindeststandards wie zum Beispiel dem Verbot von Kinderarbeit. Möglich wäre dies durch Aufnahme von Vorschriften für Mindeststandards in die WTO-Vereinbarungen, und nicht nur als unterzeichnete Absichtserklärung bei der ILO. Als Sanktionsmechanismus kann sich auch ein schlechtes öffentliches Image von Unternehmen ergeben, die mit inakzeptablen Produktionsmethoden arbeiten. Solche Sanktionen könnten jedoch nicht beabsichtigte Effekte nach sich ziehen. Ebenso wie öffentlicher Druck und Aufruf zu Konsumenten-Boykotten könnten sie noch schlechtere Alternativen für Kinder bedeuten. DFID (1999) zeigt dies am Beispiel Bangladeschs. 1993 zeigte das US-Fernsehen, dass Kleidung der US-Discounter-Kette Wal-Mart auch durch Kinderarbeit erstellt würden. Durch Konsumentenproteste kündigte Wal-Mart seine Verträge mit den Zulieferern aus Bangladesch, ebenso wie die Konkurrenzfirmen. Daraufhin wurden zum Teil Erwachsene in den Betrieben eingestellt, die meisten Kinder jedoch ohne weitere Zahlungen entlasssen.

Diese wären dann aber keineswegs wirksam geschützt, sondern gezwungen, noch schlimmere Tätigkeiten auszuüben oder aber würden in die Kriminalität gedrängt. Auch Basu (1999) befürchtet, dass Verhinderung von Kinderarbeit in Exportindustrien die Kinder wieder in schlechtere Bedingungen im heimischen Agrarsektor zwingen würde.[19] Daher wären bei allen verständlichen Maßnahmen gegen Kinderarbeit stets die Alternativen und Konsequenzen zu betrachten. Die historischen Erfahrungen mit Kinderarbeit in Europa zeigen, dass Verbote erst dann auf dem gesamten Kontinent durchgesetzt wurden, als Kinderarbeit wegen erhöhtem Wachstum ohnehin schon stark abgesunken war.

Die Entwicklungsländer selbst widersprechen nicht der Einführung von Mindeststandards (z.B. bei den WTO-Konferenzen 1996 und 1998), setzten

---

[19] Crook (2001, S. 5) übt eine vernichtende Kritik von Sanktionen und Boykotte gegen Verstöße von Mindeststandards: „...For Example, suppose that in the remorselesss search for profit, multinationals pay sweatshop wages to their workers in developing countries. Regulation forcing them to pay higher wages is demanded. The biggest western firms concede there might be merit in the idea. But justice and efficiency require a level playing-field. The NGOs, the reformed multinationals and enlightend rich-country governments propose tough rules on third-world factory wages, backed up by trade barriers to keep out imports from countries that do not comply. Shoppers in the West pay more – but willingly, because they know it is in a good cause. The NGOs declare another victory. The companies, having shafted their third-world competition, count their bigger profits (higher wage costs nonwithstanding). And the third-world workers displaced from locally owned factories explain to their children why the West's new deal for the victims of capitalism requires them to starve."

sich aber gegen Sanktionsmechanismen bei Nichteinhaltung ein (z.B. bei dem WTO-Gipfel in Seattle 1999).[20]

Ein gewisser Druck auf die Sozialsysteme und Arbeitsstandards in Industrieländern ist insgesamt aus den in 2.2.3. genannten Gründen analog zu den lohnsenkenden Effekten erhöhten Wettbewerbs auf den Arbeitsmärkten zu erwarten. Aber es ist mehr als fraglich, ob dies die Grundfesten der politischen Präferenzen dort derart erschüttern kann, dass akzeptierte Mindeststandards aufgegeben werden (s. auch Teil 2.5.1.).

3.2.3. Begünstigungen und Marktzutrittsbarrieren von Industrieländern beseitigen

Ebenso wie in der Feststellung von Protektion bei Industrieländern, die die Entwicklung ärmerer Länder behindert, ergibt sich eine weit verbreitete Einstimmigkeit, die sowohl von Seiten der Globalisierungskritiker wie auch liberaler Ökonomen zu einer Beseitigung dieser Protektion aufruft.

Rodrik (2002) lenkt den Blick auf das internationale Regelwerk der Welthandelsordnung. Die Handelspolitik der Industriestaaten ist gefordert, Märkte zu öffnen und offen zu halten und so die Voraussetzungen für eine wirkungsvolle Integration der Entwicklungsländer in die internationale Arbeitsteilung nach Maßgabe ihrer komparativen Vorteile (Agrargüter, Textilien u.a.) zu schaffen. Auch die Weltbank (2002) sieht den Abbau von Protektion bei Industrieländern als eines der Hauptelemente für eine erfolgreiche Entwicklungspolitik. IWF und Weltbank (2002) weisen darauf hin, dass der Abbau der OECD-Protektion im Güterhandel je nach Schätzung 250 Mrd. bis 620 Mrd. US-Dollar an Wohlfahrtssteigerung bedeuten würde, wovon ein Drittel bis die Hälfte dieser Gewinne den Entwicklungsländern zufließen könnte.

Oxfam (2002) fordert ebenfalls die Öffnung der Märkte der Industrieländer. Allerdings geht Oxfam soweit, Entwicklungsländern protektionistische Maßnahmen zu empfehlen, oder aber die bestehenden Barrieren nur langsam aufzulösen, damit diese Länder in der Entwicklung aufholen können. Viele Länder, so Oxfam, die langsam liberalisiert hätten (China, Thailand, Vietnam) stünden nun besser da als Länder, die schnell liberalisierten. Die Studie von Dollar und Kraay (2001b) zeigt im Gegenteil empirisch fundierter (trotz Kritik von Watkins, 2002), dass die Öffnung von Märkten in vielen Ländern half, die Armut zu senken.

---

[20] Vgl. Addo (2002). Vor dem Seattle-Gipfel ergab sich die Initiative TWIN-SAL, in der sich zwei Gewerkschaften aus Indien und mehrere NGOs gegen eine Einbindung von Sozial- und Arbeitsstandards in die WTO-Ordnung aussprachen. Es störte die Verfasser auch, dass Verstöße gegen Sozialnormen in Industrieländer selten Diskussionsgegenstand sind, so z.B. die mangelnde Existenz von Gewerkschaften in den USA. Im Internet ist ein Statement von TWIN-SAL verfügbar unter: http://www.columbia.edu/~jb38/twin-sal12.pdf .

Wie bereits in Teil 3.1. angeklungen, ist das Infant-Industry-Argument für Entwicklungsländer als Grundlage einer entwicklungspolitischen Strategie eher nicht zu empfehlen. Im Gegenteil empfiehlt Bhagwati (2002) auch Entwicklungsländern eine vollständige Marktöffnung. Auf der anderen Seite ist es nicht ratsam, wenn Industrieländer nur bestimmten Gruppen von armen Ländern ihre Märkte öffnen.[21] Andere arme Länder, die nicht in den Genuss dieser Öffnung kommen, erleiden dadurch Handels- und Wohlfahrtseinbußen, während innerhalb der bevorzugt behandelten Entwicklungsländer Produktionsstrukturen entstehen, die auf nicht vollständig liberalisierten Voraussetzungen beruhen. Werden zu einem späteren Zeitpunkt die Vorteile allen Ländern gewährt, könnten die zuerst bevorzugten Länder einem neuerlichen Druck hin zu Strukturwandel ausgesetzt sein.

Weitere Bereiche, in denen Industrieländer durch die bestehende Handelsordnung gegenüber Entwicklungsländern in Vorteil sein könnten, sind die Regeln zum Schutz geistigen Eigentums, der Schutz von Vorgehensweisen der transnationalen Unternehmen (TNU) und Barrieren gegenüber Migration.

Hinsichtlich des Schutzes geistigen Eigentums gelten die bereits in 2.2.5.3. gemachten Überlegungen. Insofern wäre Oxfam (2002) zuzustimmen, zumindest bestimmte Ausnahmeregelungen für den Schutz geistigen Eigentums zu finden, z.B. in nationalen Krisen und bei der Seuchenbekämpfung. Allerdings lässt sich ansonsten nicht feststellen, wie das Abkommen die Industrieländer bevorzugt, nur weil dort zur Zeit (noch) bessere Forschungsbedingungen herrschen und mehr Patente angemeldet werden. Ein genereller Handlungsbedarf ergibt sich daher hier nicht.

Während im folgenden Abschnitt auf die Frage nach der Bekämpfung von möglichem marktwidrigen Verhalten von transnationalen Unternehmen (TNU) eingegangen wird, sei bezüglich Migration auf die Ausführungen in 2.2.3.3. verwiesen. Kritikpunkte und Forderungen von Globalisierungskritikern beziehen sich eher auf die Verzerrungen infolge protektionistischer Außenwirtschaftspolitik, nicht jedoch auf verhinderte Migration von Entwicklungsländern in Industrieländer. Wegen der potenziell wohlfahrtssteigernden Wirkung von Migration, sofern sie die sozialen und politischen Systeme in den Industrieländern nicht überfordert, sollte ihre Organisation und Regulierung jedoch weiter vorangetrieben werden. Andererseits ist auch hier die große Bedeutung von Direktinvestitionen in Entwicklungsländer zu sehen, denn diese würden Arbeitsplätze und Wachstumsmöglichkeiten vor Ort schaffen und die Migrationsanreize verringern.

---

[21] In diesem Zusammenhang ist auch die Initiative der EU „Everything but Arms" zu sehen.

3.2.4. Transnationale Unternehmen mehr kontrollieren

In Teil 2.2.4.2. hat sich gezeigt, dass durchaus Bedarf für die Regulierung der Wirtschaftstätigkeit von transnationalen Unternehmen (TNU) existieren kann, da negative, aber auch positive externe Effekte bei Direktinvestitionen und der Geschäftstätigkeit auftreten können. Auch könnte eine internationale Wettbewerbspolitik notwendig sein.

Im Falle positiver externer Effekte – also Transfers von Technologie und Impulsen für das Standortland eines Teils von TNU – müssten eigentlich Subventionen oder andere Kompensationen zu befürworten sein. Hier fände sich also eine ökonomische Begründung für eine Wirtschaftspolitik, die über günstige Rahmenbedingungen hinaus Vorteile für Unternehmen gewähren will, um im globalen Wettbewerb Direktinvestitionen zu attrahieren. Diese Art von Maßnahme ist jedoch von Globalisierungskritikern in diesem Zusammenhang nicht gemeint. Kompensationen für positive externe Effekte unterliegen auch der Gefahr der Wettbewerbsverzerrung, da die Messung von positiven externen Effekten sehr schwierig ist und womöglich nur einen Vorwand für Subventionen bieten (s. auch Teil 3.1.).[22]

Negative externe Effekte können wie oben gezeigt ebenfalls auftreten. Hieraus ließe sich folgern, das Gastland habe dem investitionswilligen Unternehmen Auflagen zu machen.[23] Die schwere Messbarkeit dieser negativen Effekte lassen jedoch genauso wie bei positiven Effekten von Markteingriffen abraten. Einige Kritiker appellieren auch, das ethische Bewusstsein von Unternehmen zu erhöhen und ihnen deutlich zu machen, dass die Missachtung von ethischen Normen sowie von Sozial- und Umweltstandards keine langfristigen Perspektiven bieten würde (Deutsche Bischofskonferenz, 1999). Es ist aber durchaus nicht unwahrscheinlich, dass Unternehmen ohnehin in den meisten Fällen freiwillig in den Entwicklungsländern über deren Standards liegen (Bhagwati und Srinivasan, 1996). Eine gewisse Verbesserung negativer Effekte von TNU durch moralische Appelle ist wegen der Public-Relations-Wirkungen und Mitarbeitermotivation ebenfalls nicht unrealistisch. Gerade für die Forderungen nach höheren Sozialstandards gelten aber die in Teil 3.2.2. gemachten Ausführungen. Zu den Initiativen für ein marktkonformes und ethischeres Unternehmensverhalten für TNU zählen die United Nations Global Compact aus dem Jahr 2000 und die OECD-Richtlinien für TNU (Gordon, 2001).[24] Um Druck auf Unternehmen auszuüben, wird eine verstärkte Überwachung und Informationsbereitstellung empfohlen. Auch

---

[22] Diese Art von partieller Vorteilsgewährung sind übrigens eher wie Industriepolitik zu bewerten und deutlich zu trennen von einer generellen Verbesserung von Rahmenbedingungen für Unternehmen im Standortwettbewerb.

[23] Zum Beispiel local content – Vorschriften, die ein TNU zwingen, bestimmte Leistungen für seine Niederlassung nur aus dem betreffenden Land zu beziehen.

[24] Gordon (2001) bietet auch einen Überblick über globalisierungskritische Initiativen für Unternehmensverhalten.

NGOs würde eine Rolle bei der Bereitstellung solcher Informationen und Aufklärung zukommen.

IFG (2002) zielt eher darauf ab, Unternehmen mehr in die Verantwortung für ihr Handeln zu nehmen. Dies umfasst mehr Rechtswege gegen Unternehmensaktionen und mehr Verbotsmöglichkeiten von Unternehmenstätigkeit. Hinzu kommen eine Einschränkung von unternehmerischer Einflussnahme in der Politik, eine Überprüfung von öffentlichen Aufträgen und Streichung von Vergünstigungen für Firmen. Diese Forderungen entsprechen zum Teil den Erfordernissen von Eigentumsrechten (property rights), die sowohl Rechte als auch Verantwortlichkeit der betreffenden Eigentümer definieren.

Im Kern wurde seitens der OECD mit dem Versuch des Multinational Agreement on Investment (MAI) ein Vorstoß in diese Richtung gewagt. Obwohl 1998 auch durch den öffentlichen Widerstand von Globalisierungskritikern gescheitert, ist dieses Thema noch in der Diskussion (vgl. beispielhaft Graham, 2000). Ein solches Abkommen hätte das Ziel, investierenden Unternehmen einen einklagbaren Bestandsschutz zu garantieren, also ganz im Euckenschen Sinne private Eigentumsrechte zu garantieren. Dies senkt die Risikoprämien für ein privates Engagement, erleichtert Entwicklung und bedeutet allenfalls eine Beschneidung von Willkür der Regierungen der Entwicklungsländer – nicht jedoch eine Benachteiligung von Armen, die umso leichter eine wirtschaftlich lohnende Tätigkeit finden könnten. Gleichzeitig muss jedoch auch an die Produkthaftung gedacht werden, die grenzüberschreitend Möglichkeiten zum rechtlichen Regress bieten sollte.

Teilweise gehen Forderungen von Globalisierungskritikern soweit, die Unternehmen zu zwingen, ihre Gewinne aus dem Entwicklungsland dort wieder anzulegen – was auf eine extreme Kapitalverkehrskontrolle hinausläuft (IFG, 2002. Die Bedenken hierzu finden sich in Teil 3.3.1.).

Es ist eher davon auszugehen, dass ein Entwicklungsland bei zu erwartenden negativen Effekten eine Ansiedlung zwar untersagen sollte. Damit sollte das jeweilige Landesrecht unangetastet bleiben. Insgesamt können aber doch viele Entwicklungsländer nur bedingt Forderungen stellen. Von allgemeinverbindlichen Auflagen in Form von multilateralen Abkommen beispielsweise bezüglich des Grads der Involvierung nationaler Unternehmen als Zulieferer sollte Abstand genommen werden. Dies würde eher dazu führen, dass die derzeit unattraktiveren Länder erst recht keine Direktinvestitionen anziehen könnten und gleichartige Vorschriften für völlig unterschiedliche nationale Situationen entstehen (Folge: Wettbewerbsverzerrungen).

Zentraler Punkt von vielen globalisierungskritischen Forderungen ist es jedoch, Schritte zur Schaffung einer globalen Wettbewerbspolitik einzuleiten (Attac, 2002a). Würden Unternehmen und Wirtschaft zunehmend global, so müssten auch globale Spielregeln gelten. Die meisten Vorschläge zur Errichtung einer internationalen Wettbewerbsordnung sehen vor, diese in der WTO anzusiedeln, entweder in Form eines so bezeichneten Anhang 4, d.h. als plurilaterale Vereinbarung zwischen den kooperationsbereiten Ländern, oder im Rahmen eines Single-Package Ansatzes, der für alle WTO-Mitglieder verbindlich wäre. Die Europäische Union (2002) hat sich für den zweiten Weg ausgesprochen. Demnach sollen von jedem Mitglied wettbewerbsrechtliche Mindeststandards eingeführt werden. Vorgesehen ist zudem eine Verpflichtung, die Wettbewerbsregeln auch anzuwenden. Vorbild ist die Idee eines TRAPS-Abkommens (Trade Related Antitrust Principles, s. auch Klodt, 2000).

Für die Errichtung eines Abkommens sprechen vor allem zwei Überlegungen. Zum Ersten: Wettbewerbsfeindliche Unternehmenspraktiken betreffen in einer globalisierten Welt nicht nur einen, sondern mehrere Märkte, entfalten also wettbewerbspolitische Spill-Over Effekte, die über eine internationale Kooperation zwischen den nationalen Wettbewerbsbehörden zu internalisieren sind. Zum Zweiten: Gegenwärtig existieren in der WTO nur vereinzelte Regeln, die verhindern, dass Unternehmen Marktzutrittsbarrieren für Exporteure errichten bzw. dass die nationalen Wettbewerbsbehörden aus protektionistischen Gründen geltendes Wettbewerbsrecht konsequent anwenden. Ein TRAPS-Abkommen könnte hier einen disziplinierenden Einfluss ausüben (Klodt, 2000).

Ob das von der EU anvisierte Abkommen diese Ziele erfüllen kann, ist jedoch fraglich. Zum einen würde eine Internalisierung grenzüberschreitender wettbewerbspolitischer Spill-Over Effekte erfordern, dass künftig dem Auswirkungsprinzip (Kontrolle der Unternehmen des eigenen Landes, auf allen Märkten) stärkere Geltung verschafft wird. Dies scheitert jedoch häufig an Vollzugsdefiziten (Monopolkommission, 1998). Fraglich ist, ob die WTO-Mitgliedsländer bereit sind, die hiermit verbundenen Einschränkungen nationalstaatlicher Souveränität hinzunehmen. Zweitens besteht die Gefahr, dass bei einem TRAPS-Abkommen handelspolitische Ziele, die vornehmlich auf die Sicherstellung des Marktzugangs für Exporteure ausgerichtet sind, wettbewerbspolitischen Überlegungen, die dem Effizienzziel verpflichtet sind, untergeordnet werden. Eine Vermischung dieser beiden Ziele könnte, wie das Beispiel der Antidumpingpolitik zeigt, auch zu einer Verschlechterung des Status Quo führen. [25]

Trotz dieser Einwände ist die Vereinbarung internationaler Wettbewerbsregeln aus ökonomischer Sicht zu befürworten. Das TRAPS-Abkommen sollte sich jedoch vornehmlich auf jene Bereiche konzentrieren, in denen der größte wettbewerbspolitische Konsens besteht: Die gemeinsame Bekämpfung internationaler Kartelle, die in den vergangenen Jahren erheblich an Bedeutung gewonnen haben. Die Etablierung eines allgemeinen Kartellverbots sollte je-

---

[25] Antidumpingmaßnahmen sind in der WTO unter Artikel VI geregelt und verfolgen ein wettbewerbspolitisches Ziel, die Bekämpfung von räuberischem Dumping. In den vergangenen zwanzig Jahren ist dieses Instrument jedoch mehr und mehr zu einem Instrument des Protektionismus verkommen (Theuringer, 2000).

doch, anders als gegenwärtig seitens der EU vorgesehen ist, auch ein Verbot von Exportkartellen beinhalten.[26]

Zweitens empfiehlt es sich, bei der Schaffung einer internationalen Wettbewerbsordnung zugleich entweder auf die Abschaffung oder aber auf eine grundlegende Reform der Antidumpingregeln hinzuwirken, da Antidumpingmaßnahmen, wie neuere Untersuchungen belegen, nicht nur protektionistisch eingesetzt, sondern in erheblichem Maße auch gezielt von marktbeherrschenden Unternehmen als strategische Waffe eingesetzt werden, um Kartelle nach innen abzusichern und potenzielle Außenseiterkonkurrenz vom Markteintritt fernzuhalten (Theuringer, 2002).

Hierzu würde auch die Errichtung einer supranationalen Behörde (oder Übertragung der Zuständigkeit an eine bestehende Behörde wie der WTO) gehören, um die Regeln auch durchzusetzen. Die EU (2000) hat bereits angeregt, mittels eines TRAPS-Abkommens international verbindliche und durchsetzbare Wettbewerbsregeln zu schaffen, mit einem Schwerpunkt auf Kartellbekämpfung.

Aber ist eine solche globale Wettbewerbspolitik überhaupt notwendig?

Für internationale Koordination von Wettbewerbspolitik wären folgende vier Varianten denkbar: Schaffung einer internationalen Aufsichtsbehörde oder Vertragswerk mit für alle gültigen Regeln, Belassung von Wettbewerbsaufsicht in nationalen Händen entweder nach dem Territorialprinzip (Kontrolle der Unternehmen auf dem eigenen Markt) oder nach dem Auswirkungsprinzip, oder aber der Schaffung bestreitbarer Märkte durch Liberalisierung und Deregulierung.[27]

Die von vielen fundamentaleren Kritikern erhoffte globale Wettbewerbsaufsicht zur Verhinderung global marktbeherrschender Stellungen könnte möglicherweise nur dann notwendig sein, wenn in den Herkunftsländern der betreffenden Unternehmen keine ausreichende nationale Fusionskontrolle besteht. Da die größten TNU aus der EU, den USA und Japan kommen, müsste sich die Kritik gegen die dortigen Kartellbehörden richten. Des Weiteren hätte selbst ein Unternehmen aus einem anderen Land Schwierigkeiten, globale Marktmacht zu erlangen, denn die obigen nationalen Behörden kontrollieren die für die Weltmärkte bedeutenden Regionen USA, EU und Japan.[28] Damit würde sich der ohnehin durch Globalisierung für einen globalen

---

[26] Vgl. hierzu die Passagen zum Verbot von Exportkartellen bei der Monopolkommission (1998).

[27] Letztere Variante basiert auf der wettbewerbstheoretischen Annahme, dass es wichtig ist, potenziellen Wettbewerb zu garantieren, und weniger das aktuelle Marktverhalten von Unternehmen zu kontrollieren.

[28] So ist zum Beispiel das Microsoft-Verfahren erst in den USA weitgehend abgeschlossen; für die EU steht noch der Bescheid der EU-Kommission aus, ob sich Microsoft dort eines wettbewerbswidrigen Verhaltens schuldig gemacht hat.

Markt potenziell höhere Wettbewerb mit bereits vorhandenen, bewährten nationalen Wettbewerbsaufsichtstrukturen verbinden. Diese Praxis würde auf eine internationale Anwendung von Wettbewerbsregeln nach dem Territorialprinzip hinauslaufen.

Die Schwäche des Territorialprinzips ist es jedoch, dass nationale Wettbewerbsbehörden häufig keine Anreize haben, gegen Regelverstöße vorzugehen, die sich nicht auf ihren eigenen Markt auswirken. In der Europäischen Gemeinschaft etwa ist die Kommission hierzu auch gar nicht befugt, da sie nur solchen Verstößen nachgehen darf, die den innergemeinschaftlichen Handel betreffen. Um grenzüberschreitende wettbewerbspolitische Spill-Over-Effekte zu internalisieren, wäre daher entweder eine Verankerung des Inländerkonzepts im nationalen Wettbewerbsrecht erforderlich, in diesem Fall müsste die Kommission also auch dann einschreiten, wenn sich die Beschränkung im Ausland auswirkt, sofern sie auf europäischem Territorium begangen wurde, oder aber dem Auswirkungsprinzip zum Durchbruch verholfen werden. Dieses scheitert jedoch häufig an Vollzugsdefiziten. Wünschenswert wären in diesem Bereich daher internationale Regeln, wie sie etwa die Monopolkommission (1998) vorgeschlagen hat.

Wettbewerbspolitischer Handlungsbedarf auf multilateraler Ebene besteht auch darin, die Verzerrungen zu adressieren, die durch die Handelspolitik selbst ausgelöst werden. (Freytag, 1998). Wie bereits in Kapitel 2.2.4.1. und 2.2.5. deutlich wurde, existieren bereits durch persistente Protektion und Ausnahmeregelungen der WTO erhebliche Wettbewerbsverzerrungen. Dies gilt insbesondere für Antidumping-Maßnahmen durch ein bestimmtes Land oder einen Handelsblock, die wie ein staatlich garantiertes Preiskartell für die protegierten Unternehmen der betreffenden Branche in diesem Land oder Handelsblock wirken würde. So entstehen Spielräume, das Antidumping-Recht für industriepolitische Zwecke zu missbrauchen. Darüber hinaus stimuliert das Antidumpingrecht wettbewerbsbeschränkendes Verhalten auf Seiten der Unternehmen (Theuringer, 2002). Dies sollte zum Anlass genommen werden, die Antidumping-Politik einer stärkeren ex-ante- und ex-post-Kontrolle durch die Wettbewerbspolitik zu unterziehen.

Insgesamt sind internationale Kartellbildungen, gerade für Entwicklungsländer, mit hohen Kosten verbunden,[29] und daher durch entweder mehr globale Kooperation der nationalen Behörden oder ein internationales Wettbewerbsabkommen zu bekämpfen.

Im Rahmen der WTO können immerhin bestimmte protektionistische Praktiken beispielsweise durch Klage und Sanktionsmaßnahmen angegangen wer-

---

[29] Laut einer Weltbank-Studie von Levenstein und Suslow (2001) beträgt der Anteil der kartellierten Importe an den gesamten Importen von Entwicklungsländern knapp 10 vH. Internationale Kartelle haben an Häufigkeit und Bedeutung zugenommen (OECD, 2000d; WTO, 1997).

den. Falls ein Land sich durch laxe Wettbewerbspolitik auf dem Weltmarkt Vorteile verschaffen will, so sind diese, wie jede Art von Handelsverzerrungen, über das WTO-Vertragswerk zu behandeln.[30] Aber: WTO-Regeln adressieren nicht die Wettbewerbspolitik. Es kommt zu einer Erfassung nur dann, wenn staatliche Beteiligung an einem wettbewerbswidrigen Verhalten nachgewiesen werden kann. Zu beachten ist ferner, dass die WTO-Regeln gegenwärtig nur vereinzelte Wettbewerbsregeln beinhalten. Auf dem Ministertreffen in Doha, Katar (November 2001) wurde vereinbart, die Frage internationaler Wettbewerbspolitik zu einem zentralen Thema der laufenden Doha-Entwicklungsrunde zu machen.

Eine dezentrale Lösung globaler Wettbewerbspolitik hätte einer zentralen Lösung gegenüber den Vorteil, dass sich in einem internationalen Wettbewerb der regulierenden Wettbewerbsbehörden die beste Praxis herausbilden und auch auf regional marktbeherrschende Stellungen verbessert eingegangen werden kann. Bei dezentraler Ausübung gemeinsamer wettbewerbspolitischer Vereinbarungen bestünde hingegen die Gefahr uneinheitlicher Anwendung (Beeker, 2001). Eine zentrale Lösung, wie etwa ein Weltkartellamt, steht in der WTO allerdings nicht zur Diskussion, sondern nur Mindeststandards.

Letzten Endes wäre auf eine Verstärkung der nationalen Wettbewerbsbehörden und eine bessere Koordination ihrer Tätigkeit gemäß des Auswirkungsprinzips hinzuarbeiten. Dabei wäre aber die Schaffung eines internationalen Wettbewerbsrahmens im Form eines Abkommens hilfreich, welches für alle Teilnehmer verbindliche Leitlinien der Wettbewerbspolitik zusammenfasst. Zwar könnte theoretisch, wie oben gezeigt, konsequent geführte Wettbewerbspolitik nach dem Territorialprinzip für global ausreichende Wettbewerbskontrolle sorgen. Dies ignoriert jedoch die Problematik, dass häufig die Anreize fehlen, nationales Wettbewerbsrecht aus protektionistischen Motiven konsequent anzuwenden.

Mit potenziell mehr Wettbewerb durch Liberalisierung und Globalisierung der Märkte entstehen auch neue Ausweichmöglichkeiten für TNU, wettbewerbswidrige Vereinbarungen zu treffen. Dies sollte analog zu den Handelsregeln der WTO internationale Wettbewerbsregeln und -koordination begründen.

---

[30] Großmann (1998) merkt an, dass Unternehmen mit einem künstlichen Wettbewerbsnachteil auch zu höheren Leistungen angespornt werden könnten. Dies entspricht der Wirkung, die die Belastung eines hohen Wechselkurses auf die Produktivität der Exportindustrie haben kann.

3.3. Internationale Finanzmärkte mehr regulieren

3.3.1. Kapitalverkehrskontrollen einführen

Dem internationalen Kapitalverkehr werden grundsätzlich wohlfahrtssteigernde Wirkungen zugeschrieben:

1. Er ermöglicht eine effiziente internationale Kapitalallokation, internationale Unterschiede in der Grenzleistungsfähigkeit des Kapitals werden ausgeglichen, die Kapitalrendite steigt.
2. Auch ohne Nettokapitalflüsse können international divergierende Zeit- und Liquiditätspräferenzen ausgenutzt werden.
3. Bessere Portfoliodiversifizierung und Risikostreuung werden ermöglicht.

Dennoch haben viele Länder aus unterschiedlichen Motiven immer wieder zu Kapitalverkehrsbeschränkungen gegriffen.

Der Begriff Kapitalverkehrskontrollen (KVK) bezieht sich auf administrative Eingriffe in sämtliche Formen von Kapitaltransfers zwischen dem Inland und dem Ausland (Weniger, 1988). Neben Kapitalbewegungen im Rahmen der Kapitalverkehrsbilanz im engeren Sinne können Kapitaltransfers auch über Handels- und Dienstleistungsgeschäfte durchgeführt werden. Daher erfassen die Kontrollen häufig den gesamten kommerziellen Zahlungsverkehr. Sie richten sich außerdem nicht unbedingt nur gegen Transaktionen, die über den Devisenmarkt abgewickelt werden, sondern können z.B. auch grenzüberschreitende Kredite in Inlandswährung erfassen.

Eine Maßnahme, mit der der Kapitalverkehr beschränkt werden soll, kann nach dem Objekt, der Art und der Dauer systematisiert werden. Das Objekt der Maßnahme beschreibt, welche Transaktionen reguliert werden sollen. Hier wird insbesondere zwischen Kapitalexporten und Kapitalimporten unterschieden. Die Art der Maßnahme gibt an, in welcher Form die Beschränkung vorgenommen wird. Hierbei ist zu unterscheiden zwischen marktbasierten/indirekten Maßnahmen, die die relativen Preise verändern, und administrativen/direkten Kontrollen, die die Transaktionen als solche eingrenzen. Marktbasierte Maßnahmen sind z.B. Transaktionssteuern und Mindestreservepflichten, während direkte Maßnahmen die Form von Verboten und Genehmigungsvorbehalten haben. Die Dauer gibt schließlich an, wie lange die Kapitalverkersregulierung in Kraft ist. Hier kann man zwischen zeitlich begrenzten und permanenten Kontrollen unterscheiden, wobei die Unterteilung allerdings recht unscharf ist. Zeitlich begrenzte Kontrollen werden meist als Reaktion auf eine (drohende) Währungskrise (Abwertung der Inlandswährung, Kapitalflucht) eingesetzt; Dornbusch (1998) bezeichnet dies als „ad hoc ex-post Kontrollen". Permanente Kapitalverkehrskontrollen sind dagegen ein fester Bestandteil der Wirtschaftspolitik eines Landes und werden gezielt zur Steuerung der Kapitalströme verwendet.

Kapitalverkehrskontrollen sind von Devisenkontrollen abzugrenzen. Unter Devisenkontrollen (Synonyme: Devisenbewirtschaftung, Devisenzwangswirtschaft; Gegensatz: Inländer- und Ausländerkonvertibilität) versteht man die administrative Lenkung des Devisenerwerbs und der Devisenverwendung durch Unternehmen und private Haushalte. Sie beschränken den freien Umtausch einer Währung in andere Währungen (die Konvertibilität) und betreffen damit auch - im Gegensatz zur unmittelbaren Wirkung von Kapitalverkehrskontrollen - den Außenhandel. Voraussetzung ist die Existenz eines staatlichen Devisenhandelmonopols. Dieses kann zur Kapitalverkehrskontrolle dienen, muss es aber nicht.

Im Rahmen von administrativen Devisenkontrollen müssen alle Devisen, die dem Land vor allem via Erlöse für Güterexporte und durch Kapitalimporte zufließen, an den Staat (die Zentralbank) zu einem festgesetzten Kurs abgeführt werden. Die eingenommenen Devisen werden für bestimmte zugelassene Transaktionen, in der Regel Güterimporte und Schuldendienst, zu einem festgesetzten Abgabekurs zugeteilt. Liegt der Zuteilungskurs über dem Ankaufkurs (Preisnotierung), werden dadurch Güterimporte und Kapitalexporte verteuert. Über alle übrigen Transaktionen (z.B. Auslandsreisen und Dividendenauszahlungen an ausländische Investoren) entscheiden die Behörden auf recht diskretionäre Weise, bei der striktesten Variante von Devisenkontrollen gibt es überhaupt keine Zuteilung.

Eine marktbasierte Variante ist der duale Wechselkurs (gespaltener Devisenmarkt, gespaltener Wechselkurs). Dabei werden zwei Wechselkurse eingeführt, in der Regel ein offizieller fester Wechselkurs für zugelassene Transaktionen, und ein freier Marktkurs für (sonstige) Kapitalbilanztransaktionen. Auch multiple Wechselkurse sind denkbar. Hier werden die Wechselkurse differenziert nach Außenhandelstransaktionen und Kapitalbewegungen und beim Außenhandel unterschiedlich für einzelne Warengruppen im Export und im Import festgesetzt. Die Währungsbehörde versucht über die Kursgestaltung partielle Auf- und Abwertungen (im Vergleich zur offiziellen Parität) zu erreichen, je nach wirtschaftspolitischer Priorität und den jeweiligen Preisangebots- und Preisnachfrageelastizitäten.

Als eine weitere marktbasierte Variante kann die Tobin-Steuer gesehen werden. Sie ist der spezielle Fall einer einheitlichen, umfassenden Devisenkontrolle in allen Ländern (s. unten Teil 3.3.2.).

Generell sind Kapitalverkehrsbeschränkungen, die marktbasiert sind, der administrativen Variante vorzuziehen, da sie die Disposition der Wirtschaftsakteure weniger stark beschneiden. Allerdings ist ihre Umsetzung häufig komplexer und daher für weniger entwickelte Länder schwieriger (Ariyoshi et al., 2000).

Es ist schwer, Kapitalverkehrsbeschränkungen in der gewünschten Weise umzusetzen. Jedenfalls sind sie kaum effektiv, solange sie nicht alle denkbaren Kapitalströme erfassen, da sie ansonsten nur zu einer Umlenkung des Kapitalverkehrs anstatt zu einer Einschränkung führen (Weniger, 1988). Eine umfassende Kontrolle des Kapitalverkehrs ist aber angesichts der heute existierenden Vielzahl von Anlageformen, der ständigen Entwicklung neuer Finanzinstrumente und des technischen Fortschritts (Kommunikationsmittel, elektronische Transfers) immer komplizierter (The Economist, 1998). Ferner ist die Geschichte voller Beispiele für schlecht funktionierende Kontrollen in der Praxis, nicht nur in Entwicklungsländern, aber besonders dort, weil es an den unabdingbaren institutionellen und personellen Voraussetzungen fehlt, um die Kontrollen durchzusetzen. Überdies haben Untersuchungen des IWF (Ariyoshi et al., 2000) gezeigt, dass die Effektivität von Beschränkungen im (längeren) Zeitablauf abnimmt, da die Wirtschaftssubjekte lernen, sich auf die Regelungen einzustellen und Schlupflöcher entdecken, um ihnen auszuweichen.

Umgehungsmöglichkeiten bietet oft der Außenhandel. Die Dokumente, die im Rahmen von Handels- und Dienstleistungsgeschäften ausgestellt werden, können gefälscht werden. Kapitaltransaktionen können als Leistungsbilanztransaktionen getarnt werden. Importrechnungen können erhöht und Exportrechnungen vermindert werden, wenn mit dem Handelsgeschäft eine Kapitalanlage im Ausland einhergehen soll (sogenannte Über- und Unterfakturierung). Ferner kann ein Kapitalexport auch über das Vehikel leicht handelbarer Wertsachen mit geringen Transportkosten (Gold, Edelsteine) abgewickelt werden. Überdies können multinationale Unternehmen über die Manipulation firmeninterner Transferpreise Kapital exportieren. Wenn es sein muss, werden die Kontrolleure bestochen oder auf Devisenschwarzmärkten, die sich im Windschatten von Kapitalverkehrskontrollen regelmäßig bilden, die dort angebotenen Dienste in Anspruch genommen.

Neben den dargestellten Effektivitätsproblemen gibt es andere gewichtige Bedenken gegen Kapitalverkehrskontrollen:

1. Kapitalverkehrskontrollen führen zu Unsicherheit bei Kapitalanlegern. Es besteht die Gefahr, dass letztlich jede Form von Investitionen abgeschreckt und der Zugang zu ausländischen Finanzierungsquellen weitgehend abgeschnitten werden (wodurch auch Zahlungsbilanzprobleme und Abwertungsdruck entstehen können). Auch Anleger, die eigentlich längerfristige Engagements in einem Land im Sinn haben, müssen befürchten, bei möglichen ungünstigen Datenänderungen ihr Kapital nicht oder nur unter beträchtlichen Kosten abziehen zu können (sog. „Mausefallenwährung"). Dadurch könnten auch für die Entwicklung eines Landes wichtige Direktinvestitionen, die häufig auch mit Technologie- und Know-how-Transfer einhergehen, zurückgedrängt werden. Die bloße Ankündigung von Kapitalverkehrsbeschränkungen könnte bis zu ihrer Implementierung mas-

sive Kapitalflucht auslösen. Das Vertrauen der internationalen Kapitalmärkte in ein Land wird durch solche interventionistischen Maßnahmen nachhaltig erschüttert und wird auch nach ihrer Aufhebung nur allmählich zurückkehren. Wahrscheinlich wird auch noch lange Zeit nach Aufhebung der Kontrollen ein zusätzlicher Risikoaufschlag für das Land auf internationalen Kapitalmärkten fällig.

2. Touristen werden abgeschreckt. Dadurch verspielt das Land einen eventuellen Wettbewerbsvorteil in diesem für die Beschäftigung und als Quelle von Deviseneinnahmen wichtigen Wirtschaftsfaktor.

3. Der Außenhandel wird durch die Kontrollen meist in Mitleidenschaft gezogen. Beispielsweise könnten Handelskredite als unerlaubter Kapitalexport gesehen oder die Absicherung der Handelsfinanzierung erschwert werden. Zusätzliche Grenzkontrollen, Genehmigungspflichten und Formalitäten führen zu zeitlichen Verzögerungen und erhöhen die Transaktionskosten. Insgesamt ist mit einer sinkenden Wettbewerbsfähigkeit auf den Gütermärkten zu rechnen.

4. Die Implementierung und Durchführung von Kapitalverkehrskontrollen erfordern in großem Umfang Bürokratie und verursachen dementsprechend hohe fiskalische Kosten, aber auch gesamtwirtschaftliche, weil knappe Produktivkräfte in diesem Bereich gebunden werden, die in anderen Verwendungen wahrscheinlich sinnvoller eingesetzt werden könnten. Nach Aufhebung der Kontrollen wird das erworbene Wissen der Verwaltung wertlos.

5. Weitere volkswirtschaftlich unerwünschte Ressourcenbindung entsteht durch einzelwirtschaftlich rationale Versuche, die Kontrollen zu umgehen oder aus ihnen Vorteil zu schlagen („rent-seeking-Kosten" und „Kosten des Schmuggelns").

6. Soweit die Kontrollen umgangen werden, sieht sich die Regierung gezwungen, im Laufe der Zeit immer weitergehende zusätzliche Regelungen einzuführen („Kontrollen führen zu Kontrollen"). Dadurch kommt es zu weiterer Unsicherheit und Anpassungskosten.

7. Es wird von den eigentlichen Problemen abgelenkt, und notwendige Reformen werden nicht angegangen.

8. Durch Kontrollen und Verbote neuer Finanzinstrumente kann es im Finanzsystem zu Rigiditäten und Innovationsschwäche kommen.

9. Die Kontrollbürokratie entwickelt ein Eigenleben und verfolgt eigene Interessen. Vor diesem Hintergrund ist es schwierig, einmal eingeführte Kontrollen wieder abzubauen, selbst wenn die ursprünglichen Gründe für die Maßnahme weggefallen sind.

10. Kapitalverkehrsbeschränkungen sind mit rechtlichen und politischen Problemen verbunden (z.B. Einhaltung privatwirtschaftlicher Verträ-

ge und internationaler Abkommen, Verärgerung bei anderen Staaten).

11. KVK in einem Land können andere Länder in eine Art „Mithaftung" bringen, weil international disponierende Investoren dort die Verhängung ähnlicher Maßnahmen für möglich halten (Dornbusch, 1998). Dann kommt es auch hier zu einer präventiven Kapitalflucht, die wiederum KVK erzwingt, obwohl in der Ausgangssituation dazu kein fundamentalökonomischer Grund bestanden hätte.

Trotz dieser Bedenken wurden und werden Kapitalverkehrsbeschränkungen, heute meist von Schwellenländern, praktiziert. Zwei prominente Beispiele sind Chile und Malaysia. Objekt in Chile waren Kapitalimporte bei eher langfristig angelegten Kontrollen. In Malaysia wurden „ad hoc" Kapitalexporte beschränkt, um die im Zuge der Asienkrise in dem Land aufgetretenen Probleme abzumildern. Die Erfahrungen von Chile und Malaysia sollen im Folgenden bewertet werden.

3.3.1.1. Die Erfahrungen Chiles

Stark zunehmende Kapitalzuflüsse seit Ende der achtziger Jahre hatten in Chile die Sorge einer makroökonomischen Destabilisierung ausgelöst. Insbesondere bei kurzfristigen Kapitalzuflüssen wurde befürchtet, dass es angesichts der von Chile verfolgten Fixierung des Wechselkurses gegenüber dem US-Dollar und dem deutlichen Zinsgefälle gegenüber den USA zu einer übermäßigen Zunahme ungedeckter kurzfristiger Auslandsverbindlichkeiten kommen könnte. Dies könnte zu schwerwiegenden Problemen führen, wenn es zu einem Stimmungsumschwung zu Lasten Chiles auf den internationalen Kapitalmärkten käme, womit immer gerechnet werden müsste.

Die starken Kapitalzuflüsse führten zu einem Zahlungsbilanzüberschuss, den die Zentralbank neutralisieren musste, da sie den Wechselkurs konstant halten wollte. Dadurch musste die Zentralbank Devisen gegen Zentralbankgeld ankaufen; folglich vergrößerte sich die Geldbasis. Hieraus entstand inflationärer Druck, der wiederum durch Sterilisation beseitigt werden musste. So betrieb die chilenische Zentralbank eine restriktive Offenmarktpolitik, bei der sie Wertpapiere verkaufte, um den inländischen Teil der Geldbasis zu verringern.

Problematisch an dieser Politik war, dass aufgrund der bestehenden Zinsdifferenzen (die zur Erreichung von Preisniveaustabilität in Chile als erforderlich angesehen wurden) die zur Sterilisation eingegangenen Verbindlichkeiten stets höher verzinst werden mussten als die im Rahmen des Zahlungsbilanzausgleichs angehäuften Forderungen. Hierdurch ist es nach Schätzungen des IWF zu jährlichen Verlusten in Höhe von 1 vH des chilenischen Bruttoinlandsproduktes gekommen. Außerdem erhöhte die Sterilisierungspolitik die inländischen Zinssätze weiter.

Im Jahre 1992 wurde die zinslose Mindestreservepflicht in Chile eingeführt. In ihrer ursprünglichen Form sah sie vor, dass auf Kapitalzuflüsse aus dem Ausland eine 30-prozentige Einlage zinslos bei der Banco Central de Chile hinterlegt werden muss, wobei die Haltedauer mindestens 90 Tage und höchstens ein Jahr betrug. Ausgenommen von der Einlagepflicht waren ausländische Handelskredite und Direktinvestitionen. Im Laufe der Jahre wurden die Regelungen verschärft und ihr Anwendungsbereich verbreitert. Im Jahre 1998 wurden sie allerdings ausgesetzt, da es im Gefolge der Asienkrise zu einem starken Rückgang der Kapitalzuflüsse gekommen war.

Die Opportunitätskosten durch die unverzinsliche Einlage wirken wie eine Transaktionssteuer (s auch unten Teil 3.3.2.). Sie sind umso höher, je kurzfristiger der Anlagehorizont ist[31]. Mit diesen Maßnahmen wurden drei Ziele verfolgt (Edwards, 1999):

1. Stärkung der geldpolitischen Autonomie bei der Verfolgung binnenwirtschaftlicher Ziele.

2. Vermeidung einer realen Aufwertung, um die Wettbewerbsfähigkeit chilenischer Unternehmen nicht zu gefährden.

3. Verminderung der Kapitalzuströme und Veränderung der Zusammensetzung des Kapitalverkehrs hin zu längerfristigen Investitionen und Krediten.

Welche Erfahrungen wurden gemacht? Bei empirischen Untersuchungen zu dem Komplex Kapitalverkehrsbeschränkungen (KVK) stößt man schnell an methodische Grenzen. Es gibt kein anerkanntes Maß für die Intensität der Maßnahmen. Sodann ist eine Zuordnung bestimmter Wirkungen zu Kapitalverkehrsbeschränkungen schwierig. Überdies ist die Trennung zwischen lang- und kurzfristigem Kapitalverkehr nicht einfach, da bei scheinbar kurzfristigen Anlagen oft ein Rollover stattfindet, während eigentlich langfristige Anlagen kurzfristig in Sekundärmärkten verkauft werden können. Die im Folgenden ausgewerteten empirischen Untersuchungen liefern daher keine endgültigen Ergebnisse.

Valdés-Prieto und Soto (1998) sind skeptisch, was die Effektivität der chilenischen KVK angeht und können keinerlei Effekt empirisch nachweisen. Edwards (1999) zeigt, dass die Wirkungen der KVK in Chile in der öffentlichen Diskussion überschätzt werden. Er findet keinen signifikanten Effekt auf den Grad der geldpolitischen Autonomie. Stattdessen haben die KVK die Finanzierungskosten für inländische Unternehmen, insbesondere für kleine

---

[31] Beispiel: Ein Betrag von X wird 12 Monate angelegt und einmalig wird die Einlage fällig. Werden mit dem gleichen Betrag 12 mal hintereinander einmonatige Anlagen getätigt, muss die Einlage 12 mal geleistet werden. Anders gewendet: Bei sehr langfristigen Anlagen spielen die Opportunitätskosten der Einlage keine nennenswerte Rolle für die Rendite. Bei sehr kurzfristigen Anlagen können sie leicht prohibitiv hoch sein.

und mittlere Unternehmen, deutlich erhöht, da für solche Unternehmen eine Umgehung der KVK mit hohen Kosten verbunden war. Buch (1999) stellt fest, dass die KVK nur begrenzt effektiv waren und die Krise lediglich verzögert, aber nicht verhindert haben. Vielmehr habe der fehlende Wettbewerbsdruck die Effizienzsteigerungen des inländischen Bankensystems verschleppt. De Gregorio, Edwards und Valdés (2000) können lediglich einen Effekt auf die Zusammensetzung der Kapitalzuflüsse nach Chile feststellen, die anderen Ziele der KVK wurden demnach verfehlt. Herrera und Valdés (2001) zeigen nur einen sehr geringen Effekt der KVK auf den Grad der geld- und währungspolitischen Unabhängigkeit Chiles.

Der IWF (Ariyoshi et al., 2000) stellt in seiner Untersuchung fest, dass tatsächlich eine Erhöhung des Zinsdifferenzials erreicht werden konnte. Dies könne aber auch auf die Sterilisierungspolitik der Zentralbank zurückzuführen sein. Kein Einfluss kann auf die Entwicklung des Wechselkurses nachgewiesen werden. Bezüglich der Höhe der Kapitalströme kann allenfalls bei Einführung der Maßnahmen ein schwacher Effekt festgestellt werden. Lediglich bei der Zusammensetzung des Kapitalverkehrs finden sich Hinweise, dass es vermehrt zu längerfristigen Transaktionen gekommen ist. Insoweit mag man Kapitalverkehrskontrollen für geeignet halten, um kurzfristige Kapitalzuflüsse zu begrenzen. Aber als Dauermaßnahme sind sie, angesichts der damit verbundenen Kosten, offenbar nicht tragfähig.

Die Tatsache, dass Chile Mitte und Ende der neunziger Jahren von den Auswirkungen internationaler Währungskrisen (Mexiko, Asien) weitgehend verschont blieb, dürfte demnach andere Gründe haben, so etwa strukturelle Reformen, die die Anpassungsfähigkeit der Wirtschaft gegenüber exogenen Schocks verbessert hatten. Die KVK jedenfalls scheinen nicht das A und O der makroökonomischen Stabilität, die das Land verzeichnete, gewesen zu sein.

Chile ist kein Beispiel für die immer wieder geäußerte These, Kapitalverkehrskontrollen würden ein Land wirksam gegenüber Ansteckungseffekten durch Finanz- und Währungskrisen anderwärts abschotten. Eichengreen, Rose und Wyplosz (1997) zeigen, dass diejenigen Länder, die ihren Kapitalverkehr regulieren, nicht signifikant schwächer der Ansteckungsgefahr ausgesetzt sind. Auch Kaminsky und Schmukler (2000) stellen fest, dass KVK keinen zuverlässigen Schutz vor den Auswirkungen internationaler Krisen bieten können. Interessanterweise können sie keinen Unterschied zwischen Kontrollen auf Kapitalzuflüsse und denen auf Kapitalabflüsse hinsichtlich ihrer Effektivität feststellen.

3.3.1.2. Die Erfahrungen Malaysias

Um das Vorgehen der malaysischen Währungsbehörden in Sachen Kapitalverkehrskontrollen zu verstehen, muss man die Vorgeschichte rekapitulieren. Nach langen Jahren hoher Wachstumsraten fand das „asiatische Wunder" 1997 im Zuge der Asien-Krise ein jähes Ende. Es kam zu Kapitalflucht, massiven Währungsabwertungen, einem Einbruch der Aktienmärkte und negativem Wirtschaftswachstum. Dabei hatte sich die Krise dominoartig von Thailand auf Malaysia, Indonesien, Singapur und Südkorea ausgedehnt.

Die Ursachen der Krise können hier nicht detailliert diskutiert werden, aber viele Ökonomen haben sich der zuerst von Sachs und Radelet (1998) vorgetragenen Argumentation angeschlossen, dass Gläubigerpanik und „self fulfilling prophecies" - wie in der zweiten Generation von Währungskrisenmodellen dargestellt - eine entscheidende Rolle gespielt haben. Demnach sind Länder mit einem ungünstigen Verhältnis von kurzfristigen Verbindlichkeiten zu kurzfristigen Forderungen in Devisen besonders anfällig für derartige Krisen. Eine solche Situation hatte sich in Asien ergeben, da die meisten Länder eine feste Bindung der heimischen Währungen an den US-Dollar praktiziert hatten und daher ungedeckte dollarnominierte Kredite - zu durchweg niedrigeren Zinsen - als wenig risikoreich angesehen wurden. In diesem Zusammenhang war auch von Bedeutung, dass Bankenregulierung und Bankenaufsicht unzulänglich ausgeprägt waren und die Banken oft unzureichendes Risiko-Management betrieben.

In einer solchen Situation führt die Erwartung von Gläubigern, dass andere ihr Kapital abziehen könnten, zu panikartiger Kapitalflucht, da zu befürchten ist, dass die Forderungen der zuletzt abziehenden Gläubiger mangels verfügbarer Devisen nicht mehr befriedigt werden können. Für diese Theorie spricht, dass sie den Ansteckungseffekt der Krise gut erklären kann: Nach den Ereignissen in Thailand übertrug sich die Anlegerpanik auf Länder mit ähnlichen Bedingungen.

Nacheinander baten im Sommer 1997 Thailand, Korea und Indonesien den IWF um Hilfe. Dieser stellte, zusammen mit anderen internationalen Institutionen, ein Programm zusammen, das finanzielle Unterstützung zur unmittelbaren Krisenbewältigung in Höhe von. 119 Mrd. US-Dollar für die drei Länder vorsah.

Die Zahlungen waren an eine Reihe von Bedingungen geknüpft:

1. Die Länder mussten sich verpflichten, verschiedene Strukturreformen durchzuführen. An erster Stelle steht hierbei das Finanzsystem. Insbesondere sollen nicht überlebensfähige Banken geschlossen, unterkapitalisierte Institutionen rekapitalisiert, eine effektive Bankenaufsicht eingeführt, die Transparenz verbessert und das Tätigwerden ausländischer Kreditinstitute in den betroffenen Länder erleichtert werden.

2. Im Unternehmenssektor sollten Regierungseinflüsse zurückgedrängt, Monopole und Handelsbeschränkungen beseitigt und transparentere Rechnungslegungsvorschriften geschaffen werden.

3. Den Ländern wurde geraten, eine restriktive Geldpolitik mit hohen Zinsen zu implementieren, um die Kapitalflucht zu bremsen, die

Abwertung der Inlandswährung zu stoppen und abwertungsbedingten Inflationsgefahren entgegenzutreten.

4. Die Finanzpolitik sollte mit Ausgabenkürzungen und Steuererhöhungen helfen, die erwarteten Kosten der Umstrukturierung des Finanzsektors tragen zu können.

Hauptziel aller Maßnahmen war nach damaliger Auskunft des IWF die Wiederherstellung des Vertrauens der internationalen Finanzmärkte.

Mit diesen Maßnahmen waren allerdings eine Reihe schwerwiegender Probleme verbunden. Ein entscheidendes Problem lag darin, dass viele Unternehmungen und auch Banken in Asien „over-leveraged" waren; ein Schulden/ Eigenkapital-Verhältnis von 5:1 war eher die Regel als die Ausnahme. Hohe Zinssätze - in Indonesien zeitweilig über 60% - seien deshalb besonders gefährlich, stellte schon frühzeitig Paul Krugman (1998a) fest. Zusammen mit der Rezession trieben sie auch eine Unternehmung mit bestem Management in den Ruin und würden Bankenzusammenbrüche beschleunigen. Besonders problematisch war zudem, dass die Verschuldung von Banken und Unternehmen zu einem erheblichen Teil in US-Dollar nominiert war (s.o.), so dass der Wechselkursverfall schnell zu einer Vervielfachung der Auslandsverbindlichkeiten und zu Überschuldung führte.

Eine Senkung der Zinssätze würde jedoch noch mehr Kapitalflucht und noch stärkere Abwertungen der Währungen und damit eine Verschlimmerung der Krise implizieren. Verdeutlichen lässt sich dieser Zusammenhang anhand eines Mundell-Fleming-Modells mit unendlich zinselastischem Kapitalverkehr: Eine Zinssenkung ist hier nicht möglich, da sie mit „unendlichem" Kapitalabfluss verbunden wäre. Jeder Versuch einer expansiven Geldpolitik könnte in diesem Fall nichts weiter als zusätzlichen Abwertungsdruck auf die Währung auslösen. Hochmobiles Kapital und der Wunsch nach einem stabilen Wechselkurs lassen keine expansive Geldpolitik zu.

Die Effektivität einer nationalen Geldpolitik ist umso größer, je niedriger die Zinselastizität des Kapitalverkehrs ist. Es erscheint plausibel anzunehmen, dass in einer Krisensituation wie in Asien das Kapital sehr empfindlich reagiert und expansive Geldpolitik die Anlegerpanik noch verstärken würde und zudem der Spekulation gegen die Währung weiteren Auftrieb geben könnte. Aufgrund dieses Dilemmas waren die Länder offenbar gezwungen, eine Politik zu betreiben, die das exakte Gegenteil dessen darstellte, was angesichts einer solchen Krise eigentlich wünschenswert gewesen wäre[32].

Dies veranlasste Krugman (1998a) dazu, in seinem viel beachteten Fortune-Artikel Ende August 1998 Kapitalverkehrsbeschränkungen zu fordern. Durch

---

[32] Sachs und Radelet (1998) sind allerdings der Ansicht, dass das hochmobile Kapital zu diesem Zeitpunkt bereits abgezogen war und daher expansive Politiken ohne weitere massive Kapitalflucht möglich gewesen wären.

derartige Maßnahmen, so seine Logik, könne der Zusammenhang zwischen inländischem Zins und dem Wechselkurs zerschlagen und folglich die Zinsen gesenkt werden. Es entstünden Politikspielräume, deren Nutzung Konkurse abwenden und ökonomische Aktivität anregen könnte. Es ergäbe sich die Möglichkeit, eine keynesianische Politik zu verfolgen, die die kurzfristige ökonomische Situation der Krisenländer verbessern und den Spielraum schaffen würde, um Strukturreformen entschiedener anzugehen, das Vertrauen der Kapitalmärkte zurückzugewinnen und letztlich die Beschränkungen wieder aufheben zu können.

Am 1. September 1998 führte Malaysia strikte Devisen- und Kapitalverkehrskontrollen ein. Der Kurs des Ringgit wurde auf 3,80 pro US-Dollar fixiert. Ringgit-Guthaben im Ausland mussten innerhalb eines Monats repatriiert werden, da sie sonst ungültig wurden. Der Außenhandel durfte nur noch in ausländischen Währungen abgewickelt werden, Exportumsätze waren einzutauschen. Ausländischen Banken durfte kein Ringgit zur Verfügung gestellt werden. Inländer durften keine Ringgit-Kredite von Ausländern aufnehmen, der Handel mit Ringgit-Finanzinstrumenten im Ausland wurde verboten. Zahlungen an Ausländer durften grundsätzlich bis zu einer Höhe von 10.000 Ringgit in Ringgit geleistet werden, darüber hinausgehende Beträge mussten in Devisen gezahlt werden und bedurften in der Regel einer Genehmigung oder waren verboten. Reisende durften nicht mehr als 1.000 Ringgit ein- oder ausführen. Ursprünglich mussten ferner alle ausländischen Kapitalanlagen mindestens ein Jahr im Land gewesen sein, bevor sie repatriiert werden durften. Diese Regelung wurde am 4. Februar 1999 durch eine Repatriierungssteuer ersetzt, die 10 vH für Anlagen zwischen 9 und 12 Monaten betrug und für Anlagen unter sieben Monaten bis auf 30 vH anstieg. Anlagen von über einem Jahr und solche, die nach dem 15. Februar ins Land kamen, unterlagen keiner Besteuerung mehr. Diese Lockerung wurde vorgenommen, um massive Kapitalflucht im September 1999 zu verhindern. Verstöße gegen angeordnete Regelungen konnten mit Geldstrafen von bis zu 10.000 Ringgit und/oder Gefängnisstrafen von bis zu drei Jahren geahndet werden.

Zusammen mit diesen Maßnahmen wurden die Refinanzierungszinssätze der Zentralbank gesenkt, die Mindestreserveverpflichtungen vermindert und die Staatsausgaben um 20 vH erhöht. Der Wechselkurs wurde wieder an den US-Dollar gebunden.

Es sollten alle Kanäle geschlossen werden, die eine Spekulation gegen den Ringgit ermöglichen könnten. Im Rahmen von Finanztransaktionen in Ringgit außerhalb der Grenzen Malaysias war bis dahin massiv gegen diese Währung spekuliert worden. Höhere Zinssätze für Ringgit-Anlagen im Ausland hatten zudem zu weiterer Kapitalflucht geführt. Überdies hatten ausländische Wirtschaftssubjekte oft kurzfristige Kredite in Ringgit aufgenommen und die Mittel daraus z.B. in US-Dollar umgetauscht, um nach einer erwarteten Abwertung des Ringgit nur noch einen Teil dieser US-Dollar für die Zurückzahlung des Kredites aufwenden zu müssen. Durch den Umtauch von Ringgit in US-Dollar entstand aber immer auch Abwertungsdruck.

Die empirischen Befunde bezüglich der makroökonomischen Wirkungen in Malaysia zeichnen ein recht positives Bild. Es gelang, Kapitalabflüsse zu verhindern, die Spekulation gegen die Währung zu beenden und den Ringgit zu stabilisieren, obwohl eine expansive Geld- und Finanzpolitik betrieben wurden. Alle Indikatoren zeigen eine deutliche Abnahme kurzfristiger Kapitalzuflüsse. Nennenswerte Umgehungsversuche der Kontrollen konnten nicht festgestellt werden. Insgesamt kam es in Malaysia zu einer raschen Erholung und nicht zu dem von manchen vorhergesagten Produktionseinbruch.

Umstritten ist allerdings, ob die Kontrollen die Erholung tatsächlich beschleunigt haben oder sie ohnehin und möglicherweise sogar noch schneller stattgefunden hätte. Dornbusch (2000) verweist darauf, dass ab dem Zeitpunkt, zu dem Malaysia seine Kontrollen einführte, auch in Thailand und Südkorea eine Erholung eingesetzt hatte und auch in Malaysia bereits vor den beschlossenen Maßnahmen ein Ende des Abwärtstrends der wirtschaftlichen Entwicklung erreicht war. Folglich sei die Erholung kein sicherer Beleg für die Wirksamkeit der Maßnahmen. Es sei vielmehr davon auszugehen, dass Malaysia von dem ganz allgemein zurückkehrenden Vertrauen in der Region und von günstigeren Rahmenbedingungen durch die Zinssenkungen in den USA Nutzen gezogen habe.

Edison und Reinhart (2000) kommen hingegen zu dem Ergebnis, dass die KVK zu mehr Stabilität und höherer geldpolitischer Autonomie beitrugen. Kaplan und Rodrik (2001) stellen fest, dass die KVK eine schnellere Wiederbelebung der inländischen Wirtschaft nach der Krise 1997/1998 förderten und so den Rückgang von Löhnen und Beschäftigung begrenzen konnten. Auch der Aktienmarkt habe sich durch die Einführung von KVK positiv entwickelt. In ihren Untersuchungen stellen sie fest, dass die Krise in Malaysia zeitverzögert im Vergleich zu Thailand und Korea auftrat. Demnach wäre keinesfalls mit einer automatischen Wiederbelebung der malaysischen Wirtschaft zu rechnen gewesen. Als Unterstützung für diese These führen sie an, dass es in Indonesien ja auch nicht zu einer Erholung im Zuge der Entspannung in Thailand und Korea gekommen sei. Nach ihren Berechnungen hätte Malaysia ohne Einführung der Kontrollen als nächstes Land die Hilfe des IWF in Anspruch nehmen müssen.

Gegen Dornbuschs Argument des gestiegenen Vertrauens in der Region führen Kaplan und Rodrik (2001) an, dass Malaysia nach der Einführung von Kapitalverkehrsbeschränkungen von diesem Vertrauen wohl kaum hätte einen Vorteil haben können, wenn zutrifft, dass wie Dornbusch selbst betont hatte, solche Maßnahmen als vertrauenszerstörend eingestuft werden. Zudem müsse berücksichtigt werden, dass Thailand und Korea im Gegensatz zu Malaysia Milliardenkredite des IWF erhalten hätten. Wären Malaysia ähnliche Mittel zur Verfügung gestellt worden, wäre die wirtschaftliche Entwicklung noch deutlich positiver verlaufen. Diese Autoren gehen davon aus, dass aufgrund der Kontrollen die Zinsen schneller gesenkt werden konnten, die Währung eher stabilisiert wurde und so die Anlegerpanik erfolgreicher abgewendet werden konnte. Da weniger Sorge um den Zusammenbruch des Bankensystems bestand, konnte die Abwertungsspirale beendet werden. Insgesamt stellen sie einen schnelleren Vertrauensgewinn durch die Kontrollen fest. Nach ihrer Ansicht hat zum einen der oben dargestellte keynesianische Mechanismus zur Belebung der malaysischen Wirtschaft beigetragen. Zum anderen ist es aber durch eine Verringerung der Unsicherheit hinsichtlich des Finanzsystems und des Wechselkurses zu einer Zunahme des privaten Konsums und der gesamten Wirtschaftstätigkeit gekommen.

Auch der IWF (Arioshi et al., 2000) und Meesook et al. (2001) erkennen an, dass Malaysia den durch die Beschränkungen gewonnen Spielraum für wichtige Strukturreformen, insbesondere die Verbesserung des Finanzsystems, genutzt habe. Es wird aber auch darauf verwiesen, dass die Maßnahmen möglicherweise zu einem längerfristigen (geringen) Zinsaufschlag geführt haben und einige Indizien auf einen leichten Rückgang von ausländischen Direktinvestitionen hindeuten. Kaplan und Rodrik (2001) halten dem entgegen, dass Malaysia aber dafür im Gegensatz zu Thailand und Korea keine Milliardenkredite des IWF abzahlen muss. Johnson und Mitton (2001) kommen anhand der empirischen Analyse des Aktienmarktes zu dem Ergebnis, dass vor dem Hintergrund der Kapitalverkehrsbeschränkungen die staatliche Einflussnahme auf Unternehmen beibehalten wurde und die staatlichen Garantien für Unternehmen im Schutz eines regulierten Kapitalverkehrs weitergeführt werden konnten. Nach ihren Analysen ist es zu einer Zunahme der „Vetternwirtschaft" gekommen.

Die langfristigen Auswirkungen der Maßnahmen für Malaysia und eventuell auch für andere Länder können noch nicht abschließend beurteilt werden. Insgesamt hat der IWF aber durch die Erfahrungen in Malaysia seine Position zu Kapitalverkehrskontrollen dahingehend revidiert, dass er sie als Mittel zur Krisenbewältigung nicht mehr grundsätzlich ausschließt.

In jedem Fall ist diese Art von Kapitalverkehrskontrollen nur dann angebracht, wenn bereits eine Krise eingetreten ist. Die wesentlichen Anstrengungen sollten eher darauf gerichtet sein, eine Krise von vornherein zu vermeiden. Der IWF schlägt in diesem Zusammenhang vor, dass eine Bankenregulierung, die zum Beispiel die ungedeckten Auslandswährungspositionen von Banken beschränkt, ganz ähnlich wie Kapitalverkehrskontrollen wirkt und dabei aber auch das Potenzial hat, Krisen zu verhindern und das Finanzsystem eines Landes wesentlich zu stabilisieren.

3.3.2. Das Konzept der Tobin-Steuer

Sofern vorausgesetzt wird, dass internationale Finanzströme unter liberalisierten Bedingungen destabilisierend wirken, und dies vor allem für kurzfristige Kapitalbewegungen gilt, ist eine der prominentesten Vorschläge von Globalisierungskritikern zur Stabilisierung von Finanzmärkten die Einführung der sogenannten Tobin-Steuer. Der Vorschlag greift eine Idee von James Tobin (1978) auf, der nach dem Zusammenbruch des Bretton Woods-Währungssystems nach einer Methode („Sand ins Getriebe streuen") suchte, die Volatilität von Wechselkursen zu dämpfen, die Gefahr von Währungskrisen zu mindern und gleichzeitig die Geldpolitik der Zentralbanken wirksamer zu gestalten.[33] Globalisierungskritiker, die auf eine größere Ungleichheit der globalen Einkommensverteilung hinweisen, sehen in der Steuer zudem eine wichtige zusätzliche Einnahmequelle für die Entwicklungshilfe (z.B. Attac, 2002a, Global Exchange, 2001, oder Weed, 2002).[34]

Beabsichtigt ist eine geringe Steuer auf jede Devisentransaktion. Damit ergibt sich automatisch eine Benachteiligung von kurzfristigen Kapitalbewegungen, denn die Steuer wirkt wie eine annualisierte Reduktion des Ertrags der Kapitaltransaktion. Anders hingegen bei langfristigen Investitionen: Wird zum Beispiel ein Ertrag von jährlich 10 vH erwartet, so scheint eine einmal in diesem Jahr auf den Zinsertrag gezahlte 0,1 vH Tobin-Steuer nicht sehr ins Gewicht zu fallen. Zudem kann auch ein auf den ersten Blick so geringer Steuersatz angesichts des hohen Volumens globaler Devisengeschäfte eine große Einnahmequelle für Entwicklungsprojekte darstellen. Schätzungen gehen je nach Tobin-Steuersatz zwischen 0,05 vH und 0,25 vH von jährlich 50-250 Mrd. US-Dollar aus, also mindestens gleich viel wie der Entwicklungshilfebeitrag der OECD-Länder aus dem Jahr 2000 (Reisen, 2002). Berechnungen von Spahn (2002) zufolge, die sich in ähnlichen Grössenordnungen wie die der EU-Kommission (2002a) bewegen, würde eine rein für Europa eingeführte Tobin-Steuer bei 0,01 vH regulären Steuersatz 16,6 Mrd. Euro jährlich erbringen.[35]

In der Politik hat sich in den letzten Jahren auf Druck der Globalisierungskritiker und wegen der Häufigkeit der Krisen in Entwicklungs- und Schwellenländern in der zweiten Hälfte der neunziger Jahre ein zunehmendes Interesse am Konzept der Tobin-Steuer ergeben. Das kanadische, belgische und im Jahre 2001 das französische Parlament befürworteten diese Steuer (von letzterem wurde eine Steuer empfohlen, sofern die anderen EU-Länder dieses

---

[33] Die in diesem Aufsatz präsentierte Idee einer Devisentransaktionssteuer wurde bereits im Rahmen einer Konferenz 1972 von James Tobin in den Janeway Lectures vorgestellt (Tobin, 1996). Eine sehr umfassende Aufsatzsammlung zu dem Thema findet sich bei ul Haq, Kaul und Grunberg (1996).

[34] Tobin distanzierte sich übrigens deutlich davon, dass Einnahmenserzielung ein wesentliches Ziel der Steuer sei (siehe auch Tobin, 2001). Dieses Ziel hat von neueren Befürwortern (Kaul und Langmore, 1996, oder Spahn, 2002) und Globalisierungskritikern jedoch ein wesentlich höheres Gewicht bekommen.

[35] BMF (2002a) weist allerdings darauf hin, dass die Nachfrageelastizität von Devisenhandel unbekannt ist und somit alle Berechnungen völlig hypothetisch sind. Auch berücksichtigen diese Einnahmen nicht die sekundären Effekte der Steuereinführung durch z.B. geringere Steuereinnahmen durch gesunkene Tätigkeit am Kapitalmarkt.

umsetzen würden). Auch die Enquête-Kommission des Deutschen Bundestags (2002) erklärte sich mehrheitlich für eine Devisentransaktionssteuer. Im Rahmen einer Globalisierungsstudie der EU-Kommission (2002a) auf Anregung der EU-Finanzminister sowie eines speziellen Forschungsprojekts des Bundesministeriums für wirtschaftliche Zusammenarbeit und Entwicklung (Spahn, 2002) wurde das Für und Wider einer Tobin-Steuer genauer untersucht. Von Seiten der Regierungen ergaben sich jedoch bislang kaum Initiativen, eine solche Maßnahme wirklich umzusetzen.[36] EU und Bundesregierung stehen der Tobin-Steuer unter anderem wegen der unten aufgeführten Bedenken skeptisch gegenüber.[37]

Da zur Abwehr von Währungskrisen die Devisenreserven der betroffenen Zentralbanken eingesetzt werden und somit endlich sind, wäre eine Tobin-Steuer eine überzeugendere Abschreckung gegen Devisenspekulation. Denn sie würde automatisch wirken und keine öffentlichen Mittel beanspruchen – im Gegenteil sogar Einkünfte bedeuten.

Unter der Voraussetzung, dass die Kritik an der Volatilität von globalen Finanzmärkten akzeptiert wird, ergibt sich dennoch die Frage, ob das Instrument einer Tobin-Steuer wirklich geeignet ist, Bewegungen von flexiblen Wechselkursen zu stabilisieren. Auch ist zu prüfen, ob die Steuer als Einnahmequelle für globale öffentliche Aufgaben fiskalpolitisch und handelspolitisch optimal ist.

Wenig überraschend ist, dass sich vor allem die Finanzwirtschaft kritisch gegenüber der zusätzlichen Belastung ihres internationalen Geschäfts äußert (zum Beispiel Effenberger 2002). Aber auch in der wirtschaftswissenschaftlichen Literatur erheben sich viele skeptische Stimmen (zum Beispiel durch die OECD: Reisen, 2002, oder auch Willgerodt, 1998, Frenkel und Langhammer, 2002, sowie Sachverständigenrat 1995, Ziffer 425; 2001, Ziffer 333; 2002, Ziffer 587). Unter den Argumenten, die gegen eine Tobin-Steuer in das Feld geführt werden, sollen vor allem die folgenden hervorgehoben werden:

1. Es gelten die bereits in Teil 2.3.3.1. getroffenen Feststellungen, dass „Spekulation" schwer zu definieren und abzugrenzen ist. Ist eine Bekämpfung von „Spekulation", die in funktionierenden Finanzmärkten auch volatilitätsglättend und krisenmindernd wirken kann, überhaupt wünschenswert? Lassen sich in rechtsstaatlich einwandfreier Weise stabilisierende und destabilisierende Spekulationen voneinander unterscheiden? Selbst wenn ja, wie wird bewiesen, dass die Steuer stärker stabilisierend wirkt, obwohl sie auch die stabilisierende Spekulation bestraft? Bei der Steuer, die kurzfristige Transaktionen überproportional belastet, wird implizit angenommen, dass Spekulati-

---

[36] Ein Vorstoß der kanadischen Regierung, die Tobin-Steuer in die Agenda eines G7-Treffens in Halifax 1995 aufzunehmen, scheiterte.
[37] Siehe auch EU-Kommission (2002a) und BMF (2002a).

on häufiger bei kurzfristigen Finanzströmen auftritt – die Motivation wirklich in jedem Einzelfall zu unterscheiden ist aber unmöglich. Überdies wären auch Arbitragegeschäfte von der Steuer betroffen, die normalerweise zur Glättung von Volatilität beiträgt. Eichengreen, Tobin und Wyplosz (1995) machen zwar darauf aufmerksam, dass kurzfristiges Denken destabilisierend auf Finanzmarktpreise wirken und durch eine Transaktionssteuer gedämpft werden können.[38] Aber beispielsweise Spekulanten im engeren Sinne, also Hedge Funds, würden durch die Neigung ihres Geschäfts, höhere Risiken einzugehen und damit grössere Margen zu erzielen, von einer Devisensteuer bei gleich häufigen Transaktionen sogar relativ weniger betroffen (Spahn, 2002).

2. Es ist fraglich, ob eine Devisentransaktionssteuer überhaupt die Wechselkursvolatilität senkt (sofern dies erwünscht ist). Schwer wiegt das Argument, dass eine Transaktionssteuer das Transaktionsvolumen (also die Liquidität) senkt und somit die Volatilität sogar erhöhen kann. Die ausdrücklich gewünschte Wirkung der Steuer ist es, kurzfristige Geschäfte, die pauschal als spekulativ eingestuft werden, abzuschrecken. Tendenziell bewirkt eine Verkleinerung eines Marktes, dass weniger Akteure als Anbieter und Nachfrager auf dem Markt zusammenkommen. In einer solchen Situation ist die Gefahr von höheren Bid-Ask-Spreads (Handelsspannen zwischen Angebot und Nachfrage), fehlerhafter Umsetzung von Informationen sowie Ausfall von Market Makern (Finanzmarktteilnehmern, die garantierte Kauf- und Verkaufspreise stellen) wesentlich höher. Eine Zunahme, wenn nicht der durchschnittlichen Tagesvolatilät, so doch der extremen Ausschläge von Volatilität wäre die Folge – diese will man aber eigentlich gerade eindämmen.[39] Es ist zudem zu beachten, dass zu internationalen Devisengeschäften auch die Absicherung von Marktteilnehmern gegen Wechselkursrisiken im Handelsverkehr gehört. Werden diese Absicherungen verteuert, so kann das Risiko für Währungskrisen sogar zunehmen.

---

[38] Dieser Überlegung liegt zugrunde, dass kurzfristige Marktteilnehmer sich zwar rational verhalten, aber sich dennoch irren können. Durch erzwungenes Zögern würden sie automatisch längerfristig denken und weniger von fundamentalen Gleichgewichten abweichen. Dies setzt jedoch voraus, dass fundamentale Gleichgewichte für Finanzmarktpreise existieren, und dass sie genau genug vorhergesagt werden können – dies ist gerade für Devisenkurse äußerst umstritten.

[39] In der Vergangenheit konnte man Korrelationen von Tagesvolatilitäten von Finanzmarktpreisen durchaus feststellen. Dämmt eine Steuer eine tägliche Volatilität ein, so kann die Gefahr sehr hoher Ausschläge verkleinert werden. Dies ist jedoch eine rein technische Beobachtung – grosse Krisenbewegungen werden auch durch exogene Faktoren wie z.B. überraschende Zinsbewegungen oder politische Veränderungen ausgelöst.

3. Es ist unklar, ob eine Devisentransaktionssteuer überhaupt das Risiko von größeren Wechelkursbewegungen, die von einer Währungskrise ausgehen, senkt. Zusätzlich zu den oben beschriebenen möglichen aversen Effekten durch Erhöhung der potenziellen Volatilität der Märkte wird der üblicherweise unter einem Prozentpunkt vorgeschlagene Steuersatz nicht Kapitalflucht abschrecken, die durch das Risiko eines viel größeren Währungsverlustes ausgelöst wird. Um solche Krisen zu verhindern, müsste man „Felsen", und nicht „Sand" ins Getriebe der internationalen Finanzmarkttransaktionen werfen (Davidson, 1997). Anpassungen der Wechselkurse beinhalten zudem nicht nur Abwertungen, sondern auch Aufwertungen: ist eine Währung erst einmal in der Krise, so könnte es umso schwerer sein, dass sich der Wechselkurs wieder in Richtung der Fundamentaldaten bewegt.

4. Es ergibt sich wie bei jeder Steuer eine Allokationsverzerrung. Heimische Investitionen würden gegenüber ausländischen Investitionen bevorteilt. Dies ist besonders interessant für die Überlegung, dass große Währungsräume wie die USA und Euroland Vorteile bei der heimischen Kapitalbildung und vor allem Kapitalverwendung bekommen würden gegenüber kleineren Währungsgebieten, zu denen vor allem die Entwicklungsländer gehören.

5. Ausweichmöglichkeiten der Marktteilnehmer sind denkbar: sowohl durch Finanzinnovation (indirekte Devisentransaktion zum Beispiel durch Zinsswapgeschäfte in verschiedenen Währungen), als auch durch räumliches Ausweichen auf Märkte, die sich nicht an der Steuererhebung beteiligen – mit unvorhersehbaren Folgen für aktuelle Standorte der Finanzindustrie (Garber, 1996). Spahn (2002) sieht immerhin die Möglichkeit, dass die Einführung der Steuer in einer Zeitzone schon ausreichen könnte. Bei einem Steuersatz von nur einem Basispunkt würden sich Ausweichreaktionen für die Marktteilnehmer in andere Gebiete nicht lohnen.[40] Dem kann entgegen gehalten werden, dass, wenn Steuererträge in den oben dargestellten Dimensionen erwartet werden, sich in so einem Fall sehr wohl hohe Anreize für die Finanzwelt insgesamt ergeben können, Ausweichmöglichkeiten für diese Steuer aufzusuchen.

6. Auch ist ein intensiverer Fusionstrend des ohnehin bereits stark konsolidierenden Devisengeschäfts möglich (EU-Kommission, 2002a), um die Devisentransaktionen unternehmensintern abzuwickeln und

---

[40] Je nach Dauer der Steuer und weiterer technologischer und finanztechnischer Innovation sind aber auch hier längerfristig Ausweichreaktionen nicht auszuschließen. Kenen (1996) ist jedoch optimistisch, dass bei Besteuerung am Handelsort (und nicht am Ort der Abbuchung oder der Abrechnung) die Kosten eines Umzugs bei geringen Steuersätzen zu hoch sind, um Ausweichungen auszulösen.

der Steuererfassung zu entziehen. Eine Konzentration des Devisenhandels in den Händen weniger globaler Finanzgiganten wäre vermutlich gerade von Globalisierungskritikern nicht gewollt. Dieser Punkt erfordert daher aufwändige internationale Koordination. Fraglich ist auch, von wem letzten Endes die Steuer getragen wird. Gerade das Spot-Devisengeschäft ist von nur sehr dünnen Margen bestimmt, die sogar unter einem Tobin-Steuersatz von 0,1 vH liegen. Daher ist mit vollständiger Überwälzung der Kosten auf die Kunden der Finanzindustrie zu rechnen. Dazu gehören auch Exporteure und Importeure.[41] Deren Zahlungs- und Kapitalbewegungen könnten in ihrem normalen Geschäft außerdem häufiger auftreten, als dies Befürworter der Tobin-Steuer erwarten würden.[42]

7. Es bestehen trotz der raschen technischen Entwicklungen in der Finanzwirtschaft noch offene Fragen über die praktische Umsetzung einer komplexen internationalen Steuererhebung (Garber und Taylor, 1995)[43], auch wenn sich in den letzten Jahren eine deutliche Zentralisierungstendenz der Abrechungssysteme ergeben hat[44]. Eine unilaterale Einführung der Steuer zur Krisenvermeidung seitens der betroffenen Entwicklungsländer ist kompliziert, da ein Großteil des Devisenhandels außerhalb dieser Länder stattfindet.

8. Wie bei jeder indirekten Besteuerung kann der Betrag des Steuerobjekts, also die Devisentransaktionen, durch die Besteuerung kleiner werden – daher wäre die Tobin-Steuer als Finanzierungsquelle für Entwicklungshilfe nicht stabil. Zusätzlich ergibt sich die Problematik

---

[41] Globalisierungskritiker nehmen diese Problematik zum Teil nicht wahr. Weed (2002) spricht davon, dass Gegner der Tobin-Tax aus der Finanzwirtschaft fürchten, sie müssten die volle Steuer tragen. Der Widerstand der Finanzinstitute (z.B. Effenberger, 2002) könnte allerdings auch im Interesse/auf Druck der Kunden vorgetragen sein.

[42] Im normalen Außenhandelsgeschäft kann für einen Export eine Häufung von Zahlungen entstehen, wenn Mittel wie Akkreditive (besonders für Geschäfte mit Entwicklungsländern), Anzahlungen und Ratenzahlungen notwendig sind. Direktinvestitionen könnten auch durch die Steuer beeinflusst werden, da für eine solche langfristige Investition über die Jahre sehr viele Zahlungsvorgänge anfallen könnten – bis hin zur Überweisung von Mitarbeitergehältern von der Mutterfirma. Das könnte die Attraktivität gerade der Entwicklungsländer für Direktinvestitionen beeinträchtigen.

[43] Willgerodt (1998) merkt an, dass es umso bemerkenswerter sei, wenn Befürworter der Tobin-Steuer, wie Garber und Taylor (1995), solche Bedenken äußern.

[44] Es sei jedoch dahingestellt, ob sie wirklich „problemlos" machbar ist, wie dies Weed (2002) behauptet. Allein das OTC-Geschäft (over-the-counter, also reiner bilateraler Finanzvertrag) bietet eine Fülle von Möglichkeiten, an offiziellen Börsen und Abrechungssystemen vorbei Devisen- und Finanzgeschäfte vorzunehmen.

der Verwaltung, Kontrolle[45] und Verteilung der Steuererträge[46], sowie die Frage nach den Entscheidungsträgern, die über Höhe und Änderungen der Steuer bestimmen sollen. Wie jede Steuer wäre auch diese nach ihrer Einführung politischen Einflüssen unterworfen, die sie leicht hochschnellen lassen könnte. Frenkel und Langhammer (2002) wenden zudem ein, dass das Steuerziel „Einnahmeerzielung für Entwicklungshilfe" ohne die obigen Bedenken leichter durch eine zusätzliche Besteuerung des Einkommens in Industrieländern erreicht werden könnte. Jedenfalls sei es kostengünstiger, auf bewährte Methoden der Steuererhebung zurückzugreifen, als neue, internationale Mechanismen zu schaffen.[47]

Diesen Einwänden wird entgegengehalten, dass, wenn die Tobin-Steuer die Volatilität erfolgreich senkt, sich dies auch in niedrigeren Anpassungs-, Hedging- und Krisenvermeidungskosten niederschlagen sollte, die die Bedenken mehr als aufwiegen sollen. Da die Tobin-Steuer die Eigenschaft hat, die als besonders destabilisierend angesehenen kurzfristigen Kapitalströme gezielt und eher über Anreize als über Kapitalverkehrskontrollen anzugehen, wird die Chance für einen solchen Erfolg in der Literatur stellenweise nicht unbedingt als unwahrscheinlich angesehen (Frankel, 1996). Unbeachtet bleibt hingegen, dass die Steuererhebung den Kontrollaufwand einer vollständigen Devisenbewirtschaftung erfordert.

Angesichts der vielen Bedenken bemühen sich auch Befürworter der Tobin-Steuer, das ursprüngliche Konzept zu modifizieren und an die politische Durchsetzbarkeit anzupassen – hier macht der Begriff der „Politically Feasible Tobin Tax" die Runde. Spahn (2002) beabsichtigt, die Steuer flexibel zu gestalten. Er führt damit seine Idee von der Realisierbarkeit weiter, die er schon vorher (Spahn, 1996) geäußert hat. Sein Vorschlag geht dahin, nur einen geringen, allgemeinen Steuersatz zum Zwecke der Einnahmenerzielung einzuführen, der nicht das im Tagesgeschäft übliche Volatilitätsmaß beeinträchtigt, und zusätzlich eine exponentiell wirkende Komponente speziell zur Krisenbekämpfung einzusetzen (eine sogenannte Tobin-cum-Circuit-Breaker Tax von 50-100 vH). Auch regt er an, die exponentiell wirkende Komponente nur für solche Länder einzuführen, deren Währungen für spekulative Attacken anfälliger sind – also nicht für die großen Währungen US-Dollar,

---

[45] Dies schließt neben der Kontrolle der Steuerzahler auch die Möglichkeit juristischen Einspruchs der Besteuerten ein.

[46] Werden die Steuererträge zur Erhöhung von Entwicklungshilfe eingesetzt, so gelten die in 3.2.2. aufgeführten Bedenken.

[47] Steuersystematisch ist auch zweifelhaft, ob eine Besteuerung von nur internationalen Finanzströmen zur Finanzierung globaler öffentlicher Güter überhaupt dem Gleichbehandlungsgrundsatz und Äquivalenzprinzip entspricht. Da globale öffentliche Güter von allen, auch heimischen Industrien und Privatpersonen, genutzt werden, müssten alle in gleichem Maße zur Finanzierung herangezogen werden.

Euro oder Yen. Die allokativen Wirkungen einer Bevorteilung dieser Währungen sind jedoch schwer abzuschätzen.

Bereits Stotsky (1996) trat der Idee einer zweigeteilten Tobin-Steuer entgegen. Zusätzlich zu den allgemeinen Problemen mit dieser Steuer würden weitere Risiken auftreten. Zwar würde die Tobin-cum-Circuit-Breaker Tax nun gezielter Krisen angehen, und das normale Finanzmarktgeschäft würde dadurch weitaus weniger beeinträchtigt. Aber die variable Komponente für Krisenbewältigung sei noch komplizierter umzusetzen und würde mehr Unsicherheit über Finanzmarktpreise verursachen.[48] Schwerer noch wiegt allerdings, dass Geld-, Währungs- und Steuerpolitik schwer verstrickt werden und dass eine so hohe Steuer nicht zwischen destabilisierenden und stabilisierenden Kapitalbewegungen unterscheiden kann. Makroökonomische Anpassungen, die zu Gleichgewichten führen sollen, würden also erschwert.

Frenkel und Langhammer (2002) kritisieren an den Spahn-Vorschlägen, dass die Mehrheit der Bedenken durch die Modifikationen nicht beseitigt würden. Sie wenden ein, dass eine Tobin-Steuer auch Entwicklungshilfe und IWF-Gelder erfassen würde, was Spahn (2002) explizit einschließt. Eine Krisensteuer von 50-100 vH käme der Einschränkung der Konvertibilität einer Währung gleich, mit denselben aversen Folgen für die betroffenen Länder, die sie einführen würden (wie z.B. höhere Risikoprämien für die Aufnahme ausländischer Gelder, auch vor potenziellen Krisensituationen). Wie bei anderen strengen Kontrollen auf Kapitalbewegungen können auch hier Reaktionen auf schlechte Stabilitätspolitik und makroökonomische Entwicklungen verschleppt werden.

Hinzu kommt, dass Marktteilnehmer zunehmend zu Transaktionen neigen werden, sobald sich die Marktvolatilität den Grenzen nähert, ab denen der höhere Steuersatz gelten soll – dies würde jedoch gerade dafür sorgen, dass die Schwankungen der Finanzpreise zunehmen und diese Anti-Krisensteuer auslösen. Ein hoher Tobin-Steuersatz gegen Krisen berücksichtigt des Weiteren auch nicht, wie und aus welchen Gründen die abrupten Wechselkursbewegungen auftreten. „Die Tobin-Steuer setzt jedoch nicht an den Ursachen an, sie kuriert letztlich nur die Symptome." (BMF, 2002a, S. 58).

Selbst Befürworter der Tobin-Steuer warnen davor, sie isoliert, sozusagen als Allheilmittel für alle Probleme an den Finanzmärkten zu betrachten (Spahn, 2002; Tobin, 2001). Die Vielzahl der Bedenken macht den Sinn der Tobin-Steuer sehr fraglich. Würde man höhere Entwicklungshilfegelder erhalten

---

[48] Spahn (2002) meint, ein allen Marktteilnehmern zugänglicher Algorithmus würde die progressive Steuer ermitteln – dies würde die Machbarkeit gewährleisten und Unsicherheit beseitigen.

wollen, so sind andere Steuererhebungen wesentlich unkomplizierter[49]. Will man andererseits die Volatilität senken, so kann eine Tobinsteuer durchaus, wie oben gezeigt, gegenläufige Effekte haben und Marktreaktionen auslösen, die gar nicht im Sinne von Globalisierungskritikern sein würden: z.B. mehr Fusionstendenzen, komplette Überwälzung der Steuer auf Kunden der Finanzintermediäre einschließlich Export- und Importgesellschaften und Pensionskassen, Bevorteilung von großen Währungsräumen.

Vor diesem Hintergrund sollten Kritiker freier Kapitalmärkte darauf hingewiesen werden, dass gerade bei Schwellenländern und Entwicklungsländern die unter 3.3.1. aufgeführten Varianten zur Kapitalverkehrskontrolle einfacher sind, auch wenn sie ebenfalls die dort beschriebenen eigenen Nachteile aufweisen.

3.3.3. Schuldenerlass für Entwicklungsländer

Die Forderung nach einem Schuldenerlass (z.B. erlassjahr.de, 2001, Attac 2002a) wird begründet mit dem Hinweis auf die vermeintlichen Ungerechtigkeiten im Nord-Süd-Zusammenhang und mit Hoffnungen auf mehr Mittel für Bildung und Gesundheit, auf zunehmende ausländische Direktinvestitionen und auf tiefgreifendere Reformen. Zudem wird argumentiert, die Verschuldungssituation beschneide den Handlungsspielraum der Entwicklungsländer (Easterly, 2001).[50] Prekär wäre eine Situation, in der überschuldeten

---

[49] Die EU-Kommission (2002a) stellt in ihrem Gutachten unter anderem noch einmal das italienische Schema der „De-Tax" vor, womit Entwicklungshilfespenden auf die nationale Steuerschuld anrechenbar sein sollen. Siehe auch unten Teil 3.5.1.

[50] Im Grunde ist dies ein altes Thema, das in der wirtschaftswissenschaftlichen Literatur Ende der zwanziger Jahre mit der Kontroverse zwischen Keynes (1929) und Ohlin (1929) seinen Anfang nahm. Es ging um die Frage, ob Deutschland die durch den Versailler Vertrag von 1919 und nach dem Dawes-Plan von 1924 auferlegten Reparationszahlungen (jährlich 2,5 Mrd. Reichsmark = 40 vH der Exporterlöse) würde leisten können. Bekanntlich muss der monetäre Schuldendienst, der über die Kapitalbilanz abgewickelt wird, und sich dort in einem Defizit niederschlägt, real vollzogen werden, also durch einen Überschuss in der Leistungsbilanz. Es ist stets im Schuldnerland ein Aufbringungsproblem zu lösen, und das wiederum erfordert, dass die Löhne nach unten flexibel sind, der Strukturwandel in Richtung Exportsektor rasch und reibungslos funktioniert und die Preiselastizität der Exportnachfrage absolut gesehen hoch ist. Diese Bedingungen sind in den hochverschuldeten armen Entwicklungsländern in der Regel nicht erfüllt – so wie das damals Keynes (im Gegensatz zu Ohlin) für Deutschland diagnostiziert und deshalb empfohlen hat, die Reparationszahlungen einzustellen. Ende der achtziger, Anfang der neunziger Jahre beherrschte das Schuldenerlass-Thema, vor dem Hintergrund der damaligen Verschuldungskrise in Entwicklungsländern, erneut die wirtschaftswissenschaftliche Diskussion. Konzeptionell neu und gleich umstritten war die Sachs-Krugmannsche „Laffer-Schuldenerlass-Kurve", an der – theoretisch – abzulesen ist, ab welchem Schuldenüberhang der Gegenwartswert künftiger Zins- und Tilgungszahlungen

Entwicklungsländern ein politischer Wechsel hin zur Demokratie gelänge, die gewählte Regierung jedoch wegen der Schuldenlast aus der Zeit autokratischer Regimes nicht die notwendigen Mittel hätte, um eine stabile wirtschaftliche und soziale Entwicklung voranzubringen mit der Folge, dass innenpolitische Instabilität aufkommt (Gerster und Hauser, 2002).[51] Auch existieren neuere Vorschläge für ein internationales Insolvenzverfahren, was auch für Entwicklungsländer gefordert wird (erlassjahr.de, 2001).

Weltbank und IWF (IWF, 2002a) haben 1996 eine Initiative zur speziellen Unterstützung von hochverschuldeten armen Ländern (HIPC) ins Leben gerufen, die 1999 auf dem Weltwirtschaftsgipfel in Köln noch erweitert wurde (BMF, 2001a). Sobald nicht tragbare Schulden festgestellt werden, greift ein Entschuldungs- und Umschuldungsprogramm auf Basis freiwilliger, von IWF und Weltbank koordinierter Zusammenarbeit mit den entsprechenden Gläubigern. Nicht tragbare Schulden werden definiert als Verhältnis von abdiskontierter Nettogesamtschuld zu Exporten von 150 vH, oder aber als Verhältnis von abdiskontierter Nettogesamtschuld zu den Staatseinnahmen von 250 vH im Falle von sehr offenen, aber hoch verschuldeten HIPC. Im Jahre 2001 wurden so bereits 50 Mrd. US-Dollar an Schuldenentlastung erwirkt. Dem IWF (2002b) zufolge ist ein Erfolg messbar, da die Sozialausgaben 1999 bis 2001 in den mittlerweile seit 1999 aktiv unterstützten 26 HIPC wieder anstiegen, während ihr Schuldendienst zurückging. Bis 2005 will man den Schuldendienst gegenüber 1998 halbieren, so dass er im Schnitt nur noch 10 vH (statt zuvor 24 vH) der HIPC-Staatsausgaben beansprucht, ein Niveau, was den Forderungen mancher Globalisierungskritiker (Oxfam, 2001) bereits entspricht. Die EU-Kommission (2002a) fasst jedoch die Bedenken vieler Kritiker dahingehend zusammen, dass nicht alle armen Länder Teil der HIPC-Initiative sind, und sich auch noch nicht alle HIPC-Länder für die Hilfe qualifizieren konnten – die Entschuldung scheint nicht schnell genug voranzugehen.

Im Kern lassen sich die beiden wesentlichen Denkrichtungen zur Idee der Entschuldung gut mit Hilfe der Arbeiten von Jeffrey Sachs und William Easterly darstellen. Stellungnahmen zu obigen globalisierungskritischen Thesen sind unmittelbar ableitbar.

In der Diagnose des Problems stimmen beide Autoren überein: Arme Entwicklungsländer haben sich nicht nur bezüglich der Verschuldung nicht verbessert, sondern sind außerdem nicht auf einen Wachstumspfad eingeschwenkt. Sachs u.a. (1999) begründen dies zum einen mit zu geringer Netto-

---

niedriger ist als der Nominalwert der ausstehenden Schuld und sich daher die Gläubiger besser stellen, wenn sie Schulden erlassen, und das Schuldnerland rational handelt, wenn es die Zahlungen verweigert. In dem Für und Wider dieses Konzepts und allgemein der Schuldenerlass-Problematik vgl. Cline (1995) und die dort aufgelistete Literatur.

[51] Aktuelle Brisanz erhält diese Problematik durch die Entwicklung im Irak nach dem Irakkrieg Anfang 2003.

entlastung in den betroffenen armen Ländern. Des Weiteren seien die Umschichtungsmaßnahmen von nur teilweise vorgenommenen Schuldenerlassen der Geberländer (z.B. der Pariser Club, aber auch die HIPC-Initiativen) zu kompliziert, erratisch und damit wenig vorhersehbar. Dies führt über die weiterhin hohe Schuldenbelastung hinaus zu einer starken Einengung des fiskalischen Spielraums der Schuldnerländer – unzureichende Ausgaben für Gesundheit und Bildung wären die Folge. Also wird ein kompletter Schuldenerlass empfohlen.

Die Überlegungen Easterlys (2000) beruhen auf anderen Argumentationsketten, die das Verhalten der verschuldeten Regierungen politökonomisch in den Mittelpunkt der Betrachtung rücken. Aufgrund politischer Instabilitäten und starker Verwurzelung in Partikularinteressen versuchen die derzeit Regierenden der Schuldnerländer möglichst viele Mittel abzuzweigen. Verändert sich gleichzeitig die langfristige Sparquote nicht – wovon er ausgeht – führt Schuldenerlass nicht zu einem Kapitalaufbau, sondern zu einer Dekumulierung und neuer Schuldenaufnahme. Beide Thesen sieht er empirisch bestätigt. Außerdem ist trotz der Daten des IWF (2002b) über die letzten drei Jahre nicht gesichert, dass bei Schuldenerlass wirklich dauerhaft die Ausgaben für Gesundheit und Bildung erhöht werden, um die Armut zu senken – dies liegt letzten Endes in den Händen der jeweiligen souveränen Regierungen. Diese könnten, sobald sie aus den Auflagen von IWF und Weltbank befreit wären, wieder in alte Problemmuster zurückfallen.

Die wirtschaftspolitischen Implikationen von Easterly (2000) gehen also in genau die entgegengesetzte Richtung zu den Initiativen von Weltbank und IWF. Schuldenerlass ist für ihn begrenzt ein effizientes Mittel. Regierungen müssten nachweisen, dass sich ihre intertemporalen Präferenzen nachhaltig ändern. Dies wäre möglicherweise bei einem abrupten Regierungswechsel von einer autokratischen zu einer demokratischen Regierungsform der Fall. Die Aufweichung der HIPC-Kriterien 1999 auf dem G8-Gipfel in Köln zu den oben beschriebenen Messlatten (IWF, 2002a) sieht er deshalb als Weg in die falsche Richtung.[52] Begründet wird dies in erster Linie mit falschen Anreizen.

Zum einen antizipieren derzeit hoch verschuldete Länder einen zukünftigen Schuldenerlass, zum anderen kann es zu negativen Auswirkungen auf die Politik von Ländern kommen, die nicht in den Genuss von steter Entschuldung kommen. Easterly (2000) fragt, warum HIPC–Länder, die statistisch signifikant schlechtere Politik betreiben, 63 Prozent der Zahlungsströme bekämen, obwohl ihr Anteil an der Gesamtbevölkerung armer Länder nur bei 32 Pro-

---

[52] Die Erweiterung des HIPC-Konzeptes geht auf das Bemühen der Bundesregierung zurück, die dies jedoch als Erfolg wertet (BMF, 2001a). Unter anderem wird ein Schuldenerlass von bis zu 90 vH statt 80 vH ermöglicht.

zent liege.⁵³ Dieser Sachverhalt muss weiter im Blickfeld gehalten werden. Es ist denkbar, dass gerade wegen der zunehmenden Entschuldungsmaßnahmen von öffentlichen Gläubigern in Industrieländern eine neue Bereitschaft zur Gewährung von Krediten von Seiten der privaten Kapitalmärkte für die ärmsten Länder nach wie vor zu verhalten ausfällt. Hiervon zu unterscheiden sind die Fehlanreize, die Regierungen von Entwicklungsländern haben könnten, wenn Schuldenerlass zur Regel wird: sie könnten sich nämlich strategisch verhalten und ihre Position gegenüber den ausländischen Kreditgebern durch eine wissentlich herbeigeführte Verschlechterung der Zahlungsfähigkeit verbessern. Dies liefe darauf hinaus, dass finanzielle Insolidität im Nachhinein „belohnt" wird.

Trotz dieser Bedenken von Moral Hazard bei Entschuldungsbemühungen mehren sich auch in der wirtschaftswissenschaftlichen Literatur wieder die Vorschläge, ein Konkurssystem für souveräne Staaten einzuführen, welches bereits von Adam Smith im 18. Jahrhundert angeregt wurde (Lee, 2002).⁵⁴ Krueger (2001) legte eine entsprechende Initiative von Seiten des IWF November 2001 vor, die zumindest für den Fall von Insolvenz von Staaten gegenüber privaten Gläubigern gelten soll. In Essenz würde ein Konkursverfahren für souveräne Staaten einen in internationalen Verträgen verankerten rechtlichen Schutz vor Gläubigern bedeuten. Sobald das Konkursverfahren eröffnet ist, würden wie in der privaten Wirtschaft Verhandlungen aufgenommen, um eine möglichst günstige Lösung für alle Beteiligten zu finden. Ausgeschlossen wäre dann auch die raschere Bedienung einzelner Gläubiger, was ansonsten den Schuldendienst für andere Gläubiger gefährden kann.⁵⁵ In sogenannten „collective action clauses", dem englischen Insolvenzrecht nachgebildet, würde eine große Mehrheit der Gläubiger reichen, um sich auf eine für alle Gläubiger verbindliche Umstrukturierung der Schulden zu einigen (Hefeker, 2002). Dies hilft, eine sonst in reinen Verhandlungslösungen und Marktmechanismen drohende Pattsituation zu verhindern.⁵⁶

---

⁵³ China und Indien mit ihren immer noch großen Bevölkerungsteilen in Armut gehören nicht zu den HIPC.

⁵⁴ Bei Rogoff und Zettelmeyer (2002) befindet sich ein ausführlicher Überblick über die verschiedenen Ansätze in der Literatur zu Konkursverfahren für souveräne Staaten seit 1976.

⁵⁵ Lee (2002) führt als Beispiel für die Begründung der IWF-Initiative auch an, dass 1997 ein privater Gläubiger, Elliott Associations, ablehnte, ausstehende Schuld von der Regierung Perus von 20 Millionen US-Dollar in Brady Bonds umzuwandeln (Brady Bonds sind eine der in 2.3.2. beschriebenen Varianten von Schuldenumstrukturierungen für private Gläubiger, in der gegen Rückzahlungsgarantien ein Teil der Schulden erlassen wurde). Durch das Bestehen auf Zahlung seitens dieser Firma geriet Peru an den Rand des Bankrotts, was die Zahlung an andere Gläubiger betroffen hätte.

⁵⁶ Diese Maßnahmen werden vor allem von Eichengreen (2000) propagiert. Derartige Normen sehen vor, im Falle einer Zahlungsunfähigkeit souveräner Staaten Mehrheitsent-

Zudem würden auf diese Weise viele Hilfspakete des IWF unnötig, der sonst im Falle einer Insolvenz eintreten muss. Letzterer Punkt ist wohl einer der Hauptgründe dafür, warum sich sowohl Gläubiger und Schuldner als auch die Literatur zunehmend positiv zur Einführung eines Konkursverfahrens für Staaten äußern (Rogoff und Zettelmeyer, 2002).[57]

Prinzipiell ergeben sich für die Kontrolle des Ablaufs des Konkursverfahrens entweder eine leitende Rolle einer Instanz wie dem IWF, welcher über das Verhalten der Gläubiger und des Schuldners wachen würde (Krueger, 2001). Oder aber (Krueger, 2002), eine Gläubigergemeinschaft würde das Konkursverfahren durchführen – mit einer unabhängigen Instanz als Schlichtungsstelle. Diese neuere Variante kam vor allem durch Druck der US-Regierung zustande, die eher Marktmechanismen zur Lösung von Schuldenproblemen vertraut.

Beide Varianten haben Vor- und Nachteile (Hefeker, 2002). In Marktlösungen besteht eher die Neigung, jede Art von Schuld des vom Konkurs bedrohten Landes separat zu verhandeln, was zwar individuellere Lösungen, aber höheren Verhandlungs- und Zeitaufwand mit sich bringt. Dies ist für Gläubiger, aber nicht unbedingt für das Schuldnerland von Vorteil, dem während dieser Zeit der Zugang zu finanziellen Quellen erschwert bleibt. Außerdem besteht die Problematik, dass Schuldtitel in Marktlösungen aufgekauft werden können, um bestimmte Ziele für den Gläubiger durchzusetzen – eine Art Garantie für mehr Gläubigerschutz, was Globalisierungskritiker nicht unbedingt begrüßen würden.[58]

Andererseits ist die Übertragung und Kontrolle des Insolvenzverfahrens auf eine internationale Instanz wie dem IWF nicht ohne Risiken. Zunächst

---

scheidungen der Gläubiger zuzulassen. Dies würde den Einfluss von einzelnen Gläubigern beschneiden und verhindern, dass der Restrukturierungsprozess behindert wird. Auch diese vertraglichen Lösungen sind ein wichtiger Schritt zu einer funktionsfähigeren Finanzarchitektur. Was die Auswirkungen solcher Klauseln auf die Refinanzierungsbedingungen angeht, so sind zwei gegenläufige Effekte relevant. Erstens macht ein geordneter Restrukturierungsprozess Anleihen aus Entwicklungsländern attraktiver, die Risikoprämien sinken also. Zweitens verringern sich die Kosten der Zahlungsunfähigkeit für das betrachtete Land, so dass der Anreiz steigt, aus strategischen Gründen einen vorzeitigen Zahlungsstillstand zu erklären. Diese Gefahr führt wiederum zu höheren Risikoprämien. Die empirische Forschung zeigt, dass im Allgemeinen der erste Effekt dominiert (Eichengreen und Mody, 1999; Becker, Richards und Thaicharoen, 2001). Es ist also eher mit einer Verbesserung der Refinanzierungsbedingungen von verschuldeten Entwicklungsländern auf den internationalen Kapitalmärkten zu rechnen.

[57] Diese Position von privaten Geldgebern für koordiniertes Konkursverfahren vertritt das Institute of International Finance, s. auch im Internet unter: http://www.iif.com/press/pressrelease.quagga?id=34 .

[58] Attac (2002a) spricht von einer „Diktatur der Gläubiger" bereits hinsichtlich des aktuellen Status.

müsste sichergestellt werden, dass diese Vereinbarung internationalen Rechtsstatus hat und somit nicht vor nationalen Gerichten angefochten werden kann. Dann ist zu bedenken, dass der IWF ebenfalls häufig Gläubiger ist – die Gefahr besteht, dass er sich Vorteile in der Insolvenzabwicklung vor anderen Gläubigern verschafft. Auch dieser Punkt hat den IWF (Krueger, 2002) dazu bewogen, eher als Vermittler denn als leitende Instanz bei Konkursverfahren aufzutreten. Für Globalisierungskritiker wäre eine Erhöhung der Macht des IWF wiederum ebenfalls ein Dorn im Auge (s. oben Teil 2.3.3.2.). Immerhin würden aber in einem Insolvenzverfahren nicht nur der Abbau der Schuld, sondern auch die Pflichten des Schuldners geregelt – dies würde einen besseren Schutz gegen Moral Hazard im Vergleich zu reiner Entschuldung bieten. Dennoch existieren in der neueren Literatur kritische Stimmen, ob ein Insolvenzverfahren die Schuldensituation und -häufigkeit von Konkursen bessern würde (Hefeker, 2002).

Unter dem Strich laufen Teil-Entschuldung, Schuldenerlass und auch die Möglichkeit eines Insolvenzverfahrens auf eine Art im nachhinein gewährter Entwicklungshilfe hinaus – also einen unilateralen Transfer von Kapital. Daher könnte Entschuldung auch den unter 3.2.1. beschriebenen Risiken unterworfen sein. Zudem fürchten Entwicklungsländer auch, auf lange Sicht den Zugang zu privaten Kapitalmärkten zu verlieren, wenn Gläubiger für neue Kredite höhere Risikoprämien verlangen, um einen möglichen Konkurs einzukalkulieren.[59] Im Falle von HIPC hingegen, in dem ein Land den Schuldendienst nicht mehr leisten kann, wäre ein völliger Schuldenerlass sinnvoll. Voraussetzung wäre, dass persistente Wachstumsprobleme auftreten, die nicht mit der eigenen Wirtschaftspolitik behoben werden können (analog zu der Konditionalität der IWF- und Weltbank-Hilfen an HIPC, s. IWF (2002a)).

Nach dem Konkurs für Entwicklungsländer mit privaten Gläubigern oder Schuldenerlass für HIPC wäre jedoch in jedem Fall ein glaubhafter Neuanfang notwendig. Eine Wiederherstellung von Vertrauen privater Geldgeber ist für eine langfristige Bewältigung der Schuldenproblematik unerlässlich.[60] Für fundamentalere Globalisierungskritiker mag der Weg, die Bedingungen für private Geldgeber zu verbessern, gegenüber einer Erhöhung von Entwicklungshilfe (also mehr öffentlicher Mittel) weniger attraktiv sein. Dennoch zeigen die Kapitalzuflüsse an die Entwicklungsländer, dass dem privaten Sektor die größte Aufgabe in der Versorgung des hohen Kapitalbedarfs von Entwicklungsländern zukommt (Nunnenkamp, 2002c). Eine Messlatte wäre nach einem Neuanfang die Reaktion globaler Finanzmärkte auf den Finanzie-

---

[59] Siehe auch die zitierten Bedenken des mexikanischen Finanzministers Gil Díaz in der Economist-Ausgabe vom 5. Oktober 2002.
[60] Die Mobilisierung internationaler privater Ressourcen wurde auch bei der Internationalen Konferenz „Financing for Development" in Monterrey, Mexiko, am 18.-22. März 2002 betont.

rungsbedarf in dem betreffenden Land, gemessen an den Zinsspannen von dessen Staatsschuldtiteln zu US-Staatsanleihen gleicher Laufzeit.

Die Grenzen solcher Maßnahmen werden jedoch deutlich, falls in den Schuldnerländern instabile politische Verhältnisse bestehen. Ohne tiefgreifenden Eingriff in die Souveränität des Landes ist in diesem Fall eine normale Schuldenaufnahme und spätere Bedienung dieser Schulden genauso wenig möglich wie ein Insolvenzverfahren und entzieht sich damit den Möglichkeiten der internationalen Gemeinschaft, die Armut durch besseres Schuldenmanagement zu lindern.

3.3.4. Internationale Aufsichtsbehörden für Finanzmärkte einrichten

Aus dem Verhalten von Akteuren auf globalen Finanzmärkten könnte sich Marktversagen ergeben, das ein Eingreifen auf globaler Ebene notwendig macht. Dabei ist allerdings auch bei Existenz von Marktversagen zu hinterfragen, ob nicht nationale Regulierungen und Lösungen für die Probleme ausreichen, und auch, ob von Finanzmarktteilnehmern selbst getroffene Vereinbarungen nicht ausreichen und die Schaffung von internationalen Aufsichtsbehörden unnötig ist.

Als Lösung für das Moral-Hazard-Problem und asymmetrischer Information auf Seiten der Investoren auf Finanzmärkten bietet sich insgesamt eine Strategie an, die auf eine Einbeziehung des Privatsektors für die Beilegung von Finanzkrisen setzt, also den IWF oder eine ähnliche Institution weniger in die Verantwortung für das Geschehen auf den globalen Finanzmärkten nimmt. Eine höhere Eigenbeteiligung korrigiert die Fehlanreize und stellt eine effiziente Allokation sicher. Diese Politik des sogenannten Private Sector Involvement wird beispielsweise vom Sachverständigenrat (1998, Ziffern 366; 2002, Ziffern 590 ff.) und von der Bundesbank (1999) sowie vom IWF (1999) gefordert. Haldane (1999) bietet einen guten Überblick über die Anreizwirkungen und die Ausgestaltung derartiger Maßnahmen. Allerdings bleibt die Frage zu beantworten, wie glaubwürdig eine solche Politik tatsächlich ist. Eichengreen und Rühl (2001) argumentieren, dass diese Strategie nicht zu Verhaltensänderungen von Investoren führt. Sie schätzen diese Politik als unglaubwürdig und damit wirkungslos ein, was den Globalisierungskritikern Recht geben würde, die in der Selbstregulierung der Finanzinstitute keine vernünftige Lösung sehen. Für den Fall des Moral-Hazard-Problems auf Regierungsebene scheint eine konsistente ex-ante Konditionalität bei der Vergabe von IWF-Geldern der richtige Ansatz zu sein.

In diesem Zusammenhang ist auch die Funktion des IWF als Kreditgeber in letzter Instanz („lender of last resort") zu analysieren. Während beispielsweise Fischer (1999) vehement dafür eintritt, der IWF solle als Kreditgeber in letzter Instanz fungieren, lehnt Rogoff (1999) diese Politik aus zwei Gründen ab: Erstens sei eine solche Rolle, wie sie etwa die Zentralbanken auf nationaler Ebene wahrnehmen können, aufgrund fehlender Ressourcen auf internationaler Ebene kaum umzusetzen. Zweitens sei eine solche Rolle nicht wünschenswert, da erhebliche Fehlanreize die Folge wären. Ein Sicherheitsnetz für ein Finanzsystem schafft notwendigerweise Fehlanreize, wie sie auf nationalen Versicherungsmärkten existieren. Hier ist es Aufgabe der Politik, den Nutzen eines solchen Sicherheitsnetzes in Form eines Schutzes gegen plötzliche Bankenkrisen gegen die Konsequenzen einer Fehlallokation infolge einer gestörten Anreizstruktur abzuwägen.

Neuerdings nimmt die Diskussion eines internationalen Konkursrechts für souveräne Staaten einen breiten Raum in der öffentlichen Debatte ein (s. auch oben Teil 3.3.3.). Auch in der theoretischen Forschung lässt sich diese Forderung gut begründen. Dixon und Wall (2000) stellen die zugrunde liegenden Strukturen dieses Koordinationsproblems überblicksartig dar. Solche Koordinationsprobleme können von einem internationalen Konkursrecht in Form eines IWF-Regelwerkes vermieden werden. Eine Beseitigung solcher Probleme würde langfristige Sicherheit schaffen und so die Refinanzierungsbedingungen von Entwicklungsländern nachhaltig verbessern. Ein geordnetes Insolvenzverfahren ist von großer Bedeutung für das reibungslose Funktionieren von Kreditmärkten.

In 2.3.3.1 konnte festgehalten werden, dass Finanzintermediäre wegen der Problematik einer Verflechtung des Finanzsystems dazu neigen können, mehr Risiken einzugehen. Dies kann heftige Bankenkrisen auslösen, Konjunkturschwankungen wegen erhöhter Liquiditätsbereitstellung seitens der Zentralbanken bedeuten und Ineffizienzen dadurch verursachen, dass die negativen externen Effekte des zu riskanten Verhaltens mancher Marktteilnehmer andere Marktteilnehmer belasten. Dem kann durch eine verstärkte Risikokontrolle entgegengewirkt werden.

Auf internationaler Ebene bemühen sich IWF und Weltbank kontinuierlich um eine Verbesserung der Finanzmarktbedingungen und dieser Risikokontrolle, was auch eine verbesserte Kontrolle von Standards und mehr Transparenz im Finanzgeschäft einschließt. Auf Initiative des IWF erstellt die Weltbank mit ROSCs (Reports on the Observance of Standards & Codes)[61] über eine Reihe von Entwicklungs- und Industrieländer Berichte über den Status der Finanzmarktregeln in den betreffenden Ländern. Die Expertise von IWF und Weltbank soll diesen beratend helfen, mögliche Ineffizienzen bei der Aufsicht von Finanzgeschäften, Bilanzpflicht und Risikoberücksichtigung festzustellen und Verbesserungsvorschläge zu unterbreiten. Dabei sind diese Berichte in die Strategie des IWF eingebettet, mit Financial Sector Assessment Programs (FSAP) mehr Informationen über Verbesserungen von nationalen Finanzsystemen zur Verfügung zu stellen. Es wird also die Strategie verfolgt, zuerst die nationalen Systeme zu verbessern, um die Risiken nationaler Krisen, die in das globale Finanzsystem eingehen könnten, zu senken. Das ist sachgerecht.

---

[61] Im Internet unter: http://www.worldbank.org/ifa/rosc.html .

Auch durch die Koordination durch die Bank für Internationalen Zahlungsausgleich (BIS) in Basel haben sich mehrere Vereinbarungen von globalen Finanzakteuren ergeben, um den Bedrohungen von Finanzmarktstabilität entgegenzuwirken.[62] Dabei ist vor allem das Basel II-Regelwerk zur Eigenkapitalunterlegung im Kreditgeschäft im Mittelpunkt der aktuellen Diskussion, welches ab Ende 2006 umgesetzt werden soll (die Endfassung der Regeln sollen Oktober 2003 vorliegen; zum gegenwärtigen Stand vgl. das Pressekommuniqué des Baseler Ausschusses vom 10. Juli 2002). Es ist vorgesehen, die bereits in dem Abkommen von 1988 (Basel I) empfohlenen Eigenkapitalquoten von 8 vH der Kredite näher zu definieren und Qualitätsanforderungen an dieses Kapital innerhalb der Finanzindustrie festzulegen, die die Gefahr zu hoher Risiken in den Bankgeschäften vermeiden helfen sollen. Dabei soll ein verbessertes Risikomanagement mit einer Absenkung der erlaubten Eigenkapitalquote belohnt werden. Weitere Teile von Basel II enthalten Vorschriften für nationale Kontrollbehörden, wie die Einhaltung der Regeln zu kontrollieren ist, und auch eine Verpflichtung der Banken, für mehr Offenheit und Transparenz ihrer Risikopositionen zu sorgen.

Ein Problem privater Vereinbarungen und freiwilliger internationaler Koordination ist es einerseits, dass von der davon ausgehenden erhöhten internationalen Stabilität nichtteilnehmende Länder, Finanzakteure und Märkte nicht ausgeschlossen würden – der Nutzen dieser Koordination würde allen zugute kommen, die Kosten würden jedoch nur die koordinierenden Länder übernehmen. Andererseits ist ein Nichteinhalten von Regeln zu erhöhter Qualität für Finanzmarkttransaktionen gleichbedeutend mit geringerer Transparenz und erhöhtem Risiko für ein Geschäft mit denjenigen Finanzmarktteilnehmern, die sich an die Regeln halten. Bei Nichteinhaltung dieser Normen oder auch Nichtteilnahme an den Vereinbarungen drohen erhöhte Risikoprämien im globalen Interbankengeschäft, und so ergibt sich ein Anreiz, diesen Regeln Folge zu leisten, was zu einer Eindämmung des Freifahrer-Verhaltens führt. Auch wird eine schnelle Teilnahme an den Verhandlungen zu diesen Regeln attraktiver, da man dann Einfluss auf die konkrete Ausgestaltung dieser Regeln nehmen kann.

Die Frage ist natürlich in diesem Zusammenhang, warum es überhaupt eine solche Qualitätsvereinbarung geben sollte. Es existiert bereits ein großer privater Markt von Kredit-Rating-Agenturen, die Beurteilungen von Kreditwür-

---

[62] Auch die Kooperationen der International Organisation of Securities Commissions (I-OSCO) für den Anlegerschutz und der International Association of Insurance Supervisors (IAIS) können zu den privaten Initiativen gezählt werden, eine Harmonisierung von globalen Finanzregeln zu erreichen. Im Forum für Finanzmarktstabilität (Financial Stability Forum, FSF), das 1999 auf der Grundlage des Tietmeyer-Berichts (1999) eingerichtet wurde, um zu verbessertem Funktionieren des globalen Finanzsystems beizutragen, sind diese Initiativen mit der BIS, IWF, Weltbank, OECD und der Europäischen Zentralbank verbunden.

digkeit größerer Schuldner anbieten. In Zeiten von konjunktureller Kontraktion und Verschlechterung von Kreditqualität engen Banken zudem ohnehin ihre Risikoneigung bei Krediten ein. Kritiker der Basel II-Initiative befürchten, dass durch eine punktuellere Bewertung des Eigenkapitals und der jeweiligen Risikoposition der Banken diese Neigung, prozyklisch zu agieren, noch verstärkt würde und somit Banken zu größeren Konjunkturschwankungen beitragen würden (The Economist, 2002b). Außerdem sei problematisch, dass Banken zur eigenen Risikominimierung Positionen ihrer Kunden intern verrechnen, was dem Markt einen Teil der Liquidität entziehen kann und die Preisbildung innerhalb der Banken wenig transparent macht. Komplexere Risikomanagement-Systeme würden sogar begünstigt. Dies würde die Bildung größerer Institute begünstigen.

Da Basel II die Eigenkapitaldeckung von Krediten plafondieren soll, wurde außerdem befürchtet, dass kleinere Kreditnehmer, wie zum Beispiel mittelständische Unternehmen, nun mit einer Benachteiligung gegenüber Großunternehmen rechnen müssen, da Banken ihre Geschäfte auf die Kreditnehmer mit der höchsten Bonität konzentrieren würden.[63] Eventuell würden je nach Praxis der nationalen Behörde auch eigenkapitalähnliche Sicherungen wie stille Reserven nicht mehr für die Eigenkapitaldeckung gelten. Dies könnte den Wettbewerb verzerren. Dem steht jedoch entgegen, dass sich auf den globalen Kapitalmärkten zur Eindämmung von erhöhten Risiken eben auch risikogerechte Preise ergeben sollten. Das Kreditausfallrisiko ist nun einmal bei einem kleineren Unternehmen tendenziell größer – wobei gesagt werden muss, dass in jedem Bankgeschäft auch andere Faktoren in die Bewertung zur Kreditwürdigkeit eingehen, so dass durchaus ein kleineres Unternehmen weiterhin bessere Kreditkonditionen als ein großes Unternehmen erhalten kann.

Neben den bereits behandelten Risiken negativer externer Effekte durch erhöhte Risikobereitschaft eines Marktteilnehmers wurzelt ein mögliches Marktversagen in asymmetrischer Information. Gerade durch die sprunghafte Entwicklung von Derivaten und strukturierten Produkten (also Verbindung von Derivaten mit Underlying, um bestimmte Risiko/Ertragsprofile nach individuellen Präferenzen zu konstruieren) wurden Finanzinnovationen zunehmend komplexer. Das Risiko, dem sich ein Investor durch solche Finanzprodukte aussetzt, ist weitaus schwerer zu durchschauen als bei anderen Wertpapieren. Durch die Vielzahl der verfügbaren Produkte kann es leicht zu nur sehr kleinen Märkten kommen, was die Spanne zwischen Kaufs- und Verkaufspreisen und damit die Volatiliät erhöhen kann. Hinzu kommt, dass in vielen Fällen die Bilanzierungspflichten sowohl nach amerikanischen GAAP oder IAS nicht die Risiken erfassen können, die in derivaten Geschäften stecken (sogenannte „off-balance-sheet"- Risiken).

---

[63] Diese Diskussion wurde zuletzt vor allem in Deutschland in Literatur und Medien geführt. Eine längere Diskussion findet sich beim Sachverständigenrat (2001, Ziffern 80ff.).

Attac (2002a) geht daher soweit, Hedge Funds verbieten zu wollen. Diese Investorenart ist dafür bekannt, dass sie weitaus höhere Risiken mit wenig regulierten Finanzprodukten eingehen können, als dies andere Fonds tun oder tun dürfen (für einen kurzen Überblick siehe Deutscher Bundestag, 2002). Dass Hedge Funds sich auch durch konsistent höhere Renditen auszeichnen, könnte ein Indiz sowohl für asymmetrische Information, aber auch negative externe Effekte sein, die in den Kostenüberlegungen der Hedge Funds nicht auftauchen.

Dadurch kann es wie im Herbst 1998 in den USA zu einer Bedrohung des globalen Finanzsystems kommen. Der Hedge Funds Long Term Capital Management (LTCM) hatte mit geringem eigenen Mitteleinsatz zu hohe Risikopositionen aufgebaut, die wegen gegenläufiger Marktbewegungen und hohem Leverage hohe Kursbewegungen auslösen können. Rasche Zinssenkungen der US-Zentralbank verhinderten jedoch ein zu hohes Misstrauen in die Funktionstüchtigkeit des US-Bankensektors. Die Bewältigung dieser Krise, ebenso wie die schnelle Erholung der weltweiten Finanzmärkte nach den Anschlägen vom 11. September durch konzertierte Zinssenkungen der größten Zentralbanken verdeutlichen, dass auch für sich genommen das globale Finanzsystem weitaus stabiler ist, als zuvor befürchtet. Daher ist fraglich, ob ein generelles Verbot von Hedge Funds die Wahrscheinlichkeit von Krisen senken würde. Wie es scheint, sind Hedge Funds in den letzten Jahren aus Renditegründen wieder kleiner und weniger zahlreich geworden, was die Wahrscheinlichkeit einer Bedrohung durch diese Institute gesenkt hat (Financial Stability Forum, 2002). Vermehrte Offenlegung der Risikopositionen von Hedge Funds kann das Systemrisiko ihrer Geschäfte weiter senken.

Ferner wäre zu klären, ob Globalisierungskritiker die mangelnde Kontrolle von Hedge Funds beanstanden, oder aber generell ihre Praxis, ungesicherte und riskante Positionen einzugehen – die vehementen Attacken vieler der fundamentaleren Kritiker gegen „Spekulation" lassen eher auf die letztere Variante schließen. Zwar ist wegen des inhärenten Anreizes, in Hoffnung auf zentrale Rettungsaktionen mehr Risiken einzugehen als nach Marktbedingungen zu verantworten wäre, Hedge Funds in der Aufstellung von Regeln an Finanzmärkten besondere Aufmerksamkeit zu schenken. Dennoch ist es für ein funktionierendes globales Finanzsystem von zentraler Bedeutung, dass generell die Möglichkeit von freiwilligem Kauf und Verkauf in jeglicher Form erlaubt bleibt. Dies schließt Praktiken wie Leerverkäufe und nicht gesicherte derivate Geschäfte ein – das Verlustrisiko für den jeweiligen Investor kann immer noch hoch genug sein, dass dieser genügend Anreize erhält, risikoadäquat zu handeln.

Welche Strategie ist nun für die internationale Finanzarchitektur anzuraten? Vermutlich besteht weitaus weniger Reformbedarf, als die meisten Globalisierungskritiker fordern. Der Ruf nach einer obersten globalen monetären Behörde beispielsweise (Garten, 1998) verkennt, dass die Produktionsfaktoren (einschliesslich Kapital) weitaus weniger mobil sind, als die Annahme perfekter Märkte erfordern würde. Daher ist der Mechanismus der Wechselkursanpassungen in einem System flexibler Wechselkurse noch immer vorzuziehen. Des Weiteren waren die großen Zentralbanken offensichtlich gerade während der Krisen der letzten Jahre in der Lage, durch konzertierte Geldpolitik den Befürchtungen der Finanzmärkte über instabile Liquidität entgegenzuwirken. Ihre Liquidität dürfte zur Bewältigung globaler Krisen ausreichen (Rogoff, 1999).

Auch eine globale Aufsichtsbehörde zur Einführung, Weiterentwicklung und Kontrolle von Finanzstandards (Kaufman, 1998) ist nicht unbedingt sinnvoll, vor allen Dingen, wenn der Stand der globalen politischen Integration noch keine Durchsetzung dieser Standards erlaubt (Rogoff, 1999). Wie oben dargestellt, hat eine Vielzahl von verschiedenen Initiativen zur Verbesserung der Funktionsweise internationaler Finanzmärkte von Seiten der Regierungen, NGOs, internationaler Organisationen und vor allem von Finanzmarktteilnehmern den Vorteil, in dem komplexen Umfeld mehr Lösungsansätze zu bieten. In einem Wettbewerb um die besten Regulierungen, gerade auf nationalstaatlicher Ebene, kann sich mit der Zeit der effizienteste globale Standard herausbilden.

Zentraler Bedeutung kommt dabei der Einbeziehung privater Institutionen zu, die durch ihre Geschäftstätigkeit über das notwendige Wissen darüber verfügen, was Finanzinnovationen an möglichen Problemen bergen können. Aber wegen der möglichen negativen externen Effekte für alle Wirtschaftsteilnehmer ist es wichtig, dass die politischen Instanzen der Nationalstaaten über Gesetze die Möglichkeit behalten, jederzeit in das Finanzsystem einzugreifen. Wichtig ist, dass auf allen Seiten Informationen und Wissen über die Mechanismen globaler Finanzmärkte verstärkt werden, wobei die Etablierung von Regulierungsvereinbarungen und besserer Abkommen zur Stärkung des Finanzsystems Finanzmarktteilnehmer nicht dazu verleiten sollte, ein angemessenes Risiko- und Liquidätsmanagement zu vernachlässigen.

Bei BMF (2002a) findet sich ein Überblick über die vom Forum für Finanzstabilität aufgestellten 12 Schlüsselsysteme für solide Finanzsysteme, einschließlich der verantwortlichen Organisationen, in denen Vereinbarungen für mehr Transparenz und effizientere Arbeitsweise sorgen sollen. Dazu gehören Transparenz von Geld und Finanzpolitik (IWF), Transparenz der Fiskalpolitik (IWF), Veröffentlichung von Daten (IWF), Bankenaufsicht (BIS, Basler Ausschuss für Bankenaufsicht), Wertpapieraufsicht (IOSCO), Versicherungsaufsicht (IAIS), Unternehmensführung (OECD), Rechnungswesen (IASC, mit den International Accounting Standards IAS), Prüfwesen (IFAC), Zahlungsverkehr und Abwicklung (CPSS), Marktintegrität (FATF- einschließlich Bekämpfung von Geldwäsche, s. auch unten Teil 3.5.2.) und Insolvenz (Weltbank).

3.4. International geltende Umweltstandards etablieren

Viele Globalisierungskritiker und Umweltschutzorganisationen treten vehement dafür ein, weltweite Mindeststandards im Bereich des Umweltschutzes, z.B. im Rahmen der WTO, zu etablieren (analog zu den in Teil 3.2.2. diskutierten Forderungen nach sozialen Standards). Auf diese Weise sollen Länder davon abgehalten werden, sich als Trittbrettfahrer zu verhalten und auf Kosten anderer Länder ihre Umweltstandards zu senken, um ihre Wettbewerbsposition auf den Gütermärkten und als Investitionsstandort zu verbessern.

Zunächst soll dieser Vorschlag wiederum für das Problem lokaler externer Effekte diskutiert werden. Die Untersuchungen unter Gliederungspunkt 2.4 haben gezeigt, dass es auch in einer globalisierten Welt in den allermeisten Fällen im wohlverstandenen Eigeninteresse eines jeden Landes ist, nationale Umweltstandards zu setzen – und zwar gemäß den nationalen Präferenzen. Wie mehrfach dargelegt, variieren diese nationalen Präferenzen zum Teil stark, u.a. aufgrund unterschiedlich hoher Pro-Kopf-Einkommen. Sieht man von Problemen des politischen Prozesses und kollektiver Entscheidungen ab, so reflektieren die Umweltstandards eines Landes die Wertschätzung seiner Bürger für Umweltqualität. Würde dieses Land nun durch internationale Abkommen dazu gezwungen, seine Umweltstandards über das von ihm gewünschte Maß hinaus zu erhöhen, käme es zu einem Wohlfahrtsverlust in diesem Land (und wegen der lokalen Beschränkung der Umweltverschmutzung auch weltweit). Die Umweltpräferenzen eines anderen Landes wären diesem Land zu seinem Nachteil aufoktroyiert worden. Vor diesem Hintergrund ist es verständlich, warum sich Entwicklungsländer, in denen Präferenzen für Umweltschutz in aller Regel wegen ihres geringeren Pro-Kopf-Einkommens weniger ausgeprägt sind als in Industrieländern, massiv gegen Vorschläge zur Einführung globaler Mindeststandards wehren.

Kommt es aufgrund unterschiedlicher präferenzgerechter Umweltstandards dazu, dass in Ländern mit weniger Umweltschutz vermehrt Produkte hergestellt werden, die mit einer relativ stärkeren Umweltbeanspruchung einhergehen, so steht dies im Einklang mit dem Heckscher-Ohlin-Samuelson-Modell. Die Umweltnutzung ist mit relativ höheren Opportunitätskosten in den Industrieländern im Vergleich zu den Entwicklungsländern verbunden. Deshalb ist es sogar wünschenswert, wenn stärker umweltbeanspruchende Produktionen vermehrt in Entwicklungsländer verlagert werden. Durch unterschiedliche Umweltschutz-präferenzen und daraus abgeleitete Standards entsteht eine weitere Möglichkeit zur Wohlfahrtssteigerung durch internationale Arbeitsteilung und Handel.

Die These, Entwicklungsländer mit niedrigen Umweltstandards betrieben per se „Umweltdumping", ist also vor diesem Hintergrund nicht gerechtfertigt. Vielmehr hätten internationale Standards, die über das von Entwicklungsländern gewünschte und dort tragbare Niveau hinausgehen, oft den Effekt von „Umwelt-Protektionismus", da die Entwicklungsländer eines komparativen Vorteils beraubt würden. Für den Fall grenzüberschreitender externer Effekte waren die Ergebnisse unter 2.4 allerdings andere. Im Folgenden soll von globalen externen Effekten ausgegangen werden. Es ist nicht zu erwarten, dass das Umweltproblem in einer solchen Situation befriedigend durch nationale Umweltpolitik gelöst werden kann. Ein einzelnes Land alleine würde wenig zu einer Verbesserung der globalen Umweltsituation beitragen, müsste aber die Kosten darauf gerichteter Maßnahmen voll tragen. Alle Länder befinden sich in einem Gefangenendilemma und haben Anreize zum Freifahrer-Verhalten.

In einer solchen Situation können sich wiederum alle Länder durch Verhandlungen und gemeinsame Vereinbarungen besser stellen. Dies ist auch in diesem Kontext nur dann möglich, wenn es gelingt, die Durchsetzbarkeit der Vereinbarungen über angemessene Sanktionsmechanismen sicherzustellen.

Das wohl am häufigsten diskutierte globale Umweltproblem ist der sogenannte Treibhaus-Effekt, d.h. durch den Ausstoß von Kohlendioxyd und anderen Treibhausgasen verändert sich nach Ansicht der meisten Wissenschaftler das Erdklima mit fatalen Folgen wie Anstieg des Meeresspiegels und Zunahme von Unwettern und Naturkatastrophen.

Das 1997 vereinbarte Kyoto-Protokoll zur UN-Klimarahmenkonvention stellt einen Versuch der Weltgemeinschaft dar, diesem Problem zu begegnen. In diesem Protokoll sind für die beteiligten Länder unterschiedliche Verpflichtungen zur Reduktion bzw. zur Begrenzung des weiteren Anstiegs von Kohlendioxydemissionen vorgesehen. Die Hauptlast tragen die Industrieländer. Für Entwicklungsländer sind vorerst keine Reduzierungspflichten festgelegt. Bis 2010 soll eine Senkung des weltweiten Kohlendioxyd-Ausstoßes um 5,2 vH gegenüber dem Niveau von 1990 erreicht werden.

Eine gemeinsame Vereinbarung stellt, wie zuvor dargelegt, den einzig möglichen Weg zur Lösung des globalen Klimaproblems dar. Aus ökonomischer Sicht ist insbesondere begrüßenswert, dass das Kyoto-Protokoll die Möglichkeit vorsieht, die Reduktionsziele über den Mechanismus des Zertifikate-Handels zu erreichen. Hier erhalten die Beteiligten nach einem bestimmten Verfahren zunächst das Recht, eine bestimmte Menge an Treibhausgasen zu emittieren. Bleibt ein Emittent unter der ihm erlaubten Emissionsmenge, so kann er sein nicht ausgeschöpftes Verschmutzungsrecht an einen anderen Emittenten verkaufen, der mehr emittieren möchte. Für das knappe Gut „saubere Erdatmosphäre", um das verschiedene Emittenten konkurrieren, bildet sich nun ein Preis. Dieser Preis zwingt Unternehmen (ggf. auch Haushalte) die Kosten für dieses knappe Gut mit in ihr Kalkül einzubeziehen, denn sie müssen entweder Lizenzen erwerben oder könnten überschüssige Lizenzen verkaufen, wenn sie weniger emittieren.

Der Zertifikate-Handel führt dazu, dass dort Emissionen reduziert werden, wo dies zu den geringsten Kosten möglich ist und da Zertifikate erworben werden, wo eine Emissionsvermeidung relativ teuer wäre. Dadurch, dass jede Emissionseinheit für ein Unternehmen mit Kosten verbunden ist (entweder für den Zertifikatserwerb oder Opportunitätskosten durch nicht verkaufte Zertifikate), ergibt sich auch in dynamischer Hinsicht der Anreiz, immer nach kostengünstigen Vermeidungsmöglichkeiten für die Emission zu suchen. Die Zertifikate-Lösung ist ökologisch treffsicherer als eine Abgabe und effizienter als eine Auflagen-Lösung. Die grundsätzliche Effizienz des Zertifikatehandels ist in der Literatur vielfach bestätigt worden und kann als weitgehend unstrittig gelten. Probleme ergeben sich bei der konkreten Umsetzung – z.B. wie die Anfangsverteilung der Zertifikate geregelt werden sollte, ob und wie der Verkehrssektor in den Handel einzubeziehen ist usw. –, die hier nicht im einzelnen diskutiert werden können (zu den Problemen der EU-Richtlinie zum Kyoto-Protokoll vgl. z.B. Ströbele et al., 2001).

Das Kyoto-Protokoll birgt eine Reihe von Problemen in sich. Zum einen werden die vorgesehenen Reduktionsverpflichtungen von vielen Klimaforschern für unzureichend gehalten (www.germanwatch.de). Es wird u.a. argumentiert, dass wegen der Langlebigkeit von Kohlendioxyd in der Erdatmosphäre langfristig ein Trend zur Null-Emission erreicht werden müsse, um den Klimawandel dauerhaft aufhalten zu können (The Economist, 2002).

Ein anderes Problem ist, dass die Realisierung der in dem Protokoll vorgesehenen Schritte keinesfalls gesichert ist. Für das Inkrafttreten sind mindestens 55 Unterzeichnerstaaten erforderlich, die zusammen mindestens 55 vH der Kohlendioxydemissionsmenge der Industrieländer von 1990 verursacht haben. Während die erste Bedingung bereits erfüllt ist, ist für die zweite Bedingung die Unterzeichnung durch Russland erforderlich, die noch nicht als gesichert gelten kann.

In den USA hat die Bush-Regierung beschlossen, die Zustimmung zu dem Protokoll wieder zurückzuziehen. Da dieses Land 25 vH des globalen Kohlendioxyd-Ausstoßes verursacht, bedeutet dies einen schweren Rückschlag für die Klimaschutzbemühungen. Zur Begründung wurde von der Regierung zunächst angeführt, dass der Zusammenhang zwischen Klimawandel und anthropogenem Treibhausgas-Ausstoß nicht eindeutig sei. Diese Frage kann im Rahmen dieses Gutachtens natürlich nicht geklärt werden, aber Klimaforscher haben darauf hingewiesen, dass der Zusammenhang als solcher unstrittig ist und dass lediglich über seine Intensität debattiert wird (Rahmstorf, 2002). Als Beleg für diese These wird oft angeführt, dass es zwar schon in früheren Phasen der Erdgeschichte Erwärmungen und Abkühlungen gegeben habe, dass die Geschwindigkeit des Temperaturanstieges jedoch nie zuvor so hoch war. Auch eine von der Bush-Regierung beauftragte Expertenkommission kam zu dem Ergebnis, dass der besagte Zusammenhang besteht.[64]

Ein anderes Argument der USA gegen das Protokoll besteht in der vermeintlich unzureichenden Berücksichtigung von sogenannten Senken. Als Senken werden z.B. Wälder oder Böden bezeichnet, da diese zu einem gewissen Grad

---

[64] Im Internet verfügbar unter: http://www.fr-archiv.de .

Kohlendioxyd aus der Atmosphäre aufnehmen und so zur Minderung des Treibhauseffektes beitragen können. Das Kyoto-Protokoll sieht ausdrücklich die Anerkennung von neu geschaffenen Senken vor. Keine Anerkennung ist jedoch für bereits bestehende Senken vorgesehen. Die USA behaupten, bei Berücksichtigung ihrer Wälder und Böden keine Reduktionsleistungen mehr erbringen zu müssen. Diese Argumentation entspricht der Denkweise, dass alle Länder sowohl negative externe Umwelteffekte (also Treibhausgase) verursachen, aber auch positive externe Umwelteffekte (also Stabilisierung des Weltklimas durch große Wälder bei geringer Bevölkerungsdichte) generieren. Diese müssten in die Vereinbarungen einbezogen werden.

Es ist festzustellen, dass die diesbezüglichen naturwissenschaftlichen Zusammenhänge sehr komplex und höchst umstritten sind. Es ist z.B. unklar, wie viel Kohlendioxyd ein Baum absorbieren kann. Auch wird vermutet, dass Bäume nach 50 bis 100 Jahren kein Kohlendioxyd mehr aufnehmen können und gespeichertes Kohlendioxyd beim Absterben oder Verbrennen wieder in die Atmosphäre abgeben. In diesem Fall könnten konstante Waldflächen keine dauerhafte Kohlendioxyd-Reduktion bewirken. Nach Erreichen der maximalen Aufnahmefähigkeit des Waldes (Einmaleffekt) käme es zu einem Gleichgewicht, in dem sich die Kohlendioxyd-Abgabe durch absterbende Bäume und die Kohlendioxyd-Aufnahme durch neu heranwachsende Bäume in etwa ausgleichen (und in der Summe kein Kohlendioxyd mehr aufgenommen wird). Teilweise wird argumentiert, dass die Anrechnung bestehender Waldflächen deren Schutz fördere und so eine entwaldungsbedingte Erwärmung des Erdklimas verhindert werden könne. Aus ökonomischer Sicht ist allerdings genauso gut vorstellbar, Lizenzen für die Verringerung von Waldflächen zu verlangen.

Schließlich wird von den USA angeführt, das Fehlen von Emissionsgrenzen für Entwicklungsländer sei nicht akzeptabel. In der Tat können in einer solchen Situation die unter 2.4. dargestellten Probleme nationaler Politik bei grenzüberschreitenden externen Effekten genauso auftreten, z.B. eine Zunahme des Kohlendioxyd-Ausstoßes in den Entwicklungsländern mit potenziell ungewissen Folgen für die weltweite Gesamtemissionsmenge. Hierzu ist aber zum einen zu bemerken, dass die Ausnahmeregelung für Entwicklungsländer dadurch begründet wird, dass ihr Pro-Kopf-Ausstoß nur einen Bruchteil dessen der USA und anderer großer Industrieländer beträgt. Überdies werden die geschilderten Probleme erst wirklich dadurch relevant, dass ein so großer Emittent wie die USA sich nicht den Reduktionsverpflichtungen unterwirft. Abwanderung von Betrieben aus Industrieländern in Entwicklungsländer ist aufgrund einer Reihe von bereits geschilderten Faktoren insgesamt unwahrscheinlich. Eine Abwanderung von betroffenen Betrieben aus Teilnehmerländern in die USA (oder entsprechende Außenhandelseffekte) dürfte hingegen als wahrscheinlicher gelten – mit den bereits gemachten Einschränkungen in 2.4., dass Umweltstandards für die Standortwahl eine eher untergeordnete Rolle spielen und hinter negativen PR-Wirkungen zurückbleiben können.

Ob die von den USA vorgetragenen Einwände gegen das Protokoll stichhaltig sind, sei dahingestellt. Aus politökonomischer Perspektive wird die Motivlage der Regierung jedenfalls relativ schnell klar: Emissionsintensive Industrien, wie etwa die amerikanische Energiewirtschaft, gewähren der Republikanischen Partei oft Wahlspenden und könnten daher zu den bei der Regierungspolitik besonders stark berücksichtigten Gruppen gehören.[65]

Neben der Nicht-Teilnahme wesentlicher Länder besteht auch bei der Umsetzung des Kyoto-Protokolls das Problem, dass kein wirklich wirksamer Sanktionsmechanismus vereinbart ist und es daher fraglich erscheint, ob die sich beteiligenden Staaten ihre Vorgaben auch wirklich erfüllen. Von Weizsäcker (1999) schlägt daher Geldstrafen für Verletzungen der Vereinbarungen vor[66].

Greenpeace[67] rät dazu, die USA wegen Nicht-Unterzeichnung des Kyoto-Protokolls im Rahmen der WTO zu verklagen, da es sich um eine Verzerrung des internationalen Wettbewerbs handle. Die Erfolgswahrscheinlichkeit einer solchen Klage muss als sehr gering angesehen werden. Allerdings ist die Grundidee, über wirksame Sanktionen gegen Nicht-Teilnehmer eine Überwindung des Trittbrettfahrer-Problems zu erreichen, durchaus ökonomisch begründbar. An der praktischen Durchsetzbarkeit darf allerdings gezweifelt werden.

In diesem Zusammenhang sei noch auf die immer wieder erhobene Forderung eingegangen, umweltpolitische Übereinkünfte bei der WTO anzusiedeln. Im Falle lokaler externer Effekte sollten wie dargelegt keine internationalen Übereinkünfte getroffen und folglich auch keine Regelungen im Rahmen der WTO getroffen werden. Bei globalen externen Effekten spräche immerhin das Vorhandensein eines effektiven Sanktionsmechanismus für eine Ansiedlung internationaler Abkommen bei der WTO. Allerdings gelten auch die in 2.2.5. geäußerten Bedenken, dass Retorsionsprotektion als Sanktion wegen der wohlfahrtsreduzierenden Wirkungen weniger geeignet ist als Strafzahlungen.

Gegen eine Ansiedlung bei der WTO spricht allerdings das Tinbergen-Postulat, demzufolge jedem Ziel genau ein zugehöriges Mittel zugeordnet und dies bei jenem Träger angesiedelt werden soll, der für die Verwirklichung des Ziels am besten geeignet ist. Hierdurch sollen Ziel- und Dosierungskonflikte vermieden werden. Genau dies droht aber, wenn die WTO nicht nur

---

[65] Im Internet verfügbar unter:
http://www.hwwa.de/Projekte/Forsch_Schwerpunkte/FS/Klimapolitik/PDF-Dokumente/Greiner,%20Michaelowa(2001).pdf .

[66] Auch hier wäre allerdings nicht völlig auszuschließen, dass Regelverletzer solche Zahlungen verweigern. Auch der exakte Nachweis einer Emissionsmengenüberschreitung dürfte schwer zu führen sein.

[67] Im Internet verfügbar unter: http://www.greenpeace.org .

für den Handel, sondern auch für Umweltfragen zuständig wäre. Krancke (1999) und Langhammer (2000b) sehen bereits jetzt eine Überfrachtung der WTO, die zu einer Verwässerung ihrer Ziele führe. Aus ökonomischer Sicht wäre es daher ratsam, eine von der WTO unabhängige Organisation zu schaffen, die mit globalen Umweltproblemen betraut ist, und dabei auch einen funktionsfähigen Sanktionsmechanismus für Verstöße gegen Vereinbarungen vorzusehen. Hier besteht natürlich wieder das Freifahrer-Problem bei der Schaffung einer solchen Organisation.

Das Tinbergen-Postulat ist dann nicht anzuwenden, wenn der Einsatz eines Mittels zu nicht durch den Einsatz eines anderen Mittels korrigierbaren Nebenwirkungen bei einem anderen Ziel führt. Dies könnte z.B. beim Schutz der menschlichen Gesundheit oder beim Artenschutz der Fall sein. Hier besteht oft keine andere Möglichkeit zur Erreichung dieses Ziels als die Einschränkung wirtschaftlicher Aktivität. In einem solchen Fall sollten die WTO-Regeln eine Einschränkung des Handels zulassen, wie dies z.B in Artikel XX GATT/WTO auch geschieht. Wichtig ist allerdings die Gleichbehandlung von importierten und inländischen Gütern, so dass die internationale Arbeitsteilung nicht beeinträchtigt und das Umweltschutzziel wirklich erreicht wird.

In einer Frage der Umweltpolitik sind Ökonomen, Globalisierungsgegner und Umweltschützer in jedem Fall einer Meinung: Umweltschädliche Subventionen, die zudem allokationsverzerrend wirken, wie z.B. bei Landwirtschaft, Kohle und Fischerei, sollten so schnell wie möglich abgeschafft werden. Aber noch einmal: Umweltschutz ist eine Aufgabe der Umweltpolitik, nicht der Außenwirtschaftspolitik.

3.5. Mehr Demokratie in Globalisierung durchsetzen

3.5.1. Global Governance und Anerkennung globaler, öffentlicher Güter

Mehr Demokratie in der Globalisierung durchsetzen heißt, mehr Beteiligung einer möglichst breiten Mehrheit an der Steuerung und an der bewussten Flankierung der weltwirtschaftlichen Ereignisse. In der Diskussion der Erfordernisse globaler Ordnungspolitik hat sich der Begriff „Global Governance" gefestigt. In jedem Fall, in dem grenzüberschreitendes Marktversagen – externe Effekte oder Erfordernis der Sicherung globaler öffentlicher Güter – eintritt, sollte ein globaler ordnungspolitischer Rahmen greifen. Dabei ist, wie in Teil 3.4. zur Umweltpolitik beschrieben, zu beachten, dass externe Effekte, die nur innerhalb eines Landes wirken, auch nur von diesem geregelt werden sollten. Auch ist zu beachten, dass selbst Regelungen auf globaler Ebene weiterhin der Flankierung und Umsetzung der Maßnahmen durch nationale Instanzen bedürfen (Crook, 2001, oder auch Fels, 2002).

Wie an den bisherigen Ausführungen erkennbar ist, stellen sich im Prozess der Globalisierung auch Fragen nach der Versorgung mit internationalen öffentlichen Gütern, die eine solche Ordnungspolitik bereitstellen müsste. In Anlehnung an Kapitel 2.5.1.1. lassen sich öffentliche Güter dadurch charakterisieren, dass Nicht-Ausschließbarkeit und Nicht-Rivalität vorliegt. Die Sicherung internationalen Friedens ist zum Beispiel ein solches Gut, da keiner von den Vorteilen eines Weltfriedens ausgeschlossen werden kann, und der Nutzen des Gebrauchs durch eine Person den einer anderen Person nicht einschränkt.

IFG (2002) zählt zu den „global common goods" Elemente wie Produkthaftung, Gesundheitsversorgung, Bildung, öffentliche Sicherheit (Konfliktvermeidung) und soziale Sicherung, sowie Wasser, Gentechnik, Umweltschutz und Menschenrechte. Im Lichte der ökonomischen Definition können diese Elemente wohl zum Teil dem Bereich öffentlicher Güter zugezählt werden. Zu einigen dieser „global common goods" lässt sich jedoch anmerken, dass sie zwar für eine Allgemeinheit öffentlich finanziert werden könnten, aber nicht unbedingt öffentliche Güter sind. Bildung hat zwar positive externe Effekte, unterliegt aber keineswegs immer der Nicht-Ausschließbarkeit und Nichtrivalität, was nahe legt, marktwirtschaftliche Prinzipien soweit wie möglich anzuwenden. Dasselbe gilt auch für Gesundheitsversorgung und Wasserversorgung. Preisbildungen sind auch in diesen Bereichen geeignet, vorhandene Knappheiten anzeigen. Anders liegt der Fall bei Seuchenbekämpfung: diese ist eher den öffentlichen Gütern zuzuordnen, da durch die Behandlung von Seuchenherden eine Ausbreitung von Seuchen grenzüberschreitend verhindert werden kann (EU-Kommission, 2002a). Von diesem Nutzen wären andere kaum auszuschließen, und die Nutzung des Gutes „internationale Seuchenbekämpfung" wäre nicht-rivalisierend.

Bei Umweltschutz gelten die oben und in Teil 3.4. vorgenommenen Anmerkungen. Wie in Teil 2.2.5.3. bereits anklang, sollte bei Gentechnik darauf geachtet werden, dass geistiges Eigentum nicht an allgemeiner genetischer Information, wohl aber an neuen Verfahren erworben werden kann. Soziale Sicherung trägt zwar Züge eines öffentlichen Gutes, aber es ist fraglich, ob und wie weit sie auf globaler Ebene vorgenommen werden sollte.

Siebert (2002) fügt den von Kritikern häufiger genannten Forderungen nach Klimaschutz und Schutz der Artenvielfalt auch die Herstellung der Verlässlichkeit von Handelsregeln sowie die Stabilität des internationalen Finanzsystems als globale öffentliche Güter an.

Klodt (1999) hat ein Raster entworfen, demzufolge globaler Handlungsbedarf bei Markineffizienzen dann besteht, wenn genügend große grenzüberschreitende Einflüsse auftreten und über die Sicherheit und Angemessenheit der wirtschaftspolitischen Maßnahmen Einigkeit besteht. Grenzüberschreitende Einflüsse treffen zu für die bisher genannten Bereiche globale Umweltbelange, Schutz der Artenvielfalt und des gemeinsamen genetischen Erbes, Schutz der Menschenrechte, Seuchenbekämpfung, globale Vertragssicherheit, Stabilität der globalen Finanzmärkte, globale Handelsregeln, globale Haftung und Eigentumsschutz (inklusive geistigen Eigentums). Des Weiteren können wegen potenzieller grenzüberschreitender externer Effekte Bildung, soziale Mindestsicherung,[68] Wettbewerbsregeln und Grundversorgung (Wasser, Energie, Gesundheit) hinzukommen. Diese sollten jedoch wegen der in Kapitel 3.2.2. und 3.4. vorgebrachten protektionistischen Elemente globaler Standards soweit wie möglich auf nationaler Ebene geregelt werden. Ergänzend können diese Güter, falls dies im Interesse der politischen Mehrheiten in den reicheren Ländern ist, durch Transfers auch den Bürgern in ärmeren Ländern (mit den in 3.2.1. genannten Bedenken) zugänglich gemacht werden.

Beispielsweise ist es so möglich, dass über öffentliche internationale Gesundheitshilfsfonds auch die Behandlung nicht-übertragbarer Krankheiten in armen Ländern finanziert wird. Für die Behandlung von Seuchen wie Malaria und AIDS/HIV ist ohnehin gemäß der Kriterien öffentlicher Güter schon aus ökonomischen Gründen öffentliche Hilfe zu leisten. Medikamentenerwerb, der aus Entwicklungshilfe finanziert werden kann, sollte jedoch über den Markt ohne Preisauflagen erfolgen, um die Anreize und Kompensation für Innovationen zu erhalten.

Die Organisation der Bereitstellung dieser öffentlichen Güter und des globalen Regulierungsbedarfs muss nicht immer über neue internationale Organisationen oder die Ausweitung der Befugnisse bestehender Organisationen geschehen, auch wenn diese größenbedingte Vorteile aufweisen könnten. Frey (2002) weist darauf hin, dass gerade die Globalisierungsdebatte bewirken kann, dass sich staatliche Stellen auf die Herausforderungen der Globalisierung dahingehend einstellen, neue staatliche Regulierungsmöglichkeiten und Behörden zu schaffen: Der „Leviathan" überlebt dann auch die globale wirtschaftliche Integration. In jedem Fall wäre jede neue Regulierungsinstanz auf seine demokratischen Kontrollmöglichkeiten zu überprüfen: entweder durch seine (wiederum demokratisch gewählten) Geldgeber oder aber durch die UN[69].

Die Finanzierung der Global Governance sollte über die in den jeweiligen Ländern vorhandenen Steuersysteme vorgenommen werden. Eine neue globale Steuer wie etwa die Tobin-Steuer (vgl. die in 3.3.2. beschriebenen Kritikpunkte) wäre dazu ebenso wenig notwendig,[70] wie eine globale Steuerbehör-

---

[68] Wie in Teil 2.5.2. erwähnt, kann es einen Zusammenhang zwischen Armut und erhöhter Konfliktgefahr geben (Nunnenkamp, 2002b).

[69] Es ist fraglich, ob die stark föderale Struktur der UN in diesem Fall beibehalten werden sollte oder durch ein Zwei-Kammersystem aus proportionaler Vertretung und Nationenvertretung ersetzt werden müsste. Auch hier gilt, dass das Subsidiaritätsprinzip, also die möglichst bürgernahe Versorgung mit öffentlichen Gütern, nach Möglichkeit Anwendung finden sollte.

[70] Die EU-Kommission nennt globale Lufttreibstoffsteuern, Waffenhandelssteuern, und Kohlenstoffemissionssteuern (eine Art globale Ökosteuer) als mögliche Varianten. Diese sind genauso wie die Tobin-Steuer wegen ihrer instabilen Steuerbasis für Finanzierungszwecke abzulehnen.

de. Die Höhe der Beiträge wäre politisch verhandelbar; ökonomisch am wenigsten verzerrend wäre eine gleichmäßige lineare Last für alle Länder. Die aus verteilungspolitischen Überlegungen wahrscheinlich gewollte Progression bei den Zuwendungen an die Ärmsten für Bildung, Gesundheit und soziale Sicherung ließe sich durch die Konzentration der Mittel auf die ärmsten Gebiete bewerkstelligen. Über die Verwendung dieser Mittel müsste ebenfalls keine neue internationale Organisation entscheiden – die Entscheidung wäre im Rahmen der UN möglich. Andere wichtige öffentliche Güter sind in erster Linie Regulierungsfragen, die relativ wenig finanziellen Aufwand außer der Einigung auf Standards und Kontrolle[71] benötigen. Die italienische Idee einer de-Tax (EU-Kommission, 2002), also der teilweisen oder völligen Anrechnung von privater Hilfe auf nationale Steuerschuld entspricht zwar der Spendenpraxis in vielen Ländern, ist aber wegen der mangelnden Konstanz der für globale Zwecke beabsichtigten Abgaben suboptimal.

3.5.2. Steuerharmonisierung und Austrocknung von Steueroasen

Die Sorge von Globalisierungskritikern, Steueroasen als Begleiterscheinung der Globalisierung (größerer Mobilität von Kapital außerhalb nationaler Kontrollgremien) würden die Einnahmenbasis der Regierungen schmälern und somit die Finanzierung des Sozialsystems gefährden, sollte nicht isoliert betrachtet werden. Denn die Problematik von Steueroasen ist in das allgemeinere Problem des internationalen Steuerwettbewerbs eingebettet, auf den in Teil 2.5.1.2. eingegangen wurde.

Streng zu unterscheiden sind jedoch Steuervermeidung und Steuerhinterziehung. Ersteres ist ein legitimes Ausweichen von Steuerbelastung – die wie in Teil 2.5.1.2. besprochen jedoch nicht so hart ausfallen dürfte, um etwa die Sozialsysteme und solidarische Umverteilung in ihrem Wesen gefährden zu können. Steuerhinterziehung stellt jedoch einen Straftatbestand dar, der durch die Globalisierung, aber auch wegen der verbesserten technologischen Mittel beispielsweise der Internet-basierten Kontoführung, zunehmend leichter herbeizuführen ist.[72]

Entsprechend der Argumentation, Steuer- und Standortwettbewerb wären nicht zu verurteilen, sondern vielmehr zu begrüßen, werden in der Literatur zum Teil Bemühungen wie etwa der OECD oder der EU, bei der Steuerpoli-

---

[71] Wegen ihres starken Einsatzes und der von ihnen geförderten Transparenz ist die Rolle einiger auf Menschenrechte und Umweltschutz spezialisierten NGOs auch in Zukunft wichtig.

[72] Tanzi (2002) identifiziert durch die Globalisierung und technologische Entwicklung der letzten Jahre drei neue fiskalische „Termiten" (ebenda, S.15f.): Mehr Mobilität der Arbeitnehmer, und zwar in Form von mehr Reisen (Duty free, gerade auf Luxusgüter), und mehr Auslandsjobs (leichtere Verschleierung des Arbeitseinkommens). Ferner beobachtet er eine Zunahme elektronischen Handels außerhalb steuerlich registrierbarer Systeme.

tik zu harmonisieren oder zu kooperieren, abgelehnt (Hüther, 1997, oder auch Edwards und de Rugy, 2002). Einer solchen Politik würde eine Disziplinierung der nationalen Finanzpolitik zuwider laufen und könnte zu einer kartellierten Blockadehaltung beitragen. Zudem ergibt sich durch das relativ geringere Steuerbasis-Verlustrisiko von kleineren Ländern für diese weniger Anreize zu einer Verhandlungslösung (vgl. den Überblick bei Schulze und Ursprung, 1999). Es wäre eine Harmonisierung der Steuersätze nach oben wahrscheinlich, denn der Widerstand gegen Steuererhöhungen ist geringer als der Widerstand von Interessengruppen bei Ausgabensenkungen. Diese Harmonisierungstendenz ist auch bei der Mehrwertsteuer in der EU zu beobachten, die sich auf das Niveau der Länder mit den höchsten Sätzen zubewegt. Zugleich besteht wegen der höheren Mobilität von Unternehmenszentralen als von Arbeitnehmern ein höherer Druck auf Unternehmenssteuersätze (zur Unternehmenssteuerproblematik s. oben Teil 2.5.1.2.). Auch die Spitzensteuersätze auf Einkommen sind seit 1980 im Durchschnitt in den OECD-Ländern deutlich gefallen (Edwards und de Rugdy, 2002), wahrscheinlich auch wegen der erhöhten Mobilität von Spitzenverdienern. Aus dieser ökonomischen Realität heraus ist der Vorschlag von Attac (2002a), „Reiche" und Unternehmen stärker zu besteuern ohne strikte Verbote und Kapitalverkehrskontrollen letztlich nicht durchführbar.

Letzten Endes ist es auch ein wohlfahrtsschädlicher Eingriff in die Präferenzen der jeweiligen Staatsbürger, bestimmte Steuersysteme einheitlich vorzuschreiben. Einige Länder haben in demokratischen Prozessen einen geringeren Bedarf an Steuereinnahmen entwickelt, da sie beispielsweise ein weniger ausgeprägtes Sozialsystem haben, höheres Wachstum aufweisen, oder auch weniger Umverteilung praktizieren. Zum Teil unterscheiden sich Steuersysteme auch in der Struktur – manche Steuern könnten über denen in Deutschland liegen, weil die Sozialversicherungen des betreffenden Landes aus ihnen finanziert werden. Es wäre nicht begründbar, Länder mit niedrigeren Steuern zu höheren Steuersätzen zu zwingen.

In ihrem Bericht „Harmful Tax Competition – An Emerging Global Issue" vertritt die OECD (1998) den Standpunkt, dass Steuersenkungen, um Unternehmen und Kapital zu attrahieren, eine Verzerrung der internationalen Allokation bedeuten könnte. Verdächtig sind der OECD zufolge besonders diskriminierende Steuersätze zwischen In- und Ausländern, intransparente Steuervergünstigungen sowie mangelnder Wille zur Kooperation. Ein schädlicher und unfairer Steuerwettbewerb liegt hernach nur vor, wenn neben der Steuerpräferenz Rahmenbedingungen geschaffen werden, die allein darauf ausgelegt sind, nicht ansässige Personen die Steuerumgehung in ihrem Ansässigkeitsstaat zu ermöglichen. Sofern die Praxis der Regierungen mancher Steueroasen gemeint ist, Steuerdelikte in den Herkunftsländern von Kapital und der Unternehmen zu begünstigen, sind die von der OECD empfohlenen Maßnahmen sicherlich zu begrüßen.

Es ist aber zu bedenken, dass – wie im normalen Preiswettbewerb auch – die Tatsache von niedrigeren Steuern wegen unterschiedlicher Steuersysteme und einer möglicherweise effizienteren Finanzpolitik nicht unbedingt Steuerdumping darstellt. Ferner obliegt es zunächst dem betreffenden Land, eine souveräne Entscheidung darüber zu treffen, wen es mit seinem Steuersystem wie hoch besteuern will. Wird zwischen In- und Ausländern diskriminiert, so können entweder die Inländer dagegen über demokratische Instanzen protestieren (z.B. in Wahlen, aber auch durch rechtlichen Einspruch, sofern die steuerdiskriminierenden Maßnahmen der betreffenden Regierung nicht verfassungskonform sind). Oder aber die Maßnahmen gelten positive externe Effekte ab, die die Regierung wahrzunehmen glaubt (Schaffung von Arbeitsplätzen, Technologietransfer, Entlasten der Sozialausgaben), was ähnlich zu kritisieren ist wie alle anderen industriepolitische Maßnahmen, die in den meisten Industrieländern eine wichtige Rolle spielen. Intransparenz und mangelnde Kooperation sind Sache des betreffenden Landes und jede Maßnahme hiergegen ist ein Eingriff in dessen staatliche Souveränität – auf die ansonsten gerade die Globalisierungskritiker sehr großen Wert legen.[73]

Zudem wird jedoch die bereits in 2.5.1.2. dargestellte Argumentation ausgeblendet, dass niedrigerer Steuerbelastung normalerweise auch niedrigere öffentliche Leistungen gegenüberstehen. Daher ist nicht unbedingt damit zu rechnen, dass Unternehmen nur wegen niedrigerer Steuerbelastung in ein anderes Land wechseln würden. Erstens droht – wie bei einem Unternehmen, welches Preisdumping betreibt – auch die Gefahr, von dem Staat später mit umso höheren Steuerforderungen belastet zu werden und zweitens muss das Unternehmen eventuell die nicht oder weniger vorhandenen öffentlichen Leistungen durch höhere Löhne und Leistungen an seine Mitarbeiter kompensieren oder mangelnde öffentliche Infrastruktur in seinem Kalkül berücksichtigen.

Selbstverständlich ist es in der heutigen Unternehmens- und Steuergesetzgebung in vielen Ländern möglich, nur Firmenhauptsitze in das Ausland zu verlagern, die dann dort automatisch steuerpflichtig werden, während die Haupttätigkeit des Unternehmens (mit dem Empfang der öffentlichen Leistungen) immer noch im ursprünglichen Land geschieht. Soweit das vorkommt, ist der eigentliche Grund nicht die Globalisierung, sondern eine ineffiziente Steuergesetzgebung des betroffenen Landes, die es Unternehmen leicht macht, sich dem Grundprinzip der Inländerbesteuerung zu entziehen (bei der Besteuerung von Privatpersonen wird immerhin auch meistens das

---

[73] Anders verhält es sich bei steuersenkenden Maßnahmen nicht demokratischer Regimes. Diese Problematik kann nur durch Sanktionen der internationalen Gemeinschaft gelöst werden, sofern die Bereitschaft dazu besteht bzw. der Schaden für die internationale Gemeinschaft groß genug ist. Auch hier bleiben allerdings Bedenken bestehen, das grundlegende Prinzip des Nichteingreifens in eine andere staatliche Souveränität, das seit dem Westfälischen Frieden von 1648 existiert, aufzulösen.

Kriterium des wirtschaftlichen Lebensmittelpunktes angewandt, um Steuerpflicht festzustellen). Unabhängig davon gelten die bereits in Teil 2.5.1.2. ausgeführten Argumente zur mangelnden ökonomischen Zweckmäßigkeit einer Unternehmensbesteuerung.

Anders lagert sich das Thema bei Steueroasen und Offshore-Zentren, die vor allem als Anlaufpunkt für Steuerdelikte dienen. Da Erträge aus Kapital im Gegensatz zu Unternehmenssteuern nach dem Herkunftslandprinzip besteuert werden, kann der Transfer solchen Kapitals außerhalb der steuerlichen Jurisdiktion des eigenen Landes zu einer Schmälerung der Steuereinnahmen dieses Landes und zu allokativen Ineffizienzen führen.[74] Das grundlegende Problem ist, dass die technologische Entwicklung und die Liberalisierung des Kapitalverkehrs (mit allen seinen bereits erwähnten Vorteilen) in der globalen Integration einen deutlichen Entwicklungsvorsprung gegenüber der globalen Integration und Koordination von Verbrechensbekämpfung erhalten hat.

Die OECD (2002d) versucht, durch politischen Druck und Veröffentlichung einer schwarzen Liste von nicht-kooperierenden Steueroasen, die des Erlaubens oder passiven Hinnehmens von Geldwäsche verdächtigt werden, dieser Tendenz entgegen zu wirken. Dass verstärkt die Problematik angegangen werden muss, wie Steuerhinterziehung durch Nutzen von Steueroasen, aber auch sonstige illegale Finanztransfers (Geldwäsche) verhindert werden kann, ist unbestritten.

Es ist mit Friedman (1973) jedoch darauf aufmerksam zu machen, dass eingesetzte Mittel zur Verbrechensbekämpfung und der zu erwartende Erfolg ebenfalls ökonomischen Gesetzmäßigkeiten unterworfen ist. Einerseits: Verteuert sich für Steuerhinterzieher beispielsweise ihre Alternative, die Steuern am Fiskus vorbei auf nicht überwachte Konten zu schleusen (sowohl im In- als auch im Ausland!) durch das Risiko, aufgedeckt zu werden, so werden sie tendenziell davon Abstand nehmen. Andererseits: Bei höherer Steuerbelastung wird es lohnender, Steuerdelikte zu riskieren. Daher sollte eine Bekämpfung von Steuerhinterziehung stets von einer Finanzpolitik flankiert sein, die sich um eine ausgewogene Steuerbelastung und eine Ausgabenstruktur bemüht, die den Präferenzen der Steuersubjekte möglichst nahe kommt. Bei Verfolgung von Geldwäsche und Finanzströmen für den Terrorismus jedoch kann ökonomisches Kalkül versagen: Während durch illegale Wirtschaftsaktivität vorgenommene Geldwäsche mit erhöhtem Entdeckungsrisiko ähnlich wie Steuerhinterziehung bekämpft werden kann, da monetäre Werte im Vordergrund der Entscheidung der jeweiligen Täter stehen, dürfte sich die Motivation zu Terrorakten der Veränderung durch monetäre Anreize weitgehend entziehen.

---

[74] Es sei angemerkt, dass Steuerhinterziehung bei jeder Art von Einkünften – etwa Arbeitseinkommen oder Erbschaft – vorkommen kann, und nicht nur die Einnahmen aus Unternehmens- und Kapitalsteuern schmälert.

Eng verbunden mit Steueroasen ist die Diskussion um das Bankgeheimnis (Grözinger, 2002). Während diese Institution Schutz vor nichtdemokratischen Regimes bilden kann (und auch ursprünglich so konzipiert wurde), findet sie Einschränkung in der Gefährdung der Einnahmen eines demokratischen Staates sowie der Gefährdung öffentlicher Ordnung durch Gewährung von Schutz der Finanzierung von Terrorakten.

Hinsichtlich eventueller Steuerdelikte kann hier, sofern nicht der Steuerzahler selbst in das Land mit Bankgeheimnis wechselt, ein Bedarf an erhöhtem Informationsaustausch (was das Bankgeheimnis zum Teil aufhebt) zwischen den Staaten bestehen. Eine Alternative wäre, einen hohen Quellensteuersatz auf alle Kapitaleinkünfte in den Ländern mit Bankgeheimnis zu erheben und diesen in Doppelbesteuerungsabkommen mit den jeweiligen Herkunftsländern des Kapitalanlegers abzurechnen.

Die Problematik von Steueroasen erhielt zusätzliche Brisanz durch die Terroranschläge vom 11. September 2001. Sobald sich die Finanzierung von terroristischen Aktionen der polizeilichen Ermittlung und der steuerlichen Rechtsprechung entzieht, kann ein internationaler Regulierungsbedarf theoretisch begründet sein. Ein Verbot von Transfers ins Ausland und genaues Durchforsten aller Bankunterlagen würde jedoch einen erheblichen Aufwand darstellen, der die Gewinne aus liberalisierten Märkten leicht zunichte machen kann. Außerdem ist damit zu rechnen, dass bei ausreichender krimineller Energie – wie gerade bei terroristischen Vereinigungen zu erwarten – die für die Behörden verfügbaren Methoden der Überwachung leicht unterlaufen werden können. Gleichzeitig müsste jedoch die große Mehrheit der Bevölkerung die Kosten tragen. Daher kann ein solches Vorgehen nur bei einem nationalen Notstand und elementarer Bedrohung ökonomisch sinnvoll sein.

Das BMF (2002c) hat eine Zusammenfassung möglicher Maßnahmen zur Verhinderung der Geldwäsche und der Finanzierung von Terrorismus gegeben. Bei der Bekämpfung von Geldwäsche wird einer verstärkten Kooperation mit den betreffenden Finanzinstituten der Vorzug gegeben, welche am besten in der Lage wären, präventiv verdächtige Bewegungen auf ihren Konten zu erkennen und anzuzeigen. Wegen der hohen kriminellen Gefahren würde die Bereitschaft zur Kooperation ebenso steigen wie wegen des Bemühens seitens der Finanzinstitute, Vertrauen in der Öffentlichkeit nach der in den letzten Jahren heftigen Kritik wiederzuerlangen.

Bereits 1989 wurde die Financial Action Task Force on Money Laundering (FATF)[75] von den G7-Staaten gegründet, die Empfehlungen für die Bekämpfung von Geldwäsche formuliert. Einen internationalen Rechtsstatus haben diese Empfehlungen für die mittlerweile 31 Mitglieder[76] nicht, bei Nichtbeachtung drohen jedoch politischer Druck und etwaige Sanktionen. Mehr

---

[75] Im OECD-Internetbereich unter http://www.oecd.org/fatf/ .
[76] Auch der Kooperationsrat der arabischen Golfstaaten gehört der FATF an.

Transparenz und Aufmerksamkeit der Finanzbehörden helfen aber nur bis zu einem gewissen Ausmaß, solche Ströme zu identifizieren, die mit Terrorismus in Verbindung gebracht werden könnten. Immerhin dürfte durch die verstärkte Zusammenarbeit von privaten Instituten und Behörden eine verbesserte Bekämpfung von Terrorismus möglich sein. Zu den verstärkt in die Pflicht genommenen Instituten gehören nach dem am 13. Juni verabschiedeten Vierten Finanzmarktförderungsgesetz (BMF, 2002d) neben Finanzinstituten auch Notare und Anwälte. Neben den oben beschriebenen Anreizen, zu einer Aufklärung illegaler Finanztransfers beizutragen, wird mittlerweile auch vorangetrieben, das Nichtanzeigen solcher Finanztransfers strafbar zu machen.

Was die Bekämpfung von Finanzströmen des Terrorismus angeht, so ist zudem das größte Problem wohl in Gebieten wie Steueroasen und Offshore-Zentren außerhalb des Geltungsbereichs des FATF zu sehen.[77] Es ist fraglich, inwieweit internationaler Druck, wie z.B. durch die erwähnte schwarze Liste der OECD, zu größerer Umsetzung führen kann. Abzuraten ist von Wirtschaftssanktionen. Die Erfahrungen mit diesem wirtschaftspolitischen Druckmittel haben gezeigt, dass die politischen Intentionen kaum erreicht wurden. Die Sanktionen treffen meist die Ärmsten des betroffenen Landes (dies kann auch in den kleinsten Offshore-Zentren immer noch problematisch sein) und sie unterliegen zudem der Problematik eines jeden Kartells: ein hoher Anreiz besteht für einzelne sanktionierende Staaten, dennoch Handel mit dem sanktionierten Land zu betreiben oder aus den Sanktionen auszuscheren.[78]

3.5.3. Reform der internationalen Organisationen

Wie in 2.5.3. gezeigt, besteht bereits für die drei größten internationalen Organisationen – IWF, Weltbank und WTO – mehr demokratische Kontrolle, als dies von Globalisierungskritikern gesehen wird. Dennoch gibt es eine ganze Reihe von Forderungen, wie sowohl die Struktur als auch die Arbeit dieser Organisationen zu einem in den Augen der Kritiker demokratisch vertretbareren Ergebnis hin geändert werden könnte.

Oxfam (2002) geht in seinem Bericht ausführlich auf die Rolle und Reformideen zur WTO ein. Dabei wird betont, dass den ärmsten Ländern mehr

---

[77] Internationale Organisationen und die G7 versuchen, die Prinzipien der FATF weiter zu verbreiten. Auch hier stellt jedoch das Souveränitätsprinzip anderer Staaten eine Grenze dar. Eine weitere Institution, die sich mit der Problematik von Offshore-Zentren beschäftigt, allerdings eher aus Sicht der Stabilität des globalen Finanzsystems, ist das Forum für Finanzmarktstabilität (FSF), im Internet unter http://www.fsforum.org (s. auch oben Teil 3.3.4.).

[78] So bereits Donges (1990) sowie Hufbauer, Schott und Elliot (1990). Zu der mangelnden Effizienz von Wirtschaftssanktionen existiert eine neuere HWWA-Studie anhand des Beispiels Südafrikas (Hefeker und Menck, 2002).

Mittel zur Verfügung gestellt werden sollen, um sich adäquat an den Entscheidungsprozessen beteiligen zu können. Ferner soll die Transparenz noch erweitert werden. Dies gilt auch für IWF und Weltbank. Beide Vorschläge sind im Zusammenhang mit den in 2.5.3. genannten bestehenden Problemen zu begrüßen.[79] Außerdem wird angemahnt, den weniger entwickelten WTO-Mitgliedsländern eine behutsamere Öffnung zu gewähren (auf diesen Punkt wurde bereits in Teil 3.2.3. eingegangen), oder sogar eine internationale Rohstoff- und Agrarpreiskontrollbehörde zu etablieren, um den Lebensstandard der Exporteure dieser Güter zu sichern (s. auch die Einwände hiergegen in Teil 3.1.).

IFG (2002) und Public Citizen (2001) befürchten zudem eine Überlastung der WTO mit zu vielen Befugnissen, wenn internationale Umwelt-, Steuerhinterziehungs- und Wettbewerbsaufsicht ebenfalls in das WTO-Regelwerk aufgenommen werden sollen, weil dieses über die einzigen in internationalen Vertragswerken erlaubten Sanktionsmöglichkeiten verfügt. Stattdessen sollen eigens neu geschaffene internationale Organisationen diese Aufgaben übernehmen und mit Sanktionsmöglichkeiten ausgestattet werden. In diesen Fällen bestehen die in den Kapiteln 3.2.4., 3.3.4., 3.4. und 3.5.2. gemachten Einschränkungen für eine internationale Koordination der Wirtschaftspolitik durch Institutionen.

Viele der IWF-Kritikpunkte wurden inzwischen von dieser Institution erkannt, und Schritte zu deren Lösung wurden unternommen. In der wissenschaftlichen Diskussion geht es auch nicht mehr um die Abschaffung des IWF oder um andere radikale Lösungen. Vielmehr dreht sich die Fachdiskussion um eine Neuordnung der internationalen Finanzarchitektur.

Die fortschreitende Globalisierung der Finanzmärkte stellt die internationalen Finanzorganisationen vor neue Aufgaben. Dem IWF kommt dabei die Aufgabe zu, Rahmenbedingungen zu schaffen, die das Funktionieren der Finanzmärkte sicherstellen und Krisen vermeiden helfen. Gleichzeitig gilt es, die wachstums- und wohlstandsfördernden Effekte offener Finanzmärkte zu nutzen. Dafür ist nicht eine vollständige Neuordnung der internationalen Finanzarchitektur notwendig, sondern eine Stärkung des gegenwärtigen institutionellen Rahmens im Lichte der hier bereits thematisierten Punkte.

---

[79] Eine Einschränkung ergibt sich in der Forderung Oxfams (2002), dass alle Treffen von IWF und Weltbank öffentlich gehalten werden sollten. Sofern es um Krisenmaßnahmen des IWF geht, gelten ähnliche Probleme wie auch in der Transparenz der Entscheidung von Zentralbanken zu ihrer Geldpolitik. Wenn Finanzmärkte direkt solche Maßnahmen antizipieren könnten, würde ihre Wirksamkeit stark eingeschränkt oder gar verhindert. Im Falle des IWF könnte das Bekanntwerden einer Krisensitzung mit genauen Enthüllungen darüber, wie nah ein Land vor einem Konkurs steht, gerade einen solchen Konkurs schneller herbeiführen.

Ebenso wie der Weltbank kommt dem Währungsfonds auch die Aufgabe zu, neben der Bereitstellung von Mitteln zur Krisenbewältigung und am Markt nicht zustande kommenden Krediten für Entwicklungsländer auch deren volkswirtschaftliches Know-How zu fördern. Eine grundlegende Reform aller nationalen Wirtschaftssyteme entsprechend der Leitlinien des Washington Consensus ist von ihnen gar nicht zu verlangen und würde sie vermutlich, wie die Erfahrung vor allem mit den IWF-Structural Adjustment Programs zeigt, auch überfordern (Nunnekamp, 2002b). Es mag dahingestellt sein, ob die Bretton-Woods-Institutionen über mehr wirtschaftswissenschaftliche Kompetenz verfügen als andere Forschungsinstitute oder auch Universitäten. Dennoch wird in ihnen die für ihre Aufgaben notwendige Expertise geballt und kann daher für Entwicklungsländer eine gute Informationsquelle dafür sein, wie sie mit ihren Problemen am besten umgehen.

Generell wird von Kritikern gefordert, die internationalen Organisationen sollten in ihrer Arbeit keine Praktiken zulassen, die die Umwelt, Menschenrechte und Sozialstandards aushöhlen (Elliott, Kar und Richardson, 2002). Hinsichtlich der Forderung nach Berücksichtigung lässt sich die in 3.4. bereits gemachte Aussage wiederholen, dass bei lokalen Umweltgütern nicht in die Souveränität eines Landes eingegriffen werden sollte. Ähnliches gilt auch für Sozialstandards (s. Teil 3.2.2.).

Insgesamt sind den Forderungen nach Reformen der internationalen Organisationen zu entnehmen, dass deren Arbeit weniger auf Vertrauen in marktwirtschaftliche Prozesse bauen soll, sondern vermehrten Regelaufbau und -kontrolle enthalten sollte. Dies ist aus den bereits in den Punkten 2.1. und 3.1. genannten Gründen aber nicht ratsam. Die erhöhten Kosten und Kontrollprobleme einer vergrößerten internationalen Bürokratie wird von Globalisierungskritikern in der Mehrheit ignoriert, ebenso wie die Problematik, dass vermehrte Übertragung von Marktkontrollfunktionen auf globaler Ebene dem Subsidiaritätsprinzip entgegen steht. Damit würde gerade eine Entdemokratisierung globaler Instanzen gefördert, was doch die meisten Globalisierungkritiker gerade nicht wollen.

4. Synopse

4.1. Zusammenfassende Darstellung und Wertung der Globalisierungskritik

Die Globalisierungsdebatte ist vielschichtiger, als dies auf beiden Seiten von den meisten Teilnehmern wahrgenommen wird. Es wurden in den vorangegangenen Kapiteln zwar die größeren Vorteile zunehmender weltwirtschaftlicher Integration hervorgehoben, aber auch eine Reihe von Problembereichen aufgezeigt, die sich zum Teil mit den Aussagen der Globalisierungskritiker decken. In der Analyse der Lösungsvorschläge der Globalisierungskritiker ergibt sich neben den zum Teil irregeleiteten Annahmen eines Handlungsbedarfs (also den Ergebnissen in Teil 2) noch die Schwierigkeit, dass viele der vorgeschlagenen Maßnahmen eine ökonomische Fundierung vermissen lassen. Generell können fünf zentrale Tendenzen der Debatte festgestellt werden.

Erstens verlaufen viele der hier betrachteten Argumentationsstränge von fundamentalen Globalisierungskritikern, aber auch Kritikern an einzelnen Aspekten der Globalisierung, konträr zur herrschenden Meinung der wirtschaftswissenschaftlichen Forschung – zum Teil so weit, dass eine ökonomische Diskussion gar nicht geführt werden kann (s. die Teile zur Fundamentalkritik 2.1. und 3.1.), und dass ohne ökonomische Fundierung Regulierungen eingefordert werden. Während die Ökonomie die Effizienzgewinne und die damit einhergehenden Wachstums- und Entwicklungschancen thematisiert, werden von Seiten der Globalisierungskritik Bedenken gegen die fortschreitende Integration der Weltwirtschaft geltend gemacht, die auf eine Forderung nach Eindämmung marktwirtschaftlicher Prozesse hinauslaufen. Ökonomen kommen angesichts robuster theoretischer und empirischer Ergebnisse in der einschlägigen Literatur gar nicht umhin, zahlreiche Kritikpunkte und Lösungsvorschläge, die von Seiten einiger NGOs vorgebracht werden, abzulehnen. Stattdessen betonen sie die Problemlösungskapazität, die im Marktmechanismus und im Wettbewerb liegen, und raten der Politik, dies zu nutzen.

Zweitens ist zu beobachten, dass Globalisierungskritiker häufig dazu neigen, empirisch nachgewiesene und unbestrittene globale Missstände unmittelbar der Globalisierung anzulasten. Dies schließt die Vorwürfe zu Kinderarbeit, Marktmacht von Unternehmen in Entwicklungsländern (TNU treten teilweise an die Stelle vorheriger Strukturen von Wirtschaftsmacht) und Armut ein. Wie auch in der historischen Debatte zu der Rolle der Industrialisierung in Europa und den USA verkannt wird, dass die zu Recht beklagten Verhältnisse vor dem Strukturwandel – in diesem Fall also der Globalisierung - entweder gleich schlecht oder noch schlimmer waren. Konsequenterweise wird gleichzeitig ignoriert, dass die wachstumssteigernden Wirkungen zunehmender wirtschaftlicher Integration gerade helfen, diese Missstände zu beseitigen. Des Weiteren werden bestimmte global wirkende Faktoren unberechtigterweise in ihren Wirkungen der wirtschaftlichen Globalisierung zugeordnet. Zu nennen wären hier der demographische Druck auf die Sozialsysteme und der Druck technologischen Fortschritts auf die Arbeitsmärkte.

Drittens ist festzuhalten, dass auch die Ökonomen die Existenz einer Reihe von Fällen globalen Marktversagens anerkennen. Mit Hilfe der Analyse zu globalen öffentlichen Gütern und negativen externen Effekten lassen sich verschiedene Argumente der Globalisierungskritiker aufgreifen und Handlungsbedarf fundiert begründen (z.B. globaler Klimaschutz und andere globale öffentliche Güter wie in Teil 3.5.1. beschrieben, oder auch Liquiditätshilfen zur Vermeidung von Ansteckungs-Effekten bei Finanzkrisen), andere jedoch nicht (z.B. Kapitalverkehrskontrollen, Erziehungszölle für Entwicklungsländer). In der Argumentation vieler Globalisierungskritiker taucht immer wieder der Wunsch nach einer stärkeren, international koordinierten Regulierung auf, um die wahrgenommenen Probleme anzugehen. In der englischsprachigen Literatur verschmilzt der liberale Wunsch nach globalen Ordnungsprinzipien mit den von Globalisierungskritikern gewünschten Regulierungen im Begriff der „Global Governance" (s. die näheren Erläuterungen in Teil 3.5.1. oben und weiter unten die ordnungspolitischen Empfehlungen der Synopse in 4.3.).

Viertens sind die vorgeschlagenen Maßnahmen von Globalisierungskritikern jedoch häufig so gestaltet, dass durch die Art des Markteingriffes das Gegenteil von dem erreicht würde, was Globalisierungskritiker eigentlich beabsichtigen. Ein Beispiel hierfür ist die Tobin-Steuer, die sowohl Finanzmarktvolatilität senken und Entwicklungshilfefinanzierung sichern soll. Beides ist mit der Tobin-Steuer jedoch nicht zu erreichen, da die beabsichtigte Reduktion des Finanzmarktvolumens die Volatilität eher erhöht und die Steuerbasis für Entwicklungshilfe wie bei jeder Transaktionssteuer zu instabil ist.

Fünftens schließlich bemängeln Globalisierungskritiker häufig Zustände, die nicht mit dem Zusammenwachsen der Märkte, sondern mit deren Behinderung zu tun haben. Beispiele hierfür finden sich in der Kritik an der Protektion der Industrieländer, den Schranken für Migration, oder auch an IWF-Maßnahmen, die Moral Hazard begünstigen können. Dabei bedienen sich Fundamentalkritiker ebenfalls dieser Argumente in ihrer Kritik an marktwirtschaftlichen Systemen, ohne zu bemerken, dass sie im Grunde marktwidrige Eingriffe in dieses System kritisieren. Außerdem besteht hierdurch die Gefahr von widersprüchlichen Forderungen, wenn Kritiker beispielsweise erhöhte soziale Mindeststandards für Entwicklungsländer fordern und damit deren protektionistische Wirkung zu Lasten der Entwicklungsländer bewusst oder unbewusst in Kauf nehmen.

Vor diesem Hintergrund werden im Folgenden noch einmal kurz die einzelnen Vorwürfe und Lösungsvorschläge von Globalisierungskritikern direkt gegenübergestellt.

Der Überblick zur Globalisierungskritik gezeigt, dass der Vorwurf von weniger Wachstum durch Handel und auch der erhöhten Ungleichheit in den meisten Fällen nicht stichhaltig ist. Armut bleibt ein persistentes Problem, ist aber in der Phase der Globalisierung wahrscheinlich nicht schlimmer geworden, und kann durch die Globalisierungskräfte gemildert werden. Dies ist an Studien erkennbar, die einen positiven Zusammenhang zwischen Marktöffnung und Armutssenkung feststellen konnten. Auf dieser Basis sind fundamentalkritische Vorschläge zu diversen Markteingriffen (Preiskontrollen, Protektion, Verbote) abzulehnen.

Etwaige Wachstumsrückschläge oder Ungleichheiten können zudem auch gänzlich andere Gründe haben als den Globalisierungsprozess. Für Entwicklungsländer wären als Hemmnisse auch Kriege, einseitige Wirtschaftsstrukturen ohne Bereitschaft zum Wandel, demographische Entwicklungen und das Versagen nationaler Wirtschaftspolitik (s. auch Kapitel 5) denkbar. In Industrieländern wiederum können eine Fülle von Regulierungen sowie ebenfalls demographische Prozesse (Stichwort Überalterung der Gesellschaft) für Probleme sorgen, die mit Globalisierung nichts zu tun haben. Stattdessen können die verstärkten Wachstumskräfte aus der Globalisierung helfen, diese anderen Probleme zu bewältigen.

Dennoch kann es Sinn machen, Entwicklungshilfe und globale Umverteilung zu erhöhen. Im Euckenschen Sinne ist die Sicherung des Existenzminimums eine Voraussetzung dafür, dass sich Wachstum auch in den ärmsten Ländern entfalten kann. Öffentliche Mittel reichen hier jedoch vermutlich nicht aus, und bloße Transfers werfen zudem ernsthafte Anreiz-, Allokations- und politökonomische Probleme auf. Die positive Rolle der ausländischen Direktinvestitionen und privaten Kapitalflüsse für das Wachstum der jetzigen Schwellenländer in Asien hat gezeigt, dass der privaten Initiative eine zentrale Rolle zukommt. Die betroffenen armen Länder müssen daher die Bedingungen dafür schaffen, dass diese Mittel fließen können: Liberalisierung, Sicherung der Eigentumsrechte und stabile, attraktive Investitionsbedingungen (s. auch Teil 5).

Bei der Wirkung der Globalisierung auf die Arbeitsmärkte ist anzuerkennen, dass sich im Falle von Industrieländern ein Druck auf die Löhne oder Arbeitsplätze von niedrig qualifizierten Beschäftigten ergeben kann, entweder durch Außenhandel selbst oder durch Migration. Dennoch wird der Globalisierung hierbei eine zu große Wirkung beigemessen: Der Druck der letzten Jahrzehnte auf weniger qualifizierte Arbeitskräfte in den Industrieländern ist eher durch die rasante technologische Entwicklung begründet, deren Auslöser nicht selten eine Tariflohnpolitik und Arbeitsmarktregulierung waren (und sind), die einfache Arbeit übermäßig verteuert und daher deren Substitution durch Kapital anreizt. Andererseits kann die Globalisierung über erhöhtes Wachstum durch die bestehenden Verteilungssysteme die Verlierer von Globalisierung kompensieren, was ja auch geschieht. In den Entwicklungsländern sind Marktöffnungen in jedem Fall zu begrüßen, da sie tendenziell zu einer

Verbesserung der dortigen Arbeitseinkommen und auch Arbeitsbedingungen führen würden, einschließlich einer Reduzierung von Kinderarbeit. Eine Verschlechterung der Arbeitsbedingungen durch Globalisierung ist aus theoretischer Sicht nicht zu erwarten und empirisch nicht nachgewiesen. Auch ein „race to the bottom" der Arbeits- und Sozialstandards steht nicht zu befürchten. Daher ist von einer Angleichung von Sozialstandards auf höheren Niveaus abzuraten. Sie würde nur Protektion von Gruppen niedrig qualifizierter Arbeit in Industrieländern bedeuten und Wachstumschancen für Entwicklungsländer verschenken. Dass im Übrigen in verschiedenen Industrieländern, darunter Deutschland, die Systeme der sozialen Sicherung ohnehin reformbedürftig sind, und dies auch Abbau von Sozialleistungen in Maßen und eine Stärkung der Eigenverantwortung und des Äquivalenzprinzips bedeutet, das sollte eigentlich nicht mehr streitig sein; nur – mit der Globalisierung haben diese Reformnotwendigkeiten nichts zu tun, auch ohne Globalisierung stehen sie ganz oben auf der Agenda der Wirtschaftspolitik.

Bedenklich sind Verzerrungen des internationalen Handels, die in der Tat zu Wachstumsverlusten für Entwicklungsländer führen können. Dies umfasst sowohl die bestehende Protektion der Industrieländer als auch eigene Handelsschranken der Entwicklungsländer. Die Erkenntnis, dass auch eine einseitige Marktöffnung zu einer Wachstumssteigerung führen kann, ist bei Globalisierungskritikern allerdings nicht verbreitet – hier konzentriert sich ein Großteil der Kritik auf die angeblich verzerrenden Handlungen der Industrieländer, transnationaler Unternehmen (TNU) und der WTO.

Während jedoch Einigkeit zwischen Kritikern und Ökonomen in der Forderung besteht, die Protektion in Industrieländern abzubauen, gehen bei der Bewertung der Tätigkeit von TNU die Meinungen stark auseinander. Ein wohlfahrtsminderndes Verhalten von TNU auf breiter Basis ist schlicht nicht nachzuweisen. Vielmehr ist häufig zu beobachten, dass Beschäftigte von TNU in Entwicklungsländern bessere Arbeitskonditionen erhalten als in der heimischen Industrie. Selbstverständlich liegt es im Bestreben auch von TNU, marktbeherrschende Stellungen zu erlangen, aber gerade ein globaler Wettbewerb macht dies weniger möglich. Schaffen es TNU hingegen, wettbewerbswidrige Vereinbarungen mit Entwicklungsländern zu treffen, so werden sie entweder für erhoffte positive externe Effekte kompensiert – was zugegebenermaßen problematisch sein kann –, oder aber die betreffende Regierung handelt nicht im Sinne ihrer eigenen Bevölkerung. Dagegen mit Verboten, Embargos, Boykotten und harten Auflagen gegen TNU anzugehen, wäre verfehlt. Die zweckmäßigste globale Wettbewerbspolitik ergibt sich aus einer verstärkten Kontrolle durch die Wettbewerbsbehörden in den Industrieländern und der Kontrollwirkung einer auch durch NGOs informierten Öffentlichkeit. Wettbewerbspolitische Institutionen in Entwicklungsländern sind zu fördern und zu stärken. Internationale Vereinbarungen über wettbewerbspolitische Regeln sind wegen denkbarer Schwächen nationaler Instanzen ebenfalls zu erwägen, wenn auch nicht unbedingt mit neuen globalen Organisationen.

Am Regelwerk der WTO sind aus theoretischer Sicht manche Punkte zu bemängeln. Insbesondere die Ausnahmeregelungen, Sanktionen durch Erlaubnis von Gegenprotektion, und die Antidumping-Verfahren mit einem zu weiten Dumpingbegriff sind fragwürdig. Die Globalisierungskritik gegen die WTO richtet sich jedoch vor allem auf deren Handhabung von Liberalisierung des Dienstleistungssektors (GATS-Abkommen) und Schutz geistigen Eigentums (TRIPs) sowie der mangelnden Demokratie (s. unten).

Die Liberalisierung des Dienstleistungssektors lässt ähnliche Wohlfahrtsgewinne erwarten wie die Liberalisierung des Güterhandels. Die Kritik, das GATS würde Staaten zu einer Reduktion von Staatstätigkeit und Privatisierung öffentlicher Dienste zwingen (z.B. in den Sektoren Bildung und Gesundheitsversorgung), ist falsch, da dieses Abkommen auf freiwilligen expliziten Liberalisierungserklärungen fußt und so Spielraum für die Unterzeichnerstaaten lässt. Das TRIPS-Abkommen gewährt keinen Schutz geistigen Eigentums an globalem Allgemeingut (wie genetischer Information), wie häufig von Kritikern behauptet wird. Problematisch gestaltet sich der Schutz geistigen Eigentums bei lebensnotwendigen Produkten wie Mitteln zur Bekämpfung von Seuchen in Entwicklungsländern. Hier sind jedoch marktwirtschaftliche Lösungen einer Bestrafung der innovativen Unternehmer und Erfinder soweit wie möglich vorzuziehen, d. h. aus Entwicklungshilfe und Mitteln von Industrieländern sollten notwendige Medikamente finanziert werden, um Seuchen einzudämmen (wobei auch ein Beitrag hierzu von den Entwicklungsländern selbst effizienzsteigernd sein kann).

Anders als im Außenhandel gibt es auf den globalen Finanzmärkten eine ganze Reihe von potenziellen Fällen von Marktversagen. Dem kann man abhelfen, und Einiges ist bereits in die Wege geleitet worden, national und auf globaler Ebene. Aber auch hier ist grundsätzlich festzuhalten, dass eine Liberalisierung erhebliche Wohlfahrtsgewinne bedeutet und der Erhalt von funktionierendem Wettbewerb die Ballung von Macht verhindern kann. Die Öffnung von Kapitalmärkten ist generell positiv zu beurteilen, eine Behinderung frei operierender Finanzmärkte durch Kapitalverkehrskontrollen oder einer Transaktionsbesteuerung wie die Tobin-Steuer kontraproduktiv. Bei Kapitalverkehrskontrollen, die einen Zufluss von Kapital begrenzen sollen, bis die notwendigen Institutionen geschaffen sind, um eine funktionierende Integration des nationalen Finanzsystems in den Weltmarkt zu gewährleisten, mag das anders sein (wie die Beispiele Chile und Malaysia zeigen). Diesem Nutzen ist jedoch stets die allokationsverzerrende Wirkung und möglicherweise erhöhte Risikoprämien für Kapitalzinsen entgegenzustellen.

In der Verschuldungsproblematik ist es schwer, ein Verhalten der Finanzmärkte zu beklagen. Die Auslandsverschuldung als solche ist nicht das Problem, sondern es ist die Verwendung der zugeflossenen Mittel durch die Regierung. Die Schulden der Entwicklungsländer befinden sich mittlerweile zum größeren Teil in öffentlicher Hand der Industrieländer. Rufe nach Schuldenerlass laufen auf eine Art Entwicklungshilfe hinaus, mit den oben angeführten möglichen negativen Implikationen. Andererseits gibt es Bemühungen, durch die Errichtung eines internationalen Konkursverfahrens auch für souveräne Staaten und Schuldner, zumindest der Problematik eines ungeregelten Konkurses von Staaten gegenüber privaten Gläubigern Herr zu werden. Zu bedenken ist in jedem Fall, dass erst die Schaffung von Vertrauen wieder Zugang zu globalen Kapitalmärkten verschaffen wird. Ein Konkursverfahren darf daher den Schuldner nicht völlig aus der Pflicht entlassen, sonst bestehen dauerhafte Anreize für Überschuldung, und einige Entwicklungsländer werden auf Dauer in Armut verharren.

Problematischere Bereiche globaler Finanzmärkte ergeben sich durch den Moral Hazard von Bankensystemen, den möglicherweise irrationalen Verhaltensweisen von Marktteilnehmern, und aufgrund der zunehmenden Komplexität von Finanzprodukten ansteigenden Problematik asymmetrischer Information zwischen Finanzinstituten und Kunden, aber auch zwischen Eignern der Institute und ihrem Management und spezialisierten Mitarbeitern.

All diese Probleme hängen jedoch nur im Falle von nationalen Währungs- und Finanzkrisen, die auf ganze Weltregionen übergreifen können, mit der Globalisierung zusammen. Auch kann bei Krisen eher von einer rationalen Reaktion der Finanzmärkte auf instabile Wirtschaftspolitik gesprochen werden. Zwar sind irrationale Züge in Finanzmarkttendenzen erkennbar (Herdentrieb, Blasenbildung). Aber in den meisten Finanzkrisen seit den neunziger Jahren waren erhebliche Diskrepanzen zwischen Fundamentaldaten und Festkurssystemen (also den Preisen für die betroffenen Währungen) dafür verantwortlich, dass die Finanzsysteme der Entwicklungsländer unter Druck gerieten. „Spekulanten" sind in dieser Hinsicht nicht anzuklagen, wenn sie das volle wirtschaftliche Risiko eines möglichen Irrtums tragen.

Eine Ausnahme hierzu ergibt sich in der Kritik am Internationalen Währungsfonds (IWF). Den Vorwürfen, durch seine Finanzspritzen ähnlich wie bei nationalen Bankensystemen manchen Marktteilnehmern ein überhöhtes Risiko finanziert zu haben, ist zum Teil zuzustimmen. Weniger angemessen ist jedoch die Globalisierungskritik, die vom IWF für Liquiditätshilfe zur Bedingung gemachten stabilitätspolitischen Auflagen wären überhaupt für die Krisen verantwortlich. Sicherlich ist diese Politik fragwürdig, wenn sie Vertrauen erst nach einer Krise schaffen soll und gleichzeitig die Hilfe von expansiver Wirtschaftspolitik verhindert. Wenn es zu einer Finanz- und Währungskrise kommt, so ist die heftige Abwertung eines Wechselkurses eine Art monetäre Anpassung und Stimulation der Wirtschaft. Durch Zinserhöhungen und Sparprogramme dagegen angehen zu wollen, kann den Verdacht auf den IWF lenken, nur die Interessen privater ausländischer Geldgeber zu bedienen, während dem betreffenden Land Anpassungen abverlangt werden, die dieses gar nicht oder nur zu hohen Kosten (u.a. Arbeitslosigkeit) bewerkstelligen kann. Allerdings ist nicht einzusehen, wie solche Politik die Krise herbeigeführt haben soll, da sonst nicht die Hilfe des IWF in Anspruch genommen worden wäre.

Damit sind ex-ante-Konditionalitäten im Stil der Structural Adjustment Programs durchaus ratsam, denn sie verringern die Wahrscheinlichkeit für Krisen. Dies schließt auch die Forderung des Washington Consensus nach einem wettbewerbsfähigen Wechselkurs ein. Wenn absehbar ist, dass durch außenwirtschaftliche Schocks (wie im Beispiel Argentiniens) ein Festkurssystem nur noch unter großen Kosten zu halten ist, muss Flexibilität in der Wahl des Wechselkursregimes bestehen.

Insgesamt ist auf Finanzmärkten möglichem Marktversagen durch verbesserte Information (z.B. Harmonisierung von Finanz- und Bilanzierungsregeln) besser zu begegnen als durch die Schaffung einer internationalen Finanzmarktaufsichtsbehörde. Nationale Aufsichtsbehörden und Zentralbanken können durch Koordinierung ihrer Tätigkeit eine höhere Flexibilität zeigen, als es eine zentrale Instanz vermag. Genauso sind mehr Festkurssysteme bis hin zu einem Weltwährungssystem abzulehnen, da in der Realität der Wechselkurs flexibler makroökonomische Verschiebungen abfedern kann als die rigideren Faktorpreise. Die Rolle der Weltbank ist von der Globalisierungskritik vornehmlich wegen der Befolgung der wirtschaftspolitischen Leitbilder des IWF in negatives Licht geraten. In der Literatur ergeben sich, wie bei jeder Art von Entwicklungshilfe, Zweifel an der Effizienz öffentlich koordinierter Mittelvergabe anstelle von Hilfe durch private Geldgeber und Investoren. Dennoch ist festzuhalten, dass in den ärmsten Ländern aus verschiedensten Gründen der Zugang zum globalen Kapitalmarkt keine realistische Option ist, und dass bis zur Schaffung der notwendigen wirtschaftspolitischen Rahmenbedingungen in diesen Ländern eine Institution wie die Weltbank notwendig ist, um Finanzierungshilfe zu gewährleisten. Außerdem können die auf die globale Finanzierung und Liquiditätshilfe spezialisierten Bretton-Woods-Institutionen mit zur Verbesserung der Informationsbereitstellung beitragen.

Auch der Bereich der Kritik an Umweltschädigungen und Vorschlägen zur globalen Umweltpolitik muss mit ökonomischen Argumenten relativiert werden. Vorteile aufgrund zulässiger Umweltbelastung und billiger Umweltnutzung scheinen in der Standortwahl von Unternehmen eine eher untergeordnete Rolle zu spielen, und vielfach ist umgekehrt ein Zusammenhang zwischen verbessertem nationalen Umweltschutz und Wachstum nach Marktöffnung erkennbar. In den globalen Umweltfragen ist wiederum darauf zu achten, dass globale Umweltpolitik nur dann lohnt, wenn negative externe Effekte grenzüberschreitend auftreten. Die globale Gemeinschaft sollte hingegen nicht einschreiten, wenn in einem Land bestimmte Umweltschädigungen hingenommen werden, um gewisse wirtschaftliche und politische Ziele zu erreichen, die den dortigen Präferenzen entsprechen. Von global gültigen Umweltstandards ist ebenso wie bei Sozialstandards abzuraten. Die Kontrolle und Internalisierung globaler externer Umwelteffekte wiederum kann kompliziert sein, da wegen völkerrechtlicher Grenzen eine glaubhafte Sanktionsmöglichkeit fehlt und Verhandlungslösungen, wie die jüngste Ablehnung des Kyoto-Protokolls durch die USA zeigt, nicht immer zustande kommen. Eine

Integration der Umweltpolitik in die Aufgaben der WTO wegen dessen (ohnehin nicht optimaler) Sanktionsmöglichkeiten ist jedoch nicht zu empfehlen, da Außenwirtschafts- und Umweltpolitik nicht verstrickt werden sollten.

In der Globalisierungskritik zur mangelnden Demokratie schließlich kann geschlussfolgert werden, dass kein „race to the bottom" staatlicher Leistungen zu befürchten ist. Wie bei Umweltstandards scheint mit steigendem Wohlstand die Neigung in Gesellschaften zuzunehmen, höhere Sozialstandards zu wünschen und für Umverteilung der Markteinkommen zu sorgen. Dem Nationalstaat sind durch den globalen Wettbewerb jedoch die Hände gebunden, unvernünftige Wirtschaftspolitik zu betreiben. Zu den Folgen dieser eingeschränkten Spielräume gehört auch der Druck, die staatliche Beteiligung am Wirtschaftsprozess auf die Kontrolle und Erstellung öffentlicher Güter zu konzentrieren, wobei selbst hier in einigen Fällen noch marktwirtschaftliche Lösungen zu höherer Effizienz führen könnten.

Ein Steuersenkungswettlauf als Teilbereich eines „race to the bottom" der Staaten ist ebenfalls nicht zu befürchten. Kapital als Steuerobjekt und Unternehmen als Steuersubjekte sind weniger mobil als von Kritikern befürchtet. Zudem lässt sich ihre Besteuerung in den meisten Fällen nicht ökonomisch rechtfertigen, so dass hier ein Steuerwettbewerb zu begrüßen ist. Sofern sich die Besteuerung auf Arbeitseinkommen stützt, was nicht auf dem Herkunftslandsprinzip, sondern auf dem wirtschaftlichen Lebensmittelpunkt basiert, lassen sich auch Ineffizienzen durch Abwanderung bei gleichzeitiger Beibehaltung von Ansprüchen an das System vermeiden. In der Empirie finden sich zudem Nachweise für die grundsätzliche Bereitschaft zur Finanzierung von Solidarleistungen.

Von Steuervermeidung zu trennen sind jedoch Steuerhinterziehung und die Kontrolle von kriminell motivierten Finanzströmen. Die noch junge wirtschaftswissenschaftliche Literatur zum Thema Terrorismus konnte noch keine Verbindung zwischen Armut und Neigung zu extremen Terrorakten feststellen, wohl aber eine Reduktion von Konflikten zwischen Ländern durch marktwirtschaftliche Öffnung. In der Kontrolle krimineller Nutzung globaler Finanzmärkte ist stets auf eine Verhältnismäßigkeit der Mittel zu achten, einschließlich der Behandlung von Steueroasen und der Institution des Bankgeheimnisses. Der Kontrollaufwand könnte prohibitiv hoch sein und drohen, in staatliche Souveränität im Ausland einzugreifen, während der Terrorismus gerade wegen der hohen kriminellen Energie auch bei globaler Kontrolle Ausweichmöglichkeiten finden kann.

Vor diesem Hintergrund ist also ein globaler Druck auf nationalstaatliche Wirtschaftstätigkeit und Wirtschaftspolitik als zusätzlicher Kontrollmechanismus zu begrüßen. Der Globalisierungskritik mangelnder Demokratie bei internationalen Organisationen kann zum großen Teil nicht zugestimmt werden. Die Kontrolle durch repräsentative Demokratien scheint bei den drei größten Institutionen – IWF, Weltbank und WTO – gesichert zu sein. Die Bretton-Woods-Institutionen werden überwiegend für Entwicklungsländer tätig, zum größten Teil jedoch finanziert durch Industrieländer. In dieser Konstellation ist allenfalls mangelnde Demokratie zuungunsten von Wählern in Industrieländern zu erkennen, nicht aber eine Benachteiligung von Entwicklungsländern. Bei der WTO wiederum ist das Stimmenprinzip „one country, one vote" sehr föderalistisch orientiert und entspricht nicht den wahren Bevölkerungsgewichten.

Eine wirtschaftspolitische Herausforderung ist die Identifikation, die Definition und die Sicherung globaler öffentlicher Güter. Ob jedoch zu ihrer Sicherung und Finanzierung globale Institutionen und globale Steuern notwendig sind, ist zu bezweifeln. Ein Vorteil neuer Institutionen wie beispielsweise einer globalen Umweltbehörde wäre jedoch, dass bestehende Institutionen wie die WTO nicht mit zusätzlichen Kompetenzen überfordert würden, die sie von ihren Kernaufgaben entfernen könnten.

4.2. Die politökonomische Dimension der Globalisierungsdebatte

Das Engagement bürgerrechtlicher Gruppen und privater Initiativen ist zu begrüßen, denn die wichtige Bekämpfung von Armut und anderen globalen Problemen wird dadurch in der öffentlichen Aufmerksamkeit wachgehalten. Dennoch ist zu befürchten, dass die fehlerhafte ursächliche Verknüpfung der globalen Probleme mit der Globalisierung, also einem Prozess wirtschaftlicher Integration, durch den mehr Wohlstand für alle erzielt werden kann, protektionistische Kräfte stärkt.

Wie kommt es überhaupt zu globalisierungskritischen Gruppierungen, also auch NGOs? Offensichtlich wird von den Mitgliedern der NGOs ein staatliches Versagen gesehen, Probleme aus globalen Marktversagenstatbeständen vernünftig zu lösen. Da es viele Fälle geben kann, in dem sich Regierungen durch opportunistisches Verhalten Vorteile verschaffen können (also z.B. grenzüberschreitende negative externe Effekte zu verursachen oder sich an der Finanzierung globaler öffentlicher Güter nicht zu beteiligen), könnten NGOs eine Art zusätzliche, konstruktive Kontrollfunktion staatlicher Arbeit bedeuten (Deutsche Bischofskonferenz, 1999). Ob dies allerdings soweit gehen kann, wie Beck (2002) meint, wenn er in „NGOs möglicherweise sogar die bessere Regierung" sieht, steht auf einen anderem Blatt. Jegliche Befugnisse über die Versammlungsfreiheit und die freie Meinungsäußerung hinaus wären wohl äußerst undemokratisch zu nennen.

Elliott, Kar und Richardson (2002) stellen in ihrer Analyse von globalisierungskritischen NGOs fest, dass auch andere Motivationen als die Korrektur von als mangelnd empfundener staatlicher Kontrolle globaler Prozesse eine Rolle spielen. „They object to globalization that makes some elite countries and groups *much* (kursiv im Original) better off than others, even if all gain on average" (ebenda, S. 21f.). Neben erhöhter Bewertung von Ungleichheit über das Maß wohlfahrtstheoretischer Berechnungen hinaus könnte sich auch der heftige Widerstand bei Umweltbeschädigungen erklären lassen. Wenn eine

NGO sich grundsätzlich wachstumsfeindlich gibt und mit gewissem Pathos auf die durch wirtschaftliche Aktivität notleidend gewordene Umwelt verweist, dann kann dieser Kritik kaum mit ökonomischen Argumenten entgegengetreten werden. Eine solche NGO wird immer wieder die Ökonomen gegen sich haben, die sich in der Forschung und als wissenschaftliche Berater der Politik Gedanken machen über die Bedingungen für mehr wirtschaftliche Dynamik und Beschäftigung weltweit. Ähnlich ist die Problematik zu sehen, dass beschleunigter Strukturwandel und höherer Wettbewerbsdruck für viele Wirtschaftsteilnehmer eine hohe Belastung darstellt, der sie sich nicht aussetzen wollen, obwohl sie auch ihnen deutliche ökonomische Vorteile verspricht.

Ebenfalls zu beobachten ist die Verbindung gänzlich unterschiedlicher Interessengruppen in der Globalisierungskritik. Leicht ergeben sich Konstellationen, in denen Globalisierungskritiker, die gegen die in dieser Studie zum Teil auch anerkannten globalen Probleme angehen, von solchen Gruppen unterstützt werden, die ganz spezielle wirtschaftliche Interessen verfolgen. Zu nennen wären hier beispielsweise Gewerkschaften und Bauernverbände, die zusammen mit Globalisierungskritikern für mehr Rechte für Arme in Entwicklungsländern demonstrieren – was auf eine dortige Erhöhung von Sozialstandards, Verteuerung arbeitsintensiver Produkte und somit eine Protektion für Gewerkschaften und Bauernverbände in den Industrieländern hinausläuft („hijacking-Hypothese"). Eine andere Möglichkeit sind Unternehmen, die NGOs unterstützen, die angeblich umwelt- und sozialstandardswidrige Praktiken anderer angreifen, um sich Wettbewerbsvorteile zu verschaffen.[1] Auch Issing (2001) befürchtet ein Einmischen solcher Gruppierungen in der Globalisierungsdebatte, die das Streiten für die Interessen von „Armen" als Vorwand nehmen, um eigene Protektion durchzusetzen.[2] Seltsamerweise wurden im Rahmen dieser Studie nur wenige Kommentare von fundamentalen Globalisierungskritikern zu diesem Widerspruch gefunden.[3] Stattdessen überwiegt der Wunsch nach Integration bewährter Interessengruppen, wie etwa der Gewerkschaftsverbände in eine globalisierungskritische Bewegung (z.B. Attac, 2002b). Gruppen wie Oxfam (2002), die sich auf die Anprangerung

---

[1] Bate (2001) weist auf die Läuterung von Shell hin, das verstärktes Umweltengagement zeigt und bei Kritik von NGOs an Konkurrenten wie Exxon passive Unterstützung bietet. Ähnlich sind auch EU-Finanzierungen von solchen NGOs zu sehen, die Druck auf die USA ausüben, das Kyoto-Protokoll zu ratifizieren.

[2] Paul Krugman bietet auf seiner Internetseite eine Reihe von Beiträgen, in denen er diese neue Form von protektionistischer Taktik auf das schärfste angreift, so z.B. in „Who's Buying Whom?, The Milliken Man March on Washington, 25. September 1997, im Internet auf http://www.mit.edu/krugman/www/milliken.html

[3] Emcke und Schumann (2001) etwa zitieren den französischen Soziologen Pierre Bourdieu, der sich nun in der Globalisierungskritik gezwungen sähe, auch die Interessen von Gewerkschaften und Nationalstaat zu verteidigen – Institutionen, denen er eher ablehnend gegenübersteht.

protektionistischer Praktiken in Industrieländern konzentrieren, sind eher die Seltenheit.

Aber auch andere wirtschaftliche Gruppen könnten sich Elemente der Globalisierung für die Durchsetzung ihrer Interessen zunutze machen. Bei Lohnverhandlungen könnten Unternehmensführungen damit drohen, ihre Produktionsstandorte in das Ausland zu verlagern, wenn ihren Lohnvorstellungen von Seiten der Gewerkschaften nicht entsprochen wird – die Verhandlungsmacht erhöht sich also. Auf der anderen Seite können Unternehmen diese Drohung auch gegen Regierungen einsetzen, die ihren Vorstellungen von Unternehmenssteuersätzen, Subventionen oder Regulierung nicht entsprechen. Wie bereits in den Teilen 2.2.4.2. und 2.5.1.2. dargestellt, ist eine solche Erhöhung des Spielraums für Unternehmen gesamtwirtschaftlich nur dann schädlich, wenn markt- und wettbewerbswidrige Vorteile hieraus geschaffen werden. Niedrigere allgemeine Unternehmensbesteuerung oder an globaler Arbeitsproduktivität ausgerichtete Lohnsteigerungen gehören nicht dazu.

Die Regierungen wiederum haben eine Möglichkeit, unpopuläre Maßnahmen mit Hinweis auf globale Umstände und Vereinbarungen durchzusetzen („Dirty Work Hypothesis"). In diesem Rahmen wäre z.B. die verstärkte Sparpolitik der Bundesregierung zu nennen, die sich auf die Maastrichter Verträge berufen kann. Für Regierungen in Entwicklungsländern ist ein ähnlicher Effekt durch die IWF-Auflagen für Zahlungshilfe denkbar. Donges (1998) erhofft sich durch die zusätzlichen Machtfaktoren außerhalb des nationalen politischen Diskurses eine Art heilsamen „Ohlsonschen" Schock, der die festgefahrenen nationalen Strukturen, die notwendige Reformen behindern, aufzulösen hilft.

Im politischen Wettbewerb der Parteiendemokratien erweist sich die Globalisierungsdebatte auch als ein Feld, in denen neue Leistungen auf dem politischen Markt angeboten und nachgefragt werden können. Parteien nehmen zu dem Thema Stellung und begegnen häufig den Herausforderungen der Globalisierung, den Ängsten ihrer Wähler, mit einer Beruhigung durch Versprechen auf höhere Ausgleichszahlungen. Crook (2001) sieht Umverteilung als ein superiores Gut an, was mit steigendem Wohlstand vermehrt nachgefragt wird. Schon allein aus diesem Zusammenhang sei in den Sozialleistungen der wohlhabenden Nationalstaaten kein „race to the bottom" zu erwarten. Groemling (2002) macht zudem darauf aufmerksam, dass auch wohlhabende Staaten mit stabiler oder sogar abnehmender Ungleichheit eine starke Neigung zu mehr Umverteilung zeigen. Bei zunehmend komplexen Verteilungssystemen ergibt sich ferner eine Rigidität gegen Veränderungen des Verteilungsausmaßes nach unten und einer Vereinfachung des Systems, da zunehmend unübersichtlich wird, wer von strukturellen Veränderungen im Verteilungssystem betroffen wird. Von daher sind die in Teil 2.5.1. aufgezeigten disziplinierenden Effekte für staatliche Umverteilung durch Globalisierung noch mehr zu begrüßen.[4]

Auf dem politischen Markt erfährt die Mehrheit der Bevölkerung nämlich, dass sie durch gezielt agierende Interessengruppen benachteiligt wird. Aus diesen Gründen ergibt sich die Notwendigkeit einer WTO (s. auch Teil 2.2.5.1.): Obwohl durch Außenhandelsliberalisierung die meisten Menschen mehr gewinnen, als sie an Besitzständen wegen der wegfallenden Protektion aufgeben müssen, gibt es zunächst auch Verlierer; diese haben höhere Anreize zu einer besseren Organisation ihrer Interessen für Beibehaltung der Protektion als die große Masse von Konsumenten, die im einzelnen von der Verteuerung und geringerer Qualität bestimmter Güter wenig betroffen und daher still sind (s. auch Irwin, 2002). Das WTO-Regelwerk bezweckt, solche protektionistischen Gruppeninteressen zu zähmen, gleichsam wie der Anwalt von Wohlstandschancen überall in der Welt zu sein. Es hilft auch den nationalen Regierungen, selektive Protektionswünsche abzuwehren – vorausgesetzt natürlich, die Politik setzt auf Marktöffnung und das Gemeinwohl.

Gefährlich wäre auf dem politischen Markt für globalisierungsbezogene Leistungen eine populistische Praxis, extreme Positionen zur Globalisierung einzunehmen, um Wählerstimmen auf sich zu ziehen – die Bedrohung der marktwirtschaftlichen Vorteile der Globalisierung würde damit von bloßer Diskussion zu harter politischer Realität aufgewertet. Ein Beispiel hierfür ist die Debatte um die Zuwanderung von ausländischen Arbeitskräften. Insgesamt kann festgehalten werden, dass politischer Widerstand gegen die fortschreitende Globalisierung weniger durch Interessenkonflikte zwischen den Ländern droht, als vielmehr durch den Strukturwandel innerhalb der Länder (Freytag und Sally, 1999).

4.3. Alternative Konzepte für Industrieländer zur Armutsbekämpfung und Globalisierungsproblematik

In Teil 3 wurde primär auf die Forderungen von Globalisierungskritikern nach mehr Regulierung auf nationaler und globaler Ebene eingegangen, um den Herausforderungen der Globalisierung zu begegnen und Armut zu bekämpfen. Dabei wurde in jedem einzelnen Punkt auf die Vorteile hingewiesen, die eine möglichst weite Zulassung von marktwirtschaftlichen Prinzipien mit sich bringen kann.

Im Folgenden sei noch einmal kurz aufgeführt, welche Maßnahmen Industrieländer ergreifen können, um zu einer funktionierenden Ordnung in der Globalisierung beizutragen, die auf eine optimale Weise die Vorteile einer globalen Marktwirtschaft ausnutzen kann.

---

[4] Austen (2002) zeigt jedoch empirisch, dass die Toleranz für mehr Ungleichheit in der Zeit von 1987 bis 1992 in der Bundesrepublik, USA, Großbritannien und Australien leicht zugenommen hat.

Die beste Wirtschaftspolitik beginnt auch im globalen Zeitalter im eigenen Land; das ist ein bewährter marktwirtschaftlicher Grundsatz (Röpke, 1979). In den vorangegangenen Kapiteln, vor allem Teil 3.5.1. wurde klar, dass in nur wenigen Fällen globaler Handlungsbedarf besteht. Wenn auf nationaler Ebene bereits eine stabile Wirtschaftspolitik betrieben wird, der Wettbewerb gesichert bleibt, externe Effekte berücksichtigt, Eigentumsrechte und -pflichten sowie Vertragsfreiheit garantiert und die Märkte geöffnet werden, dann ist bereits ein großer Schritt in der Bewältigung der Globalisierungsherausforderungen getan.

Dies schließt zunächst den Abbau von Protektion ein. Wenn im politischen Prozess der Länder festgestellt wird, dass man Beschäftigte bestimmter Branchen, die vom globalen Handel bedroht werden, kompensieren will, so soll dies weiterhin möglich bleiben. Die vollständige Erhaltung unrentabler Industriezweige wäre jedoch nur dann zu begründen, wenn tatsächlich positive externe Effekte bestünden. Zu prüfen wären zum Beispiel Skaleneffekte für technisches Know-How beim Bergbau oder Landschaftspflege im Agrarsektor. Hierbei ist die Unterstützung jedoch so zu gewähren, dass der Preismechanismus möglichst unangetastet bleibt – beispielsweise durch eine Subvention der Einkommen, was auch die Transparenz der Subvention für die politische Entscheidungsfindung erhöht. Im Übrigen verbessert der Abbau von Protektion nicht nur die Wohlfahrt in den Industrieländern, sondern verhilft zudem den Entwicklungsländern zu mehr Wachstum und erleichtert den hoch verschuldeten Ländern den Schuldendienst. Marktöffnung hätte Vorrang vor Schuldenerlass.

Die Finanzierung einer Einkommenspolitik, die die soziale Existenz und somit den Zugang zum Wettbewerb sichert, dürfte aus den in Teil 2.5.2. genannten Gründen ungefährdet sein. Druck dürfte sich hingegen auf die Privilegien bestimmter Interessengruppen ergeben. Durch das Funktionieren der marktwirtschaftlichen Ordnung ist andererseits mit zusätzlichen Wachstumsgewinnen zu rechnen, aufgrund derer vermehrt Verteilungsspielraum besteht. Diese Gewinne sollten jedoch eher in Maßnahmen zur Verbesserung der Ausbildung investiert werden und so zur Erleichterung der notwendigen Anpassungsprozesse aufgrund des globalen Strukturwandels in Industrieländern beitragen. Auch kann es sinnvoll sein, zusätzliche Mittel für die Bewältigung globaler Aufgaben bereitzustellen. Allerdings wurde bereits in Teil 3.5.1. darauf hingewiesen, dass die meisten Verbesserungen zur globalen Ordnungspolitik weniger finanziellen Einsatz als vielmehr die Einigung auf bestimmte Prinzipien und Regeln bedeuten.

Aus Sicht der Industrieländer ließe sich Folgendes empfehlen, um die Armut auf globaler Ebene zu bekämpfen und die Position der Entwicklungsländer zu verbessern:

1. Auf den Preismechanismus darf kein Einfluss genommen werden. Ist beispielsweise ein Entwicklungsland immer wieder starken Preisschwankungen im Bereich der Rohstoffe ausgesetzt und wird es da-

durch in der wirtschaftlichen Entwicklung gehemmt oder zurückgeworfen, so sollten nicht die Preise global geglättet werden (besonders wirksam waren die bislang bestehenden Rohstoffabkommen ohnehin nicht). Besser ist es, die resultierenden Probleme als Signal zu verstehen, eine höhere Diversifikation der Produktions- und Exportstruktur anzustreben.

2. In der Schuldenproblematik sollten Konkurse akzeptiert werden, ohne in die Souveränität des entsprechenden Landes einzugreifen. Sowohl private also auch öffentliche Geldgeber sollten daher aus eigenem Interesse darauf achten, dass sie ihre Mittel stabilen Regierungen zur Verfügung stellen, die diese auch produktiv verwenden, um späteren Schuldendienst leisten zu können. Extern verordnete Stabilitätsprogramme als Vorbedingung für weitere Kredite und Liquiditätsprobleme können auferlegt werden, ohne das betreffende Land zu Krediten zu zwingen. Ergeben sich durch den Konkurs des Landes negative externe Effekte durch Ausstrahlen auf ganze Regionen, so sind nicht dem betreffenden Land, sondern den anderen gefährdeten Ländern präventiv Hilfen zu gewähren. Im Falle von Konkursen, nach denen erneuter Geldbedarf des zahlungsunfähigen Landes besteht, sollten keine Gelder mehr gewährt werden, es sei denn, eine neue Regierung kann einen wirtschaftspolitischen Kurswechsel glaubhaft machen. Auch hier sollten jedoch alleine die jeweiligen Geldgeber das Risiko tragen.

3. Ähnlich sollte mit Entwicklungshilfe verfahren werden. Man muss nicht so weit gehen wie Bauer (2002), der vor dem inhärenten Hang zur Ineffizienz warnt, die jeder durch öffentliche Stellen gewährten und empfangenen Entwicklungshilfe innewohnt, und empfehlen, gänzlich auf öffentliche Entwicklungshilfe zu verzichten. Auch hier ist es jedoch legitim, der jeweiligen Regierung stabilitätspolitische Auflagen zu machen, die sie für die Hilfe akzeptieren muss. Andererseits ist stets jedem Industrieland freigestellt, nach seinen demokratisch offenbarten Präferenzen Hilfe für die Armen auch in den Ländern zu gewähren, die sich nicht an die Auflagen offizieller Entwicklungshilfe halten wollen. Auch müssen stets die Kanäle für private Entwicklungshilfe geöffnet bleiben, unabhängig vom politischen Verhältnis der Regierungen des Entwicklungslandes und des Industrielandes. Unberührt vom Verhalten der Regierung des Entwicklungslandes sollte auch die Bekämpfung von Seuchen und Gesundheitsversorgung sein, auch weil sie grenzüberschreitende Effekte auslösen kann und im Rahmen einer Mindestsicherung unverzerrte Teilnahme an den Marktprozessen garantiert. Eine Erweiterung der Befugnisse und Finanzmittel der World Health Organization (WHO) oder einer ähnlichen Instanz auf globaler Ebene ist daher notwendig.

4. Wichtig ist vor allem, Entwicklungsländern auch in internationalen Verhandlungen die Rahmenbedingungen zu verdeutlichen, unter denen Marktöffnungen Vorteile mit sich bringen. Dies lässt sich natürlich glaubhafter durch Abbau eigener Protektion untermauern. Des Weiteren muss verdeutlicht werden, dass Direktinvestitionen, also der wichtigste Entwicklungshilfebeitrag, ungehindert fließen müssen. Dazu gehört insbesondere die Sicherung von Eigentumsrechten, aber auch von Eigentumspflichten (was die von vielen Globalisierungskritikern hervorgehobene mangelnde internationale Produkthaftung berücksichtigen würde).

5. In diesem Zusammenhang ist es unabdingbar, den globalen Wettbewerb sichern zu helfen. Dies geht zum einen durch verbesserte nationale Wettbewerbspraxis. Auch wäre es hilfreich, die Schaffung international verbindlicher Wettbewerbsregeln zu unterstützen, die internationale Kartelle von TNU und ihren möglichen Machtmissbrauch gerade in Entwicklungsländern besser kontrollieren würden.

6. Die Euckenschen regulierenden Prinzipien auf globaler Ebene wären neben Koordination und Stärkung der jeweiligen nationalen Wettbewerbsbehörden, auch die Berücksichtigung globaler externer Effekte. Neben den in 3.5.1. genannten öffentlichen Gütern einschließlich globaler Umweltfragen zählt hierzu auch eine Verbesserung der Aufsicht von Finanzmärkten – dies geschieht am besten durch erhöhte Information und Ausbildung über die technischen Aspekte globaler Finanzmärkte. Wie auch beim Wettbewerb sind dezentrale Lösungen durch nationale Aufsichtsbehörden und Zentralbanken den Vorzug zu geben.

7. Ausnahme ist die Bereitstellung von Liquidität bei Krisen, für die weiterhin eine Institution wie der IWF einen globalen Schutz vor negativen Auswirkungen der verfehlten Politik eines Landes bewirken kann. Daneben sind die führenden Zentralbanken in der Pflicht, das globale Finanzsystem in ihren jeweiligen Einflussbereichen vor externen Schocks wie terroristischen Anschlägen zu schützen. Als Fazit zeichnet sich Unterstützung für die „Dualität" (Obstfeld, 1998) von Chancen und Risiken ab. Risiken sind unvermeidbar in einer Welt, die von Informationsproblemen und unvollständigen Märkten gekennzeichnet ist. Der beste Weg aber, um die positiven Wirkungen globalisierter Finanzmärkte realisieren zu können, ist eine fortschreitende Integration zu forcieren und gleichzeitig Hindernisse durch verbesserte Informationsbereitstellung und Transparenz zu beseitigen.

8. Die Souveränität einzelner Länder sollte unangetastet bleiben. Solange ein Land sich nicht an der globalen Integration beteiligen will, ist es nicht mit Sanktionsmaßnahmen oder Handelsdiskriminierung abzustrafen. Bedarf für internationale wirtschaftspolitische Koordinati-

on und Druck auf dieses Land besteht aber dann, wenn die Politik dieses Landes Wettbewerbsverzerrungen oder allgemeine negative externe Effekte für andere Länder verursacht – aber auch in diesem Fall sind Sanktionen, die Ausgleichszahlungen vorsehen, handelsverzerrender Gegenprotektion vorzuziehen. Denkbar ist auch, dass sich manche Länder langsamer den Herausforderungen der Globalisierung stellen wollen, um zunächst die notwendigen Institutionen für deren optimale Nutzung zu schaffen. Es sei jedoch daran erinnert, dass gerade die Öffnung zum globalen Wettbewerb eine schöpferische Zerstörung bestehender Strukturen im Schumpeterschen Sinne auslösen und somit die Schaffung der benötigten Institutionen beschleunigen kann.

Es ist festzustellen, dass die Beachtung obiger Prinzipien bereits sehr weit führt. Nicht umsonst besteht große Ähnlichkeit zwischen den Euckenschen Prinzipien und denen der Strukturanpassungsprogramme der Weltbank, der Stabilisierungsmaßnahmen des Internationalen Währungsfonds (IWF) oder den Kriterien des Washington Consensus (Williamson, 1994). Dennoch ist aus den bereits in 1.4. beschriebenen zehn Punkten des Washington Consensus und dem Vergleich mit der Realität erkennbar, dass der Erhaltung des Wettbewerbs weniger Aufmerksamkeit geschenkt wurde, als dies wünschenswert wäre.

5. Die Rolle der nationalen Wirtschaftspolitik in den Entwicklungs- und Schwellenländern

Die vor allem in Industrieländern geführte Globalisierungsdebatte konzentriert sich stark auf die Aspekte, die direkt dem Einfluss der Industrieländer unterliegen. Folglich wird ausgeklammert, dass die eigene Wirtschaftspolitik in den Entwicklungsländern wesentlich zur Verbesserung der eigenen Situation und Reduktion von Armut beitragen kann. Wie auch bei Industrieländern (s. oben Teil 4.3.) liegt es erst einmal in der eigenen Hand, gute Wirtschaftspolitik zu machen und somit die Vorteile der Globalisierung wahrzunehmen.[1]

Spiegelbildlich zu den Erkenntnissen der Wachstumstheorie der Nachkriegszeit sind für Entwicklungsländer zunächst eine Kombination aus Wachstum von Produktionsfaktoren (einschließlich Kapital) notwendig, ferner eine Herausbildung des Humankapitals, und schließlich die notwendigen wirtschaftspolitischen Rahmenbedingungen, die die Produktivität des Faktoreinsatzes positiv begünstigen sollen (Williamson, 1999).

Im Einzelnen lassen sich folgende wichtige wirtschaftspolitische Hebel in Anlehnung an die in 2.1. dargestellten Prinzipien erkennen, die ein Land kontrollieren kann, um selbst Armut zu reduzieren und Wachstum zu erreichen:

- Stärkung und Demokratisierung des Staates, um die notwendigen freiheitlichen Rahmenbedingungen zu schaffen und zu sichern, einschließlich der Sicherung von Wettbewerb.[2]

- Förderung des Humankapitals, um die Grundlage für eine vom Agrarsektor weg orientierte, diversifiziertere Wirtschaftsstruktur zu erlangen.

- Liberalisierung der Handelspolitik zwecks Befolgung einer exportorientierten Industrialisierung.

- Kontrollierte Öffnung der Kapitalmärkte bei gleichzeitigem Aufbau adäquater Finanzaufsichtsbehörden (einschließlich einer unabhängigen Zentralbank).

---

[1] Khan (2002) zeigt an den Beispielen von Malaysia und Pakistan, dass die Reduktion von Armut in den Händen der jeweiligen nationalen Wirtschaftspolitik liegt. FOEI (2001) und Oxfam (2002) zählen zwar viele Beispiele auf für Behinderung der Entwicklung durch Handlungen der Industrieländer. Landes (1998) gibt hingegen auch eine längere Auflistung von Fällen, wo verfehlte Wachstumspolitik in lokalen Irrtümern begründet lag.

[2] Die Finanzierung der notwendigsten Elemente zur Sicherung der Rahmenbedingungen kann am Anfang bei Versagen der globalen Kapitalmärkte und begrenzten Mitteln der Weltbank bei den ärmsten Ländern durch Entwicklungshilfe erfolgen.

- Stabile makroökonomische Politik. Dies bedeutet Vermeidung von strukturellen Defiziten im öffentlichen Haushalt und Sicherung von Preisniveaustabilität.

Hinsichtlich der Rolle des Staates muss festgehalten werden, dass die für eine funktionstüchtige Wirtschaftsordnung notwendigen Institutionen in vielen der ärmsten Länder nicht vorhanden sind. Es ist nicht möglich, eine Haftungsübernahme ohne funktionsfähiges Rechtssystem sicherzustellen oder eine Monopolaufsicht ohne unabhängige Wettbewerbsbehörde zu begründen. Selbstverständlich ist nicht auszuschließen, dass bestimmte geographische und klimatische Bedingungen und Probleme aus kolonialer Vergangenheit eine schlechtere Ausgangslage für manche Länder schaffen können. Dennoch ist die Schaffung von guten Rahmenbedingungen in jedem Fall hilfreich (Easterly und Levine, 2002).

Häufig besteht das sehr fragwürdige Bild des Staates als starkem Entwicklungsagent. Leipold (1994) ist zuzustimmen, wenn er bei vielen Staaten Afrikas ein Defizit an gemeinschaftsbildender Identität und damit auch an wechselseitig respektierten Regeln sieht. Ein nur von einem geringen Teil der Bevölkerung legitimierter Staat wird somit einerseits eine nur geringe Durchsetzungsfähigkeit haben, zum anderen besteht ein günstiger Nährboden für sich ausbreitende Korruption und Vetternwirtschaft. Maßnahmen, die den Aufbau einer Zivilgesellschaft begünstigen und dem Aufbau einer nationalen Identität förderlich sind, haben damit ebenso den Charakter, längerfristig die Rahmenbedingungen dafür zu legen, dass Globalisierung ihre positiven Auswirkungen auch für die Ärmsten in Entwicklungsländern entfalten kann.[3] Sicherung von Wettbewerb und Property Rights (also sowohl Rechte als auch Verantwortlichkeit von Privateigentum) stellen zentrale Elemente für funktionierende Entwicklungspolitik der Entwicklungsländer selbst dar.

Anhand des Korruptions-Beispiels soll pointiert das Problem dargestellt werden, das mit einem zu weit gehenden Verständnis für kulturelle Eigenheiten einhergehen mag.[4]

---

[3] Eine nähere Auseinandersetzung mit Problemen des Nationalstaates und der Förderung von Demokratisierung und Dezentralisierung liefern Wimmer (1995), Soyinka (1996), Hodder-Williams (1984), Elwert (1989), Tetzlaff (1996) und Young (1994).

[4] Ein solcher Schwenk bei der Frage, unter welchen Rahmenbedingungen Globalisierung zur Armutsbekämpfung förderlich sein kann, ist durchaus zentral. Gewisses vermeintliches Verständnis für als kulturell getarnte Eigenheiten mag zu Lasten der Bedürftigen gehen. Transparency International ist ein Beispiel für eine NGO, die sich bemüht, die Korruption in den betroffenen Ländern als ein Hemmnis für Entwicklung herauszustellen. Im Internet unter: http://www.transparency.org/ . Selbstverständlich kann auch hier eine rege Beteiligung von Seiten der TNU helfen, die Korruption einzudämmen. Vgl. auch im Internet die unter der OECD geleitete Initiative privater Bekämpfung von Korruption unter: http://www.iie.com/publications/oecd/index2.htm .

Nach Axelle Kabou (1995), einer Kamerunerin, die für das United Nations Development Program (UNDP) arbeitet, versucht die herrschende politische Klasse noch immer, sich von jeglichem Verdacht der Inkompetenz dadurch reinzuwaschen, dass sie unaufhörlich von einem internationalen Komplott und vom Recht auf Andersartigkeit spreche. Dabei aber finde die herrschende politische Klasse es normal, dass beispielsweise achtzig Prozent der finanziellen Mittel aus ausländischer Hilfe stammen. Kabou fordert damit die Entwicklung eigener Initiative, die die Abhängigkeit von internationaler Hilfe verringere.

Vor diesem Hintergrund werden aber Unterstützungsmaßnahmen zur Förderung institutionellen Know-How-Transfers durch Industrieländer als indirekte Armutsbekämpfungsmaßnahmen nicht unnötig. Die wohlfahrtssteigernde Wirkung liberaler und offener Wirtschaftssysteme ist den jeweiligen Regierungen der Entwicklungsländer erfolgreicher zu vermitteln, als dies in den SAP-Auflagen des IWF geschieht. Sobald es gelingt, die notwendigen wirtschaftspolitischen Maßnahmen hin zu mehr Stabilität und Wachstumspotenzial als wohlfahrtssteigernd für das Land, und nicht etwa als lästige Pflicht zum Erlangen von IWF-Krediten darzustellen, kann hier ein wichtiger Beitrag durch die Industrieländer erfolgen. Dabei muss es nicht zu einer völligen, dauerhaften Übernahme der stark von westlicher Zivilisation geprägten Prinzipien freier Marktwirtschaft kommen. Gerade die Entwicklung in Südostasien hat gezeigt, dass auch neue Strömungen in die wirtschaftspolitischen Leitbilder eingehen können (Herberer, 1996). Aber die meisten ökonomischen Zusammenhänge sind unabhängig von kulturellen Gegebenheiten.[5]

Hinsichtlich des Humankapitals kann gesagt werden, dass auch hier die bei den Industrieländern erkannten Mechanismen zur Bewältigung eines beschleunigten Strukturwandels – wie z.B. ausgelöst durch Globalisierung – Geltung haben. Oxfams (2002) Empfehlung auf eine Förderung der Bildung in den Entwicklungsländern ist daher zuzustimmen. Die ärmsten Länder verfügen häufig über relativ einseitige und arbeitsintensive Produktionsstrukturen, mit einem großen Anteil des Agrarsektors – dieser ist jedoch dem bereits in Teil 2.2. beschriebenen Problem längerfristig ungünstiger Terms of Trade

---

[5] Wenn beispielsweise in Afrika eine auf Großfamilien hin ausgerichtete Wirtschaftsstruktur existiert, in der die kulturelle Einstellung Privatinitiative nicht fördert (da stets wegen mangelnden Sozialsystems der Einzelne für die gesamte Großfamilie einstehen muss), so mag dies eine kulturelle Eigenheit sein, die jedoch keine neue wirtschaftliche Richtung begründet, sondern nach allgemeinen ökonomischen Maßstäben Wachstum und Entwicklung behindert (Signer, 2002). Andererseits kann in asiatischen Ländern ein konfuzianisches Leitbild wegen höherer Arbeitsneigung unterhalb der eigenen Grenzproduktivität zu mehr Beschäftigung führen. Das Fraser Institut in Vancouver erstellt regelmäßig Indizes des Grades an freiheitlicher Marktordnung fast aller Länder. Diejenigen mit höchsten Freiheitsindizes zeigen auch die besten Wachstumsleistungen. Im Internet verfügbar unter: http://www.fraserinstitute.ca/ .

in einer zunehmenden globalen Integration unterworfen. Es gilt also – auch hier bei mangelnden eigenen Mitteln mit Hilfe von außen – die Investition in Humankapital zu intensivieren. Damit ist nicht eine starke staatliche Konzentration auf Investitionen in Universitäten gemeint. Vielmehr sollten zunächst die meist nicht vorhandenen Grundlagen in Schulen und Lehrstellen geschaffen werden, die es dem jeweiligen Entwicklungsland erlauben würden, seine Chancen in der internationalen Arbeitsteilung wahrzunehmen. Das Beispiel vieler südostasiatischer Staaten und Südkoreas zeigt, wie sich ein Strukturwandel vom Argrarsektor über Massengüter der Industrie bis hin zu spezieller hochtechnologischer Produktion innerhalb weniger Generationen vollziehen kann.

Es kann auch für arme Entwicklungsländer sinnvoll sein, den eigenen Außenhandel vollständig zu liberalisieren, ohne dass im Gegenzug von Nachbarn oder Industrieländern mit Abbau von Protektion geantwortet wird (Sally, 1998). Über billigere, unverzerrte Importe können so inländische Produktionsstrukturen besser finanziert werden. Die schlechten Erfahrungen mit der Strategie von Importsubstitution und Abschottung gerade in Lateinamerika machen dies deutlich. Das Argument also, dass die Entwicklungsländer hilflos dem Protektionismus der Industrieländer gerade im Agrar- und Textilbereich gegenüberstehen, stimmt nur zum Teil. Vor allem aber ist es Aufgabe der Entwicklungsländer, Schranken für den Handel untereinander abzubauen und das Argument des Protektionismus seitens der Industrieländer nicht zu nutzen, um eigene liberalisierende Maßnahmen aufzuschieben (so auch Bhagwati, 2002). Es ist ja schon bemerkenswert, dass die Schwellenländer Südostasiens, die den gleichen Handelsschranken der Industrieländer ausgesetzt waren wie alle anderen Entwicklungsländer, sich dennoch zu Exportnationen entwickeln konnten.

Dollar und Kraay (2001b) haben eine Gruppe von Entwicklungsländern identifiziert, die sich nach 1980 am Globalisierungsprozess beteiligt und in die Weltwirtschaft integriert haben und kontrastieren deren Erfahrungen mit der Gruppe von Ländern, die sich der Globalisierung verweigert haben. Es zeigt sich, dass die Wachstumsraten der ersten Gruppe deutlich höher sind und auch dann höher bleiben, wenn das Wachstum in den Industrieländern zurückgeht. Diese Länder befinden sich in einem eindeutigen Konvergenzprozess, der zu stärker steigendem Pro-Kopf-Einkommen und schnellerem Rückgang der Armut führt als in der Gruppe derjenigen Länder, die zögerlich am Globalisierungsprozess teilnehmen. Außerdem zeigen die Autoren in einer Reihe von bilateralen Vergleichen von ansonsten vergleichbaren Ökonomien, wie stark der wachstumsfördernde Effekt globalisierter Güter- und Kapitalmärkte tatsächlich ist. Dem Zweifel vieler Globalisierungskritiker steht die Mehrzahl an Studien gegenüber, die neben Dollar und Kraay empirisch einen positiven Zusammenhang zwischen Marktöffnung und Wachstum gefunden haben. Selbstverständlich jedoch muss die Regierung des jeweiligen Entwicklungslandes in der Lage sein, den offenen Wettbewerb zu garantieren und nicht etwa wegen kurzfristiger Vorteile (z.B. mehr Steuereinnahmen) großen TNU Zugeständnisse zu machen, die über eine – ohnehin fragwürdige – Kompensation positiver externer Effekte (z.B. technologische Spillovers) hinausgehen, und die den Wettbewerb im eigenen Land verzerren könnten.

Die potenziellen Behinderungen der Allokationswirkungen offener Kapitalmärkte sprechen ebenfalls nicht prinzipiell gegen eine Liberalisierung. Vielmehr lenken sie wieder einmal die Aufmerksamkeit auf die institutionellen Voraussetzungen, ohne deren Erfüllung eine wohlfahrtssteigernde Teilnahme am internationalen Kapitalverkehr nicht möglich ist. Wirtschaftspolitische Anstrengungen sollten deshalb zum Ziel haben, Informationsprobleme zu beseitigen und inländische Institutionen zu stärken. Die These von Globalisierungskritikern, die Öffnung von Finanzsystemen destabilisiere die Volkswirtschaften von Entwicklungs- und Schwellenländern, greift zu kurz. Theoretische und empirische Forschungsarbeiten zeigen die kurzfristigen Probleme einer Öffnung bisher abgeschotteter Märkte auf, unterstützen aber unisono die langfristigen Chancen für Wachstum und Entwicklung, die aus einer Öffnung der Kapitalmärkte resultieren. Die Wirtschaftspolitik ist gefordert, diese Chancen zu nutzen, indem die Verwerfungen, die kurzfristig entstehen können, durch geeignete institutionelle Rahmenbedingungen abgefedert werden. Eine Abkehr von einer Politik der Finanzmarktliberalisierung hingegen würde die positiven langfristigen Wirkungen verhindern und einen zentralen Weg zu Wachstum und Entwicklung versperren.

Auch die Empirie unterstreicht die Bedeutung stabiler institutioneller Rahmenbedingungen. Chinn und Ito (2002) führen in einer breit angelegten empirischen Arbeit aus, dass die positive Wirkung einer Öffnung des Kapitalverkehrs auf die Entwicklung des inländischen Bankenmarktes entscheidend von den rechtlichen und institutionellen Rahmenbedingungen abhängt. Dazu gehören vor allem Rechnungslegungsstandards und ein sicherer Schutz privaten Eigentums in Form von Aktien und anderen Vermögenstiteln. Auch Arteta, Eichengreen und Wyplosz (2001) zeigen, dass die positiven Effekte der Liberalisierung von der Ausprägung des institutionellen Gefüges abhängig sind. Außerdem sollten gravierende makroökonomische Ungleichgewichte beseitigt werden, bevor Kapital zufließt.

Diese Überlegungen lenken den Blick auf die Frage des richtigen Zeitpunktes, zu dem sich ein Land dem Kapitalverkehr öffnen sollte. In welchem Stadium des Entwicklungsprozesses soll der inländische Finanzmarkt für ausländisches Kapital geöffnet werden? Hier zeichnet sich mittlerweile ein breiter Konsens ab, nach dem eine sequenzielle Öffnung (sequencing) angestrebt werden sollte (vgl. Johnston 1998). Demnach ist eine Liberalisierung des Kapitalverkehrs erst dann sinnvoll, wenn die inländischen Institutionen hinreichend stabil sind und das Bankensystem ausreichend stabilisiert wurde.

Aufgabe der Wirtschaftspolitik ist es deshalb, für makroökonomische Stabilität zu sorgen und gleichzeitig das System der Bankenregulierung sowie der Finanzmarktaufsicht zu stärken (Donges, 1999). Von großer Bedeutung ist die Wahl des adäquaten Währungsregimes für schnell wachsende Länder, die auf immense Kapitalzuflüsse angewiesen sind. Diese Frage ist nach wie vor heftig umstritten, obwohl sich nach der Asienkrise in der einschlägigen Literatur bereits eine Präferenz für jeweils eine der extremen Formen eines Währungsregimes, also für frei schwankende beziehungsweise feste Wechselkurssysteme abzeichnete. Mischformen dieser extremen Enden möglicher Währungsordnungen vereinen in sich die Nachteile von beiden: wenig Glaubwürdigkeit für stabile Währungen und kostspielige Aufrechterhaltung von Wechselkurszielen.

Gegen eine Gefährdung durch plötzliche Stimmungsumschläge auf Finanzmärkten gibt es kein Patentrezept. Die Einrichtung von Kreditlinien für Notfälle durch den IWF, die qualifizierte Länder bei drohender Gefahr in Anspruch nehmen können, bis sie eigene Reserven aufbauen können, sind ein erster Ansatz und bauen auf der bestehenden Praxis auf. Allerdings droht nach wie vor die Moral Hazard-Problematik, die bereits in 2.3.3. angesprochen wurde. Die nationale Wirtschaftspolitik darf auch in Entwicklungsländern nicht aus der Pflicht genommen werden, vernünftige Rahmenbedingungen zu setzen und Maßnahmen zu ergreifen.

Dies gilt auch für die heimische Geld- und Finanzpolitik. In vielen Fällen werden Währungs- und Finanzkrisen dadurch ausgelöst, weil die jeweilige nationale Wirtschaftspolitik vom Stabilitätsziel abgerückt war. Wenn in Brasilien beispielsweise die Geldmenge zwischen 1991 und 1995 um 219,9 vH jährlich zunahm, so führt das natürlich zu einer hohen Inflationsrate (sie ereichte über 200 vH) und zu einem starken Abwertungsdruck auf die heimische Währung (Siebert, 2002). Genauso ist eine Finanzpolitik, die wie häufig in Lateinamerika Defizite für konsumtive Staatsausgaben anhäuft, nicht in der Lage, ein Festkurssystem zu halten, ausländische Investoren ohne erhöhte Zinsen in das Land zu attrahieren und eine dauerhafte Entwicklung durch Infrastruktur und Bildung zu finanzieren (Seliger, 2001). Wie auch in Industrieländern kann eine makroökonomische Politik, die auf Preisstabilität und einen ausgeglichenen Staatshaushalt hin ausgerichtet ist, Krisen abwenden helfen und so die für mehr Wachstum und Beschäftigung notwendigen gesamtwirtschaftlichen Rahmenbedingungen absichern.

Wie stark Entwicklungsländer von der Globalisierung Vorteile haben, hängt also zu einem guten Teil von ihnen selbst ab: von ihren Institutionen, von ihrer Wettbewerbspolitik, von der Grundhaltung der Gesellschaft zu ökonomischen und technologischen Prozessen. Entwicklung und Armutsbekämpfung nur oder in erster Linie als eine Aufgabe von Industrieländern zu begreifen und dazu auch noch vielfältige staatliche Interventionen in dem Marktprozess für dringend erforderlich zu halten, das liefe auf Selbsttäuschung hinaus. Es ist politisch vielleicht erwünscht, die politisch Verantwortlichen in Entwicklungsländern, die das Eigeninteresse dem Gemeinwohl voranstellen, zu schonen, aber einseitige Schuldzuweisungen an die Industrieländer und die etablierte Weltwirtschaftsordnung sind durch die Wirtschaftstheorie und die empirische Wirtschaftsforschung nicht gedeckt.

6. Literaturverzeichnis

Acemoglu, Daron (2002), Technical Change, Inequality and the Labor Market, *Journal of Economic Literature*, Vol. XL, S. 7-72.

Acemoglu, Daron und Jaume Ventura (2002), The world income distribution, *The Quarterly Journal of Economics*, Vol. 117, S. 659-694.

Action Aid, Erklärung von Bern, Miserior (2001), *Das TRIPS-Abkommen auf dem Prüfstand. Die Auswirkungen des Patent-Abkommens der WTO auf Bauern und Bäuerinnen und die Länder des Südens.*

Adams, Walter (Hrsg., 1977), *The Brain Drain*, New York u. London: MacMillan.

Addo, Kofi (2002), The Correlation Between Labour Standards and International Trade – Which Way Forward?, *Journal of World Trade*, Vol. 36, S. 285-303.

Aitken, Brian J. und Ann E. Harrison (1999), Do Domestic Firms Benefit from Direct Foreign Investment? Evidence from Venezuela, *American Economic Review*, Vol. 89 (3), S. 605-618.

Anderson, Edward (2001), *Is the Unskilled Worker Problem in Developed Countries Going Away?*, Unveröffentlicht, Institute of Development Studies, University of Sussex, Brighton, im Internet verfügbar unter: http://www.ids.ac.uk/ids/global/ttint.html.

Anderson, Kym (1992), The standard welfare economics of policies affecting trade and the environment. In: Anderson, Kym und Blackhurst, Richard (Hrsg.): *The Greening of World Trade Issues*, Kap. 2, S. 25-48.

Antweiler, Werner, Brian R. Copeland und M. Scott Taylor (1998), Is Free Trade Good for the Environment?, *NBER Working Paper, Nr. 6707*, National Bureau of Economic Research.

Ariyoshi, Akira, Karl Habermeier, Bernard Laurens, Inci Ötker-Robe, Jorge Ivan Canales-Kriljenko und Andrei Kirilenko (2000), Capital Controls: Country Experiences with Their Use and Liberalization, *IMF Occasional Paper*, Nr. 190, International Monetary Fund.

Arrow, Kenneth J. (1962), The Economic Implications of Learning by Doing. *Review of Economic Studies*, No. 29, S. 155-173.

Arrow, Kenneth J. (2000), The Basic Economics of Arms Reduction, *PEPS* Vol. 6, No. 3, Sommer 2000, im Internet verfügbar unter: http://www.crp.cornell.edu/peps/Journal/Vol6-No3/Rsr-Arrow.pdf .

Arteta, Carlos, Barry Eichengreen und Charles Wyplosz (2001), When does Capital Account Liberalization help more than it hurts?, *NBER Working Paper* 8414, National Bureau of Economic Research.

Attac (2002a), *Wortlaut der Attac-Erklärung*, aktualisiert am 24.05.2002 von Oliver Moldenhauer und anderen, verfügbar unter: http://www.attac-netzwerk.de/ratschlag02ffm/rs_ausgabe.php?id=7 .

Attac (2002b), *Her mit dem schönen Leben – eine andere Welt ist möglich*, Flugblatt zum Aktionstag, Großdemonstration und Kundgebung am 14. September in Köln, Köln.

Austen, Siobhan (2002), An international comparison of attitudes to inequality, *International Journal of Social Economics*, Vol. 29, S. 218-237.

Autor, David H. und Lawrence F. Katz (1999), Changes in Wage Structure and Earnings Inequality, in: Orley Ashenfelter und David Card (Hrsg.), Handbook of Labour Economics, Volume 3A, Amsterdam: Elsevier-Nort Holland, S. 1463-1555.

Bank for International Settlements (2001), Fostering Implementation of International Standards to Strengthen Financial Systems, *BIS Quarterly Review*, März 2001.

Baker, Dean, Mark Weisbrot, Egor Kraev and Judy Chen (2001), *The Scorecard on Globalization 1980-2000: Twenty Years of Diminished Progress*, Centre for Economic and Policy Research, Briefing Paper.

Baldwin, Robert E. und Paul Krugman (2001), Agglomeration, Integration and Tax Harmonization, *HEI Working Paper* No 1/2001, Institut Universitaire des Hautes Etudes Internationales, Genf.

Barber, Benjamin R. (1992), Jihad vs McWorld, *The Atlantic Monthly*, Vol. 269, No. 3 (März), S. 63-65.

Barker, Debi und Jerry Mander (1999), *Invisible Government: The World Trade Organisation, Global Government For the New Millenium?*, San Francisco: International Forum on Globalisation (IFG).

Barro, Robert J. und Xavier Sala-i-Martin (1995), *Economic Growth*, New York: McGraw-Hill.

Bartolini, Leonardo und Allen Drazen (1997), Capital-Account Liberalization as a Signal, *The American Economic Review*, März, S. 138-154.

Basel Committee on Banking Supervision (2002), Basel Committee reaches agreement on New Capital Accord issues, Press Release, *Deutsche Bundesbank, Auszüge aus Presseartikeln*, Nr. 32, 17. Juli 2002, S. 14-16.

Basu, Kausnik (1999), Child Labor: Causes, consequences and cure, with Remarks on international Labour Standards, *Journal of Economic Literature* 37, 1083-1119.

Bate, Roger (2002), *Battle of the NGOs*, 12. November 2002, im Internet verfügbar unter: http://www.freemarktfoundation.com/main.asp .

Bauer, Peter (2002), A conversation with Peter Bauer – questions by John Blundell, in: Institute of Economic Affairs (Hrsg.), *A Tribute to Peter Bauer*, London, S. 19-51.

Baus, Ralf Thomas und Ulrich von Moellendorff (2002), Globalisierungsdebatte I – Wer oder was ist Attac?, *Arbeitspapier der Konrad-Adenauer-Stiftung e.V.*, Nr. 74, Juni, St. Augustin.

Bayne, Nicholas (2001), Managing Globalization and the New Economy: The Contributions of the G8 Summit, in: John J. Kirton und George M. Furstenberg (Hrsg.), *New Directions in Global Economic Governance: Managing Globalization in the Twenty First Century*, Aldershot: Ashgate, S. 23-37.

Beck, Ulrich (2002), Mit der Macht der Feinde – Protest in Florenz: Das Globalisierungsparadox, *Frankfurter Allgemeine Zeitung* vom 9./10. November 2002, S. 13.

Becker, Torbjörn, Anthony Richards, und Yungyong Thaicharoen (2001), *Bond Restructuring and Moral Hazard: Are Collective Action Clauses Costly?*, IMF *Working Paper*, Nr. 01/92, International Monetary Fund.

Beer, Linda (1999), Income Inequality and Transnational Corporate Penetration, *Journal of World-Systems Research*, Vol. 5 (1), S.1-25.

Beeker, Detlef (2001), Aktuelle Herausforderungen der Wettbewerbspolitik, *Beiträge zur Wirtschafts- und Sozialpolitik*, Institut der deutschen Wirtschaft Köln, 268, 7/2001, Köln.

Bekaert, Geert Campbell R. Harvey und Christian Lundblad (2001), Does Financial Liberalization Spur Growth?, *NBER Working Paper*, 8245, National Bureau of Economic Research.

Bender, Dieter (1992), Entwicklungspolitik, in: Dieter Bender et al. (Hrsg.), *Vahlens Kompendium der Wirtschaftstheorie und Wirtschaftspolitik*, Band 2, 5. Auflage, München, S. 505-551.

Berthold, Norbert (1997), Der Sozialstaat im Zeitalter der Globalisierung, Walter Eucken Institut, *Beiträge zur Ordnungstheorie und Ordnungspolitik*, Nr. 153, Tübingen.

Beyer, Jürgen (2002), Wie erfolgreich sind Maßnahmen zur Förderung von ausländischen Direktinvestitionen?, *Zeitschrift für Wirtschaftspolitik*, 51. Jahrgang, Nr. 1, S. 63-83.

Beyfuß, Jörg et al. (1997), Globalisierung im Spiegel von Theorie und Empirie, *Beiträge zur Wirtschafts- und Sozialpolitik*, 235, Institut der deutschen Wirtschaft Köln.

Bhalla, Surjit S. (2002), *Imagine there's no country – Poverty, Inequality and Growth in the Era of Globalization*, Washington D.C.: Institute for International Economics.

Bhagwati, Jagdish (1958), Immiserizing Growth: A Geometrical Note, *Review of Economic Studies*, Vol. 25, S. 201-205.

Bhagwati, Jagdish (Hrsg., 1976), *The Brain Drain and Taxation: Theory and Empirical Analysis*, Amsterdam: North-Holland.

Bhagwati, Jagdish (2000), On Thinking Clearly about the Linkage between Trade and the Environment, in Horst Siebert (Hrsg.), *The Economics of International Environmental Problems*, Tübingen: Mohr Siebeck.

Bhagwati, Jagdish (2002), The poor's best hope, *The Economist*, 22. Juni 2002, S. 25-27.

Bhagwati, Jagdish und Arvind Pangariya (2001), *Wanted: Jubilee 2010 Against Protectionism*, unveröffentlicht, Columbia University.

Bhagwati, Jagdish und T.N. Srinivasan (1996), Does Environmental Diversity Detract from the Case for Free Trade?, in: Jagdish Bhagwati und Robert E. Hudec (Hrsg.), *Fair Trade and Harmonization*, Vol. 1, Cambridge und London, S. 159-223.

Bhagwati, Jagdish und T. N. Srinivasan (2002), *Trade and Poverty in the Poor Countries*, unveröffentlicht, Columbia University.

Biersteker, Thomas (1978), *Distortion or Development: Contending Perspectives on the Multinational Corporation*, Cambridge, MA: MIT Press.

Bishop, Matthew (2002), *Capitalism and its troubles*, The Economist Survey, 18. Mai 2002.

Black, Sandra E. und Elizabeth Brainerd (2002), Importing equality? The impact of globalization on gender discrimination, *NBER Working Paper* 9110, National Bureau of Economic Research.

Böhm, Franz, Walter Eucken und Hans Grossmann-Doerth (1937), Unsere Aufgabe, in Böhm, Franz (Hrsg.), *Die Ordnung der Wirtschaft als geschichtliche Aufgabe und rechtsschöpferische Leistung*, Stuttgart und Berlin: Kohlhammer, S. VII - XXI.

Boltho, Andrea und Gianni Toniolo (1999), The Assessment: The Twentieth Century – Achievements, Failures, Lessons, *Oxford Review of Economic Policy* 15 (4), S. 1-17.

Borchardt, Knut (2001), Die Globalisierung ist nicht unumkehrbar, *Handelsblatt*, 13. Juni 2001, S.7.

Bordo, Michael D., Barry Eichengreen und Douglas A. Irwin (1999), Is Globalization Today Really Different than Globalization a Hundred Years Ago?, *NBER Working Paper* 7195, National Bureau of Economic Research.

Borensztein, Eduardo, José De Gregorio, Jong-Wha Lee (1998), How Does Foreign Direct Investment Affect Economic Growth?, *Journal of International Economics* 45, S. 115-135.

Bourguignon, Francois und Christian Morrisson (1999), *The Size Distribution of Income Among World Citizens*: 1920-1990, Paris: Weltbank.

Brittan, Samuel (2001), The ethics and economics of the arms trade, *Royal Society of the Arts Journal* 08/01, im Internet verfügbar unter: http://www.samuelbrittan.co.uk/text87_p.html .

Brown, Drusilla (2000), International Trade and Core Labour Standards: A Survey of the recent literature, *Discussion Paper* 2000-05, Department of Economics, Tufts University.

Buch, Claudia M. (1999), Chilean-Type Capital Controls: A Building Block of the New International Financial Architecture?, *Kieler Diskussionsbeiträge*, Nr. 350, Institut für Weltwirtschaft.

Buch, Claudia M., Ralph P. Heinrich und Christian Perdzioch (2001), Globalisierung der Finanzmärkte: Freier Kapitalverkehr oder Tobin-Steuer?, *Kieler Diskussionsbeiträge*, Nr. 381, Institut für Weltwirtschaft.

Buch, Claudia M. (2002), Business Cycle Volatility and Globalization: A Survey, *Kiel Working Paper* No. 1107, Institut für Weltwirtschaft.

Bundesministerium der Finanzen (BMF, 2001a), Die Kölner Schuldeninitiative – Umsetzung, Auswirkungen und Beitrag Deutschlands, *Monatsbericht des BMF*, September 2001, S. 61-66.

Bundesministerium der Finanzen (BMF, 2001b), Die wichtigsten Steuern im internationalen Vergleich, *Monatsbericht des BMF*, Oktober 2001, S. 39-65.

Bundesministerium der Finanzen (BMF, 2002a), Finanzmarktkrisen – Ursachen und Lösungsmöglichkeiten, *Monatsbericht des BMF*, April 2002, S. 47-65.

Bundesministerium der Finanzen (BMF, 2002b), Entwicklungstendenzen nationaler Steuersysteme, *Monatsbericht des BMF*, Juni 2002, S. 47-55.

Bundesministerium der Finanzen (BMF, 2002c), Bekämpfung und Verhinderung der Geldwäsche und der Finanzströme des Terrorismus, *Monatsbericht des BMF*, August 2002, S. 55-63.

Bussolo, Maurizio und Christian Morrisson (2002), Globalisation and Poverty, in: Jorge Braga de Macedo, Colm Foy und Charles P. Oman (Hrsg.), *Development is Back*, Paris: OECD Development Centre Studies, S. 95-111.

Butler, Eamonn (2002), *Don't blame privatization...for the results of government greed and incompetence*, Adam Smith Institute, im Internet verfügbar unter: http://www.adamsmith.org/cissures/failures-of-privatization.htm. .

Butterwegge, Christoph und Michael Klundt (2002), Kinderarmut im internationalen Vergleich – Hintergründe, Folgen und Gegenmaßnahmen, *WSI Mitteilungen* 6/2002, S. 326-333.

Calomiris, Charles W. (1998), The IMF's Imprudent Role As Lender of Last Resort, *The Cato Journal*, Vol. 17, S. 275-294.

Calvo, Guillermo und Enrique Mendoza (2000): Capital-market crises and economic collapse in emerging markets: an informational-frictions approach, *American Economic Review*, Vol. 90, S. 59-70.

Cárdenas, Mauricio und Felipe Barrera (1997), On the effectiveness of capital controls: The experience of Columbia during the 1990s, *Journal of Development Economics*, Vol. 54, S. 27-57.

Cardoso, Eliana und Ilan Goldfajn (1998), Capital Flows to Brazil: The Endogeneity of Capital Controls, *IMF Staff Papers*, Vol. 45, S. 161-202.

Chinn, Menzie D. und Hiro Ito (2002), *Capital Account Liberalization, Institutions and Financial Development: Cross Country Evidence*, unveröffentlicht, University of California, Santa Cruz.

Chossudovsky, Michel (1998), Financial Warfare triggers global economic crisis, *Third World Resurgence*, No. 98.

Christen, Christian (2000), *Privatisierung der Alterssicherung - Gefährliche Illusionen über den Reichtum für alle*, im Internet verfügbar unter: http://www.attac-netzwerk.de/download/0012pension.pdf .

Cline, William R. (1984), *International Debt: Systematic Risk and Policy Response*, Institute for International Economics, Cambrigde/MA, London: MIT Press.

Cline, William R. (1995), *International Debt Reexamined*, Washington D.C.: Institute for International Economics.

Club of Rome (2002), *Keine Grenzen des Wissens, aber Grenzen der Armut: Auf dem Wege zu einer nachhaltigen Wissensgesellschaft*, Zum 30-jährigen Jubiläum des ersten Reports an den Club of Rome, Die Grenzen des Wachstums, im Internet verfügbar unter: http://www.clubofrome.org/archive/publications/Rio%2B10%20Text%20deutsch%20M%F6.%2011.07.02.pdf .

Copeland, Brian R. und M. Scott Taylor (1994), North-South Trade and the Environment, *Quarterly Journal of Economics*, Vol. 109, S. 755-787.

Copeland, Brian R und M. Scott Taylor (1995), Trade and Transboundary Pollution, *American Economic Review*, Vol. 85, S. 716-737.

Crafts, Nicholas (2000), Globalization and Growth in The Twentieth Century, *IMF Working Paper*, Nr. /00/44, International Monetary Fund.

Crook, Clive (2001), *Globalisation and its critics*, The Economist, A Survey on globalisation, 29. September 2001.

Crummerl, Jürgen(2002), *"Stoppt GATS"! Gegen die Privatisierung kommunaler Daseinsvorsorge*. In: GATS? - Nein Danke! Infobrief, H. 9, S. 4-12.

Daly, Herman E. und John B. Cobb Jr. (1989), *For the common good*, Boston, Mass.

Davidson, Paul (1997), Are Grains of Sand in the Wheels of International Finance Sufficient to do the Job when Boulders are often Required?, *The Economic Journal*, Vol.107, Mai, S.671-686.

De Gregorio, José, Sebastian Edwards und Rodrigo O. Valdés (2000), Controls on capital inflows: do they work?, *Journal of Development Economics*, Vol. 63, S. 59-83.

Dell'Ariccia, Giovanni, Isabel Gödde, und Jeromin Zettelmeyer (2000), *Moral Hazard and International Crisis Lending: A Test*, unveröffentlicht, International Monetary Fund.

Department for International Development (DIFD, 1999), *Helping not hurting children – an alternative approach to child labour*, London, im Internet verfügbar unter: http://www.difd.gov.uk .

Dettmer, Markus, Jan Fleischhauer, Alexander Jung und Christian Reiermann (2002), Gier ohne Grenzen, *Der Spiegel*, 28/2002, S.84-99.

Deupmann, Ulrich, Harald Schumann und Birgit Schwarz (2002), Afrikas letzte Chance, *Der Spiegel*, 27/2002, S.110-115.

Deutsche Bischofskonferenz (1999), *Die vielen Gesichter der Globalisierung – Perspektiven einer menschengerechten Weltordnung*, Wissenschaftliche Arbeitsgruppe, November, Bonn.

Deutsche Bundesbank (1999), Recent approaches to involving the private sector in the resolution of international debt crises, *Monatsbericht*, Deutsche Bundesbank, Dezember 1999, S. 33-48.

Deutscher Bundestag (2002), *Schlussbericht der Enquete-Kommission: Globalisierung der Weltwirtschaft. Herausforderungen und Antworten*, Drucksache 14/9200, 12.6.2002, Berlin.

Deutsches Institut für Wirtschaftsforschung (DIW, 1996), *Wochenbericht* 16/1996, S. 258-265.

Dixon, Liz und David Wall (2000), Collective action problems and collective action clauses, *Financial Stability Review*, Bank of England, Juni 2000, S. 142-151.

Dluhosch, Barbara (1993), Strategische Fiskalpolitik in offenen Volkswirtschaften, *Untersuchungen zur Wirtschaftspolitik* 93, Köln.

Dluhosch, Barbara (1998), Der Leverage-Effekt einer Liberalisierung des Dienstleistungssektors auf die internationale Arbeitsteilung, in: Juergen B. Donges und Andreas Freytag (Hrsg.), *Die Rolle des Staates in einer globalisierten Wirtschaft*, Schriften zur Wirtschaftspolitik, Neue Folge, Band 6, S. 37-51.

Dollar, David und Aart Kraay (2001a), Growth is Good for the Poor, *World Bank Working Paper*, Nr. 2587.

Dollar, David und Aart Kraay (2001b), Trade, Growth, and Poverty, *World Bank Working Paper*, Nr. 2615.

Dollar, David und Aart Kraay (2002), Response to Kevin Watkin's Article "Making Globalization Work for the Poor, *Finance & Development*, März, S. 27-28

Donges, Juergen B. (1990), Wirtschaftliche Maßnahmen zur Beeinflussung ausländischer Regierungen – Embargos, Boykott, Eingriffe in den Kapital- und Technologieverkehr, in: Gehard Fels et al. (Hrsg.), *Strategie-Handbuch*, Bd. 1, Herford, Bonn: E.S. Mittler & Sohn, S. 355-377.

Donges, Juergen B. (1998), Was heißt Globalisierung?, in Juergen B. Donges und Andreas Freytag (Hrsg.), *Die Rolle des Staates in einer globalisierten Wirtschaft*, Schriften zur Wirtschaftspolitik, Neue Folge Bd. 6, Stuttgart: Lucius & Lucius, S. 1-7.

Donges, Juergen B. (1999), Globale Finanzmärkte, Währungskrisen und aufstrebende Volkswirtschaften, *Zeitschrift für Wirtschaftspolitik*, 48. Jahrgang, S. 129-146.

Donges, Juergen B. und Lotte Müller-Ohlsen (1978), Außenwirtschaftsstrategien und Industrialisierung in Entwicklungsländern, *Kieler Studien 157*, Tübingen: J.C.B. Mohr.

Donges, Juergen B. et al. (1998), Globalisierter Wettbewerb – Schicksal und Chance, *Schriftenreihe Kronberger Kreis* Bd. 32, Homburg v.d.H.: Frankfurter Institut – Stiftung Marktwirtschaft und Politik.

Donges, Juergen B. und Andreas Freytag (Hrsg., 1998), *Die Rolle des Staates in einer globalisierten Wirtschaft*, Schriften zur Wirtschaftspolitik, Neue Folge Bd. 6, Stuttgart: Lucius & Lucius.

Donges, Juergen B. und Mark Oelmann (2001), Kein ökonomisches Pfund zum ökologischen Wuchern – Die Nöte der internationalen Klimapolitik, *Frankfurter Allgemeine Zeitung*, 14.07.2001.

Donges, Juergen B. und Peter Tillmann (2001), Challenges for the Global Financial System, in John J. Kirton, Joseph P. Daniels und Andreas Freytag (Hrsg.), *Guiding global order: G8 governance in the twenty-first century*, Aldershot: Ashgate, S. 33-43.

Donges, Martín (1998), *Die zunehmende Bedeutung regionaler Integrationsgemeinschaften – Eine allokationstheoretische und politökonomische Untersuchung*, Frankfurt (Main): Peter Lang.

Dooley, Michael P. (1996), A Survey of Literature on Controls over International Capital Transactions, *IMF Staff Papers*, Vol. 43, S. 639-687.

Dornbusch, Rüdiger (1998), *Capital Controls: An Idea whose Time is gone*, im Internet verfügbar unter: http://web.mit.edu/rudi/www/media/PDFs/capcon~1.pdf.

Dornbusch, Rüdiger (2001), Malaysia: Was it Different?, *NBER Working Paper* 8325, National Bureau of Economic Research.

Dornbusch, Rüdiger und Steve Marcus (1991), *International Money and Debt: Challenges for the World Economy*, International Center for Economic Growth, San Francisco: ICS Press.

Drost, Matthias (2002), Die Globalisierungsgegner von Attac stehen am Scheideweg, *Handelsblatt* vom 4. November 2002.

Easterlin, Richard A. (2000), The Worldwide Standard of Living Since 1800, *Journal of Economic Perspectives*, Volume 14, Number 1, Winter 2000, S. 7-26.

Easterly, William (2000), How did highly indebted poor countries become highly indebted? Reviewing two decades of debt relief, Worldbank, verfügbar unter: http://www.worldbank.org/research/growth/pdfiles/HIPCs%202.pdf .

Easterly, William (2001), *Think Again: Debt Relief, Foreign Policy*, Issue Nov/Dec 2001, im Internet verfügbar unter: http://www.foreignpolicy.com/issue_novdec_2001/easterly.html. .

Easterly, William und Ross Levine (2002), Tropics, Germs and Crops: How endowments influence economic development, *NBER Working Paper 9106*, National Bureau of Economic Research.

Easterly, William, Norman Loayza, and Peter Montiel (1997), Has Latin America's Post-Reform Growth Been Disappointing?, *Journal of International Economics*, Vol. 43 (November), S. 287-311.

Edison, Hali J. und Carmen M. Reinhart (2000), Capital Controls During Financial Crises: The Case of Malaysia and Thailand, *International Finance Discussion Paper*, Nr. 662, Board of Governors of the Federal Reserve System.

Edmonds, Eric und Nina Pavcnik (2002), Does globalization increase child labour? Evidence from Vietnam, *NBER Working Paper* 8760, National Bureau of Economic Research.

Edwards, Chris und Veronique de Rugy (2002), International Tax Competition, in: Fraser Institute (Hrsg.), *Economic Freedom of the World: 2002 Annual Report*, S. 43-56.

Edwards, Sebastian (1993), Openness, trade liberalization, and growth in developing countries, *Journal of Economic Literature*, Vol. XXXI, S. 1358-1393.

Edwards, Sebastian (1999), How Effective are Capital Controls, *Journal of Economics Perspectives*, Vol. 13, S. 65-84.

Eekhoff, Johann (1998), Bedroht die Globalisierung eine nationale Sozialpolitik?, in Juergen B. Donges und Andreas Freytag (Hrsg.), *Die Rolle des Staates in einer globalisierten Gesellschaft*, Schriften zur Wirtschaftspolitik, Neue Folge Bd. 6, Stuttgart, S. 199-215.

Eekhoff, Johann (2002), *Beschäftigung und soziale Sicherung*, 3. Auflage, Tübingen: Mohr Siebeck..

Effenberger, Dirk (2002), *The Tobin tax: not suitable for globalised financial markets*, Deutsche Bank Research – Frankfurt Voice, 7. Januar 2002.

Ehrenberg, Herbert (1997), *Die große Standortlüge: Plädoyer für einen radikalen Kurswechsel in der Wirtschafts-, Finanz- und Sozialpolitik*, Bonn: Dietz Verlag.

Eichenbaum, Martin, Craig Burnside und Sergio Rebelo (2001), On the fiscal implications of twin crises, *Journal of Political Economy*, Vol. 109, S. 1155-1197.

Eichengreen, Barry (2000), *Can the moral hazard caused by IMF bailouts be reduced?*, Geneva Reports on the Global Economy, Special Report 1, September 2000.

Eichengreen, Barry und Ashoka Mody (1999), *Would Collective Action Clauses Raise Borrowing Costs?*, unveröffentlicht, Worldbank.

Eichengreen, Barry, Michael Mussa, Giovanni Dell'Ariccia, Enrica Detragiache, Gian Maria Mileso-Ferretti und Andrew Tweedie (1998), Capital Account Liberalization: Theoretical and Practical Aspects, *IMF Occasional Paper*, Nr. 172, International Monetary Fund.

Eichengreen, Barry, Andrew K. Rose und Charles Wyplosz (1995), Exchange Rate Mayhem: On the Antecedents and Aftermath of Speculative Attacks, *Economic Policy*, Vol. 21, S. 251-312.

Eichengreen, Barry, Andrew K. Rose und Charles Wyplosz (1997), Contagious Currency Crises: First Tests, *Scandinavian Journal of Economics*, Vol. 98 ,S. 463-484.

Eichengreen, Barry und Christof Rühl (2001), The Bail-In Problem: Systematic Goals, Ad Hoc Means, *Economic Systems*, Vol. 25, S. 3-32.

Eichengreen, Barry, James Tobin und Charles Wyplosz (1995), Two cases for sands in the wheels of international finance, *The Economic Journal*, 105 (Januar), S. 162-172.

Elliott, Kimberly Ann, Debayani Kar und J. David Richardson (2002), *Assessing globalization's critics: "Talkers are no good doers???"*, Institute for International Economics, Washington D.C., im Internet verfügbar unter: http://www.iie.com/ .

Elwert, Georg (1989), Nationalismus und Ethnizität - Über die Bildung von Wir-Gruppen, *Kölner Zeitschrift für Soziologie und Sozialpsychologie*, Bd. 41, S. 440 - 464.

Emcke, Carolin und Harald Schumann (2001), Die Ohnmacht der Mächtigen, *Der Spiegel* 30/2001, S. 32-34.

Encarnation, Dennis J. und Louis T. Wells (1986), Evaluating Foreign Investment, in T.H. Moran (Hrsg.), *Investing in Development: New Roles for Private Capital*, New Brunswick, Transaction Books, S. 61-86

Engels, Friedrich (1849), *Die Lage der arbeitenden Klassen in England 1848*, Leipzig.

erlassjahr.de (2001), Die Latte liegt hoch für erlassjahr.de, *Kampagnen-Kurier*, Nr. 21, Oktober 2001, S. 5, verfügbar unter: http://www.erlassjahr.de/15_publikationen/15_dokumente/15_kk_21.pdf .

EU-Kommission (2002a), *Responses to the Challenges of Globalisation – A Study on the International Monetary and Financial System and on Financing for Development*, Brüssel, im Internet verfügbar unter: http://europa.eu.int/comm/economy_finance/publications/globalisation/r2002_185en.pdf.

EU-Kommission (2002b), *Rigged Rules And Double Standards – Trade, Globalisation And The Fight Against Poverty – Comments from the Commission*, 17.04.02, im Internet verfügbar unter: http://europa.eu.int/comm/trade/pdf/oxfamreply.pdf .

EU-Kommission (2002c), *International Hard Core Cartels and Co-operation under a WTO-Framework on Agreement on Competition*, im Internet verfügbar unter: http://europa.eu.int/comm/competition/index_en.html .

Eucken, Walter (1975), *Grundsätze der Wirtschaftspolitik*, herausgegeben von Edith Eucken und K. Paul Hensel, Erstauflage 1952, Tübingen: J.C.B. Mohr.

Eucken, Walter (1989), *Die Grundlagen der Nationalökonomie*, Erstauflage 1940, Berlin: Springer Verlag.

Evangelische Kirche in Deutschland (EKD, 2001), *Grundinformation zum Schwerpunktthema: Globale Wirtschaft verantwortlich gestalten*, 6. Tagung der 9. Synode der EKD vom 4.-9. November, im Internet verfügbar unter: http://www.ekd.de/synode2001/aufbau_globalisierung_grundinformation5.html .

Evangelische Kirche in Deutschland (EKD) und Deutsche Bischofskonferenz (1999), *Für eine Zukunft in Solidarität und Gerechtigkeit*, Bonn, im Internet verfügbar unter: http://www.ekd.de/EKD-Texte/sozialwort/sozialw.txt .

Feenstra, Robert C. und Gordon H. Hanson (1996), Foreign Investment, Outsourcing and Relative Wages, in: R. Feenstra, G. Grossman und D. Irwin (Hrsg.), *Political Economy of Trade Policy: Essays in Honor of Jagdish Bhagwati*, Cambridge, MA.

Feenstra, Robert C. und Gordon H. Hanson (2001), Global production sharing and rising inequality: a survey of trade and wages, *NBER Working Paper* 8372, National Bureau of Economic Research.

Fehn, Rainer und Eric Thode (1997), Globalisierung der Märkte – Verarmen die gering qualifizierten Arbeitnehmer?, *Wirtschaftswissenschaftliches Studium*, Heft 8, August, S. 397-404.

Feld, Lars. P (2002), Fiskalischer Wettbewerb und Einkommensumverteilung, *Perspektiven der Wirtschaftspolitik*, Vol. 1 (2), S. 181-198.

Fels, Gerhard (1997), Globalisierung – nur eine mentale Falle, *iwd-Schnelldienst* Nr.1, 2. Januar 1997, S.2-3.

Fels, Gerhard (2002), Brauchen wir eine internationale Ordnungspolitik?, *Forum Vortragsreihe des Instituts der Deutschen Wirtschaft Köln*, Jahrgang 52, Nr. 6, 5. Februar 2002, Köln.

Feldstein, Martin und Charles Horioka (1980), Domestic Saving and International Capital Flows, *Economic Journal* 90 (358), S. 314-329.

Fernandez-Aries, Eduardo und Peter Montiel (2001), Reform and Growth in Latin America: All Pain, No Gain?, *IMF Staff Papers*, Vl. 48, No.3, S. 522-546.

Figlio, David N., and Bruce A. Blonigen (1999), The effects of direct foreign investment on local communities, *NBER Working Paper* 7274, National Bureau of Economic Research.

Financial Stability Forum (FSF, 2000), *Report of the Working Group on Offshore Centres*, 5. April 2000, im Internet verfügbar unter: http://www.fsforum.org/ Reports/RepOFC.pdf .

Financial Stabiliy Forum (FSF, 2002), *The FSF Recommendations and Concerns Raised by Highly Leveraged Institutions (HLIs): An Assessment*, 11. März 2002, im Internet verfügbar unter: http://www.fsforum.org/ Reports/ HLIreviewMar02.pdf .

Fink, Carsten (2000), *Intellectual Property Rights, Market Structure, and Transnational Corporations in Developing Countries*, Berlin

Firebaugh, Glenn (1999), Empirics of World Income Inequality, *American Journal of Sociology* 104 (6), S. 1597-1630.

Fischer, Stanley (1999), On the Need for an International Lender of Last Resort, *Journal of Economic Perspectives*, Vol. 13, S. 85-104.

Fleischhauer, Jan, Jürgen Hogrefe, Sven Röbel, Ulrich Schäfer, Michaela Schiessl, Hans-Jürgen Schlamp und Gabor Steingart (2001), „Widerspruch!" Total Global: Eine neue, erstmals wirklich internationale Protestgeneration heizt Politikern und Konzernchefs ein –und zwar zu Recht. Die globale Weltwirtschaft, mächtig und krisenanfällig zugleich, braucht neue Spielregeln, *Der Spiegel* 30/2001, S. 20-32.

Flood, Robert P. und Peter M. Garber (1984), Collapsing Exchange-Rate Regimes: Some Linear Examples, *Journal of International Economics*, Vol. 17, S. 1-13.

Fock, Swaantje, Regine Richter und Heike Drillisch (2002), *Hermes beweg Dich!*, Attac-Rundbrief Nr. 7, 8. April 2002, S. 12-13, im Internet verfügbar unter: http://www.attac-netzwerk.de/rundbriefe/sandimgetriebe07_02.pdf .

Förster, Michael und Mark Pearson (2000), *Income distribution in OECD countries, in Poverty and Income Inequality in Developing Countries: A Policy Dialogue on the Effects of Globalisation*, OECD, Paris.

Förster, Michael und Mark Pearson (2002), Income distribution and poverty in the OECD area: trends and driving forces, *OECD Economic Studies* No. 34, 2002/1, S. 7-40.

Fontagné, Lionel, Friedrich von Kirchbach und Mondher Mimouni (2001), Une première évaluation des barrières environnementales au commerce international, *ITC Research Paper* (UNCTAD-WTO) M.DPMD/01/0135, im Internet verfügbar unter: http://team.univparis1.fr/trombi/fontagne/papers/ETB-ITC.pdf .

Forrester, Viviane (1996), *L'Horreur Économique*, Paris: Fayard.

Frankel, Jeffrey A. (1996), How well do foreign exchange markets function: might a Tobin tax help?, *NBER Working Paper* 5422, National Bureau of Economic Research.

Frankel, Jeffrey A. und David Romer (1999), Does Trade Cause Growth?, *American Economic Review*, Vol. 89, S. 379-399.

Frankel, Jeffrey A. und Andrew K. Rose (1996), Currency Crashes in Emerging Markets: An Empirical Treatment, *Journal of International Economics*, Vol. 41, S. 351-366.

Fraser Institute (2002), *Economic Freedom of the World: 2002 Annual Report*. verfügbar unter: http://www.freetheworld.com/ .

Freeman, Richard B. (1995), Are Your Wages Set in Beijing?, *Journal of Economic Perspectives*, Vol.9, S. 15-32.

Frenkel, Jacob A., Michael P. Dooley und Peter Wickham (1989), *Analytical Issues in Debt*, International Monetary Fund.

Frenkel, Michael, Christiane Nickel, Günter Schmidt und Georg Stadtmann (2001): The Effects of Capital Controls on Exchange Rate Volatility and Output, *IMF Working Paper*, Nr. 01/187, International Monetary Fund.

Frenkel, Michael und Rolf J. Langhammer (2002), Tobin-Steuer: Neue Vorschläge entkräften nicht alte Einwände, *Wirtschaftsdienst*, 82. Jg., Nr. 9, S. 548-554.

Frey, Bruno S. (2002), Liliput oder Leviathan? Der Staat in der globalisierten Gesellschaft, *Perspektiven der Wirtschaftspolitik*, 2002 3(4), S. 363-375.

Freytag, Andreas (1998), International operierende Unternehmen und nationale Wettbewerbspolitik, in: Juergen B. Donges und Andreas Freytag (Hrsg.),

Die Rolle des Staates in einer globalisierten Wirtschaft, Schriften zur Wirtschaftspolitik, Neue Folge, Band 6, S. 261.284.

Freytag, Andreas (2001), Handelspolitik. Probleme und Entwicklungspotentiale der WTO. In: Koch, Lambert (Hrsg.), *Wirtschaftspolitik im Wandel*, München.

Freytag, Andreas (2002), *Success and Failure in Monetary Reform – Monetary Commitment and the Role of Institutions*, Cheltenham, UK, Northhampton/MA: Edward Olgar.

Freytag, Andreas und Razeen Sally (1999), Globalisation and Trade Policy: 1900 and 2000 compared, in: Karl-Ernst Schenk, Dieter Schmidtchen, Manfred E. Streit und Viktor Vanberg, *Globalisierung und Weltwirtschaft*, Sonderdruck aus Jahrbuch für Neue Politische Ökonomie, 19. Band, Tübingen.

Friedman, David (1973), *The machinery of freedom – guide to a radical capitalism*, New York et al..

Friends of the Earth International (FOEI) (2001), *The world trade system. How it works and what's wrong with it*, im Internet verfügbar unter: http://www.foei.org/publications/trade/wto1.html.

Fuest, Clemens (1995), Eine Fiskalverfassung für die Europäische Union, *Untersuchungen zur Wirtschaftspolitik* 100, Köln.

Galindo, Arturo, Alejandro Micco und Guillermo Ordonez (2002), *Financial Liberalization and Growth: Empirical Evidence*, unveröffentlicht, Inter-American Development Bank.

Gangi, Massimiliano (1999), *Competition Policy and the Exercise of Intellectual Property Rights*. (Working paper).

Garber, Peter (1996), Issues of Enforcement and Evasion in a Tax on Foreign Exchange Transactions, in: Mahbub ul Haq, Ingel Kaul und Isabelle Grundberg (Hrsg.), *The Tobin Tax: Coping with Financial Volatility*, New York: Oxford University Press, S. 129-142.

Garber, Peter und Mark P. Taylor (1995), Sand in the Wheels of Foreign Exchange Markets: A Sceptical Note, *The Economic Journal*, Vol. 105, Januar, S.179.

Garten, Jeffrey (1998), In This Economic Chaos, A Global Central Bank Can Help, *International Herald Tribune*, 25. September 1998, S. 8.

Gaston, Noel und Douglas Nelson (2001), Multinational Location Decisions and the Impact on Labour Markets, *ZEF Discussion Papers on Development Policy* 37, Bonn, Mai 2001.

George, Susan (1999), Eine kurze Geschichte des Neo-Liberalismus: Zwanzig Jahre einer elitären Volkswirtschaftslehre und Chancen für einen Strukturwandel, Netzwerk gegen Konzernherrschaft und neoliberale Politik

(NGKuNP, Abkürzung der Autoren), Globalisierung und Krieg, *Infobrief* Nr.1, Köln.

Gerken, Lüder, Jörg Märkt und Gerhard Schick (2001), Double Income Taxation as a Response to Tax Competition in the EU, *Intereconomics*, September/October 2001, S. 244-254.

Gerster, Richard und Heinz Hauser (2002), Diskurs über Globalisierung, *Die Volkswirtschaft*, 1-2002, S. 59-64.

Glick, Reuven und Andrew K. Rose (1999), Contagion and Trade: Why are Currency Crises Regional?, *Journal of International Money and Finance*, Vol. 18, S. 603-617.

Global Exchange (2001), Against Neoliberal Globalization – Towards a World Social Alliance, im Internet verfügbar unter: http://www.globalexchange.org/economy/alternatives/alliance081401.html .

Gordon, Kathryn (2001), The OECD Guidelines and Other Corporate Responsibility Instruments: A Comparison, *OECD Working Papers on International Investment*, Number 2001/5, Paris.

Gottschalk, Peter und Timothy M. Smeeding (1997), Cross-National Comparisons of Earnings and Income Inequality, *Journal of Economic Literature*, 35 (2), S. 633-687

Graham, Edward M. (2000), *Fighting the Wrong Enemy: Antiglobal Activists and Multinational Enterprises*, Washington, D.C.: Institute for International Economics.

Gray, John (1999), *False Dawn – The Delusions of Global Capitalism*, London.

Grether, Jean-Marie und Jaime de Melo (2002): *Globalization and dirty industries: Do pollution havens matter?*, unveröffentlicht, Université de Genève.

Groemling, Michael (2002), Why does Redistribution Not Shrink When Equality Is High?, *Intereconomics*, Juli/August, S. 204-211.

Grözinger, Gerd (2002), Bankgeheimnis unter Beschuss – Zur Verteidigung einer Institution von zweifelhaftem Ruf, *Wirtschaftsdienst*, 6, S. 344-348.

Grossekettler, Heinz (1998), Öffentliche Finanzen, in: Bender, D. et al (Hrsg.), *Vahlens Kompendium der Wirtschaftstheorie und Wirtschaftspolitik*, 7. Auflage, Band 1, S. 519-672.

Grossekettler, Heinz (2001), Privatisierung. Bloßes Instrument der Haushaltssanierung oder ordnungspolitische Notwendigkeit?, *Volkswirtschaftliche Diskussionsbeiträge der Universität Münster*, Nr. 331.

Grossman, Gene M. and Alan B. Krueger (1993): Environmental Impacts of a North American Free Trade Agreement, in: Peter Garber (Hrsg.), *The Mexico-U.S. free trade agreement*, Cambridge : MIT Press, S. 13-56.

Großmann, Harald (1998), Integration der Märkte und wettbewerbspolitischer Handlungsbedarf, *HWWA-Diskussionspapier* 65, HWWA-Institut für Wirtschaftsforschung, Hamburg.

Grunberg, Isabelle, Mahbub ul Haq und Inge Kaul (Hrsg.) (1996), *The Tobin Tax – Coping with Financial Volatility*, New York: Oxford University Press.

Grunert, Günther (2002), Mehr Beschäftigung durch mehr Ungleichheit?, *WSI Mitteilungen*, 2/2002, S. 77-83.

Haldane, Andy (1999), Private sector involvement in financial crisis: analytics and public policy approaches, *Financial Stability Review*, Bank of England, November 1999, S. 184-202.

Hanmer Lucia, John Healey und Felix Naschold (2000), Will Growth Halve Poverty by 2015?, *ODI Poverty Briefing* No. 8, London, Overseas Development Institute.

Hayek, Friedrich August von (1971), *Die Verfassung der Freiheit*, Tübingen: J.C.B. Mohr.

Hayek, Friedrich August von (1975), Die Anmaßung von Wissen, *ORDO-Jahrbuch für die Ordnung von Wirtschaft und Gesellschaft*, Bd. 26, S. 12 - 21.

Hazan, Moshe und Binyamin Berdugo (2002), Child labour, fertility, and economic growth, *The Economic Journal*, 112 (Oktober), S. 810-828.

Hefeker, Carsten (2002), Ein Insolvenzrecht für souveräne Staaten?, *Wirtschaftsdienst*, 2002/11, S. 684-688.

Hefeker, Carsten und Karl Wolfgang Menck (2002), Wie wirkungsvoll sind Sanktionen? Das Beispiel Südafrika, HWWA-Report 220, im Internet verfügbar unter: http://www.hwwa.de/Publikationen/Report/2002/Report220.pdf .

Helpman, Elhanan und Paul Krugman (1985), *Market Structure and Foreign Trade: Increasing Returns, Imperfect Competition, and the International Economy*, Cambridge, Mass.

Hemmer, Hans R. et al. (2000), *Entwicklungsländer – Opfer oder Nutznießer der Globalisierung?* Studie im Auftrag der Konrad Adenauer Stiftung.

Henderson, David (1999), *The Changing Fortunes of Economic Liberalism – Yesterday, Today and Tomorrow*, The Institute of Public Affairs, Wellington.

Herberer, Thomas (1996), Globalisierung heißt nicht Verwestlichung, *Frankfurter Allgemeine Zeitung* vom 10. Oktober 1996.

Herrera, Luis Oscar und Rodrigo O. Valdés (2001), The effect of capital controls on interest rate differentials, *Journal of International Economics*, Vol. 53, S. 385-398.

Hesse, Helmut (2000), Wirtschaftspolitische Herausforderungen an der Jahrhundertwende durch die Internationalisierung der Produktion, in: Wolfgang

Franz, Helmut Hesse, Hans Jürgen Ramser und Manfred Stadler, *Wirtschaftspolitische Herausforderungen an der Jahrhundertwende*, Tübingen, S. 345-360.

Higgins, Matthew und Jeffrey G. Williamson (1999), Explaining inequality the world round: cohort sizes, Kuznet curves and openness, *NBER Working Paper* 7224, National Bureau of Economic Research.

Hirst, Paul (1996), *Globalisation – ten frequently asked questions and some surprising answers*, im Internet verfügbar unter: http://www.gu.edu.au/centre/cmp/Hirst.html.

Hodder-Williams, Richard (1984), *An Introduction to the Politics of Tropical Africa*, London: Allen and Unwin.

Hoeckman, Bernard M. und Michael M. Kostecki (1996), *The Political Economy of the World Trading System. From GATT to WTO*. Oxford.

Hüther, Michael (1997), Umbau der sozialen Sicherungssysteme im Zeichen der Globalisierung?, *Zeitschrift für Wirtschaftspolitik*, 46. Jg. (2), S. 193-214.

Hufbauer, Gary Clyde, Jeffrey J. Schott und Kimberly Ann Elliott (1990), *Economic Sanctions Reconsidered – History and Current Policy*, 2. Auflage, Washington D.C.: Institute for International Economics.

Huffschmid, Jörg (2001), Finanzmärkte benötigen einen politischen Rahmen, *Wirtschaftsdienst*, Nr. 10, S. 558-560.

Institut der deutschen Wirtschaft, Köln (IW, 2000), Nicht-Regierungsorganisationen – Neuer Macht-Faktor, *iwd* Nr. 22, 1. Juni 2000, S. 6-7.

Institut der deutschen Wirtschaft, Köln (IW, 2001), Hoch-Zeit für Firmen-Ehen, *iwd* Nr. 35, 30. August 2001, S. 4.

Institut der deutschen Wirtschaft, Köln (IW, 2002a), Globalisierung – Chance für die Ärmsten, *iwd* Nr. 41, 10. Oktober 2002, S. 6-7.

Institut der deutschen Wirtschaft, Köln (IW, 2002b), *Streitfall Globalisierung – Eine Debatte voller Irrtümer*, Köln.

International Bank for Reconstruction and Development (IBRD, 2001), *WDI 2001 table 4.16 External Debt*, im Internet verfügbar unter: http://www.worldbank.org/data/wdi2001/pdfs/tab4_16.pdf.

International Confederation of Free Trade Unions (ICFTU, 2001), *Pressemitteilung vom 29.10.2001*, im Internet verfügbar unter: www.icftu.org.

International Forum on Globalization (2002), *A better world is possible! Alternatives to economic globalization*, Zusammenfassung der gleichnamigen Studie, im Internet verfügbar unter htttp://www.ifg.org.

International Labour Organisation (ILO, 2002), *International Programme on the Elimination of Child Labour – Statistical Information and Monitoring Programme on Child Labour*, Genf.

Internationaler Währungsfonds (IWF, 1999): *Involving the Private Sector in Forestalling and Resolving Financial Crises*, International Monetary Fund, April 1999.

Internationaler Währungsfonds (IWF, 2001a), *Debt Relief for Poverty Reduction: The Role of the Enhanced HIPC Initiative*, August 2, 2001, verfügbar unter: http://www.imf.org/external/pubs/ft/exrp/debt/eng/index.htm.

Internationaler Währungsfonds (IWF, 2001b), *World Economic Outlook*, Washington.

Internationaler Währungsfonds (IWF, 2002a), *Debt Relief under the Heavily Indebted Poor Countries (HIPC) Initiative – A Factsheet*, August, im Internet verfügbar unter: http://www.imf.org/external/np/exr/facts/hipc.htm.

Internationaler Währungsfonds (IWF, 2002b), *Debt Relief for Poor Countries (HIPC): Progress through September 2002*, September, im Internet verfügbar unter: http://www.imf.org/external/np/exr/facts/povdebt.htm.

Internationaler Währungsfonds und Weltbank (2002), *Market Access for Developing Country Exports – Selected Issues*, Studie vom 26. September, Washington, D.C.

Irwin, Douglas A. (2002), *Free Trade under Fire*, Princeton University Press, Princeton.

Issing, Otmar (2001), Globalisierung – Widerstand zwecklos?, in: Helmut Hesse (Hrsg.), *Zukunftsfragen der Gesellschaft*, Vorträge des Symposions vom 16. Februar 2001, Stuttgart.

Jeanne, Olivier (1997), Are Currency Crises Self-Fulfilling? A Test, *Journal of International Economics*, Vol. 43, S. 263-286.

Jeanne, Olivier (2000), *Currency Crises: A Perspective on Recent Theoretical Developments*, Special Papers in International Economics, International Finance Sction, Princeton University.

Jeanne, Olivier und Paul Masson (2000), Currency crises, sunspots and Markov-switching regimes, *Journal of International Economics*, Vol. 50, S. 327-350.

Jeanne, Olivier und Jeromin Zettelmeyer (2001), International bailouts, moral hazard and conditionality, *Economic Policy*, Vol. 33, S. 409-432.

Johnson, Simon und Todd Mitton (2001), *Who gains from Capital Controls? Evidence from Malaysia*, unveröffentlicht, MIT.

Johnston, Barry R. (1998), Sequencing Capital Account Liberalizations and Financial Sector Reform, *IMF Paper on Policy Analysis and Assessment*, Nr. 98/8, International Monetary Fund.

Juma, Calestous (1999), *Intellectual Property Rights and Globalization: Implications for Developing Countries*, im Internet verfügbar unter: http://www.ksg.harvard.edu/Trade_Workshop/jumaipr.pdf.

Kabou, Axelle (1995), *Weder arm noch ohnmächtig: Eine Streitschrift gegen schwarze Eliten und weisse Helfer*, Basel: Lenos Verlag.

Kamin, Steven B. und Oliver D. Babson (1999), The Contribution of Domestic and External Factors to Latin American Devaluation Crises: An Early Warning System Approach, *International Finance Discussion Paper*, Nr. 645, Board of Governors of the Federal Reserve System.

Kaminsky, Graciela, Saul Lizondo und Carmen M. Reinhart (1998), Leading Indicators of Currency Crises, *IMF Staff Papers*, Vol. 5, S. 1-48.

Kaminsky, Graciela und Carmen M. Reinhart (1999), The twin crises: The causes of banking and balance-of-payments problems, *American Economic Review*, Vol. 89, S. 473-500.

Kaminsky, Graciela und Sergio Schmukler (2000): Short- and Long-Run Integration: Do Capital Controls Matter?, *Brookings Trade Forum*, S. 125-178.

Kaminsky, Graciela L. und Sergio L. Schmukler (2002), *Short-Run Pain, Long-Run Gain: The Effects of Financial Liberalization*, unveröffentlicht, Worldbank.

Kaplan, Ethan und Dani Rodrik (2001), Did Malaysian Capital Controls Work?, *NBER Working Paper* 8142, National Bureau of Economic Research.

Kaufman, Henry (1998), Preventing the Next Global Financial Crisis, *Washington Post*, 28. Januar 1998, S. A17.

Kaul, Inge und John Langmore (1996), Potential Uses of the Revenue from a Tobin Tax, in: Mahbub ul Haq, Ingel Kaul und Isabelle Grundberg (Hrsg.), *The Tobin Tax: Coping with Financial Volatility*, New York: Oxford University Press, S. 255-271.

Keller, Wolfgang und Levinson, Arik (1999), Environmental Compliance Costs and Foreign Direct Investment Inflows in the US States. *NBER Working Paper* 7369, National Bureau of Economic Research.

Kenen, Peter B. (1996), The Feasibility of Taxing Foreign Exchange Transactions, in: Mahbub ul Haq, Ingel Kaul und Isabelle Grundberg (Hrsg.), *The Tobin Tax: Coping with Financial Volatility*, New York: Oxford University Press, S. 109-128.

Kenen, Peter B. (2001), *The International Financial Architecture: What's New? What's Missing?*, Institute for International Economics, Washington.

Keynes, John M. (1929), The German Transfer Problem, *Economic Journal* 39 (1929), S. 1-7.

Khan, Mahmood Hasan (2002), When is Economic Growth Pro-Poor? Experiences in Malaysia and Pakistan, *IMF working paper*, Nr. 02/85, International Monetary Fund.

Khor, Martin (1998), Macroeconomic policies that affect the South´s agriculture, *Third World Resurgence*, No 100/101, im Internet verfügbar unter: http://www.twnside.org.sg/title/macro-cn.htm.

Khor, Martin (1999), *WTO hijacked by big corporations, South the victims*, im Internet verfügbar unter: http://www.twnside.org.sg/title/victims-cn.htm.

Khor, Martin (2000a), Globalization and the South: some critical issues, *UNCTAD Discussion Papers*, No. 147, April.

Khor, Martin (2000b), Reform the IMF quote and decision-making system, *Third World Resurgance*, No. 122, im Internet verfügbar unter: http://www.twnside.org.sg/title/twr122b.htm.

Khor, Martin (2000c), A year after Seattle, no progress at WTO, *Third World Resurgence* 123/124, im Internet verfügbar unter: http://www.twnside.org.sg/title/twr123a.htm.

King, Robert und Ross Levine (1993), Finance and growth: Schumpeter might be right, *Quarterly Journal of Economics*, Vol. 108, S. 717-737.

Kirsch, Guy (2002), Ich habe Angst, was soll ich tun? – Fürchte dich! Ein Ökonom auf der Suche nach Gründen für unsere Furchtgier, *Neue Zürcher Zeitung*, 8./9. Juni 2002, S.14.

Kleinert, Jörn (2001), The Role of Multinational Enterprises in Globalization: An Empirical Overview, *Kiel Working Papers*, Nr. 1069, Institut für Weltwirtschaft.

Kleinert, Jörn und Henning Klodt (2000), Megafusionen – Trends, Ursachen und Implikationen, *Kieler Studien*, 302, Tübingen.

Kleinert, Jörn, Axel Schimmelpfennig, Klaus Schrader und Jürgen Stehn (2000), Globalisierung, Strukturwandel und Beschäftigung, *Kieler Studien*, 308, Tübingen.

Klepper, Gernot (2001), Globalisierung der Weltwirtschaft und Stoffströme, *Kiel Working Paper*, Nr. 1082, Institut für Weltwirtschaft.

Klodt, Henning (1999), Internationale Politikkoordination: Leitlinien für den globalen Wirtschaftspolitiker, *Kieler Diskussionspapier*, 343, Institut für Weltwirtschaft, Kiel.

Klodt, Henning (2000), Megafusionen und internationale Wettbewerbspolitik, in: H. Walter, S. Hegner und J. M. Schechter, *Wachstum, Strukturwandel und Wettbewerb*, Stuttgart: Lucius & Lucius, S. 417-461.

Klotz, Ulrich (1999), Die Herausforderungen der Neuen Ökonomie, *Gewerkschaftliche Monatsblätter*, 10/1999, S. 590 – 608.

Kohl, Richard und Kevin O'Rourke (2000), What's New About Globalisation: Implications for Income Inequality in Developing Countries, in: OECD (Hrsg.) *Poverty and Income Inequality in Developing Countries: A Policy Dialogue on the Effects of Globalisation*, Paris.

Krancke, Jan (1999), Liberalisierung des internationalen Dienstleistungshandels: Analyse des GATS und Perspektiven für die zukünftige Handelsliberalisierung. *Kieler Arbeitspapiere*, No. 954.

Krueger, Alan B. und Jitka Maleckova (2002), Education, poverty, political violence and terrorism: is there a causal connection?, *NBER Working Paper* 9074, National Bureau of Economic Research.

Krueger, Anne O. (2001), *International Financial Architecture for 2002: A New Approach to Sovereign Debt Restructuring*, address given at the National Economist'Club Annual Member's Dinner, American Enterprise Institute, Washington D.C., 26. November 2001, im Internet verfügbar unter: http://www.imf.org/external/np/speeches/2001/sp01ind.htm .

Krueger, Anne O. (2002), *A New Approach to Sovereign Debt Restructuring: An Update on Our Thinking*, address given at the Conference on Sovereign Debt Workouts: Hopes and Hazards, Institute for International Economics, Washington D. C., 1. April 2002, im Internet verfügbar unter: http://www.imf.org/external/np/speeches/2002/040102.htm .

Krugman, Paul (1995), Growing World Trade: Causes and Consequences, *Brooking Papers on Economic Activity* 1:1995, S. 327-377.

Krugman, Paul (1997a), *A Raspberry for Free – Trade Protectionists serve up tainted fruit and red herrings*, veröffentlicht auf der Internetseite des Massachusetts Institute of Technology unter: http://web.mit.edu/krugman/www/berries.html .

Krugman, Paul (1997b), *In Praise of Cheap Labor - Bad jobs at bad wages are better than no jobs at all*, im Internet verfügbar unter: http://slate.msn.com/?id=1918 .

Krugman, Paul (1997c), What Should Trade Negotiatiors Negotiate About?, *Journal of Economic Literature*, XXXV, S. 113-120.

Krugman, Paul (1998a), Saving Asia: It is time to get radical. *Fortune*, Sept. 7.

Krugman, Paul (1998b), *An open Letter to Prime Minister Mahatir*, im Internet verfügbar unter: http://web.mit.edu/krugman/www/mahathir.html .

Krugman, Paul und Maurice Obstfeld (1994), *International Economics – Theory and Policy*, 3. Auflage, New York: HarperCollinsCollegePublishers.

Krugman, Paul und Anthony J. Venables (1995), Globalization and the inequality of nations, *NBER Working Paper* 5098, National Bureau of Economic Research.

Kuznets, Simon (1955), Economic Growth and Income Inequality, *American Economic Review*, 45, S. 1-28.

Kwan, Yum K. und Edwin L.-C. Lai, (2001), *Intellectual Property Rights Protection and Endogenous Economic Growth*, im Internet verfügbar unter: http://personal.cityu.edu.hk/~efedwin/iprgrt6a.pdf .

Lafontaine, Oskar (1997), Wo ist der lachende Dritte?, *Wirtschaftswoche*, Nr. 43, 16. Oktober 1997, S. 30-33.

Lafontaine, Oskar und Christa Müller (1998), *Keine Angst vor der Globalisierung – Wohlstand und Arbeit für alle*, Dietz Verlag, Bonn.

Lakdawalla, Darius und George Zanjani (2002), Insurance, self-protection and the economics of terrorism, *NBER Working Paper* 9215, National Bureau of Economic Research.

Landes, David (1998), *The Wealth and Poverty of Nations – Why Some Are So Rich and Some So Poor*, London: Little, Brown and Company.

Lane, Timothy und Steven Phillips (2000), Does IMF Financing Result in Moral Hazard?, *IMF Working Paper*, Nr. 00/168, International Monetary Fund.

Langhammer, Rolf J. (2000a), Die Welthandelsorganisation gegen Ende ihres ersten Jahrzehnts. Begonnenes, Erreichtes, Unterbliebenes und Fehlgeleitetes: Eine kritische Zwischenbilanz, *Wirtschaftswissenschaftliches Studium*, S. 315-320.

Langhammer, Rolf J. (2000b), On the Nexus between Trade and the Environment and on Greening the WTO, in Horst Siebert (Hrsg.), *The Economics of International Environmental Problems*, Tübingen: Mohr Siebeck.

Langhammer, Rolf J. (2002), Die Welthandelsorganisation gegen Ende ihres ersten Jahrzehnts, *WiSt*, Heft 6, S. 315-320.

Lanjouw, Jean O. (1998), The Introduction of Pharmaceutical Product Patents in India: "Heartless Exploitation of the Poor and Suffering"?, *NBER Working Paper* 6366, National Bureau of Economic Research.

Larsson, Tomas (2001), *The Race to the Top: the real story of globalization*, Washington, D.C.: The Cato Institute.

Lawrence, Robert Z. und Matthew J. Slaughter (1993), International Trade and American Wages in the 1980s: Giant Sucking Sound or Small Hiccup?, *Brooking Papers on Economic Activity*, 2:1993, S. 161-210.

Lee, Simon (2002), Global monitor – The International Monetary Fund, *New Political Economy*, Vol. 7, No.2.

Leipold, Helmut (1983), *Eigentum und wirtschaftlicher Fortschritt - Eine dogmenhistorische und vergleichende Studie*, Köln: Bachem.

Leipold, Helmut (1988), *Wirtschafts- und Gesellschaftssysteme im Vergleich: Grundzüge einer Theorie der Wirtschaftssysteme*, Stuttgart: Fischer.

Leipold, Helmut (1994), Ordnungsprobleme der Entwicklungsländer: Das Beispiel Schwarzafrika, *Arbeitsberichte zu Ordnungsfragen der Wirtschaft*, Nr.17, Marburg: Marburger Gesellschaft für Ordnungsfrage der Wirtschaft e.V.

Leipold, Helmut (1997), Der Zusammenhang zwischen gewachsener und gesetzter Ordnung: Einige Lehren aus den postsozialistischen Reformerfahrungen, in Dieter Cassel (Hrsg.), *Institutionelle Probleme der Systemtransformation*, Berlin: Duncker & Humblot, S. 43 - 68.

Lenain, Patrick, Marcos Bonturi und Vincent Koen (2002), The economic consequences of terrorism, *OECD Economics Department Working Paper* No. 20, Paris.

Lepach, Alexander (1998), Steuerpolitik im Zeichen der Globalisierung: Quellenbesteuerung von Kapitalerträgen im Wettbewerb – eine politiökonomische Betrachtung, in Juergen B. Donges und Andreas Freytag (Hrsg.), *Die Rolle des Staates in einer globalisierten Gesellschaft*, Schriften zur Wirtschaftspolitik, Neue Folge Bd. 6, Stuttgart, S. 173-198.

Levenstein, Margaret C. und Valerie Y. Suslow (2001): *Private International Cartels and their effect on developing countries*, Background Paper for the World Bank's Development Report 2001, Washington DC.

Levich, Richard M. (1998), *International Financial Markets: Prices and Policies*, Boston, Mass. et al.: Irwin/McGraw-Hill.

Levin, R. et al. (1987), Appropriating the Returns from Industrial Research and Development, *Brookings Papers on Economic Activity* No. 3.

Liebig, Klaus (2001), *Der Schutz geistiger Eigentumsrechte in Entwicklungsländern: Verpflichtungen, Probleme, Kontroversen*. Gutachten für die Enquete-Kommission „Globalisierung der Weltwirtschaft – Herausforderungen und Antworten", Deutsches Institut für Entwicklungspolitik, Berlin.

Lindert, Peter H. und Jeffrey G. Williamson (2001), Does globalization make the world more unequal?, *NBER Working Paper* 8228, National Bureau of Economic Research.

Lipsey, Robert E. (1994), Foreign-owned firms and U.S. wages, *NBER Working Paper* 4927, National Bureau of Economic Research.

Luttwark, Edward (1999), *Turbokapitalismus – Gewinner und Verlierer der Globalisierung*, Wien.

Markusen, James R. (1975), International Externalities and Optimal Tax Structures. In: *Journal of International Economics*, 5 (1), S. 57-76.

Markusen, James R. und Keith E. Maskus (1999), Multinational Firms: Reconciling Theory and Evidence, *NBER Working Paper* 7163, National Bureau of Economic Research.

Maskus, Keith E.(1999), *Competition Policy and Intellectual Property Rights in Developing Countries: Interests in Unilateral Initiatives and a WTO Agreement*, im Internet verfügbar unter: http://www.worldbank.org/research/abcde/washington 12/pdf files/maskus.pdf

Maskus, Keith E.(2000), *Regulatory Standards in the WTO: Comparing Intellectual Property Rights with Competition Policy, Environmental Protection, and Core Labour Standards*, im Internet verfügbar unter: http://www.wtowatch.org/library/admin/uploadedfiles/Regulatory Standards in the WTO Comparing 1 2.htm .

Mattoo, Aaditya, Randeep Rathindran und Arvind Subramanian (2001), Measuring Services Trade Liberalization and Its Impact on Economic Growth: An Illustration, *World Bank Working Paper* 2655.

Mazumadar, Joy (1999), Intellectual Property Rights, Endogenous Growth and Welfare in a North-South Model, im Internet verfügbar unter: http://userwww.service.emory.edu/~cozden/mazumdar 99 29 paper.pdf

McCalman, Phillip (1999), Reaping What You Sow: An Empirical Analysis of International Patent Harmonization, im Internet verfügbar unter http://econ.ucsc.edu/faculty/mccalman/workingpapers/454paper.pdf.

McDonnell, Ida und Henri-Bernard Solignac Lecomte (2002), Civil Society and Development, in: Jorge Braga de Macedo, Colm Foy und Charles P. Oman (Hrsg.), *Development is Back*, OECD Development Centre Studies, Paris, S. 189-205.

McKinnon, Ronald I. (1973), *Money and Capital in Economic Development*, Washington D.C.: The Brookings Institution.

McKinnon, Ronald I. und Huw Pill (1997), Credible Economic Liberalizations and Overborrowing, *The American Economic Review*, Papers and Proceedings, Mai, S.189-193.

Martin, Hans-Peter und Harald Schumann (1996), *Die Globalisierungsfalle. Der Angriff auf Demokratie und Wohlstand*, Hamburg: Rowohlt.

Meadows, Dennis L. et al. (1972): *The limits to growth*, New York.

Meesook, Kanitta, Il Houng Lee, Olin Liu, Yougesh Khatri, Natalia Tamirisa, Michael Moore und Mark H. Krysl (2001), Malaysia: From Crisis to Recovery, *IMF Occasional Paper*, Nr. 207, International Monetary Fund.

Melchior, Arne, Kjetil Telle und Henrik Wiig (2000), Globalisation and Inequality: World Income Distribution and Living Standards, 1960-1998, *Studies on Foreign Policy Issues*, Report 6B:2000, Royal Norwegian Ministry of Foreign Affairs, Oslo.

Meltzer Commission (2000): *Report of the International Financial Institution Advisory Commission*, Washington, März 2000.

Mies, Maria (2001), Von der Lizenz zum Plündern zur Lizenz zum Töten – Das globale Freihandelssystem als neokoloniales Kriegssystem, Netzwerk gegen Konzernherrschaft und neoliberale Politik, Globalisierung und Krieg, *Infobrief* Nr.7, Köln.

Mies, Maria (2002), GATS: Widerstand lohnt sich. In: GATS? - Nein Danke! *Infobrief*, H. 9, S. 25-27.

Milanovic, Branko (1998), *True World Income Distribution, 1988 and 1993*, Washington, Weltbank.

Milanovic, Branko (2002), Can we discern the effect of globalization on income distribution?, *World Bank Policy Research Working Paper* 2876.

Monopolkommission (1998), *Marktöffnung umfassend verwirklichen*, Hauptgutachten Nr. XII, Baden-Baden: Nomos Verlagsgesellschaft.

Moran, Theodore D. (1998), *Foreign Direct Investment and Development: The New Policy Agenda for Developing Countries and Economies in Transition*, Washington, D.C.

Müller-Armack, Alfred (1968), *Religion und Wirtschaft: Geistesgeschichtliche Hintergründe unserer europäischen Lebensart*, Erstauflage von 1959, Stuttgart: Kohlhammer.

Narayan, Deepa und andere (Hrsg., 2000), *Voices of the Poor: Crying out for Change*, New York.

Neue Zürcher Zeitung (2002), Grobes Geschütz für die EU gegen die USA, Ausgabe vom 31. August/1.September 2002, S. 9.

Neurohr, Wilhelm (2002), Die Welt ist keine Ware - Der drohende Ausverkauf unserer Städte und Gemeinden durch multinationale Dienstleistungskonzerne. In: GATS? - Nein Danke! *Infobrief*, H. 9, S. 13-21.

Nunnenkamp, Peter (1999), The Moral Hazard of IMF Lending: Making a Fuss about a Minor Problem?, *Kieler Diskussionsbeiträge*, No. 332, Institut für Weltwirtschaft.

Nunnenkamp, Peter (2002a), Why Economic Growth Trends Differ So Much Across Developing Countries, *Kiel Working Papers*, Nr. 1091, Institut für Weltwirtschaft, Kiel.

Nunnenkamp, Peter (2002b), IWF und Weltbank: Trotz aller Mängel weiterhin gebraucht?, *Kieler Diskussions Beiträge*, 388, Institut für Weltwirtschaft Kiel, Mai.

Nunnenkamp, Peter (2002c), Shooting the Messenger of Good News: A Critical Look at the World Bank´s Success Story of Effective Aid, *Kiel Working Papers*, Nr. 1103, April, Institut für Weltwirtschaft, Kiel.

Nuscheler, Franz (1995), *Lern- und Arbeitsbuch Entwicklungspolitik*, 4., völlig neu bearbeitete Auflage, Bonn: Bundeszentrale für politische Bildung.

Nuscheler, Franz (1987), *Lern- und Arbeitsbuch Entwicklungspolitik*, völlig überarbeitete und aktualisierte Auflage, Bonn: Verlag Neue Gesellschaft.

Obstfeld, Maurice (1994), The Logic of Currency Crises, *Cahiers économiques et monétaires*, Banque de France, Vol. 43, S. 189-213.

Obstfeld, Maurice (1996), Models of Currency Crises with Self-Fulfilling Features, *European Economic Review*, Vol. 40, 1037-1047.

Obstfeld, Maurice (1998), The Global Capital Market: Benefactor or Menace?, *Journal of Economic Perspectives*, Vol. 12, S. 9-30.

Obstfeld, Maurice (2000), Globalization and Macroeconomics, *NBER Reporter* Fall 2000, S. 18-23.

Obstfeld, Maurice und Kenneth Rogoff (2000), The Major Puzzles in International Macroeconomics: Is There a Common Cause?, *NBER Working Paper* 7777, National Bureau of Economic Research.

Ohlin, Bertil (1929), The German Transfer Problem: A Discussion, *Economic Journal*, 39 (1929), S. 172-182.

Organisation for Economic Co-operation and Development (OECD, 1998), *Harmful tax competition – An Emerging Global Issue*, Paris.

Organisation for Economic Co-operation and Development (OECD, 2000a), *Improving Access to Bank Information for Tax Purposes*, Paris.

Organisation for Economic Co-operation and Development (OECD, 2000b), *Towards Global Tax-Cooperation*, Paris.

Organisation for Economic Co-operation and Development (OECD, 2000c), *Meeting: Globalisation and Income Inequality in Developing Countries* 30 Nov-1 dec 2000, Protokolle und Beiträge verfügbar unter: http://www.oecd.org/EN/document/0,,EN-document-267-7-no-21-20947-267,00.html .

Organisation for Economic Co-operation and Development (OECD, 2000d), *Hard Core Cartels*, Paris.

Organisation for Economic Co-operation and Development (OECD, 2001), *Project on Harmful Tax Practices: 2001 Progress Report*, Paris.

Organisation for Economic Co-operation and Development (OECD, 2002a), Multinational Enterprises in Situations of Violent Conflict andWidespread Human Rights Abuses, *Working Papers on International Investment*, Number 2002/1, Mai, Paris.

Organisation for Economic Co-operation and Development (OECD, 2002b), *OECD Economic Outlook*, 71, June edition, Paris.

Organisation for Economic Co-operation and Development (OECD, 2002c), Recent Privatisation Trends in OECD Countries, *OECD Financial Market Trends* No. 82, Juni 2002.

Organisation for Economic Co-operation and Development (OECD, 2002d), *The OECD List of Unco-operative Tax Havens*, 18. April 2002, im Internet verfügbar unter: http://www.oecd.org/EN/document/0,,EN-document-22-nodirectorate-no-12-28534-22,00.html.

O'Rourke, Kevin H. (2002), Globalization and Inequality: Historical Trends, *Außenwirtschaft*, 57. Jahrgang, Heft I, S. 65-101.

Osterhaus, Anja und Peter Waldow (2000), *Regulierung der internationalen Finanzmärkte für eine sozial gerechte und ökologisch tragfähige Entwicklung*, Attac-Diskussionspapier zum ersten Ratschlag am 22.1.2000, im Internet verfügbar unter: http://www.attac-netzwerk.de/archiv/0001finanzmaerkte.php?print=yes.

Owens, Jeffrey (2002), Taxation in a global environment, *OECD Observer*, 1. März 2002, Paris.

Oxfam (2001), *Where's the money? G8 promises, G8 failures*, Juli 2001, im Internet verfügbar unter: http://www.oxfam.org/eng/pdfs/pp0107_G8_Where_is_the_money.pdf.

Oxfam (2002), *Rigged Rules and Double Standards: Trade, Globalisation, and the Fight against Poverty*, verfügbar unter: http://www.maketradefair.com/.

Oxley, Howard, Thai Thanh Dang und Pablo Antolin (2000), Poverty Dynamics in six OECD countries, *OECD Economic Studies*, No. 30, Paris.

Papst Johannes Paul II. (1999), *Nachsynodales Apostolisches Schreiben, „Ecclesia in America"*, 22. Januar 1999 (Hrsg.: Sekretariat der Deutschen Bischofskonferenz, Bonn)

Polanyi, Karl (1978), *The Great Transformation*, Frankfurt a.M.

Prebisch, Raúl (1950), *The Economic Development of Latin America and Its Principle Problems*, United Nations Publications, New York.

Presusse, Heinz G. (1996), Die Welthandelsorganisation (WTO) und die geistigen Eigentumsrechte. In: *Aussenwirtschaft*, 21. Jg., H. 1, S. 27-50.

Public Citizen (2001), *WTO – Shrink or Sink!"* The Turnaround Agenda International Civil Society Sign-On Letter, im Internet verfügbar unter: http://www.citizen.org/trade/wto/shrink_sink/articles.cfm?ID=1569.

Quah, Danny (2002), *One Third of the World's Growth and Inequality*, Centre for Economic Performance, London School of Economics and Political Science

Radetzki, Marian und Bo Jonsson (2000), The 20th Century – the Century of Increasing Income Gaps. But How Reliable Are the Numbers?, *Ekonomisk Debatt* 1, S. 43-58.

Raghavan, Chakravarthi (2001), *World Bank, Globalization and Poverty*, im Internet verfügbar unter: http://www.twnside.org.sg/title/poverty2.htm.

Rahmstorf, Stefan (2002), Flotte Kurven, dünne Daten, in: *Die Zeit* 37/2002.

Rau, Johannes (2002), *Chance, nicht Schicksal – die Globalisierung politisch gestalten*, Berline Rede am 13. Mai 2002 im Museum für Kommunikation Berlin, im Internet verfügbar unter: http://www.bundespraesident.de .

Reisen, Helmut (2002), *Tobin tax: could it work?*, OECD, Paris.

Reuber, Grant L. et. al. (1973), *Private Foreign Investment in Development*, Oxford: Clarendon Press.

Ricardo, David (1817), *Principles of Political Economy and Taxation*, London.

Ricupero, Rubens (1999a), *Why Not a Development Round This Time For a Change?*, Keynote luncheon statement to the next trade negotiating round conference: examining the agenda for Seattle, Columbia University, New York. 23./24. Juli 1999.

Ricupero, Rubens (1999b), Overview- Chapter 3, in: Jagdish Bhagwati, *The next trade negotiating round conference: examining the agenda for Seattle*, Proceedings of the Conference held at Columbia University, 23./24. Juli, 1999, im Internet verfügbar unter: http://www.columbia.edu/~jb38/Seattle.pdf .

Rifkin, Jeremy (1995), *Das Ende der Arbeit und ihre Zukunft*, Frankfurt: Campus-Verlag.

Rodríguez, Francisco und Dani Rodrik (2000), Trade Policy and Economic Growth: A Skeptic's Guide to the Cross-National Evidence, *NBER Macroeconomics Annual*, S. 261-325.

Rodrik, Dani (1997), *Has Globalization Gone Too Far?*, Washington, D.C.: Institute for International Economics.

Rodrik, Dani (1998), Why Do More Open Economies Have Bigger Governments?, *Journal of Political Economy*, 106, S. 997-1032.

Rodrik, Dani (2002), *Is Globalization Good for the World's Poor?*, unveröffentlicht, Harvard University.

Roessler, Frieder (1985), The Scope, Limits and Function of the GATT Legal System. *World Economy*. Vol. 8.

Röpke, Wilhelm (1966), *Jenseits von Angebot und Nachfrage*, Erstauflage 1958, Erlenbach-Zürich, Stuttgart: Eugen Rentsch Verlag.

Röpke, Willhelm (1979), *Internationale Ordnung – heute*, Bern, Stuttgart: Verlag Paul Haupt.

Rogoff, Kenneth (1999), International Institutions for Reducing Global Financial Instability, *Journal of Economic Perspectives*, Vol. 13, S. 21-42.

Rogoff, Kenneth (2002), *An Open Letter to Joseph Stiglitz*, Washington D.C., 2. Juli 2002, im Internet verfügbar unter: http://www.imf.org/external/np/vc/2002/070202.htm .

Rogoff, Kenneth und Jeromin Zettelmeyer (2002), Bankruptcy Procedures for Sovereigns: A History of Ideas, 1976-2001, *IMF Staff Papers*, Vol.49, No. 3, S. 470-507.

Rybczynski, Tad M. (1955), Factor Endowments and Relative Commodity Prices, *Economic*, Vol. 22, S. 336-341.

Sachverständigenrat zur Begutachtung der gesamtwirtschaftlichen Entwicklung (1995), *Im Standortwettbewerb*, Jahresgutachten 1995/1996, Stuttgart: Metzler-Poeschel.

Sachverständigenrat zur Begutachtung der gesamtwirtschaftlichen Entwicklung (1998), *Vor weitreichenden Entscheidungen*, Jahresgutachten 1998/1999, Stuttgart: Metzler-Poeschel.

Sachverständigenrat zur Begutachtung der gesamtwirtschaftlichen Entwicklung (2000), *Chancen auf einen höheren Wachstumspfad*, Jahresgutachten 2000/2001, Stuttgart: Metzler-Poeschel.

Sachverständigenrat zur Begutachtung der gesamtwirtschaftlichen Entwicklung (2001), *Für Stetigkeit – gegen Aktionismus*, Jahresgutachten 2001/2002, Stuttgart: Metzler-Poeschel.

Sachverständigenrat zur Begutachtung der gesamtwirtschaftlichen Entwicklung (2002), *Zwanzig Punkte für Wachstum und Beschäftigung*, Jahresgutachten 2002/2003, Stuttgart: Metzler-Poeschel.

Sachs, Jeffrey D. (1989), *Developing Country Debt and Economic Performance, The International Financial System* (Volume 1), National Bureau of Economic Research, Chicago, London: The University of Chicago Press.

Sachs, Jeffrey D. (2000), Globalization and Patterns of Economic Development, *Weltwirtschaftliches Archiv*, Band 136, Tübingen, S. 579-600.

Sachs, Jeffrey D., Kwesi Botchwey, Maciej Cuchra und Sara Sievers (1999), *Implementing Debt Relief for the HIPCs, Center for International Development*, Havard University, im Internet verfügbar unter: http://www2.cid.harvard.edu/ cid-socialpolicy/hipc5.pdf .

Sachs, Jeffrey D., Aaron Tornell und Andrés Velasco (1996), The Mexicon peso crisis: Sudden death or death foretold?, *Journal of International Economics*, Vol. 41, S. 265-283.

Sachs, Jeffrey, D. und Andrew Warner (1995a), Economic Reform and the Process of Global Integration, *Brookings Papers on Economic Activity*, Vol. 1/1995, S. 1-118.

Sachs, Jeffrey, D. und Andrew Warner (1995b), Natural Resource Abundance and Economic Growth, *NBER Working Paper* 5398, National Bureau of Economic Research.

Sachs, Jeffrey D. und Howard J. Shatz (1996), U.S. Trade with Developing Countries and Wage Inequality, *American Economic Review* – Papers and Proceedings, Jg. 86, S. 234-239.

Sachs, Jeffrey D. und Steven Radelet (1999), What have we learned, so far, from the Asian Financial Crisis?, im Internet verfügbar unter http://www.nber.org/~confer/2000/korea00/radelet+sachs2.pdf.

Sala-i-Martin, Xavier (2002), The disturbing „rise" of global income inequality, *NBER Working Paper 8904*, National Bureau of Economic Research.

Sally, Razeen (1998), *Classical Liberalism and International Economic Order. Studies in Theory and Intellectual History*, Routledge, London/New York.

Sané, Pierre (2001), *Globalization*, Amnesty International, Foreword im Internet verfügbar unter: http://web.amnesty.org/80256A2900558068/0/E645B3BE7E1F5BC980256A48004C8640?Open&Highlight=2,Globalization.

Scharnagel, Benjamin (2002), *Internationale Nichtregierungsorganisationen und die Bereitstellung globaler öffentlicher Güter*, Dissertation, Wirtschafts- und Sozialwissenschaftliche Fakultät der Universität zu Köln (Veröffentlichung geplant für 2003).

Scherer, Andreas (2000), *Die Rolle der Multinationalen Unternehmung im Prozeß der Globalisierung. Vorüberlegungen zu einer Neuorientierung der Theorie der Multinationalen Unternehmung*, Nürnberg.

Schmölders, Günter (1960), Das Bild des Menschen in der neuen Sozialpolitik, in Böhm, Franz, Wilhelm Röpke und Alexander Rüstow (Hrsg.), *Wirtschaftsordnung und Menschenbild*, Schriftenreihe der Aktionsgemeinschaft Soziale Marktwirtschaft, Heft 4, Köln: Verlag für Politik und Wirtschaft, S. 115-127.

Schnatz, Bernd (1998), Makroökonomische Bestimmungsgründe von Währungsturbulenzen in Emerging Markets, *Diskussionspapier*, Nr. 3/98, Deutsche Bundesbank.

Schotter, Andrew (1996), *Microeconomics. A Modern Approach*. London.

Schüller, Alfred (2002), 5.1 ORDO-Liberalismus – eine Synthese, in Schüller, Alfred und Hans-Günter Krüsselberg (Hrsg.), *Grundbegriffe zur Ordnungspolitik und Politischen Ökonomik*, Arbeitsberichte zu Ordnungsfragen der Wirtschaft, Nr.7, Marburg: Marburger Gesellschaft für Ordnungsfrage der Wirtschaft e.V., S. 50-55.

Schultz, Paul T. (1998), Inequality in the Distribution of Personal Income in the World: How Is It Changing and Why?, *Journal of Population Economics* 11 (August), S. 307-344.

Schulze, Günther G. und Heinrich W. Usprung (1999), Globalisation of the Economy and the Nation State, *The World Economy*, Vol. 22 (3), S. 295-351.

Scott, Robert E. (2001), Fast track to lost jobs, *Economic Policy Institute Briefing Paper*, Oktober 2001.

Senti, Richard (2001), Die Macht in der Welthandelspolitik, *Jahrbuch für Wirtschaftswissenschaften*, Vol. 52, S. 228-242.

Seliger, Bernhard (2001), Die Krise der sozialen Sicherung und die Globalisierung – Politische Mythen und ordnungspolitische Wirklichkeit, *ORDO*, Bd. 52, S. 215-238.

Shiller, Robert (2000), *Irrational Exuberance*, Princeton, New Jersey.

Shiva, Vandana (2002), Export um jeden Preis: Das Freihandelsrezept von OXFAM für die Dritte Welt, Netzwerk gegen Konzernherrschaft und neoliberale Politik, WTO, IWF, Weltbank, GATS...Was sind die Alternativen? Teil I, *Infobrief* Nr. 10, Köln.

Siebert, Horst (1998), Disziplinierung der nationalen Wirtschaftspolitik durch die internationale Kapitalmobilität, in: D. Duwendag (Hrsg.), *Finanzmärkte im Spannungsfeld von Globalisierung, Regulierung und Geldpolitik*, Berlin, S. 41-67.

Siebert, Horst (Hrsg.) (1999), *Globalization and Labor*, Tübingen: Mohr Siebeck.

Siebert, Horst (2002), Die Angst vor der internationalen Arbeitsteilung – eine Auseinandersetzung mit den Globalisierungsgegnern, *Aussenwirtschaft*, 57. Jahrgang, S. 7-28.

Siebke, Jürgen (1992), Verteilung, in: Dieter Bender et al., *Vahlens Kompendium der Wirtschaftstheorie und Wirtschaftspolitik*, Band 1, 5. Auflage, München, S. 383-415.

Signer, David (2002), Ökonomie und Hexerei, *Die Weltwoche* vom 20. Juni 2002, S. 42-47.

Singer, Hans (1950), U.S. Foreign Investment in Underdeveloped Areas: The Distribution of Gains Between Investing and Borrowing Countries, *American Economic Review*, Papers and Proceedings 40, S. 473-485.

Sinn, Hans-Werner (1997), Das Selektionsprinzip und der Systemwettbewerb, *Schriften des Vereins für Socialpolitik*, Bd. 253, S.9-60.

Sinn, Hans-Werner (2002), Der neue Systemwettbewerb, *Perspektiven der Wirtschaftspolitik*, 2002 3(4), S. 391-407.

Smarzynska, Beata K. und Shang-Jin Wei (2001), Pollution Havens and Foreign Direct Investment: Dirty Secret or Popular Myth?, *NBER Working Paper*, National Bureau of Economic Research.

Smith, Adam (1776), The Wealth of Nations, Book I-III, London et al.: Penguin Classics (Neuauflage 1986).

Solimano, Andrès (2001), *International migration and the global economic order: an overview*, November, Weltbank.

Soros, George (1998), *The Crisis of Global Capitalism*, New York.

Soyinka, Wole (1996), The National Question in Africa: Internal Imperatives, *Development and Change*, Vol. 27, S. 279 - 300.

Spahn, Paul Bernd (1996), The Tobin Tax and Exchange Rate Stability, *IMF Finance & Development*, Juni, S. 24-27.

Spahn, Paul Bernd (2002), *Zur Durchführbarkeit einer Devisentransaktionssteuer, Gutachten im Auftrag des Bundesministeriums für Wirtschaftliche Zusammenarbeit und Entwicklung*, Frankfurt am Main.

Stalker, Peter (2000), *Workers without Frontiers – The Impact of Globalization on International Migration*, International Labour Organization, Genf.

Steingart, Gabor (1997), Die neue Ungemütlichkeit, *Der Spiegel*, 41/1997, S. 124-129.

Stern, Nicholas (2002), *A Strategy for Development, Annual World Bank Conference on Development Economics 2001/2002*, Weltbank.

Stiglitz, Joseph (2002), *Globalization and Its Discontents*, New York: W.W. Norton & Company.

Stotsky, Janet G. (1996), Why a Two-Tier Tobin Tax Won't Work, *IMF Finance & Development*, Juni, S. 28-29.

Streitz, Matthias (2002), Worum es Bush im Irak wirklich geht, *Spiegel Online*, 25. Oktober 2002, im Internet verfügbar unter: http://www.spiegel.de/wirtschaft/0,1518,219504,00.html .

Ströbele, Wolfgang (2001), *Ausgestaltung der Klimaschutzpolitik – Rechtliche und ökonomische Perspektiven*, Münster.

Sturm, Daniel M. (2002), *Trade and Environment: A Survey of the Literature*, unveröffentlicht, Ludwig-Maximilians Universität München.

Svizzero, Serge und Clem Tisdell (2002), Reconciling Globalisation and Technological Change: Growing Income Inequalities and Remedial Policies, *Intereconomics*, Mai/Juni, S. 162-171.

Tang, Paul und Adrian Wood (2000), *Globalization, Co-Operation Costs and Wage Inequalities*, unveröffentlicht, Netherlands Planning Bureau and Institute of Development Studies, im Internet verfügbar unter: http://www.ids.ac.uk/ids/global/ttint.html .

Tanzi, Vito (1996), Globalization, Tax Competition and the Future of Tax Systems, *IMF Working Paper*, Nr. 96/141, International Monetary Fund.

Tanzi, Vito (2000), Globalization and the Future of Social Protection, *IMF Working Paper*, Nr. 00/12, International Monetary Fund.

Taylor, Alan M. (1996), International Capital Mobility in History: The Saving-Investment Relationship, *NBER Working Paper* 5742, National Bureau of Economic Research.

Tegner, Henning (2001), *Privatisierung als Prozess rationaler Wirtschaftspolitik.* Berlin.

Tetzlaff, Rainer (1996b), Die Konsequenzen der Globalisierung für Afrika, *NORD-SÜD-aktuell,* 3. Quartal 1996, S. 544 - 552.

The Economist (1998), Two Kinds of Openness. 12. September 1998, S. 12-16.

The Economist (2001), Who elected the WTO?, 29. September 2001, S. 30-32.

The Economist (2002a), Special report – Emigration, 28. September 2002, S. 29-32.

The Economist (2002b), Too nice in Basel, Ausgabe vom 5. Oktober 2002, S. 80f.

The Economist (2002c), Brazil- The real crisis becomes more so, Ausgabe vom 19. Oktober 2002, S. 82f.

The Economist (2002d), The Zimbabwean model, Ausgabe vom 30. November 2002, S. 76.

The Economist (2002e), The great race, Ausgabe vom 6. Juli 2002, S. 3-16.

Theuringer, Martin (2000), Das Verhältnis zwischen Antidumpingpolitik und Wettbewerbspolitik: Konflikte und Lösungsansätze, *Zeitschrift für Wirtschaftspolitik,* 49. Jg., Heft 3, S. 365-385.

Theuringer, Martin (2002), *Antidumping und wettbewerbsbeschränkendes Verhalten,* Dissertation, Wirtschafts- und Sozialwissenschaftliche Fakultät der Universität zu Köln, Oktober (Veröffentlichung geplant).

Tiebout, Charles M. (1956), A Pure Theory of Local Expenditures, *Journal of Political Economy,* LXIV (5), October, S.416-424.

Tietmeyer, Hans (1999), International Cooperation and coordination in the area of financial market supervision and surveillance, Report to the Finance Ministers and Central Bank Governors of the G-7 nations, *Deutsche Bundesbank, Auszüge aus Presseartikeln,* Nr. 13, 26. Februar 1999, S. 1-4.

Tigges, Claus (2002), Die Sündenfälle des IWF, Frankfurter Allgemeine Zeitung vom 30. August 2002, aus *Deutsche Bundesbank: Auszüge aus Presseartikeln* Nr. 40, 4. September 2002, S. 15f.

Tillmann, Peter (2002), *Uncertainty and the stability of Financial Markets in Open Economies – Empirical Evidence From Regime-Switching Models,* Dissertation,

Wirtschafts- und Sozialwissenschaftliche Fakultät der Universität zu Köln, Oktober (Veröffentlichung geplant).

Tinbergen, Jan (1952), *On the Theory of Economic Policy*. Amsterdam.

Tobin, James (1978), A Proposal for International Monetary Reform, *Eastern Economic Journal*, Vol. 4, S. 153-159.

Tobin, James (1996), Prologue, in Mahbub ul Haq, Ingel Kaul und Isabelle Grundberg (Hrsg.), *The Tobin Tax: Coping with Financial Volatility*, New York: Oxford University Press, S. ix-xviii.

Tobin, James (2001), Die wahre Idee der Tobin-Tax, *Financial Times Deutschland* vom 11.9.2001, S. 35.

Todaro, Michael P. (1994), *Economic Development*, 5. Auflage, New York, London: Longman.

Todo, Yasuyuki und Koji Miyamoto (2002), Knowledge diffusion from multinational entreprises: the role of domestic and foreign knowledge-enhancing activities, *OECD Development Centre Technical Papers* No. 196, August, Paris.

Tornell, Aaron (1999), Common Fundamentals in the Tequila and Asian Crises, *NBER Working Paper* 7139, National Bureau of Economic Research.

Uchitelle, Louis (1997), An Economic Donnybrook That´s More Than Academic, *International Herald Tribune*, 18. Februar 1997, S.1 und 6.

United Nations Conference on Trade and Development (UNCTAD, 1997), *Trade and Development Report*, New York.

United Nations Develoment Programme (UNDP, 1998), *Human Development Report*, New York.

United Nations Develoment Programme (UNDP, 1999), *Human Development Report*, New York.

United Nations Develoment Programme (UNDP, 2002), *Human Development Report*, New York.

Valdés-Prieto, Salvador und Marcelo Soto (1998), The Effectiveness of Capital Controls: Theory and Evidence from Chile, *Empirica*, Vol. 25, S. 133-164.

Wahl, Peter, Sven Giegold und Harald Klimenta (2001), *Einführung in Globalisierung, Globalisierung der Finanzmärkte und Steuerflucht in Entwicklung*, PowerPoint-Präsentation, Stand: Dezember 2001, verfügbar unter: http://www.attac-netzwerk.de/vortraege/foliensatz_finanzmaerkte.ppt .

Watkins, Kevin (2002), Making Globalization Work for the Poor, *Finance & Development*, März, S. 24-27.

Weed (2002), *Die Tobin-Steuer – Instrument einer gerechteren Weltwirtschaft*, Broschüre in Kooperation mit Attac, Bonn.

Wehmeier, Axel (1998), Zwischen Harmonisierung und Systemwettbewerb: Schutzregulierungen im Zeichen der Globalisierung, in Juergen B. Donges und Andreas Freytag (Hrsg.), *Die Rolle des Staates in einer globalisierten Wirtschaft*, Stuttgart: Lucius & Lucius, S.285-316.

Weiß, Pia (1998), Inländische Arbeitsmärkte und Handel mit Niedriglohnländern, in: Juergen B. Donges und Andreas Freytag (Hrsg.), *Die Rolle des Staates in einer globalisierten Wirtschaft*, Schriften zur Wirtschaftspolitik, Neue Folge, Band 6, S.53-72.

Weiß, Pia (2000), Unemployment in Open Economies – A Search Theoretic Analysis, *Lecture Notes in Economics and Statistics*, Bd. 496, Heidelberg: Springer Verlag.

Weiß, Pia und Klaus Wälde (2001), Globalisation is good for you: distributional effects of mergers caused by Globalisation, *Dresdner Beiträge zur Volkswirtschaftslehre*, Nr. 7/01, Technische Universität Dresden.

Weizsäcker, Carl Christian von (1999), *Die Logik der Globalisierung*, Göttingen: Vandenhoeck und Ruprecht.

Weller, Christian E., Robert E. Scott und Adam Hersh (2001), The unremarkable record of liberalized trade, *Economic Policy Institute Briefing Paper* No. 113.

Weller, Christian E. und Adam Hersh (2002), The long and short of it: global liberalization, poverty and inequality, *ZEI Working Paper*, Nr. 14, Zentrum für Europäische Integrationsforschung.

Weltbank (2001), *The World Bank Annual Report*, Washington, D.C.

Weltbank (2002a), *The World Bank Annual Report*, Washington, D.C.

Weltbank (2002b), *The Role and Effectiveness of Development Assistance: Lessons from World Bank Experience*, Washington, D.C.

Welthungerhilfe (2002), Keine Medikamente für die Armen. In: Welternährung - *Zeitung der Welthungerhilfe*, 3. Quartal 2002, 31. Jg.

Weniger, Lothar (1988), *Kapitalverkehrskontrollen im Europäischen Währungssystem*, Frankfurt a.M.

Wheeler, David (2001), Racing to the Bottom? Foreign Investment and Air Pollution in Developing Countries, *Policy Research Working Paper*, No. 2524.

Wilkinson, Rorden (2002), Global Monitor. In: *New Political Economy*, 7. Jg.

Williamson, Jeffrey G. (2002), Winners and losers over two centuries of globalization, *NBER Working Paper* 9161, National Bureau of Economic Research.

Williamson, John (1990), What Washington Means by Policy Reform, in: John Williamson (Hrsg.), *Latin American Adjustment: How Much Has Happened*, Washington, Institute for International Economics.

Williamson, John (1994), *The Political Economy of Policy Reform*, Washington, D.C.: Institute for International Economics.

Williamson, John (1999), *What should the bank think about the Washington Consensus?*, paper prepared as a background to the World Bank´s World Development Report 2000.

Willgerodt, Hans (1998), Neue Kontrollen für den internationalen Kapitalverkehr?, in: Juergen B. Donges und Andreas Freytag (Hrsg.), *Die Rolle des Staates in einer globalisierten Wirtschaft*, Stuttgart: Lucius & Lucius, S.119-171.

Wimmer, Andreas (1995), Interethnische Konflikte - Ein Beitrag zur Integration aktueller Forschungsansätze, *Kölner Zeitschrift für Soziologie und Sozialpsychologie*, Bd. 47, S. 464 - 493.

Wood, Adrian (1994), *North-South Trade, Employment and Inequality: Changing Fortunes in a Skill-Driven World*, Oxford.

Wood, Adrian (2002), Globalization and Wage Inequalities: A Synthesis of Three Theories, *Weltwirtschaftliches Archiv*, Vol. 138 (1), S. 54-82.

World Health Organization und World Trade Organization (2002), *WTO Agreements & Public Health. A joint study by the WHO and the WTO Secretariat*, Genf.

World Trade Organization (WTO,1997), *Annual Report*, Genf.

World Trade Organization (WTO, 2001): *Trading into the Future*. 2. überarbeitete Auflage, Genf.

Young, Crawford (1994), Democratization in Africa: The Contradictions of a Political Imperative, in: Jennifer A. Widner (Hrsg.), *Economic Change and Political Liberalization in Sub-Saharan Africa*, Baltimore, London: The Johns Hopkins University Press, S. 230 - 250.

Zimmermann, Ralf (1998), Protektionistische Handelsblöcke als Antwort auf die Globalisierung?, in: Juergen B. Donges und Andreas Freytag (Hrsg.), *Die Rolle des Staates in einer globalisierten Wirtschaft, Schriften zur Wirtschaftspolitik*, Neue Folge, Band 6, S. 93-117.

Zimmermann, Ralf (1999), Regionale Integration und multilaterale Handelsordnung, *Untersuchungen zur Wirtschaftspolitik*, Nr. 115, Köln.

7. Stichwortverzeichnis

Agrarsubventionen 56
Allokationspolitik 113
Ansteckungseffekte 89, 92
Antidumpingmaßnahmen 150
Äquivalenzprinzip..........................
.... 111, 123, 125, 170
Arbeitnehmer-Entsendegesetz .. 52
Arbeitslosigkeit ....
 50ff., 93, 115, 120, 125, 141,
 206
Arbeitsschutz............................. 114
Arbeitsschutzbestimmungen ... 114
Asymmetrische Information..........
.... 58, 182

Bankenaufsicht 83, 94, 160, 183
Bankenregulierung.... 160, 164, 221
Basel II 180
Behavioural Finance 89, 90
Bertrand-Verhalten.................... 104
Bhagwati-Steuer 53
Bid-Ask-Spreads 167
Bildungsgutscheine................... 114
Bildungspolitik 51, 125
BIS 81, 180, 183, 224
Blasenbildung..................... 90, 206
Brain Drain 223, 226
Bretton Woods.......................... 165

Casino-Kapitalismus 21, 27, 84
Chile.................... 45, 157ff., 205
Club of Rome..................... 10, 19
Commitments............................. 67
Cournot-Verhalten.................... 104
Crowding Out 33, 62
Currency Board................... 93, 96

Demographische Entwicklung 124
Derivate..................................... 181
Devisenkontrollen 154

Devisenreserven 93, 166
Devisentransaktionssteuer............
.... 17, 165ff.
Dienstleistungssektor ....
.... 3, 51, 67, 70f.
Digital divide.............................. 48
Direktinvestitionen ....
 2, 5, 14, 46f., 57ff., 67, 76, 101,
 105ff., 121, 140, 143, 146ff.,
 155, 158, 164, 169, 172, 203,
 215
Dirty Work Hypothesis............ 211
Dualer Wechselkurs.................. 154
Dumping 184, 194, 205
Dutch Disease 33

Einkommensungleichheit ....
.... 34f., 40f., 44, 49, 53
Einstimmigkeitsprinzip 130, 132
Emissionszertifikate................. 101
Energieverbrauch...................... 100
Engelsches Gesetz 33
Enquête-Kommission des
 Deutschen Bundestags.. 17, 166
Entwicklungshilfe ....
 11, 16, 54, 88, 134, 139ff., 165,
 169ff., 177, 191, 202ff., 214,
 217
Entwicklungspolitik ....
 2, 6, 28, 41, 87, 100, 135, 145,
 218
Erziehungszoll 135
EU-Bananenordnung................. 56
EU-Kommission.............. 150, 166
Everything but Arms-Initiative
.... 128, 146
Existenzminimum...................... 47
Exporthilfen............................... 60
Exportsubvention 103

Externe Effekte ....
    20, 47, 56, 60ff., 82, 127, 137,
    142, 147, 182, 189, 190, 194,
    204, 207, 209, 213f., 216
Faktorpreisausgleichstheorem ....
    ....42f.
Feldstein-Horioka-Paradox....4, 82
Festkurssysteme 93, 207
Financial Stability Forum ....
    ....180, 182, 234
Finanzmärkte......................................
    2, 4, 17, 27, 80ff., 88f., 98f.,
    119, 153, 161, 177f., 182f., 190,
    198, 205f., 208, 215
Free-Trade-For-One-Theorem . 65
FSAP..179

GATS 67ff., 111, 114, 205
GATT 28, 64ff., 133, 189
Gefangenen-Dilemma 64, 66
Geldwäsche.................... 183, 195f.
Gini-Koeffizient 37, 39
Gläubigerpanik........................... 160
Global Governance..189, 191, 202
Güter, handelbare...................... 3
Güter, nicht-handelbare 3

Handel, interindustrieller 6
Handel, intraindustrieller 6
Handelsblöcke 56, 258
Handelshemmnisse, nicht-tarifäre
   55
Handelsliberalisierung.....................
    14, 28ff., 41, 46, 51, 65, 75,
    100, 127, 132
Handelsschranken ....
    .... 16, 54, 56, 139, 204, 220
Hedge Funds 8, 94, 167, 182
Herdentrieb 206
HERMES-Bürgschaften............. 17
Hijacking-Hypothese 210
Höchstpreise............................. 116
Hoheitsaufgaben......................... 68
Hot Money 68, 84

Human Development Index 38

IAIS.................................... 180, 183
ILO................... 46, 143, 144
Industriepolitik 136, 147
Inländerbehandlung..........................
    ....67, 69f., 72, 129
Innovationen......... 3, 24, 72ff., 191
Insolvenz von Staaten 175
Internationale
    Wettbewerbsordnung..148, 150
IOSCO.................................... 180, 183

Kapitalallokation 153
Kapitalflucht 93, 153, 156f., 159ff.
Kapitalrendite 120, 153
Kapitalverkehrsbeschränkungen
    .... 153ff., 161ff.
Kapitalverkehrskontrollen ....
    81, 84, 94, 153ff., 193, 202, 205
Kartell 138
Kaufkraftargument der Löhne...51
Kinderarbeit..
    .... 46f., 58, 143f., 201, 204
Klimarahmenkonvention. 101, 185
Know-how-Transfer.............. 155
Kohlendioxyd .... 101ff., 185ff.
Kommunismus...................7, 12, 23
Komparative Kostenvorteile
    Heckscher-Ohlin-Samuelson-
        Variante............................. 29, 42
    Ricardo-Variante............. 29, 55
Kompensationsforderungen 71
Konjunkturpolitik ....
    .... 17, 28, 110f., 117f.
Konvergenzhypothese von Barro7
Korruption ....
    ... 60, 63, 96, 106, 116, 142, 218
Kreditgeber in letzter Instanz ....
    ....98, 178
Kredit-Rating............................. 180
Kuznets-Kurve....................40
Kyoto-Protokoll..................................
    .... 26, 101, 105, 185ff., 210

Laffer-Schuldenerlass-Kurve ... 172
Level playing field 58, 136
Liberalisierungsverpflichtung ....
.... 67, 70f.
local content 147
Lohnnebenkosten 6, 121, 125
Lohnungleichheit .... 45ff.

Malaysia .157, 160, 162ff., 205, 217
Market Maker 167
Marktversagen ....
  30, 66, 72, 82, 88, 98, 104, 111,
  113f., 138, 141, 143, 178, 181,
  189, 205, 207
Marktzutrittsbarrieren ....
  .... 20, 30, 59, 145, 149
McJobs 51
Medikamente 77ff., 205
Meistbegünstigung ....
  .... 64, 67f., 72, 129f.
Migration .... 52, 54, 122, 146, 202f.
Millenium Indicators Database . 38
Mindestpreise 138
Moral Hazard ....
  80, 82, 89, 124, 175, 177, 202,
  206, 222
Multinational Agreement on
  Investment (MAI) 148

NAFTA 51, 102
National champions 59
Natürliche Monopole 30
Neoliberalismus 21, 108
Neue Ökonomie 57, 242
NGO ....
  ...... 10, 28, 68, 99, 134, 210, 218
Nord-Süd-Gefälle 35

Öffentliches Gut 113
Official Development Aid (ODA)
  139
Ökodumping 102
Optimalzoll 56, 65, 136
ORDO-Liberalismus 23, 252

Patente 71ff., 146
Patentrecht .... 72, 76, 78f.
Patentschutz .... 71ff.
Petrodollar 85
Pigousteuer 101
Politikversagen 104
Pollution havens 105, 107
Preis-Cap-Regulierung 116
Preisdifferenzierung 55, 78
Principal-agent-Problem 58
Prinzipien, konstituierende
  (Eucken) .... 25ff.
Prinzipien, regulierende (Eucken)
  26
Private Sector Involvement 178
Privatisierung 14, 69, 111ff., 205
Pro-Kopf-Einkommen ....
  .... 7, 35, 44, 101f., 184, 220
Property Rights ....
  .... 25, 64, 71, 218
Protektionismus 5, 7, 27, 55, 64, 66
Pseudo infant industry 136
Public Choice 110

Quellensteuerprinzip 122
Quersubventionierung 114

Race to the bottom ....
  44, 102, 104f., 107, 109, 204,
  208, 211
Rent-Seeking 137, 142
Ressourcen .... 17, 100, 102, 177f.
Ringgit .... 162f.
Risikoäquivalenz 124
ROSCs 179

Sanktionen ....
  130, 133, 144, 188, 194, 196f.,
  205, 216
Sanktionsmechanismus . 144, 188f.
Schuldenerlass ....
  .... 172, 174, 177, 205, 213
Schwellenländer ....
  .... 30, 75, 81, 86, 94, 203, 220

Selektionsprinzip 253
Self-fulfilling prophecies 160
Senken 186
Sozialstaat 111, 123, 225
Sozialstandards ....
   6, 17f., 47, 58, 60, 143, 147,
   199, 204, 207f., 210
Sozialsystem ....
   .... 2, 110f., 121, 125f., 193
Spekulation ....
   ...... 17f., 82, 89, 161ff., 166, 182
Staatsaufgaben 69, 113
Staatsquote 108f., 111
Staatsversagen 23, 113
Standortwettbewerb ....
   .... 6, 57, 109, 111, 147, 192
Steuerwettbewerb 122, 193, 208
Stolper-Samuelson-Theorem 42
Streitschlichtungsmechanismus .....
   .... 72, 130, 133
Structural Adjustment Programs
   (SAP) 95, 199, 207
Studiengebühren 114
Subsidiaritätsprinzip ....
   .... 113, 135, 191, 199
Subventionen ....
   62, 114, 123, 135, 137, 147,
   189, 211

Technologieeffekt 101, 10
Terms of Trade ....
   .... 33, 55, 64, 135, 137, 219
Terms of Trade-Effekt 64
Terrorismus ....
   .... 8, 121, 126ff., 195ff., 208,
TNU ....
   57ff., 146ff., 201, 204, 215,
   218, 221

Tobin-Steuer ....
   . 17f., 154, 164ff., 191, 202, 205
TOKTEN 53
Transformationsländer 37f., 60
Transformationsländern 31, 37
TRAPS-Abkommen 149, 150
Trickle-Down 34
TRIPS 17, 71, 74ff., 132, 205
Trittbrettfahrer 105, 184, 188
Turbokapitalismus 84, 245

Überrenditen 73
Umweltdumping 184
Umweltproblematik ... 62, 100, 107
Umweltschutz 103, 105, 184
Umweltstandards ....
   58, 60, 101ff., 147, 184, 187,
   207f.
Umweltverschmutzung ....
   .... 100, 103f., 106, 184
Unternehmensethik 60

Valuta-Dumping 57
Verelendungswachstum 135
Verfahrenspräferenzkosten 68
Vertrauensschutz 71
Volatilität ....
   63, 81, 84, 90, 165ff., 170, 172,
   202

Währungs- und Finanzkrisen ....
   .... 89, 206, 222
Währungsregime 93
Washington Consensus ....
   .... 13, 25, 96, 199, 207, 216
WHO 77ff., 214, 258

Zölle 58, 62

Schriften zur Wirtschaftspolitik NF

zuletzt erschienen:

Band 8
E-Commerce und Wirtschaftspolitik
Herausgeben von Juergen B. Donges und Stefan Mai, Köln.

Mit Beiträgen zahlreicher Fachautoren.

2001. XII, 218 S., 7 Abb., 5 Tab., kt. € 27,- /sFr 48,10 (ISBN 3-8282-0182-2)

Die Bedeutung der Neuen Ökonomie, verstanden als Querschnittstechnologie, ist mittlerweile unübersehbar geworden. Unternehmen ändern ihre Strukturen, wirtschaftliche Prozesse werden neu organisiert. Beschleunigt durch die Globalisierung wird auch die Arbeitswelt andere Formen aufweisen. In enger Verbindung damit steht der elektronische Handel, welcher im Rahmen dieser Schrift unter verschiedenen Facetten diskutiert wird. Leitend ist dabei die Thematik: "Wirtschaftspolitik vor neuen Herausforderungen durch elektronischen Handel". Diese Schrift soll dazu beitragen, den notwendigen Diskussionsbedarf um die Rolle der Wirtschaftspolitik in der Neuen Ökonomie zu intensivieren, und gleichzeitig die Punkte aufzuzeigen, die sich aus ordnungspolitischer Sicht für elektronischen Handel als wichtig erweisen.

Band 7
Die Partei der Freiheit
Studien zur Geschichte des deutschen Liberalismus.

Von Ralph Raico, Buffalo/USA

Mit einer Einführung von Ch. Watrin, übersetzt und bearbeitet von J.G. Hülsmann, G. Bartel und P. Weiß.

1999. 298 S., kt. € 36,- /sFr 63,80 (ISBN 3-8282-0042-7)

Der Autor unterzieht die Fehlinterpretationen, die der deutsche Liberalismus des 19. Jahrhunderts erfahren hat, einer Revision. Für ihn ist Liberalismus nicht die Programmatik oder Ideologie einer politischen Partei, sondern ein Versuch, Antworten auf die ordnungspolitischen Fragen moderner Gesellschaften zu geben. Leitende Ideen sind die individuelle Freiheit unter dem Gesetz und die Begrenzung der Macht des Staates – den demokratischen Staat eingeschlossen.

Band 6
Die Rolle des Staates in einer globalisierten Wirtschaft
Von Juergen B. Donges und Andreas Freytag, Köln

1998. XIV, 320 S., kt. € 36,- /sFr 63,80 (ISBN 3-8282-0058-3)

In dem vorliegenden Werk werden Themen, die in der Globalisierungsdebatte eine besondere Rolle spielen, aufgegriffen und wirtschaftswissenschaftlich ananlysiert. Die Verfasser dieses Bandes sehen die Globalisierung nicht als Schreckgespenst, sondern als Chance für eine zukunftsweisende Wirtschaftspolitik, die die Rahmenbedingungen für gesamtwirtschaftliche Dynamik und mehr Beschäftigung auf Dauer herstellt. Das gemeinsame Anliegen ist es, zu einer Versachlichung der Debatte beizutragen und in der Gesellschaft emotionalen Widerstand gegen Offenheit der Märkte abzubauen.

 *Stuttgart*

Das Recht der Weltgesellschaft
Systemtheoretische Perspektiven auf die Globalisierung des Rechts am Beispiel der Lex Mercatoria
von Tania Lieckweg
2003. VI/149 S., kt. € 32,- / sFr 56,-. ISBN 3-8282-0261-6

Die entstehende Weltgesellschaft erfordert das Entstehen eines Weltrechts. Die lex mercatoria als anwendbares Recht ist derzeit das prominenteste Beispiel für ein Weltrecht ohne Staat; für ein Weltrecht, das jenseits von nationalstaatlicher oder internationaler Politik entstanden ist. Dabei handelt es sich um eine globale Rechtsordnung, die in einem autonomen Prozess der Rechtsproduktion entstanden ist und sich ständig weiterentwickelt. Im Zusammenhang mit der lex mercatoria haben sich Schiedsgerichtsverfahren zur gängigen Institution der Konfliktlösung etabliert. Die Autorin untersucht das Entstehen und die Rolle der lex mercatoria als globales Recht. Untersucht wird anhand der Theoriefigur der strukturellen Kopplung die Beziehung zwischen Recht und Wirtschaft bzw. der Globalisierung beider Bereiche.
Abschließend werden das Recht der Weltgesellschaft und die daraus folgenden Perspektiven für die Globalisierungsforschung erörtert.

Mensch, Markt und Staat
von Erich Weede
2003. VIII/157 S., kt. 14,90/sFr 26,50. ISBN 3-8282-0256-X

Die westlichen Gesellschaften haben die Lösung von Alltagsproblemen wie Produktion von Nahrung, Kleidung und Unterkunft, Dienstleistungen so gut gelöst, dass viele Bürger vergessen, dass eine umfassende Versorgung mit Gütern aller Art keine Selbstverständlichkeit ist. Materielle Versorgungsprobleme vergessend, könnten wir uns der "höheren" Aufgabe zuwenden, eine "bessere", "egalitärere" oder "gerechtere" Gesellschaft aufzubauen.
Der Autor zeigt die Gefahren einer von Illusionen geprägten Politik auf. Erfordernisse an Organisation und institutionellem Rahmen des Wirtschaftens werden erörtert sowie die Notwendigkeit, Wettbewerb zu gewährleisten. Globalisierung, Nord/Süd-Problematik und Sicherheitsaspekte werden einbezogen und die ordnungspolitischen Konsequenzen dargestellt.

Theorie der sozialen Ordnungspolitik
Herausgegeben von Norbert Berthold und Elke Gundel
2003. 344 S. gb. € 54,- / sFr 93,-. ISBN 3-8282-0245-4

Mit Beiträgen von Robert Arnold, Sascha von Berchem, Norbert Berthold, Gerold Blümle, Winfried Boecken, Jochen Fleischmann, Lothar Funk, Egon Görgens, Nils Goldschmidt, Elke Gundel, Rainer Hank, Stefan Hörter, Karl Homann, Christoph Kannengießer, Guy Kirsch, Hans-Joachim Klöckers, Hans-Peter Klös, Eckhard Knappe, Karl Lehmann, Manfred Löwisch, Bernd von Maydell, Angela Merkel, Peter Oberender, Ulrich Roppel, Thomas Straubhaar, Viktor J. Vanberg und Jens Weidmann.

Im vorliegenden Band zeigen Vertreter aus Wissenschaft, Wirtschaft, Kirche und Politik auf, dass eine sozialpolitische Neuorientierung erforderlich ist: Solidarität und Subsidiarität müssen einen geänderten Stellenwert erhalten. Notwendig hierfür ist, daß sich die dringend anstehenden Reformen der bisherigen Sozialpolitik einer ordnungspolitischen Grundentscheidung verpflichtet fühlen, also als soziale Ordnungspolitik konzipiert werden.

 *Stuttgart*

Bei Fragen zur Produktsicherheit wenden Sie sich bitte an:
If you have any questions regarding product safety,
please contact:

Walter de Gruyter GmbH
Genthiner Straße 13
10785 Berlin
productsafety@degruyterbrill.com